社会学与社会发展丛书

普通社会学理论
（第四版）

庞树奇 范明林 主编

上海大学出版社
SHANGHAI DAXUE CHUBANSHE

图书在版编目(CIP)数据

普通社会学理论/庞树奇,范明林主编.—4版
.—上海:上海大学出版社,2011.3
 ISBN 978－7－81118－743－4

Ⅰ.①普… Ⅱ.①庞… ②范… Ⅲ.①社会学 Ⅳ.
①C91

中国版本图书馆 CIP 数据核字(2011)第 029286 号

责任编辑　庄际虹
封面设计　施羲雯
责任制作　金　鑫
　　　　　章　斐

普通社会学理论
庞树奇　范明林　主编
上海大学出版社出版发行
(上海市上大路 99 号　邮政编码 200444)
(http://www.shangdapress.com　发行热线 66135110)
出版人:郭纯生
＊
南京展望文化发展有限公司排版
上海华业装潢印刷厂印刷　各地新华书店经销
开本 787×960　1/16　印张 29　字数 505 000 千字
2011 年 3 月第 1 版　2011 年 3 月第 1 次印刷
印数:1～3 100
ISBN 978－7－81118－743－4/C・098　定价:49.00 元

总 序

邓伟志

　　自邓小平提出社会学在中国"需要赶快补课"以后,上海大学文学院的前身——复旦大学分校便于 1980 年 3 月在国内率先设置了社会学系,并且同时创办了全国第一家社会学刊物——《社会》,随后又成立了社会学研究所以及若干个研究中心。20 年来,社会学系的教师、社会学所的研究人员以及《社会》杂志的编辑,三方面共同结合,呕心沥血,编写了不少教材。有的教材为多所学校采用,有的教材很受学生欢迎。教材是教学的蓝图;教材是学生成长的阶梯;教材是激发学生学习热情的酵母。现在中国许多省市、世界上许多国家都有上海大学社会学系的校友,有的校友已成为国家栋梁之才。学生今日之高素质不能不认为同昨日之好教材有一定的正比例关系。

　　可是,随着光阴的流逝,再好的教材也有过时的地方。现在已经到了 20 世纪的最后一年的最后几个月。手再伸得长一点,我们已经可以与 21 世纪握手了。时间老人已经拿起大锤,准备去敲响 21 世纪的大钟了。

　　在 21 世纪,中国的社会主义建设的步伐将有长足的进展。在 21 世纪,中国的市场经济将更加繁荣,更加规范。在 21 世纪,多种所有制之间的构成将出现新的格局。经济的这些变化必然要作用于社会。何况经济本身也是社会的一个方面呐!

　　在 21 世纪,中国的社会结构将会变得更加匀称,更加合理;中国的社会变迁将更加迅速,更加有序。这些都需要我们社会学界用世纪眼光去观察,去审视,都需要我们在社会学教材中加以反映和提炼。社会学只有聚焦时代、反映时代的义务,没有漠视时代、脱离时代的权利。时代在前进,实践在发展,我们编写教材的工作不敢有一丝一毫的松懈。

　　在 21 世纪,全球化的进程将大跨度地向前推进。社会学的学说、学派将层出不穷。包括那些在 20 世纪里未能引人注目的某些社会学观点,在 21 世纪说不定会在课堂上成为主课。据联合国教科文组织统计,社会学的分支学科约为110余个。可是,据中国学者的不完全统计,中国已有140余个社会学的分支学科。所有这些,恰是我们上海大学文学院社会学系同仁学习和借鉴的对象,恰是我们编写新教材的重要参考资料。

  时代在呼唤新教材。实践在鞭策我们不断开拓进取,编出新教材。在编写过程中,大家兢兢业业,精益求精,边编写,边讲课,边听取意见,边修改。至于说是否做到了人们常说的"全新",我们不敢妄言,似乎也无此奢望。我们只是在求新,未必做到全新。渴望同行多多给予指点,因为我们还要继续编写,继续出版,继续奋斗。

  教材的编写只有起点,没有终点。

2000年6月10日

于上海大学A楼601室

第三版前言

一个难得的机遇,使本书有幸成为上海大学出版社出版的《社会学与社会发展》丛书之一而提前再版,这是我们始料所不及的。亦因此,使我们有机会对1998年刚刚作过较大规模修订的《普通社会学理论新编》所存在的明显的错误及时地做出补救和订正。借此机会,也把本书历次出版过程中的一些情况作一简略的回顾和交代。

本书最早是1986年上海大学文学院(原复旦大学分校)编印的一套校内教材之一,书名叫《社会学概论》。由于当时复旦大学分校是1979年国内恢复社会学以后最早成立社会学系和开设社会学概论课的地方,因此尽管是校内教材,在当时却产生了颇大的影响,全国不少地方有人来听课,索取教材,以至前后印行一万册仍远远不敷需要。1989年此书由中国城市经济社会出版社以《普通社会学理论》的书名第一次公开出版,为第一版。1998年改由上海大学出版社以《普通社会学理论新编》的书名出版新一版(现在统一称之为第二版),此版较之前一版在内容和结构上,有较大幅度的增补和改动,形成了五篇十七章的规模,字数由原来的21万字增加到了40余万字,上海大学文学院社会学系有九位老师参加了这一版的撰写,他们是庞树奇、范明林、王宏、袁华音、陆健、张钟汝、陈树德、章有德和孙自俊(具体分工情况详见1998年版《新版前言》)。

现在呈现在各位读者面前的是本书的第三版。第三版恢复了第一版书名,不再使用"新编"之类的字样。在内容上这一版较第二版并没有多大的变化,仅在个别地方作了些有限的修订,其中包括重新定义"失范"这个概念,对世纪之交所产生的一些时间上的表述作了可能范围内的调整,等等。具体承担修改工作的同志也仅限于庞树奇、范明林、张钟汝、孙自俊四人。而特别感到遗憾并应该表示歉意的是,孙自俊先生承担撰写的第十七章《网络时代与信息社会的发展》,连同他这次的修改稿,在最后阶段被否定了。此事在孙先生是"奉命"而为,主编则难辞其咎。问题在于,我们没有估计到科学技术的发展不仅对社会日常生活,而且对社会结构本身的冲击力如此之快,如此之大。短短几年工夫,"网络分析"已不再是社会学上的点缀品,而已成为社会结构研究的新课题。因此,为了更好地实现设置此章的初衷,只好暂时割舍一下,想来是会取得读者的谅解的。

理论滞后于现实变化,是一个不争的事实,而教材内容滞后于理论的发展,也是一个不争的事实。教材所要求的内容的相对稳定性同现实生活的飞速发展和理论成果的不断涌现之间,是一个永恒的矛盾,社会学的教材建设不幸首当其冲。但这丝毫不意味着不应致力于编写一部比较稳定的教材,犹如不应当放弃在瞬息万变的社会生活的背后寻找某种恒久不变的因素一样。不应忘记,社会学这门学科本来就具有相当程度的保守性的一面。

本书自1986年问世以来,几经变动和修订,但我们为相对保守的社会学所提供的一个相对保守的理论框架——"行为—关系—制度"以及它的展开式:"普通社会学就是要研究个人的一定的行为怎样形成一定的关系,一定的关系又怎样形成一定的制度,进而研究行为、关系、制度三者之间的结构关系和互动过程",至今未有变动。这个框架没有变动,正如第二版前言所说,"是因为经过了这些年的教学和科研实践,发现它还有继续存在的价值。这个框架帮助我们解决了社会学研究的起点和归宿的问题,并使各章节的安排变得顺理成章,简便易行……"。此框架提出后,得到了读者和社会学界同仁的积极的反应,增加了我们的勇气和信心。

说这个框架是一个保守的框架,是因为毋庸讳言,它带有比较浓厚的早期社会唯实论的色彩。我们忠诚于社会学是一"制度的科学"的古训,确信在社会学发展史上,社会实体论曾经是从涂尔干到费孝通所一直奉为圭臬的最高指导思想。从社会学这门学科的建立来看,就是从认识到在自然力量之外还存在着一种社会的力量开始的,就是把社会作为一个独立的实体开始的,否则的话,也许这门学科根本就不会诞生。外界有些评论把从这个框架推出的关于社会学研究对象的提法,归入"侧重于作为社会主体的个人及其社会行为"的一类[①],实在不敢苟同,或者确切点说,不敢掠美。因为"行—关—制"框架提出的依据,除了来源于对经典理论的提炼和概括外,还基于中国社会的实际情况。着眼于后者,我们并不认为"作为社会主体的个人"的存在已经成为一种现实。一看到"行为"二字,就以为必是"作为社会主体的个人"的行为,这在中国,实在是一个极大的误会。我们谨记马克思的教导:个人是历史

---

① 《中国大百科全书》社会学卷,中国大百科全书出版社1991年版,第3页。

的结果,而不是历史的起点。① 我觉得这句话特别适合于中国社会,所以不惮反复引用。

说起来,这正是1998年版《普通社会学理论新编》想要实现的目标之一。至少是朝这个目标前进一小步:希望突破社会唯实论的思想桎梏,跟上个人社会地位变化的大趋势。为此,在新版中我们尽可能地补充了有关行动理论,特别是个体行动论的观点和材料,以期增强"行—关—制"体系中行为(行动)一头的分量。在这样做的时候,年届90高龄的费孝通教授的不断演进的思想给我们以深深的启迪和鼓舞。他在亲身经历了中国社会不寻常的变化之后,实现了一个理论上的飞跃,得出了一个对他来说几乎是全新的结论:不仅社会是一个实体,而且个人也是实体,或者说,个人既是载体也是实体。② 我们认为,由不寻常的社会变迁得出的这一不寻常的结论,其于中国社会和中国社会学的意义也将是不寻常的。本书对费孝通教授的这一新的思想变化作了比较详细的评述,表明我们自己的认识也在提高,希望给原有的理论框架注入一些新的养料和动力。

在新世纪到来之际,中国最重要的社会学杂志《社会学研究》于年初提出了"重返古典理论"的口号,并明确界定其目标为:(1)就社会学自身而言,要为重建社会学学术传统夯实基础;(2)就整个社会科学而言,返回社会学经典大师所揭示的那些命题中把握社会科学逻辑的源头(见该刊2000年第2期)。也许还应该增加一个第(3)点:就中国社会学而言,应从社会学古典理论中找到社会学中国化的目标和途径,以架设通向国际社会学的桥梁。总之,对一个承担着普通社会学理论教学任务的普通教师来说,听到这个消息,无疑会感到欢欣鼓舞,因为它符合一条"承前启后、继往开来"的朴素真理,同时也能使我们的工作做得更心安理得,更兢兢业业,专心致志。

庞树奇　范明林
2000年8月

---

① 马克思:《政治经济学批判导言》,《马克思恩格斯选集》1972年版,第87页。
② 费孝通:《学术自述与反思》,三联书店1996年版,第220页。

第四版前言

自 2000 年庞树奇教授亲自负责修订本书以来至今已十载有余。光阴忽倏，在这 10 年里国家发生翻天覆地变化，社会主义市场经济秩序已经初步确立，社会建设正日益摆到党和国家重要的议事日程之中，社会主义核心价值体系建设正大张旗鼓地展开，而国家的民主和法制建设进程也在稳步、稳妥地推进中。社会主义中国正一日千里地与时俱进，成就令世人瞩目。

不容置疑，在前进的道路上也伴随着困难和问题，环境污染、人口老化、贫富悬殊、阶层分化，矛盾冲突不时见诸报端，社会不和谐之声时而听闻于耳边。这种情形无疑是对社会学的挑战，也是对具有责任感的社会学家和社会学者的一种呼唤。努力地把这 10 年来国内社会学的研究成果总结和反映出来，这是作者下决心重新修订和完善本书的初衷。

本次修订基本上保持原来的"行为—关系—制度"的理论架构和写作框架，它虽然有些保守且较多的具有"社会唯实论"意味，但是，这个框架是中国社会学领域中较早被提出的理论成果之一，在国内社会学发展的历程中应该有它的贡献和地位。即便是今天，这个框架仍然有它的解释力而并没有过时。因此，本次修订主要在于删除过旧的资料，增添新的社会学研究成果。此外，在部分理论和部分章节上使其更加完善与合理，也是本次修订的一项重要任务。本次修订涉及原书 16 章中的整整 10 章，前后历时近 3 年。

写作本书第一版的作者大多各奔东西，所以有一些新人参与了此次修订工作。他们参加修订或撰写的章节安排如下：

第二章：韦晨、范明林；第三章：韦晨；第五章：韦晨；第六章：韦晨；第七章：李旭芳；第九章：顾青；第十章：韦晨；第十一章：顾青；第十五章：顾青；第十六章：顾青。

范明林对修订后的全书进行了统稿，韦晨承担了本书所有的技术性工作，顾青和吴军则审阅了本书部分章节。

范明林

2010 年 7 月

目 录

I 总论篇

第一章 社会学的性质和对象　1

一、 从"社会物理学"到社会学
——社会学在科学分类中的地位　1

　　孔德与圣西门　4
　　自然科学与社会科学　6

二、 从"百科全书"到"剩余科学"
——社会学在自身发展中的地位　8

　　变化中的社会学　8
　　变化的几个阶段　9

三、 社会学的对象　11

　　自然现象与社会现象　11
　　社会现象与社会学现象　12

四、 "行为—关系—制度"　15

　　问题的提出　15
　　对行为、关系、制度的界定　16
　　"行—关—制"的固定化趋势　17
　　"固定化"与社会进化　19

五、 社会学的相关学科　20

第二章 社会学的方法论和研究方法　25

一、	**社会学的科学研究和人文研究方法论**	25
	社会学科学研究方法论	25
	社会学人文研究方法论	27
	当前社会学方法论的主要倾向	34

二、	**社会学研究的几个层面**	36
	理论研究和经验研究	36
	社会学的经验研究和认识论	39
	社会学的宏观研究和微观研究	40

三、	**社会学经验研究的具体方法和过程**	41
	社会调查的历史	41
	定量研究的一般步骤和方法	41
	质性研究的一般步骤和方法	43
	收集资料的具体方法	47

四、	**社会学的功能**	49

第三章　社会与社会要素　　53

一、	**社会：人与自然的统一**	53

二、	**劳动："身外自然"与"自身自然"**	55
	劳动的定义	55
	特殊的"自然力"	56
	劳动在社会性质上的变化	56
	分工的功与过	59

三、	**环境：第一自然与第二自然**	62
	地理位置	63
	气候	63
	资源	64
	对自然环境评价上的分歧	64
	自然环境对经济社会发展的影响	65
	人与环境	66

四、	**人口问题上的冲突**	68

	人口问题的由来	68
	对人口问题的两种结论	71
	人口规模及其增长	72
	中国人口现状和发展趋势	73
五、	**回到"行—关—制":对社会要素的再认识**	83
六、	**社会的基本单位**	85
	社会单位与"社会学单位"	85
	血缘与地缘单位	87
	关于"业缘"单位	88

Ⅱ 行 为 篇

第四章 行为概述 — 93

一、	**行为研究的领域及意义**	93
	行为研究的意义:必要性与可能性	94
	社会行为的类别	95
二、	**社会行为的主要理论**	97
	马克斯·韦伯对社会行为理论的贡献	97
	帕雷托在社会行为理论上的建树	98
	帕森斯的行动理论	99
三、	**对几个基本概念的再认识**	102
	社会行为与非社会行为	102
	社会行为与个人行为	103

第五章 社会化与行为导向 — 105

一、	**社会化过程综述**	105
	社会化的含义	105
	社会化的种类、内容和途径	108
二、	**社会化基本理论**	110
	中国古代思想中的社会化理论	110
	西方社会化理论	111

三、行为导向的特殊意义——儿童时期基本社会化 114
家庭在个人早期社会化中的特殊地位 115
父母亲对儿童社会化的重要意义 115

四、从他人导向到自我导向——青少年社会化的艰苦历程 117
从学校到同龄群体 117
"青春期"问题 119

五、自我导向的不断校正——中老年继续社会化 121
"中年危机" 121
老年人的社会化 122
代沟与双向社会化 123

六、社会化研究中若干值得探讨的问题 125
"社会化程度"的衡量标准 125
关于"已过分社会化"的概念 126
关于"反社会化"与"再社会化" 128

七、人性与个性——关于社会化的理论基础 129
人性分类 130
阶级分类 131
个性分类 132
社会化与个性发展 134

第六章 角色与互动 135

一、角色的含义和实质 135

二、角色理论 137

三、角色的结构 139
角色结构的行为层面 139
角色行为的直接体现：角色扮演 139
角色丛——角色体现的社会关系 140
角色分类 141
角色冲突——角色的内外关系 142

四、	**角色与互动——角色关系的制度化过程**	143
	互动的含义与实质	144
	互动的基本要素	145
	互动的基本理论	145
	互动的类型	146
	互动的方式	148
	行为模式和规范模式	150

第七章 失范与越轨行为 152

一、	**社会规范与失范**	152
	社会规范的含义和功能	152
	社会规范体系	153
	失范的含义和表现形式	153
	失范的理论研究	154

二、	**越轨**	155
	越轨的含义和本质	155
	越轨的社会功能	156
	越轨的理论视角	157
	越轨的基本类型	162

三、	**社会控制**	165
	社会控制的含义	165
	社会控制的类型	165

Ⅲ 关系篇

第八章 关系概述 169

一、	**从行为到关系**	169
二、	**行为主导与关系主导**	171
三、	**社会关系的结构与类型**	175
	行为模式：关系研究的切入点	175
	社会关系的基本类型	176

四、	**变革中的关系格局与社会结构**	178
	儒家伦理与家国结构	179
	集体主义与个人主义、群体本位与个人本位	180
	等级关系与关系等级	182

第九章 社会关系的群体层面 185

一、	**血缘群体：氏族与家庭**	185
	婚姻关系的最终确立与真正意义的家庭诞生	185
	家庭的含义与现代家庭结构及其变迁	187
	家庭的基本理论和东西方家庭结构的比较	193
	家庭的未来	197

二、	**地缘群体：城乡社区与国家**	199
	社区的本来含义及其演变	199
	社区研究的历史发展和基本理论	201
	农村社区和城市社区	205
	从国家到社会	218

三、	**业缘群体：团体与组织**	220
	团体界定和团体分类	220
	团体和组织的分界	226
	组织的基本特征	227
	组织的形态	232
	组织的生命周期	236
	组织理论学派	238
	中国非政府组织的发展	242

第十章 社会关系的社会层面——社会结构层面 244

一、	**什么是社会结构**	244
	经典的论述：马克思的提法	245
	非马克思主义的社会结构论的几个阶段	246
	社会结构的单位、要素与性质界定	247
	社会结构的共性与个性	250

二、	**社会的阶级结构**	254
	阶级的含义及其发展	255
	我国阶级结构的特点和现状	258

三、	**中产阶级**	269
	中产阶级相关理论与研究	269
	中国的中产阶级	270

四、	**一般意义上的社会分层**	272

五、	**社会分层的"三阶段律"**	275

Ⅳ 制度篇

第十一章 制度概述   281

一、	**制度的起源与本质**	281
	什么是制度	281
	制度的起源	284
	制度的分类与构成（要素）	287

二、	**关于制度的理论**	291
	经济学家的观点	291
	政治学家的观点	292
	人类学家的观点	293
	社会学家的观点	294

三、	**制度的功能**	296
	正功能与负功能	296
	显功能与潜功能	297
	整合功能与区分功能	298
	导向功能与传递功能	298
	"需要"悖论	299

四、	**制度生命周期与制度功能失调**	301
	制度变迁	302
	制度改善	302

五、	**制度之间的关系**	303
	经济制度和政治制度	303
	政治制度和社会制度	305
	社会制度和经济制度	306

六、	**社会的制度化过程**	308
	制度化过程是社会过程的核心	308
	组织与制度化	308
	两种意义上的"社会化"	309

第十二章　文化与制度　311

一、	**文化综述**	311
	文化的性质界定	311
	文化与社会	314
	文化的分类	315
	文化的特征和结构	318
	主文化与副文化	322
	反文化	322
	文化的特殊性和普遍性	323

二、	**制度性文化：人类文明的最高体现**	325
	文化的核心要素	325
	制度性文化的功能	326

三、	**文化过程**	328
	文化的三种过程	328
	文化与文明	330

第十三章　制度分论　333

一、	**经济—社会制度**	333
	经济制度规范的内容	333
	经济制度和社会制度	335
	当前中国经济体制改革	336

二、政治制度 ... 338
- 政治制度规范的内容 ... 338
- 当前中国政治体制改革 ... 338

三、家庭制度（婚姻制度） ... 340
- 家庭制度的演变 ... 340
- 家庭制度的功能发展趋向 ... 342

四、宗教制度 ... 343

五、法律制度 ... 346
- 社会控制和法律制度 ... 346
- 社会关系和法律制度 ... 347
- 社会组织和法律制度 ... 348

六、教育制度 ... 349

第十四章 社会问题与社会控制 ... 352

一、社会问题的界定 ... 352
- 社会问题的要件 ... 352
- 社会问题的特征 ... 353
- 社会问题的研究视角 ... 354

二、社会问题的研究观点 ... 355
- 社会病理学观点 ... 355
- 社会解组观点 ... 356
- 价值冲突观点 ... 357
- 偏差行为观点 ... 358
- 标签论观点 ... 360

三、社会转型期的社会问题 ... 361
- 结构性社会问题 ... 361
- 跨时空性社会问题 ... 362
- 伴生性社会问题 ... 363
- 失范性社会问题 ... 364
- 过程性社会问题 ... 365

| 四、| **社会控制与社会管理** | 366 |

控制与社会控制　　　　　　　　　　366
"控制"的等级类型　　　　　　　　368
社会控制手段的演变　　　　　　　　369
行为的"非预期结果"　　　　　　　　371

V 发展篇

第十五章　发展概述　　　　　　　　　375

| 一、| **社会变迁的含义和原因** | 376 |

社会变迁的含义与内容　　　　　　　376
社会变迁的原因和变迁形式　　　　　377

| 二、| **社会变迁理论** | 380 |

| 三、| **几个与社会变迁相关的概念** | 383 |

| 四、| **人的发展与社会发展** | 386 |

| 五、| **社会结构转型与社会发展** | 388 |

关于社会结构及其变化趋势　　　　　388
社会结构转型规定和制约社会发展的走向　390
现代社会结构中变革主体的存在形态及其功能变化　391
中国社会结构转型的特点及其对现代化的意义　391

第十六章　社会发展和社会现代化　　396

| 一、| **西方资本主义现代化** | 396 |

现代化的界定及基本共识　　　　　　396
现代化的进程与后果　　　　　　　　400

| 二、| **资本主义现代化对发展中国家现代化的影响** | 403 |

现代化的第一阶段模式和第二阶段模式　403
现代化的"变革类型"与"回应变革类型"　405
东亚部分国家和地区现代化发展道路　406

| 三、| **西方社会发展和现代化理论** | 407 |

经典社会学家的论述	407
趋同理论	411
罗斯托的社会发展学说	413
弗兰克的"不发达的发展"说和桑托斯的"新依附性"论	415
世界体系论	417
贝尔的"后工业社会"理论	420
"增长的极限"与"未来主义"	421
"以人为尺度的发展"——探讨人类需要的发展理论	423

四、社会现代化和社会指标体系　425

社会指标体系的含义、研究历史与作用	425
中国社会指标体系的研究和建立	428
早期的小康和现代化指标体系	429

五、中国社会主义现代化　433

中国现代化的曲折历程	433
中国社会主义现代化	434
关于社会主义现代化几个需要澄清的问题	437
现代化伴随着财富增加和社会和谐建设	437
工业化和环境保护	441
社会主义现代化道路和本土特色	443

I 总论篇

I 总论篇

第一章 社会学的性质和对象

一、从"社会物理学"到社会学——社会学在科学分类中的地位

社会学(Sociology)作为一门学科的名称,一般认为开始于法国哲学家孔德(A. Comte,1798—1857)所著《实证哲学教程》。孔德的这部著作,写于1830—1842年间,共6卷,"社会学"一词始见于该书第4卷。

《实证哲学教程》是孔德花了十多年时间写成的一部重要著作。在这部著作中,孔德宣称他"发现了人类智慧的发展以一种不变的必然性所遵循的一个基本规律"。他的目的,是要填补一个"重要的漏洞",即除了天文现象、地球物理学现象、化学现象和生理学现象之外,还应该对有关社会的现象进行实证研究。他说:"人类思想现在已经建立了力学的或化学的天体物理学和地球物理学,也建立了植物的或动物的有机物理学,余下要建立的是社会物理学,这样就将完成整个的观察科学系统。"①

这说明,至少从语义学的角度看,"社会物理学"是"社会学"的前身,而实现由前者向后者的转变,是孔德的业绩,具体就体现在上述他那部著作中。

事实上,从"社会物理学"到"社会学"曾经历了两个多世纪的漫长过程。在孔德之前,很多人已在为此做准备工作,首先是牛顿。由于他在机械力学方面的划时代贡献,已在整个欧洲"产生了想把一切都归结为机械运动的狂热。"(恩格斯:《自然辩证法》)也就是说,社会学的孕育时期(17、18世纪),正是自然科学在经历了中世纪的沉寂之后,突飞猛进地发展的时期,这不能不给初期社会学的发展带来深远的影响。但是,与"社会物理学"的关系更为直

---

① [法]孔德:《实证哲学教程》第1卷,参见《哲学译丛》1957年第3期。

接、更为密切的,是三大空想社会主义者之一的圣西门。圣西门形象地把一般科学比做有两个源头的大江:"一个源头丰富了关于无机体的观察的内容,另一个源头充实了关于有机体的说明。"他认为牛顿只在其中的一个源头度过了一生。"他从未下航到大江的远处","完全没有研究过人,他一点也不重视生理现象,他只专心研究无机体和无机体运动的计算方法。"针对牛顿的"无机体物理",圣西门提出了"有机体物理"的概念,并把它作为他所倡导的"人类科学"的主要内容①。很显然,这个"有机体物理"学,其主体部分,就是孔德所谓"社会物理学"。按照普列汉诺夫在《论一元论历史观之发展》中的意见:生理学在圣西门及其门徒的眼中是社会学的基础,他们称社会学为社会物理学。并且他认为这个对于"社会物理学"的观点以后为孔德在其各种著作中所承受,或者,如果你愿意说的话,为他所发展。(孔德把自己的社会学划分为"社会静力学"和"社会动力学"两大部分,从中可以明显看出他受机械力学的影响。)一本《圣西门传》的作者甚至说:"孔德十分傲慢自负,以为社会学这门新科学是他发现的,他喜欢把它称之为'社会物理学'。'社会学'这个术语,圣西门没有用过,但是'社会物理学'这个术语,他却说过。他一生中大部分时间就是用来写作'社会物理学'的。"②

孔德与圣西门

在社会学创建史上,把孔德和圣西门的名字连在一起,并非强加于人,而是有充分理由的。全面论述这一问题,不是本书的任务。但是,至少可以肯定这样一点:包括在孔德的《实证哲学教程》中的基本思想,都跟圣西门有关。具体地说,使得孔德扬名后世的两件事——提出"三阶段律"("进步律")和他的科学分类方法都应该归功于圣西门。由于这个问题与初期社会学的性质有关,我们在此略加展开。

1. 关于"三阶段律"

所谓"三阶段律",按孔德的原意,指的是人类思维发展的三个阶段:神学阶段、形而上学阶段和实证阶段。在《实证哲学教程》中,他指出:"这个规律是这样,我们的每一个主要观念,我们的知识的每一个部门,都先后经历三个不同的理论阶段:神学阶段或虚构阶段,形而上学阶段或抽象阶段,科学阶段或实证阶段。"③他认为,对天文现象、地球物理学现象、化学现象的研究都已

---

① 以上引文均见[法]圣西门:《生平自述》,见:《圣西门选集》第1卷,董果良译,商务印书馆1979年版。

② [苏]阿·列万多夫斯基:《圣西门传》,孙家衡、钱文干译,商务印书馆1983年版,第292页。

③ [法]孔德:《实证哲学教程》第1讲,转引自《哲学译丛》1957年第3期。

先后进入实证阶段,唯独对社会现象的研究还没有进入"实证哲学"的领域,还受着神学和形而上学的方法的限制,因而有建立"社会物理学"的必要。

然而,多数学者不同意说"三阶段律"是孔德一人的"发现"。比如,普列汉诺夫在其所著《论一元论历史观之发展》中就认为,圣西门是首先在历史中找寻规律性的人,他企图发现这个发展的规律,例如,他确立了那个三阶段(即神学的,形而上学的和实证的)的规律,以后,孔德把这个规律拿来当作自己的"发现"并获得很大的成功。① 孔德的所谓"三阶段律"当然不反映社会发展的客观进程,而只是对思想和"智慧"发展的阶段性的描述,因而他所谓的"实证阶段"仍然只是哲学意义上的,而非科学意义上的;而且这种哲学意义上的"实证",也是以放弃对事物内在本质、对事物发展变化的根本原因的了解为代价的。他把对这些带根本性质的问题的探求,一概贬之为神学或形而上学,从而暴露了他的学说的严重弱点。不过就当时的情况而言,他强调科学研究应该建立在实验和对事实的观察的可靠基础上,强调"实证"的方法,不能不承认是一种历史的进步,尽管在实际上他并没有为此作出多少贡献。

2. 关于科学分类

孔德是在科学分类的基础上建立他的社会学的。他根据各门学科研究对象的实证性和精密程度,分科学为六大类:数学、天文学、物理学、化学、生物学、社会学。犹如"三阶段律"来自圣西门一样,孔德的这一分类原则,也来源于圣西门。圣西门在其《人类科学概论》中指出:"从15世纪以来,人类的理性倾向于把自己的一切判断建立在所观察和所讨论的事实上。它在这个实证的基础上,已经改造了天文学、物理学和化学……因此,必然得出这样的结论:作为人类科学的一部分的生理学,也要用其他物理科学所采用的方法来研究………'个别科学是一般科学的构成成分。只要个别科学还具有臆测性质。……当个别科学全部变成实证科学的时候,一般科学也会完全变成实证科学。在生理学和心理学完全以所观察和所研究的事实为基础的时候,这种情况就会出现,因为这时不再存在既非天文现象,又非化学现象;既非生理现象,又非心理现象的现象了。因此,可以设想学校讲授的哲学变为实证科学的时代即将到来。"②

对照一下孔德和圣西门的科学分类法,可以看出如下的差别:

圣西门:数学——天文学——物理学——化学——生理学。

---

① [俄]普列汉诺夫:《论一元论历史观之发展》,博古译,三联书店1973年版,第29、31页。
② [法]圣西门:《圣西门选集》第1卷,董果良译,商务印书馆1979年版,第43、44页。

孔　德：数学——天文学——物理学——化学——生物学——社会学。①

应该承认,孔德在圣西门的基础上,是有所发展的。从恩格斯的《自然辩证法》中,我们可以看到,恩格斯对圣西门(以及孔德)的这一科学分类法,是基本上予以肯定的。当代法国科学家 M.普朗克有过这样的表述,他说:"科学是内在的整体。它被分解为单独的部门,不是取决于事物的本质,而是取决于人类认识的局限性,实际上存在着由物理到化学、通过生物学和人类学到社会科学的连续的链条,这是任何一处都不能打破的链条。"②显然,无论是圣西门,还是孔德,其认识都还没有达到这样的高度。但就其科学排列的顺序来说,不能否认他们有一定的预见性。

对孔德的"三阶段律"以及科学分类的回顾,使我们不难想象,在社会学创始人那里,社会学是怎样的一门学科。简单说来,社会学从一开始起,就既与哲学有关,又与自然科学有关,唯独谈不上和社会科学有什么关系。说得确切一点,早期的社会学就是社会科学的代名词,至少在孔德的心目中是这样。因此,要正确认识社会学的地位,就必须从这两个方面去进行研究。就需要回答这样的问题:社会学(从而社会科学)怎样一方面从哲学中,另一方面又从自然科学中把自己解放出来?社会学既来自哲学,又来自自然科学这一历史事实给它后来的发展带来了哪些影响或后果?其实这也就是"从社会物理学到社会学"这一过程所包含的丰富内容。

自然科学与社会科学

为了进一步搞清社会学的性质,这里有必要就自然科学和社会科学的关系多说几句。我们知道,人类对自然威力的感受,对自然力的研究,很早就开始了。最早出现的科学是天文学、数学和力学。它们是由于人类和自然界作斗争的需要,由于生产的需要而产生的。但是,人类对社会力量的认识,相对说来,却要晚得多。把社会作为科学研究的对象,严格说来,只是近一二百年之内的事,是历史发展到资本主义阶段的事。正因为如此,有人把初期的社会学和社会科学叫做"资本主义社会的科学"③

回顾历史,可以看出:在一定意义上,确实存在着一个从神学到哲学再到科学的"三阶段"过程。自然科学首先是从神学的枷锁中挣脱出来(但还要披

---

① [苏]阿·列万多夫斯基:《圣西门传》,孙家衡、钱文干译,商务印书馆1983年版,第292页。
② 《外国社会科学》1979年1月号。
③ [日]横山宁夫:《社会学概论》,毛良鸿译,上海译文出版社1983年版,第5页。

上神学的外衣),然后是从哲学的范围中逐渐分化出来。至于社会科学,它的发展是以自然科学的发展为基础的,而且两者又都是以生产的发展为基础。资产阶级兴起之后,不仅需要自然科学,也需要社会科学。这就是为什么在17、18世纪不仅出现了一大批伟大的自然科学家,还出现了一大批导致社会科学产生的先驱者,他们中间包括英国的霍布斯、洛克,法国的卢梭和百科全书派的思想家,以及三位伟大的空想社会主义者。另外,资产阶级之所以需要社会科学,除了要用科学去打倒封建神学和教会统治,以及发展生产之外,更主要的原因在于,取得统治地位的资产阶级迅速由一个革命的阶级变为保守的阶级,它开始关心社会的稳定和"秩序",开始需要一种对付自己强大对手的有效手段,资产阶级社会学就是适应这一需要而产生的。这也就决定了资产阶级社会学在性质上的一个重要特点:它是一门在本质上遏止革命、倡导改良、维护既定统治秩序的学科。而从最一般的意义上来说,以及相对于其他学科来说,各个时代、各个国家的社会学都要担负起这样一种社会功能,都具有这种"保守"性,只是"保守"的含义不同而已。

圣西门曾设想要建立一门"人类科学"(显然不同于现在的"人类学"),甚至在马恩的时代,他们也很少使用"社会科学"这个概念(偶尔使用这个词的时候往往专指资产阶级的政治经济学),当需要同自然科学相提并论的时候,他们更多的是使用"历史科学"这个概念。恩格斯说过,人类学是从人和人种的形态学和生理学过渡到历史的桥梁。如果我们把这句话理解为人类学是从自然科学过渡到社会科学的桥梁,该是问题不大的。事实上,恩格斯的《劳动在从猿到人转变过程中的作用》这篇论文就包含着从自然科学向社会科学过渡的意义。列宁也同意把近代科学的发展概括为"从自然科学奔向社会科学的潮流"。[①] 这里需补充的是,除了人类学之外,社会学也是这样一门科学,它也是一座桥梁。请看下面这段话:

>"自然科学和哲学一样,直到今天还完全忽视了人的活动对他的思维的影响;它们一个只知道自然界,另一个又只知道思想。但是,人的思维的最本质和最切近的基础,正是人所引起的自然界的变化,而不单独是自然界本身;人的智力是按照人如何学会改变自然界而发展的。因此,自然主义的历史观……是片面的……。"[②]

[①] 《列宁全集》第20卷,人民出版社1988年版,第190页。
[②] 《马克思恩格斯选集》第3卷,人民出版社1972年版,第551页。

这段话,极其深刻地道出了自然科学和社会科学以至哲学三者间的关系及其在未来的发展趋势。现在看得很清楚:正是人的社会实践、社会活动这个因素,促使自然科学和社会科学最终将成为一门科学。社会学作为一门研究人的社会生活和社会活动的科学,不但在它的初期必然成为从自然科学通向社会科学的桥梁,而且在将来也必将为自然科学和社会科学实现统一作出自己特殊的贡献。而自然科学,则并不因为实现这一统一而结束自己的历史使命,它还将通过工业、技术和信息的发展而日益深入到人类的日常生活之中去,并参与对人和社会的研究与改造。

二、从"百科全书"到"剩余科学"——社会学在自身发展中的地位

变化中的社会学

在认识社会学性质的时候,一个基本的观点是:社会学就像社会一样,其性质不是万古不变的。前面我们从科学分类的角度来考察社会学的性质,也仅仅是着重考察了孔德时代科学分类的情况。在那种情况下,社会学是一门想力图摆脱哲学(形而上学)的桎梏,加入到自然科学行列(或者说,把自然科学的方法推广应用于社会领域)中去的新成员。很显然,科学分类的模式不可能一成不变,随着科学的发展,必然会产生新的科学分类法,因而社会学在科学分类中的地位也必然要发生变化。①

当我们进一步从社会学自身的发展来考察其性质的时候,情况的确是这样。社会学一旦成立,随即就开始了它自身的分化过程。关于这个问题,费孝通在其《乡土中国》后记中,有一段十分形象的描述。他说:在孔德和斯宾塞(H. Spencer)这些社会学的早期代表人物那里,所谓社会学"是社会现象的总论。把社会学降为和政治学、经济学、法律学等社会学科并列的一门学问,并非是创立这名称的早年学者所意想得到的。""现有的社会学……只是个没有成长的社会科学的老家。一旦长成了,羽毛丰满,就可以闹分家,独立门户了。"因此,"讥笑社会学的朋友曾为它造下了个'剩余社会科学'的绰号……政治学、经济学既已独立,留在'社会学'领域里的只剩了些不太受人问津的、虽则并非不重要的社会制度,好像包括家庭、婚姻等的生育制度,以及宗教制度等等,……这样,它还是守不住这老家的,没有长成的还是会长成的。在最

---

① 于光远:《关于科学分类的一点看法》,《百科知识》1980年第6期。

近十多年来,这'剩余领域'又开始分化了。"①美国社会学家 A. 英克尔斯也有类似的观点,他说:"社会学可以看成是一些次要学科的集合,那些次要学科所研究的,是其他更专门化的学科认为不属于本学科范围的制度和社会过程。"②与费孝通不同的地方是,A. 英克尔斯认为,即使社会学所有较小的项目都成了单独的学科,社会学仍会保留一些专门属于它的独特的研究对象,"它们是:社会、制度和社会关系"③。另外,这里想提一下于光远的一个看上去类似、其实很不相同的观点。于光远在中国社会学第 2 期讲习班上一篇名为《为在我国建立马克思主义的社会学而努力》的讲话中,认为现阶段的社会学,严格地说来,不是一门社会科学,而是一个"科学群",一个由现在尚未成熟为独立学科的若干部门合成的"科学群"。他指出,除总论外,至少有七个方面是应归于社会学研究的,这里面包括对社会发展不起决定作用、但有一定重要影响的因素的研究;各种类型社会成员的研究;尚未被其他学科作为对象的某些社会关系的研究;个人的社会生活;社会风尚与社会病态;地域性的社会问题等等。这些方面研究的发展结果,在一个相当长的时间之后,社会学这个科学部门就会发生分化,最后剩给社会学的很可能只是现在的总论部分,即建立在马克思主义的历史唯物主义基础上的社会学的一般理论。此外,可能还有对于许多社会科学都有用的关于研究社会科学的辅助方法。关于这个问题,我们将在下面谈到社会学的对象时,再加以讨论。

变化的几个阶段

纵观社会学的发展史,社会学学科的性质和地位的变化,有过如下一些值得注意的情况:

(1) 社会学是自然科学研究的一个新领域。一种极端的看法认为,社会学就是自然科学的一种。④ 主张应该在自然界,特别是生物界寻找社会变化的原因,并企图用纯自然科学的方法来解决社会领域中的问题。应该说,这在当时既是幼稚的,又是必然的。因为那时还不存在真正的社会科学和社会科学的方法。严格地说来,孔德仅仅是提出了一个"社会学"的名称,他可能已经预感到需要建立一种社会科学。但是,就他所提出的社会学的结构设想来看,却是生物学(用圣西门的话来说,是"有机物理学")的仿制品。关于这一点,许德珩在其早年的著作《社会学讲话》中,有相当透彻的分析。他说,社

---

① 费孝通:《乡土中国》,观察社 1948 年版,第 99—100 页。
②③ [美] A. 英克尔斯:《社会学是什么》,陈观胜、李培茱译,中国社会科学出版社 1981 年版,第 23、19 页。
④ 孙本文:《社会学原理》上册,商务印书馆 1935 年版,第 35 页,注 3。

会集人而成,人是生物之一种,生物学既然成为有系统的科学,继生物学而起的一种科学如社会学,其研究内容当然与生物学有关。生物学研究生命现象的部分,有生理学;研究生物之组织的部分,有解剖学。孔德由此而类推社会学,因而有社会静力学和社会动力学之分。

(2) 既然社会学的概念(更不必说"社会物理学"的概念)出现在"社会科学"(至少是现在意义上的社会科学)这一概念之前,既然一开始同社会学并列的都是一些自然科学,而不是任何社会科学的学科,既然社会学的一些早期代表人物都把整个社会现象视为社会学的研究范围,那么,说孔德时代的社会学实际上就是今天的社会科学,是并不为过的。也就是说,存在过一个社会学=社会科学的阶段。有的人称之为"综合社会学"或"百科全书式的社会学"时代。此后,社会学就开始在社会科学的范围内分化和发展。

(3) 随着社会科学其他学科的发展,社会学开始成为众多社会科学中的一门学科,但在某种意义上,仍是一门地位比较特殊的学科。说它"特殊",是因为它研究的范围仍比较广泛,往往是跨学科的,它研究的课题往往带有全局性质(如"社会制度"、"社会组织"、"社会过程"等等)。直到现在,社会学的这一特性,并没有完全消失。

(4) 随着社会科学各学科的进一步发展,社会学开始变成所谓"剩余社会科学",这已如前述。

(5) 今天,社会学有可能成为社会科学中的"普通一员"。但是从方法论的角度看,并不排除它把社会整体作为自己的研究对象。在今后社会科学和自然科学日益相互接近、相互渗透的过程中,社会学的综合学科和边缘学科性质,可能会逐渐增加。

(6) 与此同时,社会学内部的分化日益加剧,这里面包括一般社会学和分支社会学的分化,理论社会学和经验社会学的分化,总体社会学和部门(或区域)社会学的分化等等。新的分化又会带来新的综合,带来社会学领域新的扩充和发展。

(7) 就中国的情况而言,社会学的性质,从它传入之时起,就存在着不同的看法,甚至是对立的意见。它是"新学"还是"旧学"? 它在历史上起的是进步作用还是反动作用? 它是真科学还是"伪科学"? 这些问题,都曾经引起过激烈的争论。直到今天也不能说问题全部争清楚了。20世纪50年代在批判社会学的时候,其中一个主要理由是说社会学鼓吹改良,反对革命。社会学在中国的坎坷经历这一事实本身,就足以说明问题。此历程一直持续到1979年。

三、社会学的对象

自然现象与社会现象

虽然不能笼统地说社会现象就是社会学研究的对象,但是,讨论社会学的对象问题,还必须从自然现象和社会现象的关系谈起。

根本上讲,自然界和人类社会是一个整体,社会是自然界的一个组成部分,是自然界自身发展的一个阶段。它们有共同的本质,它们都受"内在的一般规律支配",而不以任何人的主观意志为转移。这是它们的共同点,但是在表现这种共同的规律性的时候,人类社会和自然界却显示出极其不同的特点:"在自然界中(如果我们把人对自然界的反作用撇开不谈)全是不自觉的、盲目的动力,这些动力彼此发生作用,而一般规律就表现在这些动力的相互作用中。……反之,在社会历史领域内进行活动的,全是具有意识的、经过思考或凭激情行动的、追求某种目的的人;任何事情的发生都不是没有自觉的意图,没有预期的目的的。"但是,"人们所期望的东西很少如愿以偿,许多预期的目的在大多数场合都彼此冲突,互相矛盾……这样,无数的个别愿望和个别行动的冲突,在历史领域内造成了一种同没有意识的自然界中占统治地位的状况完全相似的状况"。① 因此,马克思得出结论说:"我的观点是:社会经济形态的发展是一种自然历史过程。"②与此差不多同时,恩格斯作过一个很重要的补充:"永恒的自然规律也愈来愈变成历史的规律","今天整个自然界也溶解在历史中了,而历史和自然史的不同,仅仅在于前者是有自我意识的机体的发展过程"。③

自然现象和社会现象的上述区别,成为社会科学各门学科注视的焦点,它们从不同的角度在进行探究和解释。于是,一个共同的研究对象,就以各种不同的形式分化为各门学科的研究对象。

既然人类社会的发展规律,总是由有意识的经过思考或凭激情行动的、追求某种目的的人的活动体现出来的,那么人的意识和人的社会活动,就自然成为很多社会科学研究的对象。社会学无疑是其中很重要的一门学科。也就是说,社会学和社会科学其他学科的研究对象,在本质上是一致的,都是

---

① 《马克思恩格斯选集》第4卷,人民出版社1972年版,第243页。
② 马克思:《资本论》第1卷,人民出版社1975年版第一版序言。
③ 恩格斯:《自然辩证法》,《马克思恩格斯选集》第3卷,人民出版社1972年版,第557—558页。

有意识的、有主观目的的人的活动。当然,最终目的是为了通过研究人的有意识活动而达到对社会发展规律性的认识。仅仅由于人的活动领域的不同或时间上的变化,而使不同学科的研究对象带有不同的特色。比如经济学研究的是人们在经济领域中的活动(经济行为),政治学研究的是人们在政治领域中的活动(政治行为),法学研究的是人们的犯罪行为和法律行为,历史学研究的是过去时代人的社会活动等等。至于社会学,除了人们日常生活中的活动势必需要由它来进行研究外,如前所述,它还应该承担起综合研究人在各个领域活动的相互影响和相互作用之总情况,或影响人的社会行为的各种社会条件和一般社会后果的任务。关于这个问题,我们在后面还要进行讨论。不过,在进一步讨论前,有必要先回顾一下社会学史上有关社会学研究对象的一些重要提法。

社会现象与社会学现象

就像在讲中国社会学的发展时不能无视马克思主义社会学的传统一样,在一般论述社会学的发展时,也不能无视以孔德为首的西方资产阶级社会学的传统。回顾这一段历史,我们惊异地发现:尽管资产阶级社会学家深受唯心主义哲学的影响,不可能正确地解决社会存在和社会意识的关系问题,但是,在客观上,他们所接触的和试图解决的,正是这个问题。在社会学上,这个问题始终表现为个人和社会的关系问题:在个人的主观意图和实际行动下所产生的社会原因与可能导致的社会后果的问题;个人的行为怎样变成社会行为,个人的思想怎样变成社会思想的问题;反过来也一样,有一个个人如何"认同"社会行为和社会思想,即如何认同社会价值规范的问题,即变社会规范为个人思想和行为准则的问题,社会和个人的相互影响、相互制约以及相互改造和完善的问题。

根据对上述问题的不同回答,对资产阶级社会学家,大致上可以划分为两种类型:一种着眼于研究作为有机整体的社会本身(如创建时期的孔德、斯宾塞,当然,他们之间还是有区别的),一种着眼于研究作为社会主体的人的行为(如马克斯·韦伯及某些心理学派和行为学派的学者);涂尔干及现代的某些结构功能主义者,虽然也研究人的行为,但他们的着眼点却是社会而不是个人。当代的所谓"象征互动论"者,试图从社会和个人之间的"互动"上解决两者的关系问题,其实是心理学派的一种变种,只能对社会现象进行极微观的分析,远不是结构功能主义者的对手。

对社会学对象的见解,真正有影响的,还是早期的几位社会学家,他们的一些基本观点对今天的西方社会学,仍具有很高的权威性,可谓经久不衰。

我们从以下极其简略的概括中,似乎也能觉察出一些变化的轨迹来:

(1) 社会学研究的是整体社会,是一般社会现象,是社会进化的"全部根本法则"——这是最早的定义,是社会学的创始人孔德的观点。孔德把社会学分为两个部分:社会静力学和社会动力学。前者研究社会秩序和社会组织,后者研究社会进步和社会变化。他的口号是"秩序与进步"。这两个概念概括了他对社会学的内容和作用的看法。时至今日,似乎有关一般社会学的理论框架,仍未能超出孔德的设想。现代社会学理论中有关社会结构和社会变迁的理论,几乎都可以从孔德那里找到线索。撇开孔德当时提出这一理论的特定的时代背景和阶级背景不谈,应该承认,"秩序"和"进步"确实是任何社会都应该关注的问题。其实孔德并没有为人们真正指出一条社会进步之路,跟"社会进步"相比,他更感兴趣的,还是资本主义的"秩序"。作为他的社会学的理论基础的实证哲学,其最重要的一个基本特点就是,它可以被看做为改组社会的唯一的坚实基础,使那些最文明的国家所处的由来已久的危机状态得以告终。他把"社会进步"严格限制在思想领域内,明确指出:"统治或推翻世界的是思想,也就是说,整个的社会机构最后是奠定在思想上面"。"如果能把不同的思想集中在某些共同原则之下,那么必然能产生适当的制度,而不致引起任何重大的动乱,因为最大的动乱已经由此而消失。所有感觉到事物的真正的正常状态的重要性的人们,应该把他们的注意力集中于此①。鉴于他讲这些话时,矛头是指向神学和形而上学(他所谓的"形而上学"实际包含着某些进步的东西在内的),因而在当时具有一定的进步性。继孔德之后影响最大的斯宾塞,在承认社会是一个进化过程,认为社会学研究的对象是整个社会(他不但把社会看做是一个有机体,而且看做是"超有机体")这一点上,跟孔德有相似之处。但是斯宾塞已开始改变孔德"目中无人"的态度,开始关注个人在社会中的地位。

(2) 社会学研究的对象虽然也是社会整体,但已偏重于研究一些特殊的社会现象(仅仅为社会学所研究的特殊领域和特殊对象),不妨将其叫做"社会学现象"。持这个观点的著名代表人物,是法国社会学家涂尔干(Emile Durkheim,1858—1917)。涂尔干称自己的社会学对象为"社会事实"。他给"社会事实"下的定义是:从个人之间相互影响中产生出来而又高于个人、外在于个人并对个人产生某种压力或强制性的约束力的那种社会现象。它具有普遍性和客观性。它不仅指一些物质的、有形的东西,还指(而且主要是

---

① [法]孔德:《实证哲学教程》第一讲,转引自《哲学译丛》1957年第3期。

指)某种集体观念或集体表象,这种集体观念依靠法律、道德规范、社会舆论和时俗而起强制作用。当你服从它时,你不一定意识到这种压力,当你试图不服从它时,就会感到它的存在。① 涂尔干把"集体观念"当作如同社会存在那样的独立的东西去进行研究,反映出他在哲学上的唯心论倾向。在力图把社会现象当作自然现象或用自然科学的方法去研究这一点上,涂尔干是孔德和斯宾塞的继承者和发展者。他主张一个社会事实应该由另一个社会事实去解释,而不应该诉诸生物学或心理学的分析,但是在实际上,他并未能完全摆脱心理学的影响。他是第一个实践"社会学观点"的人,这一实践充分体现在他对自杀现象的研究中。

(3) 社会学的对象开始从社会有机体转移到个人及其社会活动。这方面的著名代表人物是德国社会学家马克斯·韦伯(Max Weber,1864—1920)。马克斯·韦伯不满足于把自然科学的方法等同于社会学的方法,也不满足于把社会规律等同于自然规律,力图要找到它们之间的真正区别点。在这个问题上,马克斯·韦伯受新康德主义者李凯尔特的影响,企图否认社会规律的客观性;认为认识社会规律并不是目的而只是一种手段。把社会规律和自然规律完全割裂开来,从而认为:人的行为应该成为社会学研究的对象,社会学应该设法理解个人的行为的主观意义(行为者自己赋予自己行动的意义,这是人类行为有异于其他动物行为的本质所在)。因此,马克斯·韦伯的社会学也叫做"理解"社会学。这样,关于"行动"即可界定为有主观意义的行为;而行为既包括外表的,也包括内心的活动,还包括行动和非行动。总之,社会行动和活动,必须以两个要素为前提:一是行动的主观动机和主观意义;二是以他人为目标,即针对他人的活动的活动②。根据这一定义,不能简单地认为许多个人的同时性的行动就是社会活动。同时也可以看出,马克斯·韦伯的"行动"理论("社会活动"的理论)其实也是一种社会关系的理论,既然是社会性行为就必然包含某种关系。因此要在社会关系和社会行为之间选择社会学的对象,显然是徒劳的。现代结构功能理论其实就是行动理论和社会关系理论的某种综合。

尽管在马克斯·韦伯的社会学中,包含着很多错误的东西,有些甚至是直接针对马克思的,但不可否认,他在有关社会学研究对象方面的论述,对后

---

① 许德珩:《社会学讲话》,北平好望书店1936年版,第154页;另见他所译涂尔干的《社会学方法论》。

② [苏] N.C.科恩:《十九世纪至二十世纪初资产阶级社会学史》,梁逸译,上海译文出版社1982年版。

来的社会学家产生过深远的影响。从他开始,一条新的研究路线(有异于影响同样巨大的涂尔干的路线)开辟出来了,从而导致当代许多新的理论流派(比如帕森斯的人类行动理论)的产生,这一点是不容忽视的。

对资产阶级古典社会学理论的简单回顾,使我们得出这样一种相当矛盾然而又是十分合理的印象:一方面他们的严肃的科学探讨的精神,使他们在客观上能不断接近社会现象的本质,使初期的带有粗糙的自然科学色彩的社会学逐渐变成比较成熟的名副其实的关于社会的科学,提出了一些类似马克思主义的经典作家提出的问题;然而另一方面,他们固有的阶级本性,他们所从属的反动的哲学思想,又使他们远离社会现象的本质,从比较朴素的唯物主义走向主观唯心主义,从实证主义走向反实证主义,走向个人主义。

(4)新的趋势:两次世界大战(特别是"二战")以后,随着社会学的中心由欧洲转移到美国,古典理论社会学已经让位给层出不穷的经验社会学和分支社会学。大量分支社会学的涌现,使有关社会学研究对象的争论简单化了。这正如当年涂尔干所预言的,"事实上,社会事实有多少种,社会科学有多少项目,社会学就有多少分支"①——因而(我们不妨补充一句)也就有多少社会学的对象。这就是说,社会学的研究对象问题,已经从理论领域进入经验领域,进入了现实社会生活领域:日常生活中产生的社会问题,日益成为社会学家关注的对象,以致越来越多的社会学家干脆把社会学称为"管理社会生活的科学"、"研究人类共同社会生活的科学",如果是,那么把社会学定义为"社会生活学"也未尝不可。但是,可惜经验的描述,并不能代替理论的概括。诚然,在现代社会里,人类生活领域的无限扩大,也是导致社会关系变化和社会问题复杂化的重要原因。正因为如此,人们更加关注的是新的社会关系和新的社会问题,而不会是日常生活的一些表面现象。最后,有分化必有综合。二次大战以来,社会学一直处于一种分化状态之中,因此普遍认为,新的综合(它从属于社会科学和自然科学的一体化这一大综合)的到来是不可避免的。

四、"行为—关系—制度"

问题的提出

如何概括社会学的研究对象,始终涉及对社会学的学科性质的理解问

---

① [美] A.英克尔斯:《社会学是什么》,陈观胜、李培茱译,中国社会科学出版社1981年版,第7页。

题。从前面对社会学学科发展过程的粗略回顾,足以看出,一门学科的性质和地位的变化始终深刻地影响着它的研究对象的变化。不过就"普通社会学"来说,情况较之各分支社会学又有所不同。在本书中,我们曾重复表达过这样的意思:"我们也许很难界定漫无边际的社会学的研究对象,但就'普通社会学'而言,它的研究对象则比较容易确定。即使社会生活瞬息万变,在它的背后,总有某种相对不变的因素存在,总有某种规律性的、相对稳定的东西存在。"那么什么是其中"相对不变的因素"呢?我们的回答是在行为、关系、制度三个不同层面上的人的社会活动的固定化过程和固定化形式,而这也就构成了普通社会学主要的研究对象。具体地说,普通社会学就是要研究个人的一定的行为怎样形成一定的关系,一定的关系又怎样形成一定的制度,进而研究行为、关系、制度三者之间的结构关系和互动过程。那么又为什么恰恰是行为、关系、制度而不是其他因素呢?除了社会学史上所提供的不容置疑的结论(从上一节对经典理论的极其简略的介绍中已足以证明这一点)外,一个可供选择的回答是,这三者正好满足了社会学理论研究的一种基本需要:提出并且基本上解决了社会学研究的起点、中心和归宿的问题,从中不难看出"固定化"趋势的客观性和必然性。不过在正面论述行为、关系、制度的固定化趋势之前,让我们还是先对这三个基本概念作一简单的界定。

对行为、关系、制度的界定

行为——一切社会现象,从最简单的到最复杂的,都无例外地起源于个人的行为与人群的活动。因此行为天然地是社会学研究的起点。当然,在个人的行为和活动产生之前,首先需要有个人的存在。"任何人类历史的第一个前提,无疑是有生命的个人的存在"。但是,这些个人不是别的,正是"从事活动的,进行物质生产的,因而是在一定的物质的,不受他们任意支配的界限、前提和条件下能动地表现自己的"人①。一个现实的完整的行动(所谓"单位行动"),至少包括这样三个因素:行动的主体(行动者)、行动的客体(目标)以及达到此目标的途径或手段作为中介。一般说来,任何人的任何一个行动,都会产生一定的结果。问题在于,这个结果相对于目标来说是预期的还是非预期的。实践告诉我们,越是"短期行为",其可预期性越大;越是长期行为,其结果则往往越难以预期。行动结果的非预期性之所以难以避免,从根本上说,来源于行为者之间的相互作用与相互影响,即所谓"互动"。社会行为的本质,决定了它不可能不受到他人和外界的干扰和影响,因而也就不可

---

① 《马克思恩格斯选集》第 1 卷,人民出版社 1972 年版,第 24、29 页。

能单方面地决定行为的结果。行为阶段产生的这些矛盾，必然会对社会的关系层次和制度层次产生深远的影响。

关系——我们把"关系"定义为"行为的固定化形式"。行为的固定化形式也就是"行为模式"。人的生活离不开人际交往，不同性质的人际交往，需要有与其相对应的行为方式。日久天长，这种方式就会形成一种固定化了的行为模式，使诸如君臣、父子、夫妇、兄弟、朋友之类的关系能够明白无误地显现在人们的面前。人际关系由生到熟，由疏到亲，由远到近，有一个发展过程。"一见如故"的情况，虽然也有，毕竟比较难得，特别是在传统的社会里。从这个意义上说，关系是行为的积累，是行为的结果。我们这样说，并无意把"行为"和"关系"人为地割裂开来，事实上它们两者是互为表里，无法割开的。但是在实际观察和分析社会现象的时候，我们会发现，在"行为"和"关系"之间，除了正常的（正态的）相互联系之外，的确还存在着种种反常的、扭曲的、异化的情况。事实上行为背离或游离于关系之外的现象，是常常发生的，只是程度上的差别而已。小至"服务公约"，大至法律条文，其制订的目的，都是为了防止行为失范或越轨，就是说，都是为了维持正常的行为关系。然而在实际生活中，违反这些"公约"和条文的又何以数计？据此，作为一种分析手段把"行为"和"关系"分别加以考察，有时是必要的，只是在这样做时，不能忘记它们原来是一回事。

制度——我们把"制度"定义为"关系的固定化形式"或社会行为方式的最高程度的固定化。制度从自发形成到自觉制定，反映出它对行为的制约已过渡到对关系的制约。费孝通曾说过"男女是关系，夫妻是制度。"如果说，行为和关系的发生和发展，基本上是同步的话，那么相对说来，制度阶段的到来则具有明显的滞后性，只有当行为方式的变迁，关系的变迁持续到一定时候，才会出现制度的变迁。因此，如果说，行为是社会学研究的起点，不言而喻，关系是社会学研究的中心内容，那么，制度便是社会学研究的归宿。制度，是一种典型的"社会学现象"，是最重要的"社会事实"，因而自然也是社会学研究对象中最本质的部分。

"行—关—制"的固定化趋势

"固定化"（形式化、规范化），是社会（乃至宇宙）赖以存在和发展的基本条件。说"固定"，是极言其地位的稳固性。好比一个茶杯放在桌子上，它必须固定在一个地方，否则非掉在地上摔碎不可。现在把茶杯换成人，把桌子换成社会，一个人在社会上也必须有一个固定的位置，如果一个工人没有相对固定的工作岗位和工作单位，势必要乱了套，社会生活就不可能正常进行下去,社会秩序就不可能得到维持。当然,所谓"固定",只具有相对的意义,不是绝对静止。"固定化"说得完整些,就是"固定在一定的轨道上"的意思。轨道就是秩序。犹如地球、太阳、月亮各有其运行的轨道,使宇宙空间呈现出井然有序的状态一样,人类的社会生活也离不开一定的"轨道"。我们"固定"在火车上,上火车的时间、地点,上车后我们占据的空间(座位),这一切在上车之前都已经固定好了。但火车本身在运动,而且是沿着一条固定的路线在运动。因此,"固定化形式"是一种物质的运动形式,固定是为了更好的运动,而不是为固定而固定。

我们把社会生活领域里的"固定化"现象分为三类:行为的固定化、关系的固定化和制度的固定化。

1. 行为的固定化

这里的"行为"指有社会意义的行为,即社会行为。行为的固定化是人的社会活动的一般趋势。每一个地方都有本地的风俗习惯、风土人情。这些风俗习惯、风土人情就把大部分人的行为方式以至行为内容给固定下来了。两个人见了面该怎么办(鞠躬?作揖?屈膝?握手?),生了小孩该怎么办,来了客人该怎么办,发生纠纷该怎么办……反正应该有(也必定有)一套大家都可以照着办的做法,这就叫"行为模式"。这些行为模式固然不是一成不变的,但怎样变法,也并不以某一个人的主观意志为转移的,在大多数情况下还非"随大流"不可。这足以说明,社会的"固定化"现象是一种客观的存在,它的演变是一种自然历史过程,即使有人欲反其道而行之,也不可能对它有多大影响。

2. 关系的固定化

这是比行为的固定化更高一级的固定化形式。照理,行为和关系是一件事情的两个方面,它们是不可分割的,行为反映关系,关系制约行为。一男一女在街上走,人们一般可以从他们的行为方式上大致看出他们是朋友,是同事,是兄妹,或是恋人。而最容易被人识别的,则是夫妻。因为夫妻之间的"互动"方式最一目了然,而且他们的行为方式是不能被别的关系所置换、所取代的(当然,这里面还要考虑时代因素带来的差异)。之所以说关系的固定化程度比行为高,是因为行为的变化与关系的变化并不总是同步发展的。行为要积累到一定程度,要持续一定的时间,才能形成某种关系(特别是正式的关系)。从一个陌生人变成熟人,在近代社会比古代社会花费的时间要少得多,这特别突出地表现在男女之间的关系上,但是现代社会由熟人变成陌路人的可能性也比过去大大增加了,这反过来说明关系的稳定和行为的持续时间仍然是成正比例的。关系的固定化程度,还突出表现在,某种正式关系一旦确定之后,要改变它是相当困难的,往往需要履行一系列复杂的手续。至此,关系的固定化就接近于制度的固定化了。

3. 制度的固定化

如果我们把人际关系补充划分为制度性关系和非制度性关系,那么就可以明显地看出,制度性关系的固定性程度要大大高于非制度性关系。所谓制度性关系,是指有明文规定的,有明确的权利和义务限制的关系。夫妻关系是一种首属关系,但它却是一种制度性关系。"男女是关系,夫妻是制度",这一说法十分清楚地表明了关系和制度在固定化程度上的差别。和行为、关系的固定性不同,人的行为总是自发地倾向于摆脱某种限制和控制,"固定化"并非人的初衷。制度的固定作用是由制度本身的性质所决定的,就像"制"与"度"这两个汉字所显示的那样。有关制度本身的性质和功能问题,将在本书《制度篇》中论及。

"固定化"与社会进化

对社会学的研究对象,人们凭直觉,比较容易接受如下两种意见:其一,社会学是研究现实社会问题的,特别是研究属于社会阴暗面,社会病态一类的社会问题的;其二,社会学是研究社会发展和社会现代化等令人神往的问题的。这两类问题最具有吸引力,最引人注目,所以也最易被人接受。这诚然是社会学研究的课题,然而不该因此把最富社会学意义的一个方面给忽略掉,那就是有关社会秩序、社会控制方面的重大课题。早在20世纪初,涂尔干就意识到社会学是一门"制度的科学"。应该承认,他讲了一句具有真知灼见的话。

应该看到,行为、关系、制度的"固定化"问题,不但有着强烈的阶级特征,还有着强烈的时代色彩。马克思、恩格斯在《共产党宣言》里讲过这样一段有名的话:

> 资产阶级除非使生产工具,从而使生产关系,从而使全部社会关系不断地革命,否则就不能生存下去。反之,原封不动地保持旧的生产方式,却是过去一切工业阶级生存的首要条件。生产的不断变革,一切社会关系不停的动荡,永远的不安定和变动,这是资产阶级时代不同于过去时代的地方。一切固定的古老的关系以及与之相适应的、素被尊崇的观念和见解都被消除了,一切新形成的关系等不到固定下来就陈旧了。一切固定的东西都烟消云散了,一切神

圣的东西都被亵渎了。人们终于不得不用冷静的眼光来看他们的生活地位、他们的相互关系。

对照今天的现实,我们不能不惊叹马克思、恩格斯一百多年前的透辟的分析和卓越的预见。正在向现代化目标迈进的中国人民,当前也正在面临着一种由于社会流动和生活节奏加快以及社会发展步伐的加快而出现的全新的局面。"一切固定的古老的关系以及与之相适应的、素被尊崇的观念和见解都被消除了……"这句话用于今天的中国,也完全适合,当然是在一种全新的意义上。然而,这些情况,只是增加了研究作为"固定化形式"的社会制度的紧迫性,而并没有否定研究它的必要性。在社会主义的制度下,如何运用既科学又简便易行的社会控制的手段,防止出现"失控"状态,仍然是一个值得密切关注的现实问题。

最后,鉴于在我国已经存在像历史唯物主义和科学社会主义这样一些宏观社会学的理论,因而也就更加有必要将所谓"普通社会学"的范围适当缩小,以便更好地解决各个不同学科之间的关系,更有利于本学科朝新的领域发展。

总之,既求发展,又求稳定,既是一个不断更新的进化过程,又是一个在不同水平上进行的制度化过程——这是社会过程的特点,也是社会学所面对的真正的研究领域。这就是我们对社会学对象问题的基本态度。

五、社会学的相关学科

在这一小节里,主要想解决两个问题:一是通过与其他学科的比较,进一步了解社会学的性质和对象;二是试图告知学习社会学的人,应该具备哪些最起码的外围知识。

1. 哲学

没有好的哲学素养和哲学观点是绝对搞不好也学不好社会学的。社会学从根本上来说,是要为人们提供一个正确的、科学的社会观和生活观,而这都有赖于哲学的帮助,首先是马克思主义的辩证唯物主义哲学的帮助。一部好的哲学史,不但能提供很多有用的观点,也能为我们提供大量的社会生活的道理和知识,这些知识之发人深思、引人入胜,是其他任何知识所不能比拟的。

2. 经济学

经济学的研究对象在本质上和社会学是一致的。经济生活是一种最基本、最重要的社会生活,早期的经济学著作(比如亚当·斯密的著作以至马克思的著作)在很大程度上也是社会学著作。现代社会,由于商品经济的发展和人民生活水平的提高,经济因素对生活方式的影响与日俱增。我国的五年计划由单纯的经济计划发展为"国民经济和社会发展计划"即是证明。从学科方法的角度看,经济学中的统计方法和定量分析法早已为社会学所采用。在社会学的众多分支中,经济社会学的地位有可能越来越重要。这一切都预示着社会学和经济学的关系已面临一个新的阶段。事实上,在发达国家,经济学的知识已成为从事各种社会科学研究工作的人们的共同基础知识,对社会学工作者来说,其重要性可想而知。

3. 政治学

到目前为止,它与社会学的关系似乎不如经济学那样广泛、那样明显。这可能和政治学在我国的发展尚处于初级阶段有关。但是可以预期,随着社会主义民主化进程的加速,随着全民政治生活的健全和发展,两者的关系将会有根本改观。现在有关领袖、政党、政权等问题,基本上还没有成为社会学(特别是政治社会学)研究的对象,这是很不正常的。政治社会学在我国的地位,与我们这样一个政治大国的地位是很不相称的,应该得到改善。它不应该像西方社会学那样,仅仅研究作为社会正式组织的政治组织,而应该广泛研究人民群众的政治生活和参与政治活动的积极性问题。

4. 历史学

除了时间上的差异之外,看不出社会学和历史学有什么本质的区别。由于时代的和阶级的局限,过去的历史著作较多反映的是帝王将相等少数统治者的活动,人民群众的社会生活内容反映较少。"社会史"的地位不如"政治史"、"经济史"的地位高。然而,就我国来说,浩如烟海的丰富史料,仍然是了解历代人民生活的取之不尽的宝库。这方面,给社会学工作者提供了大量的用武之地。从某种意义上说,历史学与社会学的关系,类似哲学,它们两者理论上的高度概括,就是历史唯物主义。关于这个问题,后面还要提到。不能很好地懂得这个社会的昨天,也就不可能很好地懂得它的今天和明天。从人类文化的角度看问题,尤其是这样。因此,具有尽可能广博的历史知识对社会学工作者来说,是至关重要的。

5. 心理学

在社会学史上,心理学曾经是社会学的先行学科又是对立学科,"社会学分析"一度就是相对于"心理分析"而言的。但事实上,社会学从来没有能够和心理学割断联系,包括那些反对用心理学的观点解释社会现象的人在内。

现在,社会心理学的出现和发展,为社会学和心理学之间架起了一座友谊的桥梁。从方法到概念两者都正趋于接近,并相互渗透。在西方社会学界,心理学派仍然有根深蒂固的影响,社会学和社会心理学的界限始终划不清楚。行为科学的产生,使社会学和心理学的关系更加密切起来。毫无疑问,心理学是社会学的最重要的姐妹学科。

6. 人类学

一般分为体质人类学和文化人类学(社会人类学)。和历史学比起来,人类学研究的是活的历史,地球上残存的原始部落的文化和生活。在文化和制度的研究上以及在实地社会调查上,人类学是社会学的先驱学科。很多著名的人类学家,如英国的马林诺斯基和我国的吴文藻和费孝通,也都是著名的社会学家。随着时间的推移,这两门学科有可能真正变成一门学科。

7. 伦理学

从学科性质上看,这是两门截然不同的学科。社会学探讨的是社会是什么,人是什么;伦理学探讨的则是:社会应该是什么,人应该是什么。但事实上,每一个真诚的社会学家,都不可能没有自己的社会理想和社会追求。社会学家的责任和使命,也不允许他不过问社会上大多数人的是非和善恶。因此,社会学和伦理学存在着很深的内在联系。对我们来说,这个问题显得格外突出。社会主义和共产主义本身就是一种最崇高的社会理想,它应使它的社会成员人人具有崭新的理想、道德、文化和纪律。要使人与人之间的关系成为健康的、幸福的伦理关系。对像中国这样的文明古国来说,传统的伦理道德关系如何对待,新型的人际关系如何建立,本身就是一个重大的社会学课题。总之,不关心伦理学,就不可能建设好具有中国民族特色的社会学。

8. 文学

好的文学作品对社会学者有极大的启发作用。文学的对象、文学作品的主题,往往就是社会学的对象和社会学的主题。文学需要想象力,社会学同样需要想象力和洞察力。优秀的文学作品是现实生活的高度提炼和典型化,从中能发现大量的"社会学现象"。当然,好的社会学著作也能为文学工作者提供有益的帮助,帮助作家和艺术家选择和深化主题,帮助捕捉社会信息,并了解作品的社会价值和社会功能。现在的情况是,在揭示社会生活的本质、在反映社会问题的深度、广度和尖锐度方面,社会学大大落后于文学,文学作品提出了大量社会问题,有待于社会学去给予回答。

9. 历史唯物主义

正确处理社会学与历史唯物主义的关系是建立我国社会学概念体系的

一大难题。长期以来由于我们一直在马克思主义的科学社会理论指导下从事我国社会历史和现状的研究,并且,历史上有过一段较长的以历史唯物主义取代社会学的阶段,因而当社会学这门学科重整旗鼓时,不能不先对这个问题作出回答。

一种回答是把历史唯物主义和社会学的关系概括为一般和个别的关系。对此需要指出的是,这种"一般"与"个别"之间,存在的绝不仅仅是一种单纯的单向性的"指导"与"被指导"的关系,而是一种"相互作用"的关系。如果只抽象地承认历史唯物主义的"指导作用",而无视历史唯物主义本身就是最重要的社会理论,这个理论也需要研究和发展,这就在实际上把历史唯物主义看做是一种既定的、万古不变的教条。有的同志走另一极端,否认社会学的基本原理是历史唯物主义,或者确切地说,否认社会学的基本原理包含在历史唯物主义之中,从而把社会学降低为社会问题学和社会调查方法学,并最终导致否认马克思主义理论社会学的存在。

我们必须看到一个基本的事实:在我们国家有历史唯物主义和科学社会主义这两门最基本的而性质上又与社会学相近的学科的存在。如果说,过去以历史唯物主义取代社会学是犯了简单化的错误,今天纠正这个错误也不能用简单化的方法:取消历史唯物主义在社会学上的合法地位。

显然,不会有人再重复"历史唯物主义=社会学"的公式,因为两者的不能相互取代是已经肯定了的。历史唯物主义作为各门社会科学(当然包括社会学)的基础理论所居有的特殊地位无疑是社会学所不能取代的,而社会学研究的大量具体的微观领域也是历史唯物主义所无法包罗的。然而,尽管这样,从实质内容来看,两者紧密相连的理由又是十分充足的:第一,历史唯物主义从根本上回答了社会的本质和社会关系的本质这样一些社会学的基本问题,提供了研究社会生活的最基本的观点和方法,历史唯物主义的基本原理就是社会学的基本原理;第二,历史唯物主义的一些基本概念或者就是社会学的基本概念,或者是制定社会学概念的重要依据;第三,历史唯物主义研究的一些重大课题就是社会学研究的重大课题;第四,可以预期,历史唯物主义本身的进一步发展,将会更加深入到社会生活的领域,在研究内容上与社会学发生更密切的结合。

历史唯物主义与社会学这种紧密相连,又不能相互取代的关系,从一定意义上,可以看做犹如资本论和政治经济学,进化论与生物学的关系那样,它们的共同点是,前者使后者成为科学,后者则是前者的学科化。①

---

① 庞树奇:《社会学与学科化》,《社会》1982年第3期。

10. 科学社会主义

就社会学和科学社会主义的关系而言，它们之间固然有区别，但更多的是其一致性。首先，在研究对象上，它们是一致的，它们研究的是同一客体，即现实社会；就其研究的重点来说，都是要着重研究现实的资本主义社会和社会主义社会，以及前者向后者的转变过程。其次，在研究内容上，它们也是一致的。而且随着社会主义社会建设事业的不断向前发展，这种一致性会日益明显。再次，从科学社会主义和社会学的形成和发展的阶段来看，对马克思主义社会学的历史的唯一科学的解释，应该是和科学社会主义的发展史完全一致的。它们都有一个从空想（不科学）到科学的发展阶段，它们从空想变为科学的标志都是马克思的唯物史观和剩余价值学说的建立。在它们成为科学之前，都脱胎于空想社会主义。它们有着共同的先驱者和创始人：圣西门和马克思。最后，还应该提一下，在马克思主义的经典著作中，有些著作很难区分它是科学社会主义著作，还是社会学著作。以著名的《资本论》为例，列宁在《什么是人民之友》中说过：《资本论》是叙述科学社会主义的基本的主要著作。针对同一部著作，列宁又说：马克思一开始从事写作活动和革命活动时，就极其明确地提出了他对社会学理论的要求，社会学理论应当确切地描写现实过程，如此而已……他在《资本论》里极其严格地遵守这个要求。是什么使社会学和科学社会主义走到一起来了呢？显然，是"现实过程"本身。要知道，学科的"定义"只是一种表述，而科学研究的对象则是一种客观的存在，它是不以人们的主观表述为转移的。我们要建设有中国特色的社会主义，这就决定了我们的社会学必须是，也只能是有中国特色的社会主义社会学，也决定了科学社会主义是我国社会学工作者必须关心其发展的一门学科。从一定意义上说，未来的中国社会学要获得健康发展，在很大程度上取决于历史唯物主义和科学社会主义理论的发展。鉴于目前自然科学和社会科学的突飞猛进，历史唯物主义和科学社会主义也不可能再像过去那样停滞不前，它们迟早必将发生突破性的进展，而且应该是朝着社会学的方向发展。

第二章 社会学的方法论和研究方法

本章论述两部分内容,前面部分主要从最高层次的视角来论述社会学研究方法所遵循的一些基本原则、规范及其思想渊源和发展,可以说是具体研究方法的方法背景。后一部分主要是把一些通常称之为"经验研究方法"的内容作一列述,当然不可能列举得很全面,仅局限在我们经常采用和较为实用的范围内。

一、社会学的科学研究和人文研究方法论

社会学科学研究方法论

"社会学"这个名词产生的时候,也正是科学哲学先驱们在对科学的科学性和人文性进行反思和激烈争论的时代,这样的一种巧合,不仅为社会学早期面目定下了轮廓,也为后来的方法论争议埋下了楔子。

18世纪末19世纪初,由于牛顿力学基础的动摇而导致整个自然科学研究的危机,引发了迄今没有平息的对于科学研究的"科学性"的旷世争论。这场争论的开场白是经典哲学家康德留下的。在《纯粹理性批判》的结尾处,康德有段总结语:人类理性的法则……具有两个对象,即自然和自由,因此,人类理性的法则不仅包括自然法则,而且包括道德法则。这两个法则最初表现为两个不同的体系,但最终却归结为一个哲学体系。自然哲学探讨的全是"是什么"的问题,而道德哲学则探讨"应该怎样"的问题①。这一段开场白引

---

① [美]瓦托夫斯基:《科学思想的概念基础——科学哲学导论》,范贷年译,求实出版社1982年版,第569页。

发了以后一个多世纪关于"事实"和"价值"何为科学真理标准的纷争。第一回合是"事实"战胜了"价值",人文价值的温情被弃置于冷肃的科学研究殿堂之外,实证的科学精神气质成为时代的精神气质,社会学的萌芽因而也无可避免地在科学实证主义的土壤和气候中破土而出,至今已经是枝繁叶茂。

实证主义的核心是唯科学主义。所以,社会学的科学研究方法是社会学实证主义最为强调的特征,它的本质特点在于对社会现象采取客观主义态度以及所谓的"价值中立性"。这一方法论的基本观念是立足于自然主义公设以及社会文化现象可还原为自然现象的假定之上,并由此逻辑地导出一个方法论原理:在社会学中可以运用自然科学规律,包括价值中立性的要求。这一原理包含了科学研究方法论的一些基本原则:

(1) 对社会学研究对象的自然主义公设,即断言社会文化现象和自然现象本质是同一的。根据这种观点,社会过程同自然现象相比,不是另一种新的现实,因此,可以依靠自然规律来予以解释;

(2) 社会学的知识体系应按照自然科学的模式来建立,并运用它的方法论观点;

(3) 按照"价值中立性"的要求,作为学者的社会学家,应该放弃对研究对象和结果作任何价值的判断;

(4) 科学知识体系本质上只是一种工具。

实证主义社会学的方法论发展史可以分为两个主要阶段:第一阶段从19世纪30年代开始,与孔德和斯宾塞及其大批追随者的名字相连,至19世纪与20世纪之交,即生物进化观念和机械论观念发生危机的时期结束;第二阶段则从20世纪20年代开始,持续至今。

在第一阶段中,那些社会学及其方法论的奠基者,继承自然主义传统,实际上创立的是"物理学主义社会学"和"心理—生理学主义社会学",如孔德的社会学理论就由"社会静力学"和"社会动力学"两大部分构成。这一阶段的社会学家最喜欢采用当时广泛流行的一种方法,即类比法,就是把社会现象同自然现象相类比、把社会同生物有机体相类比,并把它们混为一谈。认为社会模式是一种机械模式或是一种社会机体模式。在前一种模式中,人的个体被看做是一种社会原子,而社会的组织和制度就是物理机制;而后一种模式则把社会现象看做是完整的社会体系中相互联系的和正在实现的某种功能,就像生物机体的细胞和器官那样。

19世纪末,科学研究的发展遇到了前所未有的困境,以至于近代科学赖以生存和发展的观念根基开始遭到怀疑和动摇,一种崭新的现代科学思想正在躁动。以孔德、斯宾塞等为代表的、建筑在机械论和生物有机论观念基础上的"原始社会学",开始暴露出早期实证主义社会学方法论上的致命缺陷,即完全借助于自然科学概念之巢而孵生出来的关于社会的理论,终究逃脱不掉"覆巢之下焉有完卵"的命运;同时,还由于这种"原始社会学"仍然被统治在哲学的概念体系之下,不能克服观念上形而上学的、思辨的性质,不得不回到传统的哲学社会学的狭隘圈子中而无法进行独立的研究。19 世纪和 20 世纪之交,最著名的欧洲社会学家涂尔干、帕累托(V. Pareto)和马克斯·韦伯开始探求社会学认识及方法的新形式,标志着新实证主义社会学思想的产生。随着第一次世界大战的爆发和结束,新实证主义社会学的中心逐渐转移到美国,使得美国从此获得了社会学发展的领导地位。实证主义社会学思想演变的第二阶段是以作为第一阶段"哲学社会学"的反动而出现的,因而一开始就具有强烈的、甚至是偏激的经验主义方法论色彩。具体表现在大量使用当时的统计技术来研究各种社会问题。① 这个时期,由于受经济和政治生活的影响,人们对社会过程的真实信息的获取产生了迫切要求,经验主义的方法为获取这种信息提供了保证,以便能够实际应用于探讨怎样解决像失业、犯罪等大量涌现的社会问题。这时期的社会学研究,从方法论的角度看,突出的是自然科学的工具性,即理论体系的概念基础辅之以自然科学的方法技术,特别是实验和统计的方法技术。这一方法论思想产生的原因是,随着实际社会问题的研究数量的大量增加,研究过程和结果的质量、准确性、可论证性及可靠性等已不可避免地被提到了重要地位之上。

第二次世界大战以后,实证主义思想在西方社会学中的流行达到了最高峰。实证主义社会学者们对运用自然科学方法论的重视,造成了社会学接近于高度精确的自然科学的印象,并在较大程度上提高了它的科学威信。

社会学人文研究方法论

实证主义社会学方法论把科学研究的方法绝对地植入了对社会这样一个以人的集合体为唯一对象的研究之中,同时又试图完全排斥人的价值观的影响来体现所谓的科学性、客观性,这必然是一种不切实际的幻想。所以,反实证主义方法论,从未停止过对实证主义方法论的批判以及发展自己的方法论思想,属于这股对立的方法论思潮的,其观点虽不尽相同,但总的都体现了"人文"因素介入社会学研究方法的倾向。社会学的人文研究方法论大致有三类思想代

---

① 前苏联科学院社会学研究所编著:《二十世纪上半叶资产阶级社会学史》,毕裕华、蔡振扬译,上海译文出版社 1987 年版,第 12 页。

表：社会学的批判方法论；社会学的现象学方法论；社会学的理解方法论。

1. 社会学的批判方法论

它以法兰克福学派的理论及其不同时期的变种为代表。批判方法论一出场就带有鲜明的价值色彩，它批判实证主义把社会知识的工具作用绝对化，宣称社会理论不可能是中立的，而应该是解放的，因为任何理论在研究社会的时候，都存在着一种不言自明的假设：即社会秩序怎样表现为"它应该是"的样子。实证主义方法论思想由于方法的科学中立性要求，导致理论构造体系也要求无主观因素的掺合和把社会看做是一种抽象的均衡的类物理实体。所以，批判方法论的理论出发点便是提出了与实证主义均衡论势不两立的"冲突论"概念。批判社会学认为，实证主义社会学理论出于纯粹科学分析的目的，在一连串对系统均衡性的假设中，构造了有关社会现象的虚幻概念体系。从这个幻想的世界出发，分析就必然会强调维持社会秩序的机制，而不去注重那些系统地产生着的失调和变迁的机制。然而，事实上社会中存在着使冲突无法改变和不可避免的机制。批判冲突论的思想渊源来自马克思，特别是其关于全人类解放的思想主题，这一理论体系明确地把人从社会统治下解放出来的理论宗旨作为自己的价值准则。批判方法论的基本目标有以下几点：① 描述支配人类自由的历史动力；② 揭露这些力量以意识形态表现出来的合理性；③ 社会理论怎样才能建立一套概念体系，该体系既能保存马克思关于全人类解放的主题，同时又能避免守在对发达资本主义社会预测方面的经验失误；④ 社会理论如何以某种方式抽象出来并发展成这样一种理论，它将能够调和物质生产力、政治组织力同具有反应和认识能力的个体的主观之间的力量。

从上述的方法论目标和主题中，批判社会学在研究过程中导入了主观价值反省和意识批判的方法。但这种方法又不能回归到哲学—形而上学的思辨窠臼中去，它必须也是知识体系的一部分，应该是既能批判又能操作，既能分析又能描述的。因此，批判社会学最杰出的代表人物尤根·哈贝马斯(J. Habermas)在对科学进行批判时，同时也企图巧妙地解决这一令批判社会学家们深感矛盾和烦恼的方法论难题。他的最终目的是想确立一个事实：科学只不过是一种知识类型，其存在只是为了满足人类利益的一个方面的旨趣。这里，哈氏替批判社会学人文方法论思想体系的科学性作辩护的关键一步，就是把科学确定为只是"知识类型之一"，为了实现这一目，哈氏提出全部知识类型分三种：① 经验分析型知识，即各类旨在理解物质世界的规律性本质的知识；② 历史解释型知识，即致力于理解意义的知识；③ 批判型知识，即致力于揭示人类所遭受的压抑和统治的条件的知识。这三类知识反映了人类三种基本旨趣：一是通过控制自然环境而实现生活资料再生产的"技术上"的旨趣；二是理解自身所处境况意义的"实践上"的旨趣；三是为使自由得以发展与完善的"解放"的旨趣。这些旨趣并不存在于个体之中，而是存在于对社会及其组织的普遍命令当中，这些组织形成某种形式的再生产、意义与自由的主体。三种旨趣产生了三类知识：① 物质资料再生产的旨趣产生了科学的或经验分析的知识；② 理解意义的旨趣导致了解释历史的知识的发展；③ 自由的旨趣则需要批判理论的发展。

哈氏绕着弯子道出社会学的批判的人文方法论的核心观念，即以理解意义为主要特征的历史主义方法体现了批判人文方法论的与实证主义唯科学方法论手段上的区别，而解放与自由的主题则从根本上体现了两者性质上的对立。

2. 社会学的现象学方法论

社会学人文研究方法论思想的第二条路线基本上具有认识论的性质，它来自现象学思潮对于实证主义的批判。这一观点认为，实证主义社会学的主要缺点在于把社会现象自然化，忽视社会界、文化和个性的质的特点。自然主义的方法导致社会学概念的不合理的具体化，导致低效率的研究程序。现象学派号召拒绝在社会学中运用客观科学方法，力图制定出研究社会现实的特殊手段，以便揭示它的内在含义和意义。他们认为社会学的任务在于"研究社会成员借以创立和认识社会界的解释程序"。

社会学的现象学方法论思潮的思想渊源来自德国哲学家 E. 胡塞尔（Edmund Husserl），他的方法论思想对欧洲和美国的思想界产生了决定性的影响。后来他的方法论由存在主义创立者们稍加修改而接受下来，并成为存在主义方法论的主要理论基础和应用特征，对许多学科具有深刻的影响。

现象学方法的一个根本特征是所谓还原过程。这种方法是一种特殊的认识程序，它的根本内容在于对对象作理智的观察，也就是说，它是基于"直觉"的。这个直觉指向考察和研究对象的"所与"；现象学的指导原则是"返回事物本身"，其中的"事物"意思就是"所与"，而"本身"指的是现象的本质。现象学还原在具体研究过程中需要经过双重的还原，先对观察到的现象即"所与"进行还原，然后再对现象本身即"所是"进行还原，从中排除一切非本质的东西，仅仅分析它的本质。

由于现象学还原方法基于所谓的理智直觉，并且又通过存在主义的融合，其方法论的"人本"色彩是显而易见的。但当它在指责实证主义社会学把社会现象自然化的同时,自己已陷入了另一个极端——把社会生活的唯一特征绝对化,否定社会发展规律的客观性,否定对社会进行客观科学研究的可能性。

3. 社会学的理解方法论

这种思想在西方社会学的方法论观点中具有某些独特之处。虽然西方近来有大量专门论述理解问题的著作,但社会学家对待理解社会学的态度是很不一致的,甚至存在着十分激烈的争论。理解观念的思想源头可追溯到德国哲学家狄尔泰(Wilhelm Dilthey),他对理解社会学思想的奠基者马克斯·韦伯有很大的影响。狄尔泰主张在方法论上要明确区别自然科学和社会科学,前者以外表的、事实的说明和因果规律解释为目标,后者致力于对文化现象内在意义的深入的和直觉的认识。他认为后者的基础是分析和描述的心理学通过对于意识的系统知识,能够有助于认识个人生活与社会生活的结构的(或有机的)统一。因此,狄尔泰借助于心理学的认识论基础创立了他著名的"生命哲学",并在这一理论体系中确立了方法论上的理解观念。他试图论证理解的方法乃是历史科学和社会科学的一种特殊方法,并且是唯一适合这出科学研究对象的方法。狄尔泰的理解概念,指的是人们在社会生活的相互作用中所拥有的一种共同的感受,这种共同感受来源于人们在不平静的生活中,从内心亲身体验到的构成社会制度的那种情绪和力量。狄尔泰研究和认识社会的方法,很明显是内省式的,在他看来,社会对个体来说或多或少是异己的、需要加以说明和解释的、是他人的精神世界的符号和密码。要破译这些密码,需要一种精神的中介体,这个中介体是被分解了的、结构化的程序。这种结构的要素是法、宗教、语言、各种行为的方式,即各种不同类型的人类活动的文化标志。精神的文化结构,是能够互相理解的共同基础。这里充分体现了狄尔泰思想理论的文化非理性主义,所以他特别激烈地反对社会学中自然主义和客观主义的方法论思想。以后的理解社会学基本沿着狄尔泰的传统轨道在发展,直至当代。

当代各种理解社会学观念可概括地划分为三种主要类型。第一种是理解的自然主义合理化类型,帕森斯的"社会行动"理论是这一类型的代表;第二种是辩证的理解模式类型,某些批判性理论和新康德主义释义学是这一类型的代表;第三种是描述的理解社会学,它包括了一些语言学社会学的代表。

以"社会行动"理论为代表的理解的自然主义合理化类型 从狄尔泰到帕森斯系统地创立社会行动理论的过程中,马克斯·韦伯是一位重要的思想先驱。马克斯·韦伯最早提出,社会学是理解性的科学。他认为,在自然现象方面,我们只能通过数学形式和数学性质的命题的媒介把握所观察事物的规律性,换句话说,我们必须通过由经验证实了的命题解释社会现象,才会有理解这些现象的感觉。因此,理解是间接的,通过概念或感受机能获得的。在人类行为中,从某种意义上说理解也可以是直接的。如教授理解听他课的学生的举止;乘客理解出租车司机为什么在红灯前停车。我们无须查考有多少司机在红灯前停车也能知道他们为什么这么做。人的行为具有一种内在的可理解性,这是因为人是有意识的。行为和目的、一个人的行为与另一个人的行为之间的某些可理解的关系常常可以立刻被感知。据此,马克斯·韦伯进而把人们行为之间的内在可理解性确立为社会研究的方法论基础,明确指出,社会行为具有一种可以理解的结构,研究人类现实的科学是能够掌握这种结构的。这种可理解性丝毫不意味着社会学家光凭直觉就能理解这些行为,恰恰相反,他们是根据各种书籍文件逐渐把这种行为重现出来的。对于社会学家来说,主观意义既是可以直接把握的,又是含糊不清的。

在马克斯·韦伯的思想中,理解丝毫不是一种神秘的才能,一种理智以外的或高于理智、高于自然科学逻辑方法的能力。我们可以不经事先调查了解就可一下子把握他人行为的意义,在这一点上来说,可理解性就不是直接的。雅斯贝尔斯(Karl Jaspers)在研究心理病理学时把理解和解释区别开来的观点对马克斯·韦伯的影响甚大。雅氏认为,一般说来,人们可以说在某种范围内行为是可以理解的,但一旦超出了这个范围,意识状态与身体状况或心理状况之间的关系就不再是可以理解的了,即使这些状况是可以解释的也是如此。马克斯·韦伯据此认为,从社会学家的角度来看,社会行为在很大程度上是可以理解的,就像心理学家看待心理行为时所能做到的一样。鉴于我们的理解能力,我们无须借助一般命题也能研究独特的社会现象。人类现象的内在可理解性和科学的历史方向之间有着某种联系,这倒不是因为以人类现实为对象的科学总是研究只发生一次的东西,或只关心各种现象的独特性质,而是因为我们懂得这种独特之处,因为纯历史的范畴在以人类现实为对象的科学中具有自然科学不可能具有的重要性和意义。马克斯·韦伯方法论总的观点就是努力理解和解释人类接受的各种社会准则及他们自己创造的业绩。

帕森斯在强调马克斯·韦伯的思想对于他的理论的意义时断言,如果没有马克斯·韦伯的主观的观点,行动理论就是毫无意义的。社会学行动理论分析方法被称为行动的概念模式,通常分为三种公设:① 个体力图达到目的、实现需要、满足欲望,因此,应当使行为与行为者个体的主观意图相协调。

正是从这种相互关系上说,应当把行为理解为有意义的;② 有明确目的的行为是在情境中进行的,即在特定的地点和一定的时间内进行的。情境的不变因素是行动的条件,其可变因素是手段;③ 行动者个体总是面临着行动的这种或那种可能性的选择,并用"选择"、"评价"、"判断"等这样一些术语来表示。

根据这些论点可得出,社会行动研究者的主要任务之一,就是研究行动者个体的内心的主观状态。帕森斯的"理解"观点,即由此而来,他的理解原则即基于个体行动体系。他认为,个体是"取向体系",取向是在社会化过程中形成习惯的、文化规范的总和。从另一方面来看,文化规范是在社会体系中制度化的,并在相互作用的过程中表现为群体的期待。个体对客体的行动是通过他与群体其他成员的共同的符号系统,即共同的文化而以这些期待为取向的。结果,在个体的取向、个体对情境的感知和群体的期待之间就存在着一开始就有的联系。根据这个模式,个体的行动是由共同的文化的内容先验地决定的。在帕森斯看来,正是社会化的个体理论模式才是理解的原则。

以批判性理论和释义学为代表的辩证的理解模式类型　批判社会学中除了批判的方法论思想观念以外,还有这个学派一直自诩的辩证法的理解方法论模式。这一模式带有较为深厚的折中主义色彩。辩证理解方法论者提出他们的观念基础是认知需求,并认为存在三种形式的认识需求:技术的需求、实践的需求和解放的(获得自由的)需求。与这三种需求相适应的是三种知识形式,即"为了统治"的知识、"为了完善"的知识和"为了解救"的知识。需求和知识形成是研究社会的各种方法的分类基础,即自然主义的方法、释义学的方法和批判性的方法。

与技术需求联系是自然主义方法的最初形式,乃是自然科学以及以自然科学方法论为指导的经验社会学。

"实践的"认识需求,是与语言(语言传统)这一人类交往的主要媒介相联系的。与实践的需求相适应的是释义学的方法。

"获得自由"的需求,是在明确的伦理基础之上,由制定具体情境下行为的计划和策略而产生的,这是自我认同的前提。要实现获得自由的需求,就必须进行释义学的活动。

分析一下释义学流派的观点,能使我们更确切地了解辩证的理解方法作为一种社会认识方法的理论。社会学方法论中的释义学观点,是以关于"认识的需求"这一经验的社会哲学思想所制定的"认识人类学"为依据的。从认识人类学的观点来看,语言符号就像感觉器官或者是这些器官借以把握自然界的那些技术装备一样,很少是属于认识的客体的。释义学的需求是建立在人参与"说话"的基础上的,它引起了释义学系统诸科学的产生,从而在与自然科学(它是在人的肉体所参与认识的技术需要的基础上产生的)的关系方面是相辅相成的。因此,释义学是理解社会学的一种特殊方法,是人类文化活动的客体化(文章、文献及其他)。其用意在于解释它们、揭示它们被设想的或者至少是所表现出来的意义,以便建立相互的理解,或者说是恢复这种理解(如果说这种理解已遭破坏的话)。并且一般说来以这样一种方式来承袭传统,就是要使人类的历史对话得以继续或者得以恢复和深入下去。

以语言社会学为代表的描述的理解社会学类型　最充分地反映出"理解"根本观念的,可能要数晚期现象学社会学观念和分析社会学观念,我们把这些观念也列入"描述的"原意上的理解社会学类型。

晚期的现象学社会学思想,是以一种所谓的"生命世界"观念为观察和认识社会的方法论基础,从这个世界的深处发展出各种不同的知识体系,其中包括科学的知识体系。这一学派认为,科学若要真正成为"严谨的科学",它所需要的并不是自然主义的严谨性(这种严谨性在于知识的逻辑形式化和数学化),而是阐明科学的形成过程和它所赖以产生与存在的那个预知之物的世界的制约性。这个预知之物是这样一个世界,在这个世界里,我们作为人类的人在与我们相同的人中间领略着文化和社会,我们依赖于文化和社会的客体,因为它们作用于我们,而它们也受我们的影响。对任何人类的认识来说这都是一个"最初的世界",想要弄清楚自身基础的社会学应当研究这个最初的世界。

这一学派的方法论意向,有一个很现实的目的,就是在于反对盲目地把自然主义、实证主义的科学方法作为研究和解决人类一切问题的普通手段来加以崇拜,在于反对歪曲地、自然主义地看待人。这些观点具有社会认识论的倾向,从而形成现象学的"知识社会学"。

在现象学理解社会学的理论和方法论模式中,语言描述方法居于特殊的地位。这一观点认为,语言是通常的典型化的最重要工具,是考察行动者个体在建立社会结构并使之系统化的过程中所使用的重要手段。这一语言学社会学的思想纲领是在"语言—游戏"观念和语境意义论的基础上制定出来的。其基本思想是,如果说言语的意义在于它的使用,那么使用言语的实质也就是言语的意义和有理性。任何一种社会行动(如果把活动的结构理解为类似于语言的结构的话)都具有意义。意义就是一切社会的东西的不同的特性。为了说明存在某种社会行动这一事实,需要探求的不是这种社会行动的原因,而是它的意义,也就是说,要研究这种行动的语境。一切发生着的东西,一切社会的东西,一切具有意义的东西都是在语言中发生的,也只有在语言中才具有意义,因此也只有在语言的描述中才能理解这种意义。科学的语言,比如说与魔法的语言相比,并没有什么高明之处,即使是把它们用来描述同一种现象,也是如此。从这里可以看出,"语言学"社会学与释义学社会学的理解方式存在着重大区别。后者在于理解和认识在精神与传统方面都与我们不同的东西,在于建立对话和相互理解,据此,自然科学的方法和理解的方法是可互为补充的。但是,语言描述社会学观点却把社会事实作为有意义的事实而与自然科学的事实对立起来,摈弃社会因果性思想本身,否定以自然科学为指导的理解的可能性,而只允许在生命形式内部进行彼此直接的理解。这种"集体的唯我主义"将可能在现实的社会实践中导致文化孤立主义和思想、政治的保守主义。

当前社会学方法论的主要倾向

上面我们较详细地介绍了社会学的实证科学方法论与人文学科方法论的情况,现在让我们在此基础上作一个简单的归纳,同时谈谈我们自己对社会学方法论的未来走势的一点看法。

应当承认,相对于理论而言,在对待作为方法论的社会学的态度上,分歧似乎要小一点。这就是说,在社会学研究工作中,应该坚持什么样的方法论原则,正在迅速接近于意见一致。

对于社会学的"自然科学的理想",在社会学的创始阶段,这种"理想"反映在社会学的研究方法上,必然是崇尚一种自然科学的方法,说得确切点,实际上是崇尚一种机械力学和生物学兼而有之的"实证"方法,即尊重观察、尊重实验、尊重客观现象和事实的方法,对事物的质和量进行分析的方法。法国社会学家涂尔干的方法论,是早期的一个著名的例子。这种方法的局限性,在于完全忽视人的活动、人的行为的主观意义(动机和效果),忽视社会现象与自然现象的种种区别,纯粹把人作为社会的客体去处理。后来,这种观点又走向了另一极端:即由无视人的因素走向过分强调人的行为的意义,由自然主义转向人文主义和个人主义;由实证主义转向反实证主义。

经过曲折的道路,特别是随着经验社会学在社会学中地位的提高,社会学的研究开始重新强调社会本身的因素。这可以视为自孔德、斯宾塞以来实证主义社会学在更高阶段上的发展。原来意义上的综合性学科的特色,由于系统理论(系统论、信息论、控制论)等一般科学方法诊的诞生和发展而具有全新的意义。社会学的"自然科学理想",由于自然科学本身的长足的发展,以及自然科学和社会科学的相互渗透的加强又重新成为谈论的话题。越来越多的人,开始认真对待社会学以社会整体为对象的新的学科性质。

我们不一定要立即接受这样的观点:似乎社会学是专门研究社会整体的唯一的学科,因为这本身也牵涉到一个方法论的问题,即一个"整体"的东西能否由单独一门学科去承担研究的任务。但是,着眼于社会整体去研究现实社会生活各种社会问题,的确是社会学的一个很重要的原则。根据系统论,"整体"就是一个系统。具体点说,其特点主要在于:① 事物都是由若干部分(或要素)以一定的结构相互联系而成的有机整体;② 这些相互联系的整体可以分解为若干基本要素(部分、环节);③ 这一整体具有不同于各组成部分的新的质和新的功能。① 不能说只有社会学才有必要坚持这样的方法论原则。但是社会学无疑是最能体现这一原则的少数几门学科之一。这些原则对社会学研究之所以显得特别重要,是因为社会固然是集人而成的,但绝不等于人的相加,人一旦组成社会,它就具有每个个人所不具有的作为社会整体的新质。研究社会和社会生活,是从单个的人和局部现象出发,还是从社会整体出发,一度曾成为划分社会学观点和非社会学观点的分水岭。②

上述社会学的方法论对我们来说,其实并不陌生,因为它完全符合马克思主义的辩证方法。列宁在《什么是人民之友》中说:"马克思和恩格斯称之为辩证方法(它与形而上学方法相反)的,不是别的,正是社会学中的科学方法,这个方法把社会看做处于经常发展中的活的机体(而不是机械的结合起来因而可以把各种社会要素随便配搭起来的一种什么东西)。要研究这个机体,就必须客观地分析组成该社会形态的生产关系,必须研究该社会形态的活动规律和发展规律。"关于辩证法和系统方法的内在联系,系统论的提出者也是无法否认的。也许是因为我们自以为对唯物辩证法太熟悉了,反而妨碍我们去自觉地承认和运用系统论的方法。而作为一种基本观点,自发地"不谋而合"与自觉地运用,其实际效果是完全不同的。

科学主义和人文主义的争论,自 19 世纪末 20 世纪初揭幕以来,至 20 世纪二三十年代达到高潮,并以科学主义盛行一时而暂告一段落。"二战"以后,人们在舔弥科学所带给人类巨大创痛的同时,开始怀疑科学"理性"排斥人性因素的"真理性"。科学是无国界的,但科学家却是有国家和民族的;科学证明是实证的,但科学应用却是实实在在世俗人性的,会导致幸福和悲惨、

---

① 魏宏森:《系统科学方法论导论》,人民出版社 1983 年版,第 72 页。
② 刘吉:《民族性格:一个可供思索的因素》,载《科学传统与文化》,陕西科学技术出版社 1983 年版,第 189 页。

创生和毁灭。因此,首先是一批哲学家对科学本性开始进行反思,20世纪50年代美国科学家托马斯·库恩(Tomas Kuhen)的名著《科学革命的结构》使得人文主义思潮再一次向科学主义发出融合的召唤。反映在社会学领域,出现了前所未有的、被当代法国思想家皮埃尔·布尔迪厄(Pierre Bourdieu)称为"社会学的大一统"局面。① 60年代以后,特别是70年代,社会学界明显地突出了人文批判的色彩。科学主义也不再顽固地坚持它的逻辑形象,出现了像调和的"中程理论"以及诸如"本土方法论"等中间理论方法论观念。整个70年代似乎是社会学理论方法论方面的温和时代,各方都表现出彬彬有礼的大度和温文尔雅的宽容,大家都在寻找统一的基础,尽量避免针锋相对的冲突。但思想争锋的沉寂,意味着另一种危机,这是敏锐的社会学家所真正担忧的后果。于是,80年代开始,一些先锋社会学家出于对社会学界沉闷琐细的不满,又开始企图挑起纷争,所谓"后现代主义"便是对人文普遍性思潮的一种并非强烈科学主义的喷言。但纵观当今之势,社会学的科学主义似乎再也没有力量掀起一场普遍性的浪潮,而且也不再对作为宏观基础感兴趣,它们转而一头钻入分化日益细致的专业社会学领域之中。因此,目前出现了一种奇特的现象,即宏观的人文出发点和微观的科学工具的应用,形成了理论和经验研究"哑铃型"的相对分离。这种现象喻示着社会学研究尚未定型的一种新发展动向,即实在主义的兴起。

二、社会学研究的几个层面

社会学是理论、方法论和经验研究方法三者的高度统一。它们是一个有机的整体,任何将三者人为地割裂开来或分离出去的做法,都将影响社会学这门学科的完整性和科学性。

理论研究和经验研究

理论研究与经验研究一开始是各自独立发展的,中间有一个重心转移的过程,即由理论社会学转到经验社会学,现在则有合为一体的趋势。这种一体化的趋势,主要是通过众多的分支社会学体现出来的,其结果,理论社会学也变成了一个和诸如家庭社会学、城市社会学、农村社会学、法律社会学、医疗社会学等等相并列的社会学分支。除了普通社会学之外,专门社会

---

① 包亚明主编:《布尔迪厄访谈录——文化资本与社会炼金术》,上海人民出版社1997年版,第114—115页。

学的理论和经验调查往往是一身而二任的,理论的层次也大大降低了。所谓"中程理论"开始居于突出地位。由此产生了社会学的一个矛盾:理论研究受方法和手段的制约,社会学理论的发展开始落后于社会学经验研究的水平。

对于这个问题,美国社会学家A.英克尔斯有比较全面和深刻的研究。他分析道,在许多方面,理论和实际的相互影响是迅速而又密切的。经验研究的关注点往往放在理论表明是重要的问题上,而理论合并了经验研究的新发现,通过把它们和其他发现以及和已有的理论相合并使它们具有意义,并在此基础上指出新的经验研究的途径。然而,社会学很少有这样好的条件。社会学研究的真实情况是,它的理论在很大程度上脱离任何被持久研究的实体而发展,而它的经验研究也同样地只和理论家的研究保持有限的联系。对于这种长期存在的分歧和两种不同的研究倾向,韦伯有简约形象的概括。他称这两种类型是"作解释工作的专家"和"研究题材的专家"。而米尔斯(C. Wright Mills)则从贬低的意义给这两种研究类型取绰号为"庄重的理论"派和"抽象了的经验主义"派。

这种分歧在某种程度上可以从历史追溯中找到原因。因为社会学源出于社会哲学,所以它倾向于把重点放在推测性的和评价性的研究上,而不是放在经验性的研究上。孔德就是早期致力于推测性研究的代表人物,虽然他也知道使他的概念接受已知事实检验十分重要,但他实际上从没有如此实践。而同时在19世纪中叶,脱离孔德和斯宾塞等人的工作独立发展的、在某种程度上甚至持反对态度的,是关于发现社会生活中基本事实的研究。①

理论和经验研究的矛盾与对立在许多方面其实是人为的,为此,美国社会学家罗伯特·默顿(Robert Merton)指出,常常有几个完全不同的工作类型被社会学者归纳在"理论"的名目之下。

第一,提供总的价值取向:验证和证明某个方面或变项的重要性,是理论家主要从事的工作。比如,从事小团体研究的学者认为,要注意那些支配群体互动的规划产生的影响,同时还要注意群体的大小对群体内部的社会过程产生的影响。再比如,社会心理学者认为对自杀的调查研究不仅要测量团体的社会整合的程度,而且要研究群体成员特有的人格。一般来说,社会学者和这种类型的理论建设并没有特别的矛盾。

---

① [美]A.英克尔斯:《社会学是什么》,陈观胜、李培茱译,中国社会科学出版社1981年版。

第二，发展社会学概念：概念本身还够不上是进行研究的基础，但概念是任何科学探讨必不可少的工具。它能说明对社会学总的价值取向来说是重要的变项的形式和内容。故而，涂尔干在确认群体的社会性整合的程度的重要性之基础上，更确定了整合的几种类型，其中最著名的一个类型就是用失范状态这个概念来表示的。帕森斯不仅具有一切行为都有模式化倾向的这个思想，同时还提出了一套概念，例如他的模式变项，等等（详见本书《关系篇》）。

然而，很多理论家在概念这个问题上止步不前，因而偏重经验主义思想的社会学者对此提出了两个典型的反对意见。一是，理论家可能已经确定了概念，但并没有明确指出要如此做才能知道已确定的事物的确存在于真实的世界之中。二是，理论家往往不能表明用概念来从事什么，仅仅只是把这些概念用作标签来替代那些事物原有的标签而已。

第三，做出经验主义的概括：这种概括是"对两个或两个以上的变项的关系中被观察到的一致性进行总结的孤立的陈述"（罗伯特·默顿语）。在社会学的著作中有很多这样本来是明明白白的事情而偏要作繁复的调查和概括的所谓研究成果。为此，那些爱好理论的人指出，经验主义者虽然有许多事实，但它们常常相互矛盾。由于进行研究的环境和利用抽样的方法不同而使同一现象的研究会有不同的结果。更加严重的是，这些研究成果并没有给我们提供积累的知识和增大的力量，从而有利于作出预报或进行控制。因此，许多从事理论的社会学者面对这一大堆并没有多大联系的调查结果，深感不满。

第四，加工科学理论：我们所需要的是科学法则，即"从理论中作出推理的陈述"（罗伯特·默顿语），这种类型的科学法则是少见的，因为它具有相当大的难度和要求，具有很高的水平，但是并非绝无仅有，涂尔干的研究及其成果是其中的一个典型代表。涂尔干经过研究认为，自杀随着社会群体的整合程度而变化，这就是一条科学法则。根据这条法则，我们能够有把握地说出，在宗教、婚姻、性别和教育程度上不相同的各个群体中哪个群体将会有比较高的自杀率。

A. 英克尔斯进一步认为，理想的状态是经常地完成如此循环：开始是从提出互动的命题到从事旨在检验命题的研究，然后是按照调查结果来修正理论，最后是制订新的研究计划。而过去的大师们，如涂尔干和马克斯·韦伯等，他们的著作主要或者更多的是对理论的关心，尽管它们在实际上仍是一种经验的研究，自杀和新教伦理是两个很合适的例子。因此，我们必须恢复在专门评价理论对研究的关系中失去了的立场。目前这一代社会学者中许多人只是从原则上了解的东西,将留待以后世代的社会学者在实践中去获得。①

社会学的经验研究和认识论

在对社会学研究方法的探讨中,除了前面所涉及的社会学理论与经验研究的关系这一方面外,另一方面就是方法本身在认识论上的意义。"理论—经验事实—理论"的循环看上去叫人感觉陌生,似乎和"实践—认识(理论)—再实践—再认识(理论)"的循环大不一样。马克思主义认识论认为,理论都是对经验材料的概括、整理、加工,它总是建立在经验材料的把握之上。经验材料和理论之间有个先后的关系。我们通常说的"没有调查就没有发言权","一切从实际出发",都是强调这种先后关系。那么,方法上的从理论出发的循环,虽然不否认理论所需的验证,但至少是表明可以从对理论的把握出发,通过一定的手段,达到新的认识,有人认为在一种学科理论尚未确立之前,总先从经验材料出发,形成零星的概念,不成熟的理论框架,逐步积累,有了一套基本概念和体系后,学科研究便从这套体系出发去观察事实,概括事实本质。虽然,用这种阶段划分的办法来解决这一问题也有叫人不够信服之处。我们先来作一个区别。实践—认识—再实践—再认识的式子是哲学认识论上的基本原理。理论—经验事实—理论是方法论上的一种认识事物的程序。哲学认识论解决的是认识的来源问题,是解决整个人类认识的产生、发展过程的问题,而科学研究的方法论是把哲学上的基本原则转化为认识工具,是从世界观的应用中概括出来的一般方法原则,以解决研究的途径、程序、探索科学发现的形成过程。因而这是两个方面的问题,是既有区别而又有联系的。我们坚持认识来源于实践,坚持物质第一性,这是无疑的,但是作为一项科学研究,不但允许,而且有必要在占有经验材料之前,先作出某种理论假设。科学研究上的理论先行不等于认识论上的思辨,后者是排斥经验依据,排斥事实验证的,而前者是一种导引,一种手段,建立理论假设,在整个研究中是起到捕捉和梳理经验事实的作用。它不仅不排斥经验事实,而且力求经验事实的验证。因此,从认识论和方法论两个层次看,这中间丝毫没有矛盾之处。不管假设走得多远,它最终还是要回到现实中来的。

---

① [美] A. 英克尔斯:《社会学是什么》,陈观胜、李培茱译,中国社会科学出版社1981年版,第146—149页。

社会学的宏观研究和微观研究

宏观研究和微观研究方法之间的最大差异或许是涉及分析的层次,研究者将其用作研究的出发点。微观研究法一般是从最小的个体开始的,宏观研究法一般是从最大的单位开始,即从系统着手研究。我们如何称呼处于微观和宏观之间的研究法,以及如何称呼那些从未得到明确回答的研究法,例如,强调某些利益团体的研究法,海因兹·尤劳提供了一种实用主义的回答。既然科学的主要目标是在概念之中发现联系,特别是希望发现因果联系,因此,考察自变项(原因)与因变项(结果)两者之间的联系是有意义的。尤劳把自变项(原因)称为主体单元,而把因变项(结果)称为客体单元。他指出,假如在一种特殊的研究中,客体的范围比主体大,那么这种研究法就是微观研究法;而假如主体的范围比客体大,那么这种研究法就是宏观研究法。简单地讲,假如我们用较小的或较低的层次去解释高层次的内容,就像以参议员的个性去解释参议院的决定一样,我们就具有了微观研究法;假如我们用高层次的东西去解释低层次的内容,就像用参议院这个机构去解释参议员个人的投票行为一样,我们便拥有了宏观研究法。

但实际上宏观、微观之分,没有什么绝对的界限。就现代西方社会学界的情况来看,像帕森斯的结构功能理论可视为宏观理论,而霍曼斯(G. C. Homans)的交换理论则显然属微观理论。前者深受欧洲古典社会学理论的影响,企图搞一个无所不包的社会学系统理论;后者曾受前者的影响,其主要研究对象是"小群体"。从纵向发展来看,似乎有一个宏观结构向微观结构转变的趋势。

把社会学分为宏观社会学和微观社会学,反映了现实社会的宏观层次和微观层次的实际情况,是应该肯定的。现在的问题是,我们的社会学尚未完全解决宏观与微观研究之间的衔接问题,特别是它们在理论上的一致性的问题。存在着相互脱节和相互矛盾的状态:宏观概念是马克思主义的(这也带有很大的假定性),而微观概念是西方资产阶级流派的,甚至在同一本书里,也会出现这种不协调的现象(本书在这方面亦不能完全幸免),这充分说明建立一套统一的社会学概念体系的必要性。当然,这种统一的概念体系的建立,既非一朝一夕之事,也非个别人闭门造车所能完成。概念是一种工具(虽然它也是从属于一定的理论的),只要是行之有效的,谁都可以用,不必考虑它是哪一个国家,或哪一个人的。但是由于同样的概念,可以形成极不相同的理论,对此,必须有清醒的认识,必须让它经受实践检验,并得到社会的承认。

三、社会学经验研究的具体方法和过程

社会调查的历史

社会学不仅是一种理论和方法论,而且是具体进行社会调查研究的方法。这后一层意思,随着经验社会学地位的提高,而日益显得更加突出。如前所述在经验调查和理论建设的关系上,早期的社会学并不像现在这样结合得如此紧密。从时间上看,经验社会调查的历史甚至比社会学本身的历史还要长。最早搞社会学性质的社会调查的,都不是专职的社会学家。1777年发表《英国和威尔士监狱状况》一书的约翰·霍华德(John Howard)是一位英国的法官;1889到1891年发表《伦敦人民的生活和劳动》的查尔斯·布思(Charles Both)是英国的一位大企业家;研究犯罪率和自杀问题的阿道尔夫·凯特勒(L. A. Quetelet)是比利时的统计学家。后两人被尊称为经验社会学的鼻祖。西方经验社会学调查的长期积累中有许多值得借鉴的东西。不过,这里还应特别指出,在社会学的宝库中马克思主义创始人的特殊贡献。马克思主义者不仅重视社会理论,而且尤其重视社会调查。恩格斯的《乌培河谷来信》(1839年)、《英国工人阶级状况》(1843年),马克思亲自设计的《工人调查表》(1880年)以及他的主要著作《资本论》(第1卷,1867年);列宁的《俄国资本主义的发展》(第2版,1908年);毛泽东的一系列农村调查报告——这里面或者是直接进行的实地调查,或者是对大量第一手文献资料的搜集和整理,都体现理论和经验调查的高度的统一,是调查研究的典范。

社会学方法所涉及的议题比较多,我们分几点来谈。

定量研究的一般步骤和方法

在实证主义方法论指导下,社会学家所普遍采用的社会研究的一般步骤是:① 确定研究课题,这实际上还包括了初步探索;② 提出假设,即把研究课题命题化;③ 调查研究的设计和组织,包括选定调查方式,确定调查总体与样本,时间进度,问卷设计等;④ 收集资料,即应用具体调查工具着手收集资料;⑤ 整理分析资料和提出报告(见图2-1)。

尽管在表述上还有其他大同小异的说法,但本质内容和内在逻辑是完全一致的。上述五个步骤要达到的目的是通过经验事实的验证来证实或修正或推翻理论假设,以达到新的发展。

课题的选定是社会调查研究的关键性的起步,它综合地反映了学科本身

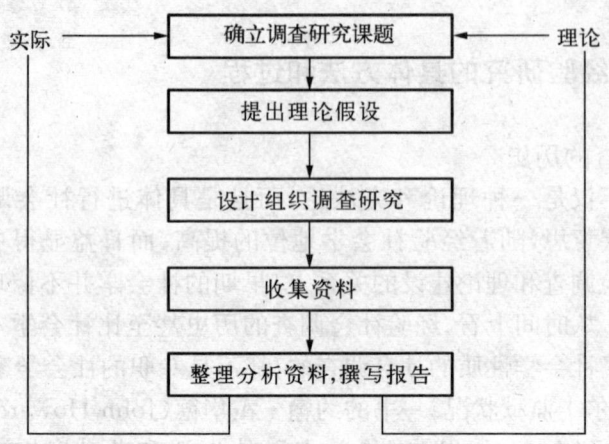

图 2-1 社会学调查研究的一般步骤

的理论现状,研究人员的理论水平和科研能力。作为一个社会学家,往往更多的不是从已有理论的内在逻辑矛盾中寻找课题,而是直接从最迫切、最实际的社会需求和现实生活中发掘课题。这需要一种特别的、不为日常生活所蒙蔽的职业敏感和职业能力。课题选择得可行、准确、有价值,是研究工作的良好出发点。

将研究的课题命题化,即提出理论假设,集中反映了研究者的理论修养。命题化实际上就是从一定的理论框架出发,应用已有的一系列概念,提出有概括和推论意义又可验证的假设。假设是研究者和研究对象之间的一座桥梁。通过它,单纯的经验事实才有了研究意义。韦伯关于经济制度与宗教制度相关联的理论使他提出一系列命题,对天主教占统治地位的社会和不占统治地位的社会分别进行了经济制度的考察,涂尔干依据其自杀理论从各国宗教着手研究自杀率。在这两种理论框架中,宗教现象都是作为对象被研究。又比如,我们假设"职业层次越高越不愿服从权威",这里的"职业层次"和"服从权威"两个概念就与日常社会生活中的某一部分现象联系起来了。理论假设引导研究者从某些方面着手去进行观察,为研究者提供了给事实分类、概括的依据。

研究的设计和组织涉及确立研究方式、制订规划等,社会调查是社会学最基本的研究方式,具体地又划为典型调查、抽样调查、普查、个案调查等。

(1) 典型调查 是一种选择调查。通过对调查对象进行科学分析,有意识地选择若干单位进行周密系统调查观察的一种方法。根据单位大小,可分为个体、群体、地域三种层次的典型调查。典型调查是以马克思主义的共性与个性的辩证关系理论学说作为依据的,从同类事物中选出最有代表性的事物来揭示这类事物的本质规律。由于典型的确定是服从于研究者的判断,因此,科学地分析,正确的选择是一个重要的先决条件。还由于典型调查是通过对个别事物的质的分析来达到对众多事物的量的研究,因此,它在推论上所受的局限是明显的。世界上没有绝对纯的典型,典型是相对而言的。

(2) **抽样调查** 是从研究总体中通过一定方法选择部分单位来进行调查。它的关键在于如何正确选择样本。使所选择的样本能充分代表全体,从而使抽样调查的结果有效。这样就有样本越大误差越小、样本越小误差越大的反比关系。抽样调查分为随机与非随机两类。随机抽样是根据机会律的原则而避免任何主观意识作用来选择样本的方法。它包括简单随机抽样、分层抽样、分群抽样、系统抽样几种方法;非随机抽样则包括任意抽样、定额抽样、判断抽样等。抽样调查是一种速度快、回答率高、费用少、误差小的方法。在不可能或没有必要进行全面调查的情况下,抽样调查是最为常用的方法了。

(3) **普查** 是对研究总体的全部单位进行调查与搜集资料的一种方式。主要是用来说明现象在一定时间内的全面情况,具有一时性和大量性的特点。比如人口普查等。

(4) **个案调查** 是以一个人,一个家庭,一个社会群体,一个社区,一个民族等为整体单位,给予详细描绘与分析的调查方法。这种方法深入细致,要求搜集与研究能反映某一个案的全部现象或一般过程,它们之间的内部联系及其社会背景的资料。从某种意义上说,个案调查类似于典型调查,所不同的是个案调查的对象不一定具有代表性意义。

质性研究的一般步骤和方法

在非实证主义方法论的指导下,形成质性研究方法。所谓质性研究,按照台湾学者潘淑满(2003)对质性研究提出了一个比较明确和比较完整的定义,即:质性研究有别于实证主义的科学研究取向,主张社会世界是由不断变动的社会现象所组成,这些现象往往会因为不同时空、不同文化与社会背景而有不同的意义。因此,质性研究者在整个研究过程,必须充分理解社会现象是一种不确定的事实。通常,质性研究者必须在自然的情境中,通过与被研究者密切的互动过程,透过一种或多种的资料收集方法,对所研究的社会现象或行为,进行全面式的、深入式的理解。研究者对于研究过程所收集数据的诠释,不可以用数字或统计分析的化约方式,将资料简化为数字与数字的关联,或对研究所获得的结果做进一步的推论;相反的,研究者在整个研究过程中必须融入被研究者的经验世界中,深入体会被研究者的感受与知觉,并从被研究者的立场与观点出发,诠释这些经验与现象的意义。简言之,质性研究就是一种建基于整体观点之上对社会现象进行全方位图像的建构和深度的了解的过程;反对将研究现象切割为单一或多重的变项并运用统计或数字作为数据诠释的依据①。

国内学者陈向明的定义是:质的研究是以研究者本人作为研究工具,在自然情境下采用多种资料收集方法对社会现象进行整体性探究,使用归纳法分析资料和形成理论,通过与研究对象互动对其行为和意义建构获得解释性理解的一种活动。陈向明进一步指出,上述定义包含有如下几层含义②:

(1) 研究环境:在自然环境而非人工控制环境中进行研究。

(2) 研究者的角色:研究者本人是研究的工具,通过长期深入实地体验生活从事研究,研究者本人的素质对研究的实施十分重要。

(3) 收集资料的方法:采用多种方法,如开放式访谈、参与型和非参与型观察、实物分析等收集资料,一般不使用量表或其他测量工具。

(4) 结论/理论的形成方式:归纳法,自下而上在资料的基础上提炼出分析类别和理论假设。

(5) 理解的视角:主体间性的角度,通过研究者与被研究者之间的互动,理解后者的行为及其意义解释。

(6) 研究者与被研究者之间的关系:互动的关系,在研究中要考虑研究者个人及其与被研究者的关系对研究的影响,要反思有关的伦理道德问题和权力关系。

基于不同的理论背景,质性研究又有不同的研究步骤,主要有:循环式建构主义研究模式步骤和批判式宏观研究模式步骤。

循环式建构主义研究模式步骤。以此模式从事研究的研究者主要是探究人们的符号、解释和意义的建构,故必须进入他们的演出,他们认为没有所谓"绝对真理",而所有的知识,都是与情境脉络联结的,扎根在情境中。因此,这个模式的研究步骤,是不断地循环在"经验"→"介入设计"→"发现/资

---

① 潘淑满:《质性研究:理论与应用》,台湾心理出版社2003年版。
② 陈向明:《质的研究方法与社会科学研究》,教育科学出版社2000年版。

料收集"→"解释/分析"→"形成理论解释"→"回到经验"的循环体系(图2-2)。

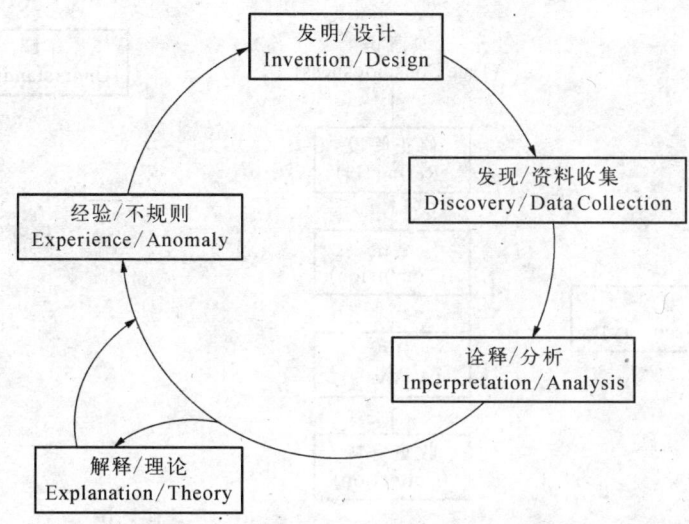

图 2-2 循环式建构主义研究模式的步骤

批判式宏观研究模式步骤。这种模式是同时批判地检视着前两种模式的系统效果,希望能经由历史检视及两种模式的互相对照,而除去虚假意识,达到弱势者解放与增权的效果。这种研究模式常常在政治介入及系统研究中采用,其研究步骤如下图所示(图2-3)。

质性研究有许多具体的方法,主要包括行动研究、扎根理论方法、口述史法、个案研究,等等。

行动研究。行动研究根源于实务工作者本身,对自身的工作情境或工作效益有所不满,希望通过研究方式,为现况的改善或问题的解决找出实际行动的方式,并期望缩短在理论知识生产过程中由于缺乏实务工作者的参与,导致理论与运用之间的落差之事实。在行动研究过程中,实务工作者可能是主要的研究人员,也可能是参与研究的成员之一;无论是研究的主要关键人或部分成员,在整个研究过程都是基于平等参与的原则,积极参与整个研究工作的规划与行动。通常,研究者主要是扮演"触媒"的角色,通过各种策略与方法来帮助所有参与成员,不仅能对问题形成明确界定,同时也能对问题进行反省式的思考。对实务工作者而言,"行动研究"一词隐含着"意识觉醒"和"充权"两种作用。因此,潘淑满对"行动研究"的概括式的界定是,一种来自实务工作者对自身工作的反省与通过研究过程来找出较适当的解决策略。

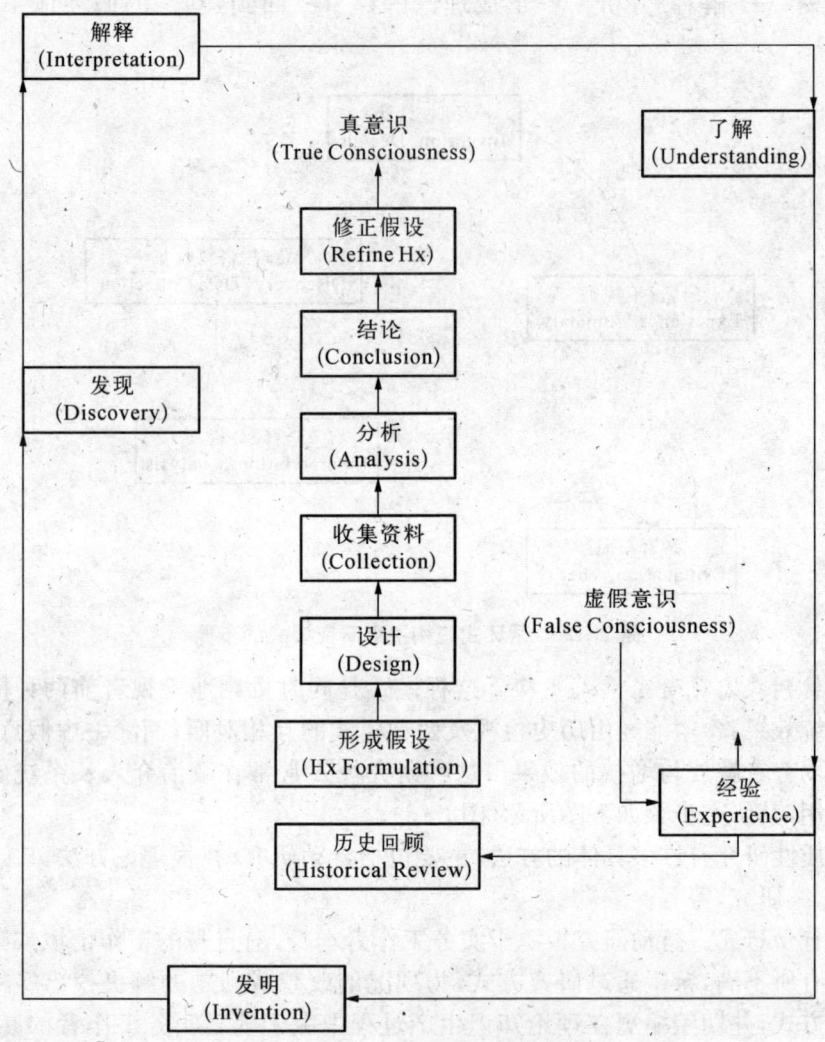

图 2-3 批判式宏观研究模式的步骤

就实践行动层次而言,行动研究其实是包含了规划、行动与行动结果的事实发现等环节的过程①。

扎根理论方法。扎根理论(Grounded Theory)最早是由美国社会学家格拉泽(Barney G. Glaser)和斯特劳斯(Anselm L. Strauss)在《扎根理论的发

---

① 潘淑满:《质性研究:理论与应用》,台湾心理出版社2003年版。

现》(*The Discovery of Grounded Theory*)一书中提出,它并不是一种理论,而是一种方法,其主要宗旨是从经验资料的基础上建立理论。研究者在研究开始之前一般没有理论假设,而是直接从原始资料中归纳出概念和命题,然后上升到理论。这是一种自下而上建立理论的方法,即在系统收集资料的基础上,寻找反映社会现象的核心概念,然后通过在这些概念之间建立起联系而形成理论。

口述史法。"口述史"的语意涉及两个层面的诠释:口述和历史。口述是指,相对"文字"概念而言,透过一个人或一群人叙述其生命、生活经验或生命、生活故事以累积文本、的方式。历史是指所牵涉事件何时何地发生,何人牵涉、何时发生等事实,以及对这些事实所做的诠释与观点。"口述"与"历史"两个概念组合在一起时,它便产生颠覆性的意义;在过去声音和影像不发达的时代,传统所谓"历史"通常是通过文字和符合记录,流传下来成为"正史";这种现象凸显了过去"拥有文字权"和"历史诠释权"两者经常是互为因果的双向关系;在这样的历史脉络下,过去能诠释历史、记录历史的人也往往是属于握有权力的阶级,而他们的眼中所见常常也是和"权力"相关的人、地、事、物。因此,口述历史突破传统上历史的来源必须取决于文字的限制,将历史的取材与资料来源扩展到相关人员的叙述,并将"历史诠释权"回归于广大的群体;每个人在口述过程中,她或他都是事件的参与者与解释者①。

个案研究。这是一种建立在归纳理性、多元资料、描述、特殊性以及启发性等基础上的研究方法。它运用多元的资料以探讨真实生活情境下的现象,强调整体性、经验理解、独特性、丰富描述以及自然类推。

收集资料的具体方法

社会学中常用的收集资料的方法主要有四种:观察法、询问法、文献法和实验法。在一个具体的社会研究过程中,这些方法往往交叉使用。

(1)观察法 是研究者在事物的发生和活动过程中,参与或不参与其中,以密切观察的方法获取直接的第一手资料。它的优点在于可以不必依靠调查对象的帮助,在事物的自然状态中从容地有时序地进行深入的调查,了解事实的真实面目。非参与观察是一种外部X观察、不露声色,从旁观察,以保证材料的可靠性。参与观察是一种投入其中,成为一员的内部观察,它能够获取极为丰富、生动、详尽的资料,从而剖析事物的深处。研究者要能够不为

---

① 胡幼慧、姚美华:《质性研究:理论、方法及本土女性研究实例》,台湾巨流图书出版公司1996年版。

人知地保持着两面性,行为上的一致,思想上的独立,否则是无法保证资料的可信度的。

再进一步说,观察还可以是着手研究前的一种探索性的观察,通常是无一定目的、无系统的,在随意之中发现问题。

(2) 询问法 是一种根据调查大纲以询问方法获取资料的方法。询问法有两种主要形式:问卷与访谈。

问卷是一种回答率高,时效快的形式。但是在发放问卷后研究者便基本不能控制了。从类别上问卷有邮政问卷、报刊问卷和发放问卷几种,从形式上有开放式和封闭式之分。开放式是答案的各种可能性不受研究者控制,封闭式是问题的答案选择受研究者控制。在问卷询问中,研究人员和被调查者的关系是借助于问卷间接表现的,情报资料的内容范围,可靠性等要取决于所编制好的调查表。因而编制的技术十分重要。除了前面说的变项指标确立的种种要求外,还要注意如何调动回答者参与的兴趣,注意问卷的内在逻辑和语言表述等。

访谈是研究者与被研究者面对面通过有目的的谈话来收集资料的一种方式。访问中两者的相互影响是直接的,访问员的行为会产生直接的后果。因而除了事先精心设计,注意把握谈话主题外,还应该注意访问的地点、环境,访问员的外貌、性别、年龄、谈话的态度等细节。访问的形式具有较大的弹性,可以随时改变话题,寻找发现新的问题。

(3) 文献法 也叫历史法。所谓文献就是用文字、图像、符号、声频等载体储存起来的资料。从载体上划分,有印刷型、视听型、计算机阅读等;从类型上又可分为国家和中央档案、组织和企业档案、书信、自传、回忆录之类的个人文献几种。利用上述载体所获取资料的方法,不妨可以称之为文献法。收集文献资料,对无法接近的对象进行分析研究,能够纵向地抓住历史阶段性的区别与比较,也能横向多面地铺开,而且省时省力、费用少,也没有研究人员与被调查者的相互影响问题。特别是利用文献可以在研究课题本身不明确时帮助我们形成看法,确立课题。不过,文献分析中研究人员必须始终保持审慎的头脑,既要防止自己的主观偏见,也需注意文献本身的可靠性。

(4) 实验法 是为阐明某一现象,创造一种情景,观察它在情景条件下的变化和结果,从而得到结论的一种方法。实验的一般步骤是以假设为开端的。当某一种社会现象导致了另一种现象的发生和变化时,即表明变量与变量之间的关系。然后确定实验对象,分成两组进行对照,对其中的一组施加实验条件,称为实验组;对另一组不施加实验条件,称为参照组。然后对两组在实验前后的变化进行比较分析,找出因果关系的结论。实验法较多地应用于社会心理学的研究。由于社会现象的复杂使人工情景条件难以控制,实验法虽然比较精细,但它的应用是受到局限的。

四、社会学的功能

根据前面对社会学的不同层次的分析,我们可以把社会学的社会功能作相应的划分。

从最高的层次看,社会学的社会功能就是社会科学的功能;从最低的层次看,社会学的功能也就是经验社会学的功能。

在相当长的一段时间里,一种说法十分流行:自然科学是关于生产斗争的科学,社会科学则是关于阶级斗争的科学。它在某种特定的历史条件下,也许是对的,但绝不是事情的全部。在进行社会主义现代化建设的今天,这样的概括就显得很不确切了。现代社会科学已由主要用于指导革命斗争转为主要用于指导建设,它和自然科学在宏观目标上,已没有什么差别。钱学森认为,和自然科学一样,"社会科学同样是提高人民物质生活和精神生活水平的工具,而且是不可缺少的工具"。① 社会科学也是生产力,"科学技术"这个概念中,也应该包括社会科学在内,社会科学作为一门具体应用于国民经济的学问,不妨称之为"社会工程"或"社会技术",社会科学的现代化,就是要实现从社会科学到社会技术的重大发展。钱学森所说的"社会技术"包括环境保护、智力开发、行政系统工程(领导体制和干部体制)、法治系统工程等等。如此看来,社会学无疑是这门"社会工程学"或"社会技术学"的重要组成部分。

这是从科学的统一性来看社会学的功能的。但是,社会科学(包括社会学)毕竟还有不同于自然科学的一方面,如果不看到这一面,就不可能充分认识它的社会功能。

恩格斯曾经论述过科学社会主义的任务,他的一些基本思想完全适用于社会学。其大意是:

(1) 社会占有生产资料,社会生产内部的无政府状态为有计划的自觉的组织所代替。生存斗争停止,意味着人在一定意义上最终地脱离了,动物界,从动物的生存条件进入真正人的生存条件。

---

① 钱学森:《从社会科学到社会技术》,《新华文摘》1980年第11期。

(2) 社会的规律,是人们自己的社会行动的规律。这个规律一直如同自然规律那样与人们相对立,现在将变成他们自己的自由行动。客观的异己的力量,将处于人们自己的控制之下。从这时起,行动的非预期结果才有可能变成可预期的结果,人类才有可能实现从必然王国到自由王国的飞跃。

(3) 因此,使无产阶级和其他被压迫阶级认识到自己行动的条件和性质,这就是无产阶级运动的理论表现,即科学社会主义的任务。①

恩格斯并没有简单地把社会规律等同于自然规律,他把社会规律定义为"人们自己的社会行动的规律",这一点是值得注意的。恩格斯这里所说的"人们自己的社会行动",当然主要指的是阶级之间的行动,阶级斗争的行动。随着对抗性阶级社会历史的结束,社会行动的内涵已发生了根本变化,自不待言。但"社会行动的规律"本身的作用,并没有改变,也永远不会改变,从而认识人们的社会行动的条件和性质的任务也永远不会取消。应该说,这正是社会学的任务和作用之所在。对社会学的任务的这一提法,既适合广义社会学和理论社会学,也适合狭义社会学和具体的经验社会学。"具体社会学研究的任务在于确定:在人们的社会活动中怎样体现整个社会,各个阶级和社会集团的发展需要,确定在一定条件下使个人、集团和社会的利益达到最大限度的一致的具体形式。"②

以上所述,也许可以归结为社会学的认识功能。社会学不仅在于认识社会现象及其规律,而且要直接参与对社会的规划和管理。也就是说,它除了具有认识功能之外,还具有管理功能(或控制功能)。这一社会功能来自社会学研究对象的一个重要方面:社会的日常生活。社会生活有两层意思:一是社会生活本身(衣食住行,生老病死);一是对社会生活的安排、规划和管理(实行计划生育是其中一个显著的例子)。就社会学是一门管理社会生活的科学而言,它这方面的作用是非常明显的。但是,仅仅局限于日常生活,应该说还是一种低层次的社会管理。事实上,整个社会的发展方向和发展过程,都存在着一个控制和管理的问题(这时往往用"社会控制"这一概念来代替"社会管理"的概念)。控制分有计划、有目的的管理型的控制和无计划、无意识的非管理型的控制(让规律自行起作用的控制)。前者也许可以叫做社会控制的"自觉性因素",后者可以看做是一种社会的"自我调节"的控制系统。

---

① 《马克思恩格斯选集》第 3 卷,人民出版社 1972 年版,第 323 页。
② 前苏联科学院社会学研究所:《社会学手册》,唐学文等译,浙江人民出版社 1983 年版,第 40 页。

一般说来,自觉性因素应该包含在自我调节这个大控制系统之内。当原有管理体制失败的时候,这后一种社会控制的作用就会突现出来,比如我们常说的"自然界的报复"就是这种特殊的社会控制。因此,"要实现对社会的科学管理就应该具体地掌握自然与社会这两个系统的物质交换的复杂的机制,就必须综合利用生态科学、环境科学等各种科学的成果"。① 社会学在综合利用各学科的研究成果方面,有着不容置疑的特殊的作用。

社会学的第三个社会功能,是它的预测功能。预测功能是和管理功能、控制功能互为表里的。有效的管理必须建立在有效的科学预测的基础上,反之,科学的预测又为有效的社会控制和管理不断带来新的内容和课题,最终转化为社会管理。社会预测在当前现代化建设中的意义是十分突出的。因为对建设者们来说,他们面临的多是未知的领域,很多重大的建设项目或社会措施,都需要预测其近期和远期的社会后果。从根本上说,任何社会预测,都是对人的行为的社会后果的预测。而人的社会行为(由于物质条件和错综复杂的社会关系的制约)其社会后果,又往往是非预期的。作为一门专门研究社会关系和社会行为的学科,应该通过着重研究人的行为的预期与非预期结果,来对社会预测和社会管理作出自己的贡献。

社会学的第四个社会功能,是它的导向功能或教育功能。一本普通社会学教科书,也应该是一本指导人们如何做一个合格的社会成员的生活教科书。事实上,社会学所研究的社会行为、社会关系和社会制度,本身都是一些行为模式和行为规范,不能设想研究社会学的人能摆脱这种模式和规范。因此,马克思主义社会学应该完全摒弃资产阶级社会学的"价值中立"的说教,理直气壮地,正面地阐述马克思主义的社会观和生活观,并批判一切形形色色的剥削阶级的思想意识和生活观念。其中对我国当前有实际意义的课题,是要继续批判一些远未肃清的封建主义的思想意识、伦理道德、风俗习惯和价值观念。在坚持开放和改革的方针下,慎重辨别和处理资产阶级文化、文明和社会主义精神文明的界限,帮助人们树立进步、健康和乐观向上的生活态度和人际关系。当然,不可否认,社会学在进行这项工作的时候,应该和教育学、伦理学以及一般的思想教育工作有所不同,这种不同主要表现在:社会学不满足于向人们指出什么是善,什么是恶,什么是美,什么是丑,而是力求对善恶美丑得出以社会为背景的客观分析。

关于社会学的社会功能,历来有两种对立的看法,一种如前所述,是所谓

---

① 《历史唯物主义和对社会的科学管理》,《哲学研究》1981年第1期。

"价值中立"的观点,只管"是什么",不管"应当是什么";另一种则主张,社会学应当参与对社会的变革和改造,应成为社会改造的工具,应"干预"社会生活,帮助解决社会问题。这后一种想法,原本是不错的。但如果因此就把社会学喻为"社会医学",把社会学家叫做"社会医生",那似乎又有点过誉了。因为很明显,现实世界根本不存在包医百病的"社会医生",相反,倒很可能存在一些"巫医"和"庸医"。"社会医生"的角色,应该由整个人类科学来承担,光靠社会科学都不行,更毋论社会学。

将上面的讨论简单归纳一下,关于社会学的社会作用和功能,至少应包括如下几项：

(1) 通过认识人的社会行动的规律,来认识社会,通过调查研究,来了解社会生活,了解国情；

(2) 参与设计、规划和科学管理社会生活；

(3) 参与分析和解决社会问题,预测未来社会的发展；

(4) 开展实际社会工作；

(5) 进行社会知识的教育和参与精神文明的建设；

(6) 开展社会学基础理论和专门理论的研究,促进理论和实际的结合,协调和促进整个社会科学的发展。

应该指出,在社会学的所有主要的社会功能中,社会管理和社会控制的功能,占有突出的地位,是为其他学科所不能替代的。

第三章　社会与社会要素

一、社会：人与自然的统一

　　这里借用马克思早年的一个提法，试为"社会"这一概念作一界定。马克思认为，在私有财产被扬弃后，未来社会将是"人同自然界的完成了的本质的统一"。① 据此，我们可以说，人类社会的发展过程就是这种统一的逐步实现的过程。社会是从自然界分化出来的，这犹如人是从动物界分化出来的一样。所不同的是，人一旦脱离动物界，就不再属于动物，不再回到动物界中去了；而社会则始终是自然界的一部分，是自然史的一个特定的阶段。因此，讲社会的起源，必须从自然界讲起，从人的起源讲起。

　　在马克思主义诞生之前，有关社会起源的一种流行的说法是：人类曾经历了两个阶段或两种状态：先是自然状态的人，后来才进入社会状态。持这种观点的最有名的代表人物有17世纪英国的霍布斯、洛克和18世纪的法国资产阶级启蒙思想家卢梭。他们都是"社会契约论"者。实际上，与其说他们论证的是社会的起源，不如说是国家的起源，而且是一种不那么正确的国家起源论。

　　跟社会学的产生有直接关系的生物进化论者，也有过"自然状态"的思想。值得注意的是，他们是从自然界本身的演变过程来探讨这个问题的。赫胥黎在其《进化论与伦理学》(旧译《天演论》)中，把自然界的历史划分为宇宙过程和园艺过程。"宇宙过程"的倾向是调整植物生命类型以适应现时的条件；"园艺过程"的倾向是调整条件来满足园丁所希望培育的植物生命类型的

---

① 马克思：《1844年经济学—哲学手稿》，人民出版社1979年版，第75页。

需要。后者也就是我们所理解的社会过程。社会中的人,不仅受社会过程的支配,还要受宇宙过程的支配。社会进展意味着对宇宙过程每一步的抑制,并代之以另一种可以称为伦理的过程。"伦理过程"有可能使在自然状态下残酷进行的生存斗争,适者生存的局面为尽可能多的人适于生存的局面所代替,也就是为人类所特有的道德、人格和情感的需要的满足所代替。人类社会就是起源于人类所特有的这种官能上的需要。和动物"社会"不同,人类社会在满足人的官能需要时,不是先天注定的,固定不变的,人类喜欢"自行其是"。因此人类的需要一方面导致了社会的产生;另一方面,弄得不好,也会导致社会的毁灭。因此,摆在人类面前的一个重要任务,就是要不断进行旨在维护和改进这个有组织的社会的斗争,用人为状态同自然状态相抗衡,并创造出一种有价值的文化,直到下一个自然状态在这个星球上再次取得优势。①

如前所述,马克思和恩格斯也是从人与自然界的关系上着手解决社会的起源问题的,但是,他们根本不同意有所谓"自然状态"一说。马恩也认为社会起源于人的需要,但是他们所理解的人的需要,跟启蒙学者和进化论者有本质的不同。

在马克思主义者看来,社会的起源和人类的起源在本质上是一回事,解决了人类的起源问题,也就解决了社会的起源的问题。在解决这个问题的时候,一个根本性的原则是"首先应当避免重新把'社会'当作抽象的东西同个人对立起来,个人是社会存在物"。②

需要搞清楚的是人与动物界的区别,而不是人的"自然状态"与"社会状态"的区别。因为"人并不是抽象的栖息在世界以外的东西,人就是人的世界,就是国家、社会"。③

根据历史唯物主义,社会起源于劳动,起源于人的生产活动,而不是任何其他的"社会活动"。社会的本质(从而人的本质)体现为人们在生产活动中结成的社会关系即社会的生产关系,而不是任何其他的"关系"。"生产关系总合起来就构成所谓社会关系,构成为所谓社会,并且是构成为一个处于一定历史发展阶段上的社会,具有独特的特征的社会"。④ 历史唯物主义的最大贡献,就在于它道出了一个朴实无华的真理,"一个历来为繁茂芜杂的意识形

---

① [英]赫胥黎:《进化论与伦理学》,《进化论与伦理学》翻译组译,科学出版社1971年版。
② 马克思:《1844年经济学—哲学手稿》,刘丕坤译,人民出版社1979年版,第76页。
③ 《马克思恩格斯选集》第1卷,人民出版社1972年版,第1页。
④ 同上,第363页。

态所掩盖着的简单事实"：人们首先必须吃、喝、住、穿，然后才能从事政治、科学、艺术、宗教等等活动。而这一点,恰恰是被资产阶级社会学者所经常忽视的问题,他们往往把所谓"同类意识"、"心理互动"以及一切属于精神领域的文化现象,作为人类社会和人的社会活动的主要内容来对待,从而或者把人类等同于动物,又或者把社会和自然界完全隔离开来,找不到两者之间的中介和联系。他们热衷于寻找社会的"要素",然而,最本质的要素却往往被他们轻轻放过去了。

在一切可以称之为社会的要素中,劳动无疑是最基本、最关键的要素。而人口和环境(自然环境)又是劳动的前提条件,因而也是社会的要素。劳动的过程,某种意义上就是作为自然条件的人口和环境日益社会化,成为社会条件的过程,也是劳动本身不断社会化的过程。也就是说,我们可以不承认在社会出现之前存在过一个所谓的"自然状态"阶段,但是我们不能不承认,人是从自然界来的。他成为现在这个样子,成为一种高度社会化的动物,的确经历了一个漫长的发展过程。在这个过程中,自然界的东西逐渐变成了社会的东西,而劳动——人的生产活动,在其中起着关键的作用。马克思正是"在劳动发展中找到了理解全部社会史的钥匙",找到了"全部人类历史之谜的解答"。下面就来进一步讨论这个问题。

二、劳动："身外自然"与"自身自然"

劳动是人所特有的本质属性,即社会属性的表现。劳动从一开始,就是一种社会性的活动。它具有社会学所要研究的社会行为或社会活动的一切基本特征：有目的、有意志的群体的活动。不仅是为了满足个人,而且是为了人类的共同需要而进行的活动。这正如恩格斯所说的："人离开动物愈远,他们对自然界的作用就愈带有经过思考的,有计划的,向着一定的和事先知道的目标前进的特征。"[①]

劳动的定义

关于劳动的定义,由于着眼点不同,可以有不同的表述。试比较下面几种提法：

(1) 劳动首先是人和自然之间的过程,是人以自身的活动来引起、调整和

[①] 《马克思恩格斯选集》第3卷,人民出版社1972年版,第516页。

控制人和自然之间的物质变换的过程。①

（2）劳动的基本含义，是指人类创造自身生存和发展所必需的物质财富和精神财富的有目的的活动。②

（3）"劳动……意味着想要通过消耗肉体的或精神的能量，在生产（商品生产）或服务（满足其他人的需要）中得到某些结果的人类活动。……就以商品交换和雇用劳动为基础的社会来说，这个定义必须包括由于参加生产或服务而在交换中挣钱的意图"。③

不难看出，第一种提法强调的是劳动在人与自然界之间的物质交换过程中的作用；第二种提法强调的是劳动在人类满足自身需要方面的作用；第三种提法则强调劳动在满足人与人之间的交换（而且往往是有代价的交换）关系中的作用。它们各有其侧重面，也许把三者综合起来更接近于真实。

特殊的"自然力"

马克思十分重视劳动作为生产力（一种特殊的"自然力"）的社会功能。他认为劳动本身不过是一种自然力的表现，是人类生活的一种自然条件。他指出：就其本身来说，劳动"只是指人用来实现人和自然之间的物质变换的一般人类生产活动，它不仅已经摆脱一切社会形式和性质规定，而且甚至在它们的单纯的自然存在上，不以社会为转移，超乎一切社会之上，并且作为生命的表现和证实，是还没有社会化的人和已经有某种社会规定的人所共同具有的"。④ 在另一个场合，马克思又指出：人自身作为一种自然力与自然物质相对立。因此可以把自然划分为两种："身外的自然"和"自身的自然"。当人们通过劳动作用于他身外的自然并改变自然时，同时也改变他自身的自然。人既需要发挥自身自然中潜在的力，又需要对这种力进行控制。⑤

首先从生产力的角度去理解人的劳动，科学地解释自然力量和社会力量关系的本质，科学地解释和预测人的这一特殊"自然力"在人类社会发展进程中的特殊的作用，在科学技术飞速发展的今天，具有十分重大的意义。

劳动在社会性质上的变化

说劳动是人类社会的永恒的自然条件，这丝毫不意味着这个条件以及它

---

① 马克思：《资本论》第1卷，人民出版社1975年版，第201、202页。
② 赵履宽、王子平：《劳动社会学概论》，上海人民出版社1984年版，第17页。
③ ［德］亨特·佛利德利斯、亚当·沙夫主编：《微电子学与社会》，李宝恒等译，三联书店1984年版，第367页。
④ 《马克思恩格斯全集》第25卷，人民出版社1979年版，第921页。
⑤ 《马克思恩格斯全集》第23卷，人民出版社1979年版，第202页。

对社会生活的影响的程度会始终如一，没有变化。恰恰相反，由于科学技术的飞速发展，作为生产力的特殊表现形式的人类的劳动，其性质和作用必然随之发生巨大的变化。西方一些学者认为，在农业社会，竞争与对抗存在于人与大自然之间；在工业社会，竞争与对抗存在于人与人造的大自然之间；在信息社会，竞争与对抗出现在人与其他人的相互作用之中。① 这些都是劳动在不同时代的具体表现形式。换一种说法，在农业社会（我们姑且接受对社会这种"三分法"），人通过身体的劳动直接跟自然界打交道；在工业时代，人越来越借助于机器去进行劳动，此时人与自然界都已开始发生变化；在信息社会，人用于改造大自然的体力劳动开始退居更次要地位，价值的增长主要不是通过劳动，而是通过知识来实现，体力劳动将大部分为脑力劳动（知识劳动）所取代。到这时，"全盘自动化将大量排除生产和服务中的劳动，但是不会终止人类的活动……也就是不会终止人类的职业。这将导致有创造性的、有趣的职业来取代以前的'劳动'。"②

　　民主德国历史学家于尔根·库钦斯基在其所著《生产力的四次革命》一书中，曾根据劳动性质的变化把物质生产的历史分为如下几个时期：第一个时期，大家都不得不在生产中劳动，而且是"整天"的劳动；第二个时期，一部分人已能从生产中解放出来，致力于文化教育事业，而且必然是一个脱离实际劳动的特殊阶级来从事这些事务；第三个时期，如恩格斯所说，由于大工业所达到的生产力的大提高，人人都参加劳动，而每个人的劳动时间则大大缩短，使一切人都有足够的自由时间来参加其他社会活动，剥削阶级和特权阶级因多余而被消灭；第四个时期，用于物质生产的劳动时间大大减少，以至将成为"必要的副业"，大部分劳动时间将用于个人在科学、艺术等方面的发展，从而劳动将成为个人的第一需要。"物质财富的生产就像呼吸新鲜空气一样，始终是绝对必要的。但无论是呼吸新鲜空气还是生产劳动都不使人特别感兴趣。马克思列宁主义经典作家正是持这种观点，他们总是把提高劳动生产率同缩短生产过程中的劳动时间联系在一起，并且总是把发挥个人的才能的思想同缩短劳动时间联系在一起。"③

　　最重要的还是马克思本人的意见。马克思在《资本论》中，曾说过这样一

---

① ［美］约翰·奈斯比特：《大趋势》，梅艳译，中国社会科学出版社1984年版，第15—17页。
② ［德］亨特·佛利德利斯、亚当·沙夫主编：《微电子学与社会》，李宝恒等译，三联书店1984年版，第398页。
③ ［德］于尔根·库钦斯基：《生产力的四次革命——理论和对比》，诸佩郁译，商务印书馆1984年版，第159—163页。

段意味深长的话：

"事实上，自由王国只是在由必需和外在目的规定要做的劳动终止的地方才开始；因而按照事物的本性来说，它存在于真正物质生产领域的彼岸。像野蛮人为了满足自己的需要，为了维持和再生产自己的生命，必须与自然进行斗争一样，文明人也必须这样做；而且在一切社会形态中，在一切可能的生产方式中，他都必须这样做。这个自然必然性的王国会随着人的发展而扩大，因为需要会扩大；满足这种需要的生产力同时也会增长。这个领域内的自由只能是：社会化的人，联合起来的生产者，将合理地调节他们和自然之间的物质变换，把它置于他们的共同控制之下，而不让它作为盲目的力量来统治自己。靠消耗最小的力量，在最无愧于和最适合于他们的人类本性的条件下来进行这种物质变换。但是不管怎样，这个领域始终是一个必然王国。在这个必然王国的彼岸，作为目的本身的人类能力的发展，真正的自由王国就开始了。但是，这个自由王国只有建立在必然王国的基础上，才能繁荣起来。"①

从马克思的这段极其重要的论述中，我们可以得到如下启示：

（1）人类的劳动是一种永恒的自然条件，并不等于说任何一种劳动都是永恒的，都是美好的。只要"由必需和外在目的规定要做的劳动"还没有终止，人类就不可能到达自由王国的境界，就仍然只能生活在必然王国之中。

（2）生产劳动不仅是区分动物与人的本质性标志，而且不同性质的劳动也是区分古代人、近代人和未来人的主要标志，劳动性质的发展同人的发展（从而同社会的发展）有必然的密切的联系。简单说来，原始人：劳动就是他的全部生活内容；进入阶级社会，少数人开始从生产劳动中脱身出来，可以从事其他活动；进入近代，传统意义的劳动逐渐降到次要地位，"自由时间"大增，非生产性的"活动"地位上升；未来社会，在高度发展的物质生产的基础上，分工消失，劳动成为人的第一需要，全面发展人类的能力（个人的能力）成为目的本身，原来意义的劳动消失。

（3）在这样的"自由王国"到来之前，"联合起来的生产者"应能"合理地调节他们和自然之间的物质变换，把它置于他们的共同控制之下"，尽力消除劳

---

① 《马克思恩格斯全集》第25卷，人民出版社1979年版，第926、927页。

动异化的现象,争取在"最无愧于和最适合他们的人类本性的条件下来进行物质变换"。

(4) 作为一个现代人,应该具有现代化的劳动观念。劳动是永存的,但人与劳动的关系是不断变化的。人类的最终目的,是要从劳动中解放出来,就像当年把剥削者从"不劳而获"的地位中解放出来一样。那种给人带来痛苦的,使精神和肉体遭受沉重压力的、使身心受到损害的片面性的劳动,将由人类的智慧而巧妙安排的自然力之间的互相作用所代替。当然这一解决过程不能离开严格的社会控制。(凡是力量——不管是自然力还是社会力——起作用的地方,都需要社会控制。作为一种"特殊的自然力"的表现的人类劳动固然能造福人类,但如不加以控制,也会带来灾难性的结果。对此,应该说,我们是有切身体会的。)另外,不言而喻的是,这一解放过程充满着血的斗争,实现这一解放将付出高昂的代价。因为阻力不仅是来自大自然,还来自人类本身,人类的主观意志和愿望以及驾驭自然力的实际能力。

以上我们着重从生产力的角度对劳动进行了一些分析。下面再从生产关系的角度对劳动作一些分析。

如前所述,人并不是单个地直接同自然界发生关系的。人与自然的关系,要在社会范围内实现,社会最终是人同自然界的本质的统一。在这种统一过程中,主体是人,客体是自然,劳动则是中介。劳动把人与自然的关系转变为社会关系。"为了进行生产,人们便发生一定的联系和关系,只有在这些社会联系和社会关系的范围内,才会有他们对自然界的关系。"①

分工的功与过

在把劳动作为社会关系的表现来考察的时候,首先值得注意的是劳动的社会分工。研究分工问题是研究一切其他社会问题的合乎逻辑的起点,也是研究行为—关系—制度过程的合理的起点。如果说,把人和动物区分开来的是劳动,那么,把人和人区分开来的,则是劳动的社会分工。分工来自交换,交换来自需要,而需要本身是同满足需要的手段一同发展的。在经济学家眼中,"社会就是一系列的相互交换,商业就是社会的整个本质"。②(亚当·斯密引自塔拉西)在这里,任何个人都是各种需要的一个总体,人与人互为手段,人与人的关系就成了交换关系。当然,这主要是指的私有制社会里的人际关系。"其实,分工和私有制是两个同义语,讲的是同一件事情,一个是就活动

---

① 《马克思恩格斯选集》第1卷,人民出版社1972年版,第362页。
② 马克思:《1844年经济学—哲学手稿》,刘丕坤译,人民出版社1979年版。

而言,另一个是就活动的产品而言"。①

分工最初是自发的、自然的分工,如性别上的分工以及由于天赋(体力)、需要、偶然性等等因素而产生的分工。"只是从物质劳动和精神劳动分离的时候起,才开始成为真实的分工。"②分工的过程沿着农业—工业—商业(与此相对应的是父权制、奴隶制、等级、阶级……)等不同的阶段向前发展。与此同时,分工还在个人之间进行。从全过程看,人的天赋的不同与其说是分工的原因,不如说是分工的结果。分工使社会的财富增多,使社会的威力增大,但却使个人的发展片面化,使个人日益依附于社会,依附于他人,成为名副其实的社会的动物。

从社会学的角度看分工,分工集中体现了一种最基本的社会现象(一种典型的"社会学现象"),这就是"分化"(differentiation)。它与"整合"(integration 亦称"一体化")一起,构成社会进化的基本内容。按照法国社会学家涂尔干的观点,社会的不断分化(它具体表现为职业分工)是社会由所谓"机械团结"向"有机团结"(社会成员由"同质结合"向"异质结合")过渡的标志,也是个性发展的前提,它会导致更高阶段的社会整合。

从后面的分析,我们将会看到,涂尔干对分工的见解,有很大的阶级局限性。但是,他能抓住"分工"这一关键性的社会现象,力求作出理论上的分析,则是难能可贵的。应该承认,就当前的社会生活而言,小至夫妻关系、上下级关系,大至人的分类、社会的分层,都和社会劳动的分工有密切的联系。分工是有利于社会团结,还是不利于社会团结?分工有利于个性发展,还是不利于个性发展?分工是永无止境的,还是有限的,历史性的?至今这些问题应该说仍然有研究的价值。比如说,涂尔干所设想的社会"团结"的理论,就与马克思的劳动异化理论大不一样,这是下面我们接着要进行讨论的。

马克思首先把分工划分为自发的分工和自愿的分工,而不笼统地讲分工的社会后果。迄今为止,由阶级对立和非自愿分工所带来的社会问题中,"劳动异化"问题是特别值得注意的。在《1844年经济学—哲学手稿》中,马克思对私有制下劳动的异化表现,作过深刻的揭露:"首先,对劳动者说来,劳动是外在的东西,也就是说,是不属于他的本质的东西;因此,劳动者在自己的劳动中并不肯定自己,而是否定自己;并不感到幸福,而是感到不幸……因此,劳动者只是在劳动之外才感到自由自在,而在劳动之内则感到怅然若

---

① 《马克思恩格斯全集》第3卷,人民出版社1960年版,第37页。
② 同上,第35页。

失。……从而劳动不是需要的满足,而只是满足劳动以外的其他各种需要的手段。劳动的异化性的一个明显的表现是,只要对劳动者的肉体强制或其他强制一消失,人们就会像逃避鼠疫一样地逃避劳动。""结果,人(劳动者)只是在执行自己的动物机能时,亦即在饮食男女时,至多还在居家打扮等等时,才觉得自己是自由地活动的;而在执行自己的人类机能时,却觉得自己不过是动物。动物的东西成为人的东西,而人的东西成为动物的东西"。①

如前所述,"自发的分工"是产生异化现象的重要条件。"只要分工还不是出于自愿而是自发的,那么人本身的活动对人说来就成为一种异己的,与他对立的力量。这一种力量驱使着人,而不是人驱使着这种力量。"分工使每个人有了自己一定的特殊的活动范围,这个范围是强加于他的,他不能超出这个范围。"社会活动的这种固定化,我们本身的产物聚合为一种统治我们的、不受我们控制的、与我们愿望背道而驰的……物质力量,这是过去历史发展的主要因素之一。"②从根本上讲,只有当社会为每一个成员提供全面发展和表现自己全部的即体力的脑力的能力的机会,生产劳动才不再是奴役人的手段,而是解放人的手段,生产劳动才能从一种负担变成一种快乐。③ 总之,受一定生产力水平制约的非自愿分工,既是推动历史发展的因素,也是限制人的全面发展,限制历史发展的因素。改变这种非自愿分工,意味着彻底消除由分工带来的异化现象,摆脱外界强加于人的活动范围的限制,改变人的社会活动固定化的局面。

综上所述,劳动既体现为人与自然的关系(作为生产力),又体现为人与社会的关系(作为生产关系)。社会生活和社会过程的复杂性,可以从劳动分工的复杂性上得到解释。所谓"社会",一方面,它是人同自然界的本质的统一;另一方面,它又是人与人之间交互作用的产物。社会学者讲"交互作用",多指心理上的、感情上的"交互作用"。马克思注意到的则首先是人们在生产、交换、分配和消费等领域内进行的"交互作用"。在生产、交换、消费等领域的"交互作用"的基础之上,还存在着广泛的非生产性的"交互作用"。也就是说,在"劳动"这一基本的社会要素之外,还存在着广泛的其他社会活动,而且根据前面的分析,这种范围广泛的社会活动,大有逐渐取代传统意义上的社会"劳动"之势,因而社会活动终将成为社会学研究的主要对象,是完全可

---

① 马克思:《1844年经济学—哲学手稿》,刘丕坤译,人民出版社1979版,第47、48页。
② 《马克思恩格斯全集》第3卷,人民出版社1960年版,第37页。
③ 《马克思恩格斯全集》第20卷,人民出版社1979年版,第318页。

以想象的。

三、环境：第一自然与第二自然

"环境"，这里主要指自然环境，即人类周围的自然界，它是社会赖以生存和发展的外部条件。随着社会生产力的发展，特别是科学技术的发展，人类周围的自然界越来越多地被打上了人类活动的印记，日益成为"人化了的自然界"，原来纯粹是"外部"的条件，逐渐变成了内部条件，变成了劳动的对象，变成了社会的组成部分。

中国自古以来，人们就在向往和追求一种理想的环境，即所谓"天时、地利、人和"。"天、地、人"三者十分全面地概括了人类的环境的主要内容："天时"、"地利"是自然环境，"人和"是社会环境。只有在这个基础上进行劳动，才能创造出物质财富和精神财富。"自然是财富的母亲，劳动是财富的父亲"。这句至理名言，把自然环境的重要地位，恰到好处地概括了出来，任何忽视自然环境的重要性，片面强调"劳动是一切财富的源泉"的观点，都是错误的。

不过，就我们的古人来说，并不存在我们今天所理解的"自然界"这样的概念。在古人的心目中，存在的是"神化的自然界"。人类对他们周围环境的认识，经历了一个从"神化"到"人化"（社会化）的过程。如果从语义学的角度来给"社会"下定义，汉语的"社"字就完全符合这一精神。"社"字的本义是"土地神"（社神），后几经转义，而为"祀神之所"、"祀神的节日和活动"、"祀神的单位"（所谓"二十五家为社"，实即二十五家为一祭社神的单位），最后转化为古代社区单位，直至泛指社会、国家（"社稷"、"社会"）。中国人心目中一个重要的神（"社神"）是跟土地连在一起的，这不是巧合，因为土地正是自然环境中最主要的部分。如果说"自然是财富的母亲"的话，土地就是自然的母亲。至少在农业社会是这样，生产对于土地的依赖是十分突出的。

随着生产和科学技术的发展，人类同自然环境的关系发生了变化。那些在古代社会中被零星地发现、应用的天文、地理知识被系统化为一定的理论体系。到近代社会，人类活动的触角已遍及整个世界。过去那种依附于大地，听命于上天的感觉逐渐不复存在。大规模地勘探、开发、利用自然资源，改变了环境的组成和结构。这些活动的结果便是建立起一个物质文明世界。因而，人类生存环境实际上是在原始自然基础上，经过人的改造、加工而形成的"第二自然"，这个"第二自然"的范围和影响正在逐年扩大。

对自然环境具体分析，它一般包含地理位置（地形）、气候、资源等基本因素。

地理位置

地理位置对于人类生存发展的重要意义是不言自明的。黑格尔曾把地形分为三类：高地、平原流域和海洋区域。这些地形决定了三种不同类型的大洲：非洲、亚洲和欧洲。并从而决定了三种不同类型的生活：畜牧、农业和商业生活。黑格尔在其《历史哲学》中专门有论述"历史的地理基础"的部分，有一些很精辟的见解。地理位置无论在过去还是今天都是影响一个国家和民族的政治、经济、文化的极其重要的因素。有的社会学家甚至依地形和交通来划分历史时期：古代文明属于所谓"河流文化时期"；中世纪文明属于所谓"地中海时期"；近代属于所谓"海洋时期"。（这当然是一种典型的"欧洲中心论"的观点）另外，从政治上强调地理位置的重要性，有所谓"地缘政治学"，认为每一个国家以及各个国家之间的关系的变化都决定于他们的地理因素。这个理论被希特勒用来为其侵略政策服务，并且今天在资本主义国家的思想界仍有其市场。比如把国家划分为"大陆强国"和"海洋强国"，把拿破仑的战争归结为"地——海冲突"，直至把当前国际上侵略与反侵略、控制与反控制的斗争，反霸权斗争统统纳入所谓"地缘政治性质的对抗"这一个范畴，这是对两种不同性质的矛盾的严重混淆。

气候

"历史的真正舞台是温带"，这是不难理解的。严寒和酷热的气候都不利于人类的生存和活动。马克思在《资本论》中引用过约瑟夫·罗西这样一段话："人的需要的增减，取决于人所处的气候的严寒或温暖，所以，不同国家的居民，必须从事的各种职业的比重是不一样的，这种差别的程度只有根据冷热的程度才能判定。由此可以得出一个一般的结论：维持一定数量的人的生活所需要的劳动量，在气候寒冷的地方最大，而气候炎热的地方最小……"[①]气候无疑对人类的物质生活产生巨大影响，同时不同的气候条件，会产生迥然不同的民族文化、风俗习惯和生活方式，只要把埃及文化和爱斯基摩文化作一比较，足够说明气候对人类精神文化生活的影响了。

气候的变化给人类生活带来的巨大的影响即使在当代也是很明显的：风调雨顺是五谷丰登、六畜兴旺的基本条件；反之，旱涝灾荒则会给生产和生活带来困难和损失；至于巨大的气候变化，其后果更不难想象。科学家预测，未

---

① 马克思：《资本论》第1卷，人民出版社1975年版，第562页，注7。

来的气候,仍将是构成人类生存和发展的威胁因素之一。

资源

资源是自然环境中最本质的内容。从近代技术开发的角度来看,自然几乎就等于资源。人类和自然界的关系,最重要的即表现在自然界为人提供直接的生活资料和劳动资料、劳动对象的工具。因此,自然资源可分为两大类:一类是生活资料的资源,一类是劳动资料的资源。前者如肥沃的土壤、鱼产丰富的水源;后者如水力资源、森林资源、矿产资源、动植物资源等。在文明初期,第一类自然资源具有决定性的意义;在较高的发展阶段,第二类自然资源具有决定性的意义。随着工农业生产和科学技术的发展,人们对阳光、空气等的重要性有了新的认识,把它们和水、土壤统称之为"生态资源"。实际上,人自身作为自然界的一个部分也是一种重要的资源,即劳动力资源。

对自然环境评价上的分歧

有些学者往往强调自然环境对人的智慧、精神、性格和心理的影响。比如非常富裕,非常有利的自然条件使人无所用心、骄傲自满、放荡不羁等等。

与此相反,马克思的思想要深刻得多。马克思在论述资本主义生产方式与自然条件的关系时,曾着重指出一个国家或一个地区缺乏土地等自然条件的差异性和产品的多样性,是产品交换和商品生产的重要原因。因为不同的共同体,是在各自的自然环境内发现不同的生产资料和不同的生活资料的。所以,它们的生产方式,生活方式和生产物是不同的,也就因为这种自然差别,所以在诸共同体接触的地方,引起了彼此间生产物的交换,并使这种生产物渐渐转化为商品。马克思始终是以生产活动为中心来考察和评价地理环境的作用的。

纵观自然环境对人类社会和社会生活的影响,可以发现,正如人类社会是整个自然界的一部分那样,自然环境作为人周围的那个自然界,又是人类社会的一个组成部分,而不仅仅是某种"外部因素"。"实际上,人的万能正是表现在他把整个自然界——首先就它是人的直接的生活资料而言;其次,就它是人的生命活动的材料对象和工具而言——变成人的无机的身体"。[①] 这种变自然为人的无机的身体的过程,也就是变天然的自然界为人工的自然环境的过程。但是在很长一段时间内,人类一直把自然环境看做是"取之不尽,用之不竭"的财富的源泉;真正意识到人类的生存依赖于一个拥有有限资源的行星,还是二十世纪五六十年代的事。

---

① 马克思:《1844年经济学—哲学手稿》,刘丕坤译,人民出版社1979年版,第49页。

自然环境对经济社会发展的影响

自古到今,自然环境对人类经济社会的发展都起着十分重要的影响。

首先,就经济而言,包括气候、地形、资源等在内的自然环境条件对农业生产的产业布局、产品产量来说都是基础性的因素,也是资源开发型工业的支柱。自然环境为人们的社会生活提供生产、生活资料,并表现出明显的地域与时间特征,推动不同时期各地特色化经济发展模式的产生和发展。如沿海地带由海洋渔业资源丰富带动起来的海鲜贸易市场;内陆地区由地质奇貌而兴的旅游产业;地处河流等交通枢纽处的集贸型城市;以及富含矿产等自然资源的地区等等。城市抑或农村的经济发展都与自然环境有着千丝万缕的联系。即便是对不直接依赖于自然资源开发的服务业而言,服务岗位的类型及服务内容都与该地区的其他产业息息相关,而那些与自然风光直接挂钩的旅游服务业更是深受环境的"恩赐"。

其次,就人类社会的发展而言,伴随自然环境的变迁,产生了不同的文化,不同的社会形态和城市发展轨迹。以我国历史上经济重心南移为例即突出地表现了生态自然环境对我们古代经济社会发展的巨大影响。历史上前后几次经济重心的转移都与经济发展对自然环境的需求有关,在"靠天"吃饭的古代,自然环境对经济发展和人口迁移的影响更为巨大。而谈到当今国际社会许多地方及国家间的纷争,不少也源自对自然资源的争夺与分配。譬如,水资源十分匮乏的中东地区,约旦河是争夺最激烈的水源,几次大战都与其有关。随着人工交通设施的不断开发与完善,地区间的交流与沟通正变得越来越便捷。但自然环境在各地社会的发展与定位中仍起到决定性的作用。人们在试图改变生存环境及发掘更多资源的时候,自然环境是不可回避的一道坎,也是具有很多不可调控因素存在的部分。

自然环境对人类经济社会的发展起到基础性调节作用的同时也受到人类活动的深刻影响。两者之间的互动犹如一个循环往复的加速器昼夜往复地工作着。如今依靠先进的科学技术和发展理念,人类在谋求经济发展时已经从单纯的开发利用,转变为思考如何高效低耗的运用自然资源。同时也有越来越多的人意识到资源的过度开发和人为的环境污染对经济和社会发展的反作用性。许多社会问题的产生也与自然环境给人们的警示有关,如新生儿畸形发生率的增加,全球气候变暖、海平面上升对全人类生存环境的威胁,近年来全球各地地震、泥石流、高温等灾害性天气的频繁出现等等。因此,自然环境不仅给我们的生产、生活提供了基础,也通过特有而残酷的方式警示着人们的行为。如何合理高效的利用自然恩赐发展经济、美化社会是摆在自古至今人们面前的同一题,与经济、社会的发展一路同行而互需互求。

人与环境

事实已经证明,人类对环境的影响可以产生两种结果而且两者往往是相互联系在一起的。人对自然的作用能力较小时,它的破坏力亦较小;人对自然的作用力增大时,它的破坏力亦增大。毁林造田,导致水土流失、水旱灾害和沙漠化。进入工业社会后,生产飞速发展,生活日新月异,随之而来的工业"三废"、光化学烟雾、农药、化肥的大面积污染,大气变质,资源短缺,越来越高的噪音和许多动物种类濒于灭绝等等的现代人类所面临的环境问题,日益威胁着人们的正常生活。恩格斯早在一百多年前曾强调指出的"自然界的报复"问题正在以空前尖锐的形势出现在现代人的面前。

我国在2006年污水排放量约540亿吨,比上年增长2.3%。其中,工业废水约占45%,比上年减少1.2%。生活污水排放量近300亿吨,比上年增加5.4%。生活污水排放量占废水总排放量的55.3%。从环境保护部在2010年发布的《2009年中国环境状况公报》(以下简称《公报》)来看,全国地下水水质状况较2008年变化不大,但通过对3 737个全国典型乡镇集中式饮用水水源基础环境状况调查,发现占调查总数50%的地下水源的水质较差。《公报》显示,全国地表水污染依然较重,七大水系总体为轻度污染。全国202个城市的地下水水质以良好—较差为主,深层地下水质量普遍优于浅层地下水,开采程度低的地区优于开采程度高的地区。2009年,中国发生5.0级以上地震24次,有8次地震灾害事件,受灾面积约25 248平方千米,直接经济损失27.38亿元。各类地质灾害发生10 446起,直接经济损失约17.7亿元。[①] 除此之外,有学者根据2007年原国家环境保护总局"空气质量日报"86个城市的空气污染指数资料,分析我国城市大气污染的时空分布特征。结果表明,我国城市大气污染时空分布特征明显,大气污染冬季最严重,其次为春秋季节,夏季最好;污染总体上北方重于南方。城市大气污染由人类活动及当地特殊的地理位置综合影响形成,沙尘天气加重了北方大气污染。[②]根据世界卫生组织2006年公布的报告,在全球空气污染最严重的10个城市排名中,包括北京在内的七个中国城市榜上有名。随着我国城市化进程的推进,一些大城市大量投入使用轿车和助动车,无疑更加剧了城市的大气污染。上海市的雨岛、雾

---

① 资料来源:http://www.cgs.gov.cn/JRgengxin/9_9689.htm《2009年中国环境状况公报发布》。

② 向敏、韩永翔、邓祖琴:《2007年我国城市大气污染时空分布特征》,《环境监测管理与技术》,2009年6月第21卷第3期。

岛、热岛效应十分明显,这是城市水、土、气严重污染的生态环境恶化的明证。

严重的环境问题促进了近代环境科学和环境保护的发展。

20世纪60年代中期至末期,发达工业国曾面临严重状况,迫切任务就是治理。各国政府颁发了一系列政策、法令,采取了一系列措施。60年代末期开始进入防治结合,以防为主的综合阶段。美国于1969年开始实行的环境影响评价制度就是一项防患于未然的措施。从20世纪70年代开始,又出现了谋求更好环境的新动向,强调环境的整体性,人与环境的协调性。如日本提出的使社会结构、产业结构和土地利用往低公害、低消耗和低密度的方向发展。发达国家经历过的这一过程正提醒着我们,在发展经济的同时,除了切实抓紧治理现存的环境问题,更重要的是加强环境管理和环境保护,防患于未然。我国在建国后相当长的时期内并未意识到环境问题的重要性,到1973年国务院成立了环保领导小组,在全国开展"三废"治理和环保教育,标志着我国环境保护工作的开始。如今,我国的环保政策已形成一个较为完整的体系,其主要包括"预防为主,防治结合"、"谁污染,谁治理"、"强化环境管理"三项政策和"环境影响评价"、"三同时"、"排污收费"、"环境保护目标责任"、"城市环境综合整治定量考核"、"排污申请登记与许可证"、"限期治理"、"集中控制"等八项制度。①

发达工业国家在治理环境问题上的成效至少表明,只要认真对待,充分发挥作为环境主体的人的聪明才智,被污染的环境是可以得到治理的。正像有的同志已经指出的那样,环境污染问题,既是工农业现代化的产物,又是现代化程度不高的产物。西方的一些有识之士也认为,既然技术的进步带来污染这个副作用,那么技术的进一步发展必将有助于征服这种污染。如果说这种说法有什么问题的话,可能就在于他把对环境的改造看做仅仅是一个技术问题,而忽略了社会的因素。环境问题上的悲观主义的出现绝不是偶然的。就像一些人把征服污染的希望寄托于技术一样,悲观主义者则把生活环境的恶化单纯归罪于经济发展和技术进步,因而主张倒退,主张"回到自然去"。事实上,恩格斯早就指出:"我们统治自然界,决不像征服者统治异民族一样,决不像站在自然界以外的人一样——相反地,我们连同我们的肉、血和头脑都是属于自然界,存在于自然界的;我们对自然界的整个统治,是在于我们比其他一切动物强,能够认识和正确运用自然规律。"认识和运用自然规律的过程,是一个社会过程。因此,决不能把自然界同社会分开,决不能撇开社会的因素去寻求自然环境问题的解决。随着人类对自然规律的认识和运用,人类对

---

① 资料来源:http://news.qq.com/a/20091016/001808.htm.

自然会不断有新的发现,会不断从自然界取得新的自由,当然也会受到新的限制。地理环境方面的悲观主义是没有根据的,但盲目乐观,无视自然界的"报复",也是要犯错误的。在社会(人)与自然的关系上,既要反对环境决定论,也要反对技术决定论。必须凭借社会的力量,确切地说,必须通过社会内部的斗争——从生产斗争到阶级斗争——才能最终取得对自然界斗争的胜利。总之,人与自然的关系,要在社会关系中实现,社会就是人与自然的本质的统一。

四、人口问题上的冲突

环境是相对人而言的。但是,具体的人口数量和质量又可以作为环境问题的一个组成部分来看待。人是生活在人类为不断提高自己的物质文化和生活水平而创造的环境中,换句话说,任何环境现象都是人的活动的结果;而人的任何活动又都是在一定环境条件下进行的,并形成一定的环境。有些社会学家把人口、环境、科技和组织四个因素结合在一起,称之为"区位体系"(Ecological System),或生态体系,有它一定的道理。

人口问题的由来

社会机体的生存是依靠于机体本身不断地新陈代谢才得以延续。这种新陈代谢实际上意味着人的出生与死亡。当然在两者之间必须维持相对均衡的关系。

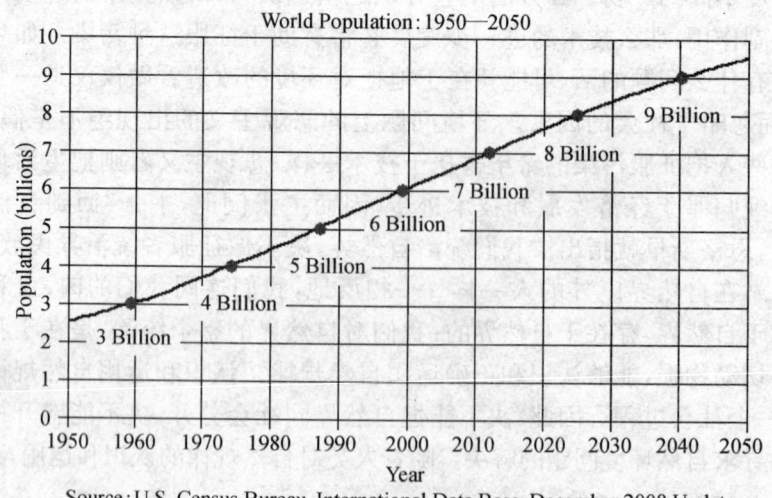

图 3-1-1 世界人口走势 1950—2050 年

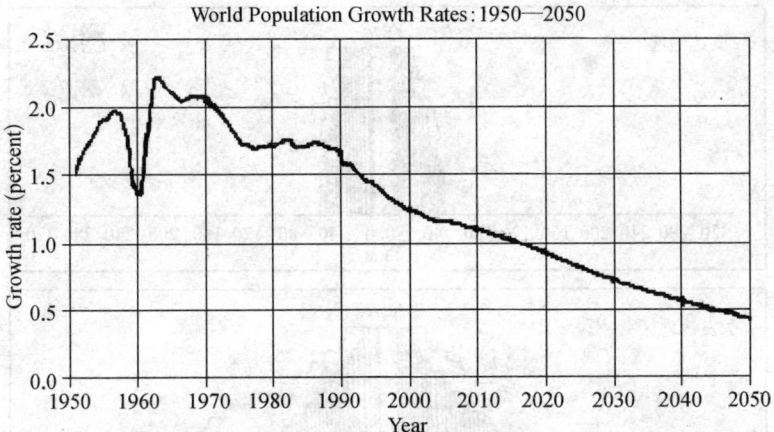

图 3-1-2 世界人口增长走势 1950—2050 年

（资料来源：选自美国人口普查局 http://www.census.gov/ipc/www/idb/worldpopgraph.html）

主要地区	人口（百万）					
	1950	1990	2009	2050		
				中位变量	不变生育率变量	差额
世界	2 535	5 295	6 828	9 191	11 858	2 666
较发达地区	814	1 149	1 229	1 245	1 218	−27
欠发达地区	1 722	4 146	5 599	7 946	10 639	2 693
最不发达国家	200	525	843	1 742	2 794	1 052
其他欠发达国家	1 521	3 620	4 755	6 204	7 845	1 641
非洲	224	637	1 009	1 998	3 251	1 253
亚洲	1 411	3 181	4 121	5 266	6 525	1 259
欧洲	548	721	731	664	626	−38
拉丁美洲和加勒比	168	444	587	769	939	170
北美洲	172	284	345	445	460	15
大洋洲	13	27	35	49	37	8

图 3-2　按选定年份主要地区、中位生育率变量和不变生育率变量分列的人口

（资料来源：选自《世界人口前景：2006 年订正本》）

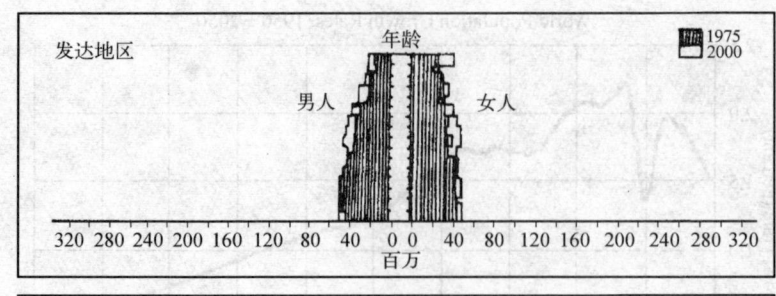
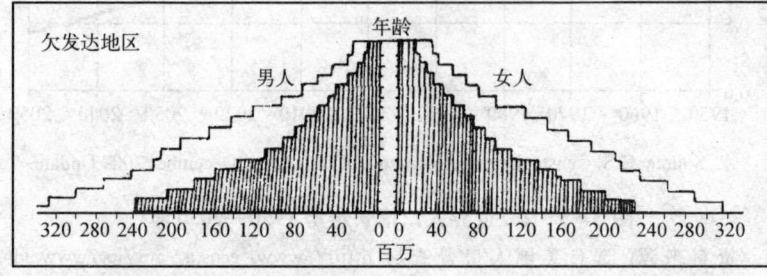

图 3-3 1975 年和 2000 年世界人口（中等系列）的年龄—性别结构

（资料来源：选自美国政府的《公元 2000 年全球研究》第 13 页附图）

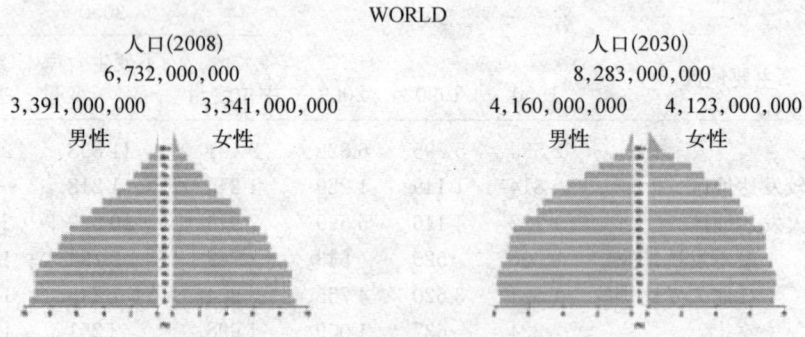

图 3-4 2000—2030 年全球人口性别和年龄趋势

（资料来源：选自 http://www.apocp.net/mainpage.php?lang=en&catid=12）

图 3-1 说明：世界人口在 1959 年至 1999 年的 40 年间增长了 30 亿，整整翻了一番。世界人口增长速度自 20 世纪 90 年代起则一直呈现下降趋势，与 20 世纪 60 年代最高达到 2.2% 的数值相比，2010 年下降至 1.2%，降幅明显。从总体上来看，21 世纪世界人口增长速度会有所放缓，预计 2050 年世界人口较之 1999 年将增加 50%，达到 90 亿。

图3-2说明：在世界人口增长趋势总体放缓的大潮中,各国人口变化趋势呈现明显差异。发达国家受低死亡率和低出生率的影响人口逐步出现负增长。虽部分发展中国家已出现老龄化问题,但人口增长势头仍十分强劲。世界人口增长巨头是欠发达地区,这些地区人口增长趋势对世界人口变化有着举足轻重的影响。

从图3-3可以看出,发达地区国家人口的年龄结构呈圆柱形,显示人口老年化,增长缓慢的特征;而欠发达国家人口的年龄结构呈金字塔形,显示人口的年轻化,增长迅速的特征,并且人口中处于育龄的青年占大多数,因而有一种人口增长的潜在势力。图3-4说明从全世界人口的年龄性别结构来看,21世纪人口老龄化进程加快,世界将面临老龄化问题的严峻考验。

对人口问题的两种结论

长久以来,人口问题不为人所注意,在生产落后的状况下,"人多力量大"是被普遍接受的观念。由于人口生产是一种最重要的资源——劳动力资源。没有这一资源发挥作用,其他自然资源就是死的,就不可能成为社会的财富。因此,从人是社会的基本生产力这一点出发,往往容易忽略了人同时又是消费者这一至关重要的事实。另外,"生产本身又有两种：一方面是生活资料即食物、衣服、住房以及为此所必需的工具的生产；另一方面是人类自身的生产,即种的繁衍。"①一定历史时代和一定地区内的人们生活于其中的社会制度,受着两种生产的制约：一方面受劳动的发展阶段的制约；另一方面受家庭的发展阶段的制约。社会的进步,经济的发展必须在这两种生产比例关系合理的条件下来实现。比例失调,就会引起严重的问题。过去,我们对两种生产都强调,但相对来说,对它们之间的关系却缺少足够的认识。

人们开始比较系统的、或多或少用科学的眼光看待人口问题还是从18世纪开始的。随着对这方面问题研究的深入,出现了对人口的规模(人口数量,出生率与死亡率的统计),人口构成(性别、年龄、社会构成)和人口分布、迁移规律等进行考察分析的人口学这一专门学科。20世纪60年代,西方学者提出了所谓迫在眉睫的"人口爆炸"问题,这中间虽不乏耸人听闻之言,但可以看出,迅速增长的人口,日益发展的人口密度所带来的一系列问题已引起普遍严重的关注。这个地球可以供养多少人？在什么水平上供养？能够供养多久？……对这些问题的思考得出了两种结论。

---

① 恩格斯：《家庭、私有制和国家的起源》第一版序言,《马克思恩格斯选集》第4卷,人民出版社1972年版,第2页。

(1) 悲观的结论 1968年,由25个国家的70多位专家组成的罗马俱乐部发表了题为《增长的极限》的研究报告,认为如果维持现有的人口增长率和资源消耗程度不变,那么在将来,由于粮食短缺,资源耗竭,污染严重,世界人口和工业生产力将会发生非常突然、无法控制的崩溃。地球的有限空间如同一块蛋糕,随着入席就食的人增多,蛋糕越来越小,最后只剩下一些碎屑。他们预测,2000年会出现耕地不足,非再生性资源严重不足,其中15种矿物资源将在100年内耗尽,污染物的数量将超过环境能够同化和缓解的能力而积累起来,对这种迫近全面危机的临界点的威胁,唯一解救的方法是到1975年停止人口的增长。到1990年停止工业投资的增长,以达到"增长为零"的全球性均衡。罗马俱乐部的报告在西方引起强烈反响,由于他们的悲观主义论调,报告中所设想的世界模型被称为"末日模型"。

(2) 乐观的看法 更多的自然学家和社会工作者积极乐观地论证了人类的智慧和独特性,反对悲观主义的论点。有人曾根据罗马俱乐部报告中的假定,从1970年开始,自然资源发现率、控制污染的技术能力和粮食产量按每年增长2%计算,结果电子计算机显示出人口和工业生产都不会受限制,崩溃也永远不会发生。悲观主义者忽视了技术进步的巨大作用。技术知识的应用可以从无价值物质中找出新原料,可以发现新的矿藏,可以发展代用品,从而增加非再生资源的供给量。如原子能的发现,"它们实际上可以被看做是取之不尽,用之不竭的"。悲观主义者还忽视了其他一些因素,如价格机制的作用,当某一资源短缺时,可以通过价格机制的作用来压缩需求量。如:20世纪70年代石油提价促进了世界范围的大面积的石油勘探工作,迅速降低了世界石油的需求量。1979—1981年的3年内美国石油消耗量降了15%以上,要解决人口、资源和环境问题是会遇到棘手而持久的困难,但应该深信,人类有足够的智慧和方法,去保住亲手建设起来的世界并争取生活得更好。

人口规模及其增长

人口规模与增长是由人口统计的出生率等于(或小于、或大于)死亡率,移入民等于(或小于、或大于)移出民这两个式子的关系结果所决定的。当然,这两个式子又与更广泛的生态、社会政治经济制度、文化、突发性事件等等因素相联系。人口统计一般是在指定时间和指定地点进行的人口普查。人口数量的增减是可以通过许多种方法测定的。最简单的表达法是一种被称为"普查间距百分率变化(Intercensal Percent Change, IPC)"的方法,即把两次普查统计值相减的差数去除以第一个普查统计值,然后折换成百分率。例如,我国人口在1950年为5.5亿,1982年为10亿多,人口增长约85%。同期,世界人口在1950年为25亿,1982年为45.85亿,增加了83%。这样,一目了然,也容易作比较分析。另一种常见的人口规模变化的表达式是叫"人口统计基本恒等式":$P_t = P_0 + (B - D) + (I - E) + e$ 其中P_t代表某一指定时间的终点人口数,P_0代表某一指定时间的起点的人口数,B代表出生数,D代表死亡数,I代表移入民数,E代表移出民数,e是统计误差。这个式子可以帮助研究者掌握更详细的数字,对将来的出生率、死亡率、人口增长趋势作出预测。

人口分布 人口分布的研究,是考察单位面积里(如每平方公里)人口数量及其变化。人口分布是受多种因素影响的。在过去,应该说地理因素,如气候、土壤、位置、矿产、交通等,是占主要地位的。现在,社会政治、经济因素及人口本身的迅速增长的影响已大大超过了自然因素。近二百年来,随着工业、城市的发展,人口密度在许多工业化的国家里发生很大的变化,城市与农村人口之比极不平衡。人口分布是一个活跃的变数,反过来,我们又可以通过它来观察研究引起变动的原因。更进一步说,人口密度的上升看起来是一种结果,而实际上又是一个原因,它正带来一系列严重的问题:环境污染、失业、住房紧缺、疾病、犯罪等。社会学家就是要从原因和结果两个角度来应用人口分布的资料,以阐述各种分布的背景和影响。

人口构成 人口构成实际是人口的类别分布。有些人口构成是先天赋予的,如性别构成、年龄构成、宗教构成、民族和种族构成等;另一些是后天赋予的,如文化构成、职业构成等。年龄构成和性别构成是最基本的。在一般情况下,人口的世代更替是一个渐变的过程,把人口资料按照年龄分组,并按男女分别计算,绘制成的图表呈金字塔形,因此年龄—性别构成表被称为"人口金字塔"。不过情况在一些国家早已发生变化。由于出生率的下降和死亡率的同样下降,年龄结构已成圆柱形。(见图3-2)人口金字塔表可以清楚地提供年龄与性别的结构情况,而且据此可以预测人口再生产的发展趋势。总的说来,无论哪一种构成都受到人口过程(出生与死亡)和社会经济政治变动的影响。如战争可以使男女性比例失调、文化素质降低等。同样人口构成也可以对社会产生影响。比如年龄构成上的年轻化或老龄化可改变政府的决策、权力的分配等。人口构成能从各个角度反映社会的性质、状况和问题,因此,是社会学家最经常考虑的因素之一。

中国人口现状和发展趋势

当中国人开始意识到"人多好办事"并不是绝对真理的时候,人口问题已经成为一把高悬在中国人头上的"达摩克利斯之剑",它严重地威胁着中国人的生存,威胁着中国的经济、政治发展,成为中国现代化发展的沉重负担。

中国的人口发展到今天至少表现出如下几个特点:

人口数量庞大　建国初期我国的人口约5亿左右,到1982年7月1日第三次人口普查时,中国人口已增加到10.5亿,比建国初期翻了一番,相当于150年前世界人口的总和,占1982年世界人口45.85亿的22%。1990年7月1日第四次人口普查时,中国人口又增加到11.6亿。2000年第五次人口普查,全国总人口达到129 533万人。其中祖国大陆31个省、自治区、直辖市和现役军人的人口,同第四次全国人口普查1990年7月1日0时的113 368万人相比,十年零四个月共增加了13 215万人,增长11.66%。平均每年增加1 279万人,年平均增长率为1.07%。① 人口增长在中国的大型和特大型城市里表现得尤其明显。

人口分布不平衡　在我国,地理分布上有90%以上的人口生活在占国土面积40%的东南部,而我国的新疆、西藏、青海等有些地区甚至每平方公里不足1人。经济分布上农村人口虽然比重较大,但是城市人口的绝对数在1952年至1982年的30年间翻一番,百万人口以上的城市也从9个增加到38个,并且这种趋势还在发展之中。2000年第五次人口普查数据显示我国大陆31个省、自治区、直辖市的人口中,居住在城镇的人口占总人口的36%,同1990年第四次人口普查相比,城镇人口占总人口的比重上升了近10个百分点。

人口结构性矛盾日益明显 发达国家用了近80年从成年型社会转向老年型社会,人均GDP翻了一番,而我国仅用了20年就走完了这个过程,经济发展情况与老龄化的人口现状显得格格不入,特别在上海等一些大都市矛盾更为突出。有专家预计到21世纪中后期,我国将出现老龄人口高峰平台,老龄化进程加速。而由传统思想、计划生育措施等因素导致的出生人口性别比升高也是我国目前人口结构矛盾的主要因素。

人口调控难度大　自我国实行计划生育以来,全国已累计有近1亿独生子女,而随着这部分人在21世纪初达到生育年龄,我国又面临一轮生育高峰,一段时间的低生育率的会有所波动,使低生育水平面临反弹风险。此外,随着我国城市化脚步的加快,城乡间人口流动频繁,地区间人口的差异性明显,给人口的调控和管理增加了难度。

中国的人口现状直接影响和决定着国家经济建设的规模、速度和进度,

---

① 摘自:http://www.stats.gov.cn/tjsj/ndsj/renkoupucha/2000pucha/html/append21.htm 2000年第五次全国人口普查主要数据公报(第一号),中华人民共和国国家统计局2001年3月28日。

很显然，约13亿人口的沉重压力已经带来了众多弊害。据统计，我国1980年的粮食产量为3.18亿吨，占世界第二位，但人均产量却只有610斤，只相当于美国的四分之一，前苏联的二分之一。1996年中国粮食产品产量进一步增加到4亿吨，但同时人口也增加到了约12亿。2007年，我国粮食产量首次超过5亿吨，并在此高水平上连续保持了3年，同时人口也增加到了13多亿。由于人口的增长，我国的消费基金中平均每人的消费额增长缓慢，人均国民收入在世界一百多个国家中排名落后。进入21世纪以来，我国的经济建设经受了国际金融危机的严峻考验，2009年国家统计局发布报告指出，党的十六大以来，我国的经济建设取得了举世瞩目的成就，经济持续平稳快速增长的同时人均国民收入步入中等收入国家行列。从经济总体上的快速增长到人均国民收入的缓慢爬升来看，可见人口因素对我国经济、人民生活水平提高等方面的巨大影响。

我们不能不看到，目前的中国人口状况还在不断的发展之中，其中有些现象将会逐渐突出和严重而成为一个社会问题。对此，我国学者张翼曾作过比较详细的分析，他预计有六大人口问题将日益困扰未来的中国：①

（1）2050年中国总人口将突破16亿并带来各种巨大压力。据国内专家估算，如果现行的计划生育政策不变，到2010年，我国人口将增至13.40亿；到2020年将增至14.83亿；到2030年将增至15.19亿；到2040年，将开始回落降至15.09亿；到2050年可望变为14.62亿。客观地说，国内专家的估算是根据人口普查的基数而来的，事实上很多农民为了躲避计划生育，总是少报或干脆不报婴儿户口，故而国内学者有乐观估计的倾向。考虑到20世纪末政府对计划生育政策的执行力度将加大，也考虑到传统观念的影响，把2050年左右的中国人口估计在16亿应该是适度的。这16亿人口意味着我国政府将要考虑和积极准备：为今后50多年内持续增长的人口提供生存和发展的资源与社会条件；包括衣食住行等基本需求和教育、娱乐、文化等基本享受；为今后30—50年内大约3亿—3.5亿新增劳动人口提供或创造就业机会与工作岗位；为今后20—30年内大约8亿劳动者提供大量的固定资产、良好的生产条件和适宜的经营环境；为今后30—50年内增长的约7—8亿城市人口提供基本生活保障和基础服务设施。然而，事实上我们现在就面临着巨大的自然环境压力，仅就水资源而言，在目前的38个百万以上人口的城市中，就有将近30个城市缺水。同时，在产业结构调整的过程中，许多城市每年有数以

---

① 张翼：《将日益困扰中国的六大人口问题》，《东方》杂志1996年第5期。

万计的人待岗或隐性失业。

（2）65岁以上老年人口数将迅速增加，老龄化问题会演化为21世纪前半叶中国的主要社会问题。据联合国规定，一般把60岁及其以上人口占总人口的10%，或65岁及其以上老年人口占总人口7%以上的社会认定为老年型社会。专家们估算，中国65岁以上的老年人口占总人口的比率将会从2000年的6.7%上升至2030年的14.7%，并进而增至2050年的20.90%。从发达国家的老龄化过程来看，60岁以上人口所占比重从5%上升到10%一般需40年甚至更长的时间，而我国老年人口所占比重从1982年的4.9%上升到2000年的近10%仅仅只花费了18年。老龄化的发展趋势因中国经济发展的不平衡而在地区分布上呈现不均衡的状态。中国东部沿海的一些特大型和大型城市如上海、北京、天津、浙江、江苏等省市早于20世纪80年代先后进入了老年型城市或地区的行列，同时，上海等一些城市伴随着老龄化的进程还将出现人口高龄化的趋势，据粗略匡算，上海现有的227万60岁以上的老年人当中，80岁以上的高龄老人约占十分之一。未来不远的中国老龄化将导致：老年人经济保障尤其是养老金筹措问题；老年人医疗保健费用将大幅度增加；老年人生活照顾和服务保障问题；老年人因孤独、沮丧、绝望而引发的心理社会问题；劳动力队伍将趋于老化，据统计，中国劳动适龄人口的平均年龄1990年为34.1岁，1995年为35.1岁，预计到2000年将上升至36.1岁，2010年将达到38岁左右，而2020年又将上升为40岁左右。

（3）未来中国的社会被抚养总人数虽然占总人口的比重变化不大，但失业问题仍然会困扰21世纪的中国。虽然，21世纪前半叶的老龄问题会逐渐加剧，但是由于出生率的缓慢降低，中国劳动人口所需抚养人口的比重不会有太大波动。据测算，21世纪前半叶，社会被抚养人数占人口总数的比重将会从2000年的33.7%回落到2010年的30.4%，再进而跌至2020年29.0%的谷底。自此开始将缓慢攀升，至2030年和2040年分别上升到32.2%和35.2%，最后再升至2050年的35.6%，可见，比重的上升不是十分剧烈和明显。可是，随着劳动生产率的提高和科学技术在生产领域的广泛推广应用，随着城市化的加速和农业剩余劳动力的增加，未来中国社会不仅不会出现劳动力资源的短缺问题，相反，很可能会出现相当数量的失业人口，这将成为未来中国政府面临的一个十分棘手的严重问题。

（4）男女性别比偏高问题的长期存在，不仅将会影响未来的婚姻和家庭生活，而且也会影响未来社会的健康发展。国际上通常把每新生100名女婴与其相对应的男婴数作为出生性别比。正常的出生性别比为100∶105±2。

中国在1975年以前的出生性别比大约为100∶105左右。可是自计划生育政策严格执行以来,中国人口出生性别比就开始逐渐失衡。1980年为100∶107.11,1981年为100∶111.11,1989年为100∶114.70。在四川、浙江、河南等省份,其出生性别比失调的现象更加严重。造成性别比失调的原因主要来自三个方面:第一溺死女婴或者变相杀害女婴的现象仍然存在,它直接支撑着女婴死亡率的上升,这是中国不同于其他任何国家的地方;第二中国人的传统观念,诸如"养儿防老"、"传宗接代"等依然强有力地驱动着农村人们偏重于男婴取向的生育观;第三现代医学的发展,人为地对男胎的选择,将从技术上造成出生性别比失调现象的加剧。性别比严重失调,比人口总量的增长所带来的危险还要严峻,因为它造成的后果是:第一,买卖婚姻加剧;第二,性犯罪上升;第三,男性单身家庭增多;第四,未来的家庭将会受到严重冲击;第五,社会的安定潜伏着危机。这是一个非常危险的信号,只可惜目前政府更多地只注意中国人口总量的增长,经济学家只注意劳动力后备军的生成情况,仅仅只有人口学家和社会学家对这个潜在的重大社会问题予以关注和心存忧虑。

(5)人口素质难以适应未来经济和社会的发展。1990年人口普查资料显示,我国大学文化程度人口占6岁以上人口的0.62%,大专占0.97%,中专占1.74%,高中占7.30%,初中占26.50%,小学占42.27%,文盲和半文盲占20.61%。至2010年之前,中国人1∶3的文化结构估计不会有根本的改变。但在2010年以后,随着20世纪90年代出生的儿童长大成人,这种文化结构才会具有缓慢的变化,可是它必须伴之以现有大学教育及其设施的发展和扩充,否则,只能是高中升学率有所提高但却未必能从根本上改变总人口的文化结构。然而,随着生产力因素中科学技术的比重增长,社会对劳动力水平的客观要求也将越来越高,这就会严重地加剧中国人口文化结构低下的现状与社会生产力发展要求对高水准人才或劳动者需求的矛盾。因此,如果不能迅速解决这一矛盾,中国未来经济的发展必然要遭受影响,更何况,进入21世纪,中国仍将不得不背负着2亿左右的文盲去进行现代化建设。

(6)4∶2∶1结构的家庭抚养关系出现,将给21世纪的青年夫妇带来沉重的生活压力。在严格执行"一胎化"的计划生育政策的中国许多地区,至2005年之后,其家庭抚养将转化成4∶2∶1的倒金字塔结构。这里,"4"指两对老人,"2"指一对青年夫妇,"1"指一个子女,即一对青年夫妇抚养他们各自的父母以及他们自己的子女,有些甚至还要加上他们的一个祖父或祖母。与此同时,家庭小型化是世界家庭变化的大势,因此,未来世纪老年家庭将成为家庭基本形式之一,这种家庭往往是老年夫妇和他们的父母辈生活在一起,这将是一种非常惨淡的家庭模式。不管何种家庭模式,可以肯定,仅仅4:2:1的家庭抚养重任,就是对未来青年夫妇生活的一个严峻挑战。

根据中华人民共和国国家统计局2010年2月25日发布的《中华人民共和国2009年国民经济和社会发展统计公报》,2009年年末全国总人口为133 474万人,比上年末增加672万人。全年出生人口1 615万人,出生率为12.13‰;死亡人口943万人,死亡率为7.08‰;自然增长率为5.05‰。出生人口性别比为119。①

2009年中国人口数及其构成

指　标	年末数(万人)	比重(%)
全国总人口	133 474	100.0
其中:城镇	62 186	46.6
农村	71 288	53.4
其中:男性	68 652	51.4
女性	64 822	48.6
其中:0—14岁	24 663	18.5
15—59岁	92 097	69.0
60岁及以上	16 714	12.5
其中:65岁及以上	11 309	8.5

从2009年国家统计局的统计数据来看,张翼的一些分析与预测都得到了证实。如我国的人口总量已达到13.4亿,65岁以上的老人已占总人口的8.5%,老年型社会特征显著且高速发展,60岁以上的老人占总人口的12.5%,这一比重较之2000年的近10%又上升了2.5个百分点,较之发达国家的老龄化发展速度来看仍是快速和惊人的。关于城市化加速过程中的失业问题也在21世纪初突显出来,加之全球金融危机的影响,我国政府在应对伴之而来的失业大潮时采取了许多有效的措施,如提供相应的优惠条件鼓励自主创业,开展各类招聘会发掘就业岗位等等。根据历年来国家统计局公布的数据显示,2009

---

① 摘自: http://www.chengdu.gov.cn/GovInfoOpens2/detail_allpurpose.jsp?id=vIzeJ10pnxA8g1cY3aRn。

年我国出生人口性别比比2008年下降了一个百分点,是这一百分比自2007年以来持续三年保持高位后首次降至120以下,我国出生人口性别比例失调的问题不仅不利于男女平等这一基本国策的落实,也引起了生育医疗安全、教育公平、人口在地区间、产业间分布不合理等的一系列社会问题(见图3-5①)。

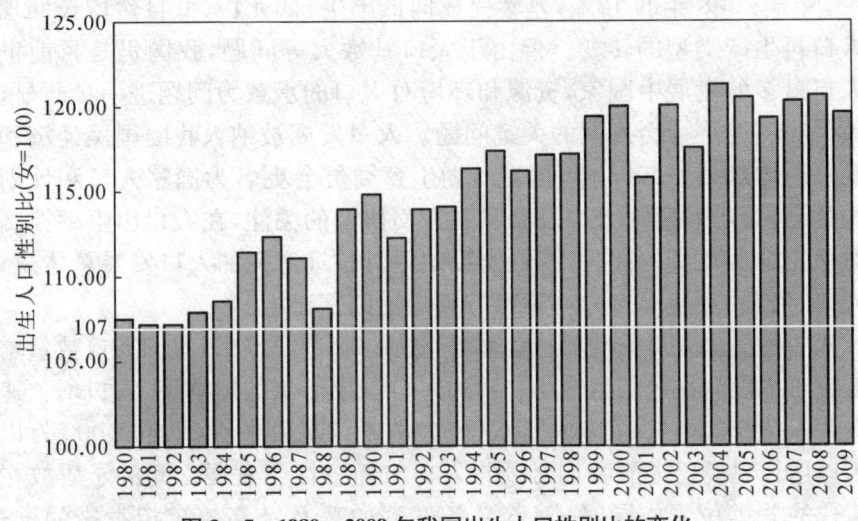

图3-5　1980—2009年我国出生人口性别比的变化

资料来源:1982年、1990年和2000年全国人口普查资料;1987年、1995年和2005年全国1‰人口抽样调查资料;国家统计局历年人口变动抽样调查资料。

综观环境问题和作为环境的组成部分的人口问题,可以说,它反映的是一个极其严峻的现实。一方面,人类的劳动使"第一自然"得以不断地向"第二自然"转化;但与此同时,人自身作为"自身的自然"又在给这种已经人化了的自然即"身外的自然"施加压力,在取得惊人进展的同时,也造成了惊人的破坏。人为此付出的代价是,人的自然属性有可能重新压倒人的社会属性,并最终受自然规律而不是社会规律的惩罚。全球性的人口问题,犯罪问题以至艾滋病问题,都反复证明了这一点。因此,人在重视"外在自然"的威力的同时,再不能对人"自身自然"的力量熟视无睹、漠不关心了。如不对这一特殊的"自然力"进行必要的社会控制,其后果将不堪设想,人最终成为外在自然力的战胜者而却又是自身自然力的失败者的可能性不是绝对不存在的。当务之急,是要像珍惜自然资源那样,加倍珍惜人的精神资源,改变精神文明建设与己无关的思想,改变长期以来在这方面的被动局面,国家和社会要为这股数亿人的不可抗拒的特殊"自然力"的积蓄和使用,创造一切

---

① 摘自:http://www.china.com.cn/renkou/2010-04/07/content_19761073.htm 中国人口新闻。

可能的机会和条件,使之发挥对人类自身有益的作用。

进入20世纪90年代后,随着我国计划生育工作的不断完善,人们生育观念的改变,以及家庭在养育子女与赡养老人方面承受的经济负担越来越重,我国的人口出生率进入了一个持续稳步的下降过程,由90年代初的近20‰,降至2008年的12‰,基本完成向低出生、低死亡、低自然增长的现代型人口再生产类型的转变。但由于人口基数大等问题,我国仍是目前世界上人口最多的发展中国家,资源和环境对人口的承载力问题进一步凸显,成为关乎我国经济社会发展的关键问题。人口发展被纳入我国国民经济和社会发展总体规划。2003年,国家计划生育委员会更名为国家人口和计划生育委员会,突出政府对人口发展和各方面协调的关注,在人口出生率控制在相对稳定的低比例的同时,将目光投向更具长远意义的人口发展总体规划,即人口、资源、环境等多方协调可持续的道路探讨上。

从中国整个人口的发展趋势来看,进入21世纪以来,我国人口数量增长速度趋于平稳。在计划生育与一系列人口调控措施的影响下,人口增长速度放缓并保持着低增长的态势。但从庞大的人口基数来看,每年1 000万以上的人口增长规模仍提醒我们必须将人口与经济社会发展之间的矛盾放在各项工作的关键位置。同时,随着义务教育的普及及高校扩招举措的推进,2000年全国人口普查数据显示我国大陆31个省、自治区、直辖市和现役军人的人口中,接受大学(指大专以上)教育的4 571万人;接受高中(含中专)教育的14 109万人;接受初中教育的42 989万人;接受小学教育的45 191万人(以上各种受教育程度的人包括各类学校的毕业生、肄业生和在校生)。同1990年第四次全国人口普查相比,每10万人中拥有各种受教育程度的人数有如下变化:具有大学程度的由1 422人上升为3 611人;具有高中程度的由8 039人上升为11 146人;具有初中程度的由23 344人上升为33 961人;具有小学程度的由37 057人下降为35 701人。大陆31个省、自治区、直辖市和现役军人的人口中,文盲人口(15岁及15岁以上不识字或识字很少的人)为8 507万人,同1990年第四次全国人口普查相比,文盲率由15.88%下降为6.72%,下降了9.16个百分点。① 由以上数据可见,我国人口的整体素质在10年间有了明显的提升。2007年11月发布的国家人口发展战略研究报告显示,我国15岁到64岁的劳动年龄人口2000年为8.6亿人,2016年将达

---

① 2000年第五次全国人口普查主要数据公报(第一号)中华人民共和国国家统计局2001年3月28日。

到高峰10.1亿人,比发达国家劳动年龄人口的总和还要多。因此,在相当长时期内,中国不会缺少劳动力,但考虑到素质等因素,劳动力结构性短缺却长期存在。① 目前专业与职业的对口性,即社会发展需求与人才培养上的对称性问题日渐成为我们反思人口教育体制问题的关键,成为影响我国人口整体素质的重要表征。

老龄化是21世纪全球人口问题的重要组成部分,也是我国人口发展趋势的重要体征。4∶2∶1结构的家庭抚养关系出现不仅给21世纪的青年夫妇带来了沉重的生活压力,也对整个社会的养老保障体系提出了严峻的挑战。其引起的社会人口年龄结构的变化必然对社会经济发展产生深远的影响,从地区上考察我国的人口老龄化问题,东部地区要快于中、西部地区,沿海经济发达地区快于内陆经济欠发达地区。就目前中国的人口分布来说,大部分的老年人都集中在沿海地区,而内陆地区和西部地区的人口相对来说较为年轻,加之大规模的移民来到沿海地区,使沿海与内陆地区的劳动力供求关系出现了明显的差异。而农村到城市的移民在一定程度上对我国城市老龄化起到缓解作用,但从总体来看,沿海地区的老龄化问题已对经济和社会发展产生了深刻而长远的影响。其主要表现在以下几个方面:

(1)对社会生产和经济发展的影响:与老龄化相伴随的科学技术和社会保障体制的发展,在老龄化与社会技术进步的探讨中,有学者曾经对劳动生产率的年龄分布作过研究,结果显示劳动者的劳动生产率的年龄分布呈现出倒U形,在40—50岁之间达到顶峰。显然人口老龄化背景下社会劳动力的构成状况对技术进步有放缓之力。而针对老年人独特的生理及心理需求,一些老龄产业应运而生,一定程度上也刺激了社会经济相关产业的兴起与发展。同时,对老年人的晚年生活的关注也催生了老年教育和老年大学的兴起。如今在我国东部沿海地区,老年教育自1983年山东率先成立全国第一所老年大学至今已形成了一定规模和地区间的合作体系。此外,人口老龄化对与社会生产直接挂钩的劳动力市场有着更为直接的影响。人口老龄化将导致处于劳动年龄人口增长的放缓,而劳动力是推动经济增长的要素之一,所以人口老龄化通过减少劳动力供给而最终将对经济增长产生一些必可避免的负面影响。

(2)对消费与储蓄的影响:在收入一定的情况下,老年人口数量的增加

---

① 国家人口发展战略研究报告 http://www.china.com.cn/news/txt/2007-01/11/content_7640975.htm。

会使社会总消费增加,加之养老问题对医疗、社会保障的考验,社会总储蓄相应减少。人口年龄结构的变动会对经济中的储蓄、消费和投资产生影响。老年人的储蓄水平低于年轻人的储蓄水平,那么,当社会中老年人比例上升时,经济的平均储蓄倾向便会下降,由此老年型社会的储蓄水平低于年轻型社会的储蓄水平。并且人口老龄化使适龄劳动人口减少,国民储蓄倾向也会随之降低。

(3)对家庭和地区的影响:计划生育政策与老龄化现状碰撞出了不可避免的家庭问题,即双方都是独生子女的夫妻需负担双方父母的赡养及子女的教养义务。这种现象在上海一类的大都市显得尤为尖锐和突出。快节奏的城市生活加之子女与老人分开居住的社会现况,出现了一大批空巢、独居老人,老年人的照料与社区照顾等问题放上了政府的议事日程,并成为维系社会稳定和地区发展的关键问题。人口老龄化使得老年抚养比上升。联合国对1950—2050年世界各地区的总抚养比、少儿抚养比和老年抚养比的统计和预测数据显示,老年抚养比在世界各地区均呈现上升的趋势。1950年,每12名劳动者供养一位老人,2000年,每9名劳动者供养一位老人,到2050年,每4名劳动者供养一位老人。人口老龄化给抚养比带来的另一个变化是少儿抚养比下降(见图3-6)。① 这是摆在我国社会稳定和家庭和谐面前亟待解决的问题。家庭作为社会最基础的组成部分,老人的赡养和子女的抚养又是其中不可回避的关键因素。特别在沿海地区,移民群体在这反面的问题更为突出。一方面,受到生活理念和经济生活水平的影响,子女与老人分开居住已成为一种普遍现象,老龄化带来的老年人照顾问题越发突出;另一方面,到沿海经济发达地区务工的人员多为年轻人,由此形成了迁出地留守老人的问题。

图3-6 世界各地区的总抚养比、少儿抚养比、老年抚养比(1950—2050)

单位:%

地区	1950			2000			2050		
	总抚养比	少儿抚养比	老年抚养比	总抚养比	少儿抚养比	老年抚养比	总抚养比	少儿抚养比	老年抚养比
世界	65.2	56.7	8.6	58.4	47.5	10.9	57.7	33.1	24.7
非洲	82.4	76.5	5.9	84.7	78.7	6.0	53.5	42.9	10.6
亚洲	68.3	61.4	6.9	56.5	47.3	9.2	56.8	30.6	26.1

① 黄瑞:《人口老龄化及其经济影响》,《经济研究导刊》2010年第4期。

续 表

地 区	1950			2000			2050		
	总抚养比	少儿抚养比	老年抚养比	总抚养比	少儿抚养比	老年抚养比	总抚养比	少儿抚养比	老年抚养比
欧 洲	52.4	39.9	12.5	47.4	25.8	21.7	75.9	24.5	51.4
拉 美	77.6	71.1	6.6	58.6	50.0	8.6	58.6	31.8	26.9
北 美	54.9	42.1	12.7	51.0	32.4	18.6	65.9	30.4	35.5
大洋洲	58.9	47.3	11.7	54.5	39.2	15.2	59.7	30.9	28.8

注：总抚养比＝(15岁以下人口数＋65岁及以上人口数)÷(15—64岁人口数)×100%＝少儿抚养比＋老年抚养比；少儿抚养比＝(0—14岁人口数)÷(15—64岁人口数)×100%；老年抚养比＝65岁及以上人口数÷(15—64岁人口数)×100%。

资料来源：United Nations Population Division. World Population Ageing 1950 - 2050. New York：United Nations, 2002：48, 56, 78, 68, 88, 96, 98。

五、回到"行—关—制"：对社会要素的再认识

前面我们从三个方面,对社会要素作了一些分析。事实上,有关这方面的提法还有很多。值得注意的是,至少从我们所接触到的材料看,社会学家在这个问题上的看法是大同小异的。试比较下面几种提法：

孙本文的提法 孙本文在其有广泛影响的《社会学原理》中,把"社会要素"归结为四点：

(1) 地理要素(指自然环境)

(2) 生物要素(指人口)

(3) 心理要素 ⎫
(4) 文化要素 ⎭ (指社会环境)

需要说明的是,孙本文是在"环境"这个大前提下来谈社会要素的。上面列举的四个方面,都是环境的要素,孙本文认为,此四种环境要素,以其均足以影响于人类社会行为,故亦称为社会要素。[①]

龙冠海的提法

(1) 分子的异质性

(2) 空间的占有

(3) 心理的或精神的联系

---

① 孙本文：《社会学原理》,商务印书馆1935年版,第130页。

(4) 文化的创造

(5) 符号的传讯方法

(6) 复杂的社会关系体系

(7) 很大的变异性

(8) 具体导进或改造的能力和意向①

以上各条除前四条外,其余只能说是社会的特征,称作"要素",似嫌勉强。而前四条,如仔细一看,则跟孙本文的说法没有多大区别。

布哈林的提法 布哈林在其所著《历史唯物主义理论——马克思主义社会学通俗教材》一书中,把社会要素归结为物、人、观念。

(1) 物——指具有社会意义的物,在社会之外,则等于废物(如生产工具)

(2) 人——联合起来的人的体系(这其实就是指的关系)

(3) 观念——人的精神属性,人的关系的另一方面,就其作为精神的产品而言,则又和"物"共同构成文化②

可见布哈林的"三要素"其实只有两要素:人与文化。

横山宁夫(当代日本社会学家)的提法

(1) 作为行为主体的人

(2) 人与人的相互关系

(3) 相互有关的人所具有的意义、价值、规范之类的文化③

三者的关系是:文化由人与人的关系来承担,人与人的关系由行为性的人来承担,而行为性的人则使文化内在化(内化为行为模式)。横山宁夫认为,此三者中的每一方都以其他两者为前提,三者都不能相互还原,而是三位一体的整体。社会的概念可以理解为主体的人、关系和文化三位一体,但在对此进行研究的时候,却不能由一门学科承担,而应按不同侧面而分别由社会心理学、社会学和文化人类学来承担。

不难发现,横山宁夫的"三要素"论,跟笔者对社会学研究的对象的提法("行为—关系—制度")有某些相似之处,但着眼点则不尽相同。他着眼于文化,我们则着眼于文化的主体部分——制度。因为行为、关系和制度可以并列,和文化则不能并列。(其实,他所指的文化,亦并非文化的全部,而是制度性文化。顺便指出,A. 英克尔斯在其《社会学是什么》一书中,实际也是把行

---

① 龙冠海:《社会学》,台湾三民书局 1978 年版,第 79—80 页。

② [俄]布哈林:《历史唯物主义理论——马克思主义社会学通俗教材》,李光谟等译,人民出版社 1983 年版。

③ [日]横山宁夫:《社会学概论》,毛良鸿译,上海译文出版社 1983 年版,第 38 页。

为、关系、制度作为社会要素或社会条件来看待的,虽然他并不局限于这三方面。)

上述各家提法中,有两点值得注意:第一,几乎无例外地都把文化作为社会要素之一;第二,相当一部分社会学家在其表述中,直接或间接地把行为、关系和制度视作社会要素的组成部分。应该说,这绝不是偶然的巧合。严格地说来,像人口、环境等条件,应如实地把它们作为社会存在和发展的外部条件来理解。文化诚然是社会的要素,但它并不像其他要素那样的单纯,与其说文化是一个要素,不如说它是要素的结晶,是要素的总和。

由此看来,有必要把社会的要素划分为外部要素和内部要素(或元素)两类。行为、关系、制度既然是构成社会结构的最基本的单位,是形成社会过程的最基本的阶段,同时它们又无一不是最典型的文化现象,那么,它们成为社会这部大机器赖以正常运转的基本的元素,应是理所当然的事。不过,在作这样理解的时候,需要不厌其烦地、反复地强调以下一点(这一点已被横山宁夫所指出):它们是三位一体,不可分割的一个整体,离开了任何一方,其他两方便不复存在。

六、社会的基本单位

与社会要素密切相关的一个概念,便是社会的基本单位。因此有必要提纲挈领地对社会基本单位作一概要的介绍。

社会单位与"社会学单位"

社会单位的划分也就是对群体的划分。社会生活本质上是群体生活,是各种各样既对立又统一的集团之间的共同生活。

关于这一点,我国古代思想家荀子已有所认识。在《荀子·王制篇》中,他认为:"人力不若牛,走不若马,而牛马为用,何也? 曰:人能群,彼不能群也。"对荀子的这一思想,近代学者、社会学的引进者严复,有一个更确切的解释,他说:"荀卿曰:'民生有群。'群也者,人道所不能外也。群有数等,社会者,有法之群也。社会,商工政学莫不有之,而最重之义,极于成国。"[①]严复首次把"人群"和社会联系在一起,将社会定义为"有法之群",并称社会学为"群学",尽管这个词未流行开来,但它的寓意是深长的。事实上,人与其他动物的区别,不在于是否"能群"而在于"群"的性质和特点。严复的"有法之群"的

---

① 严复:《群学肄言》"译余赘语",商务印书馆 1981 年版。

观点,把人群和动物之群真正区别了开来。因此,考虑社会的基本单位,着眼于形形色色的人的群体,应该是一个基本的准则。所谓"人以群分"正是这个意思。

"群"有合有分。平常我们容易认为群体总是"合"成的,由不同的人组合起来的。然而事实上恰恰相反,人类群体的形成过程是一个不断分化的过程,是"分"出来的。关于这一点,荀子思想中亦有卓越的体现。在《荀子·王制篇》中,他说:"人何以能群?曰:分。"又说:"人生不能无群,群而无分则争。"在荀子时代,把人按尊卑贵贱划分为数等,是天经地义的事,这是他的时代和阶级的局限性。用我们今天的观点来看,群体的分化,并不是哪一个圣人贤人所能决定的,它是一个自然历史过程。然而,群体作为一种科学研究的对象,则始终存在着一个划分的标准问题。研究这种划分的标准,尽量给人群以科学的划分,应该是今天社会科学工作者研究人类社会群体生活的一个重要任务。为了便于对群体现象的研究,就有必要从实际出发确定若干分析的单位。可见分析单位不等于实际单位,它的价值全看它在实际生活中所起的作用的大小,所能说明的问题的多少而定。那么,社会的分析单位是什么呢?

孙本文在其所著《社会学原理》一书中,对已有的作为分析工具的"社会学研究单位"作过如下概括:

(1) 以个人为研究单位;
(2) 以团体为研究单位;
(3) 以制度为研究单位;
(4) 以社会同式(social uniformities)为研究单位。(所谓"同式",指人在同样环境下所表现的同样的行为方式。)

显然以个人为分析单位,至少在现阶段是不现实的,因为在现阶段,个人远没有取得完全独立的地位。在很多地方,个人还没有取得作为社会成员的平等一员的资格,因而也就谈不上作为社会的一个单位的问题。即使作为一个单位,由于个人于个人之间在社会地位上有天壤之别,它的实际意义也不大。值得注意的是,如果不把个人理解为生物性的个体,而是把它归结为某种"角色"(相对于个人来说,角色的数量总是有限的,而且是可以分类的)就存在着一个以"社会角色"为单位的可能性,这个问题将在以后进一步讨论。

孙本文自己主张以"具体社会"为研究单位。这种"具体社会"或是团体社会(如学会、政党、俱乐部、朋友团体等等);或是区域社会(如家庭、村社、都市、国家等等)。这两类群体又可以分别按人际关系的远近,划分为直接群体

(家庭、邻里、亲密朋友团体等)和间接群体(都市、政党、国家等)。

仔细分析一下孙本文的分类法,可以看出,这里面实际上包含了性质明显不同的三种类型的群体：血缘群体(家庭及亲属团体);地缘群体(社区,包含村社和都市);"业缘"群体(不受血缘和地缘限制的产业群体、职业群体、工作小群以及由这些群体派生出来的或发展出去的其他有关群体,包括政党和一般意义上的社会团体)。

理想的社会单位的划分,应既能反映现实社会的基本特征,又符合历史演变的顺序；既反映个人的社会化的历程,又符合社会总的发展趋势。"血缘、地缘、业缘"的分类法能满足这一要求,因此本书采用该划分法。说是"基本单位",其实也是基本关系和基本制度以及受此两者制约的基本行为模式。因此,作为分析手段,"血、地、业"的分类与"行、关、制"的模式并不矛盾,两者相结合,将有助于使一个社会的社会结构和社会过程的面貌更清晰地显现出来。

血缘与地缘单位

血缘与地缘的分化是一个历史的发展过程。实际上人类早期的生活单位,总是以血缘和地缘的合一形式存在的。不过,就像家庭的发展意味着血缘关系逐渐让位给婚姻关系一样,整个社会的发展也在经历着类似的过程。人们开始不满足于"前生注定"的,一切都事先安排好的那种环境,而想过一种有选择的相对自由的生活。但是,当地缘和血缘完全合一的时候,这个权利是享受不到的。反映在观念形态上,早期的"地方观念"就是"宗族观念"。在这种观念支配下,人们安土重迁,非万不得已,不希望离开自己祖祖辈辈居住的地方,因此那是一种完全封闭的社区、静止的社区,即滕尼斯所说的"Gemeinschaft",老子所说的"小国寡民"。随着社会生产力的不断发展,特别是交通工具的不断改进,封闭的社区开始流动起来,社会进入了一个新的分化阶段：地缘单位日益从血缘单位中分化出来,就像一户新的人家开始从老的大家庭中分化出来一样。和"家"这个概念比较,"户"这个概念体现的已不单是血缘关系,而主要是地缘关系了,"户"已经不仅是一个自然单位,而且是一个社会单位,国家的基层单位了。有了"户",就有了现代意义上的邻里关系,就有了现代意义上的社区组织,就有了现代意义上的职业分工和城市管理……一句话,就有了现代意义上的国家制度。恩格斯说：把家庭和国家相比较,第一个不同之点就是,国家是按地区来划分它的国民的。"它第一次不依亲属集团而依居住地区为了公共目的来划分人民","有决定意义的已不是血族团体的族籍,而只是经常居住的地区了；现在要加以划分的,不是人民,而是地区了;居民在政治上已变为地区的简单的附属物了。"当然,恩格斯这里所说的国家,是指希腊、罗马这样的一些典型的西方国家,它们和中国历史上的国家制度不尽相同,在长达数千年之久的时间内,中国国家制度的宗法性和家族性特点始终存在着,"国"即是"家","家"即是"国",家国一体,形成一种只有中国才有的"家国结构"。但是,中国毕竟也在缓慢地朝着地缘社会的方向发展。

血缘和地缘的分离过程,是伴随着社会和国家的分离,农村和城市的分离同时进行的。在这个过程中,首先出现的地缘单位就是"社区"。(详见本书《关系篇》)

关于"业缘"单位

和"血缘"、"地缘"比起来,"业缘"是一个至今还没有得到社会学界普遍认可和社会上普遍接受的概念,但由此概念所反映的社会事实,则在普通社会学理论中早已存在。所谓"业缘"单位,顾名思义指的是不受血缘和地缘关系限制的,或超越于血缘和地缘之上的社会共同体。它的典型形式,是以社会分工为基础的职业团体和与此有关联的其他社会组织。平时我们所说的"单位"一词("你是哪一个单位的?""开一个单位证明。"),正是指的这种业缘单位。

把"团体"和"组织"纳入"业缘单位"的范畴,与不纳入这一范畴,其含义是不一样的。事实上还存在着另一种相反的选择:也可以把"业缘单位"纳入团体的范畴,比如,把团体划分为血缘团体、地缘团体和业缘团体。社会学史上有关团体(group)的分类中影响最大的、最权威的分法,是早年美国社会学家萨姆纳(W. G. Sumner, 1840—1910)和库利(C. H. Cooley, 1864—1929)的分法。前者把人类群体划分为"内团体"和"外团体"("我群"和"他群");后者提出了著名的"首属团体"("Primary Group")的概念。在英文里,"团体"和"群体"是一个词:group,但中文里的这两个概念则有些细微的差别,并不是任何一个群体都能叫"团体"的。我们只能说,现代社会生活中的团体和组织是由古代人类的群体发展而来的。从历史的角度来看,人类群体大致经历了从氏族、家庭到社区的血缘群体,从社区到国家的地缘群体和从国家到社会的阶级群体和职业群体这样几个阶段,这最后一个阶段就是我们这里所说的"业缘"阶段,其典型的代表单位就是团体和组织。

这样我们就可以把"群体"和"团体"区分开来:群体是跨越整个人类历史时期的社会现象,团体则是现代社会所特有的现象。正因为如此,我们不会像西方人那样把家庭叫做一个"团体"或视为一个团体,其原因就在于在我们的心目中,家庭是古已有之的,而现在的家庭跟过去的家庭相比,即使有很多变化,但也未变化到可以称之为团体的地步。团体的进一步发展,则是"集体"。它是社会主义社会人民群众共同生活的单位。集体的特征是,不仅有共同的语言,共同的规范,而且有共同的理想,以及建立在这一思想基础之上的新型的人与人之间的关系。在社会主义时期,团体和组织在"集体"的意义上统一了起来。这里需要说明的是,正因为"群体"是整个人类社会生活的特征,它包括团体、组织、集团和集体,因而它也就时而可以作为团体的代名词,组织的代名词,时而作为集团和集体的代名词被使用。

应该承认和西方社会学相比,我们尚未能找到一个类似西方社会学中"group"这样一个可作为社会结构分析的中心概念,从而也是社会单位的统一的概括程度很高的分析概念。正如本书将会多次论及的,从传统中国的社会结构、文化制度或价值观念中,找不到"团体"的地位,即使历史上存在过一些团体,它也无法跟诸如家庭、宗族和村社相提并论,它们自身的合法性常常是成问题的。"团体"的一个主要特征,是团体内部的每一个分子处于彼此平等的地位。这对拥有数千年历史的文明古国来说,完全是一种新的东西,一种新的社会组织形式,因此是不可能把一直居于支配地位的血缘单位统统归到它的名下的。为了尊重这一历史事实,把"团体"和"组织"明确地限制在"业缘单位"之内,是比较妥当的。

在本书的《关系篇》中,特别是其中"社会关系的群体层面"一章中,我们将比较深入地讨论到作为血缘单位的代表的家庭、作为地缘单位代表的社区和作为业缘单位的代表的团体和组织的一些主要的问题。

II 行为篇

第四章 行为

概述

在总论部分,我们已经简要地论述了社会学的逻辑起点问题以及作为社会学基本范畴的行为、关系、制度之间的关系问题,提出了应该辩证地看待这三者的关系:从本质上说,它们是三位一体,不可分割的;但从现象层面、操作层面看,又是可以分解的,可以分别加以考察的。在这一章以及整个《行为篇》部分,我们就来着重讨论社会行为方面的问题。

一、行为研究的领域及意义

人类行为是多学科研究的对象。在社会学把行为作为自己的研究对象之前,已经有众多学科在进行这方面的研究。相对于诸如生物学、生理学、心理学、伦理学等学科对人的行为的研究来说,社会学介入的时间是比较晚的。而且社会学研究社会行为也正是在上述众多学科已取得的研究成果基础上进行的。更值得注意的一点是,社会学本身的发展,如上篇所述,深受其他学科(包括自然科学学科)的影响,以至在给社会学发展的历史划分阶段和流派的时候,能够相当清晰地勾画出一个轮廓:从"社会物理学"开始,一路往下数,是社会学的生物学派、心理学派、经济学派,以及其他影响较小的诸多学派。这些学派对社会学的影响都直接、间接地涉及社会行为的研究。还应该看到一种现象,在社会学史上,在行为研究方面贡献最大的几位社会学家,都不是单纯的社会学家,他们都有着别的学科领域的背景。有些并不主要是社会学家,但却对社会学界,特别是社会行为的研究产生了巨大的影响,像马克思、弗洛伊德、米德(G. H. Meed,1863—1931)等人就是显例。行为研究的多学科性这一特点,对我们理解行为的类型,社会行为与非社会行为的异同以及行为研究的方法等方面,都具有十分重要的意义和价值。

行为研究的意义:必要性与可能性

关于行为研究在社会学研究中的地位,我们在总论篇讲社会学的学科性质与研究对象时,已有所交代。这里再作一些简要的归纳和补充。

1. 行为研究的必要性

社会现象区别于自然现象,社会规律区别于自然规律,人的社会属性区别于人的自然属性,甚至人本身的存在及其价值,都只能通过人的社会行为(包括具体的行动和活动)体现出来或得到验证。社会规律是人们自己的社会行动的规律,离开这种行动,既无规律可言,也无社会可言,此其一。其二,人的社会活动既是社会学研究的逻辑起点,也是社会学研究的实际起点。社会学研究的社会是具体社会,而非抽象社会。同样地,社会学研究的社会行为也是具体行动,实际发生的行为和行动,并通过对这些具体行动的观察和抽象达到对社会本质的了解。总而言之,研究社会必须研究人,研究人必须研究人的行动和活动,舍此别无选择。

2. 行为研究的可能性

这里的意思指是否可能找到一条相对独立地研究社会行为的途径。应该说这种可能性是存在的。

首先,客观上存在着一些不涉及关系的行动,或可称之为"非关系性行动"。例如,儿童时期的初步学习行动,涉及最基本的生活自理和生活技能方面的行动,或在既定关系下(关系因素不变的情况下)发生的行动,以及本身足以产生重大社会后果的那种行动。

其次,在行为与关系之间,固然有和谐和一致的时候,但更多的时候恐怕是不那么和谐和一致的。正像在个人与社会之间经常存在某种距离一样,在行为和关系之间,也经常存在这种距离。由行为与关系之间的不一致而产生的距离,常常会在行为领域里,激化为种种矛盾和冲突,常见的有理智与感情之间的冲突,私人领域的行为与社会行为之间的冲突,理性行为与非理性行为,社会行为与反社会行为之间的冲突,以及各种意义上的"角色冲突"(详见第六章)等等。这不但使相对独立的行为研究成为必要,而且也成为可能。

3. 行为与关系在发生和发展过程上的不同步性

这种不同步性亦使单独对行为或关系进行考察成为可能,这一现象将在本章稍后部分以及《关系篇》中重点讨论。

这里想顺便指出,关于"社会行为"的表述方式,是沿用较早阶段的表述方式。在最新的社会学理论书籍中,已多采用"社会行动"这一提法。我们认为这主要是一个定义的问题。在本书中将采取比较灵活的做法，基本上认为"行动"是属于个人范畴的概念，属具体领域；"社会行为"则既包括行动，也包括非行动（即既包括"所做"，也包括"所说"、"所思"和"所感"），属社会范畴，是抽象程度较高的概念。

社会行为的类别

关于行为分类的标准，有不同的等级和方法。可以按照学派来分，也可以按照不同的学科来进行划分，后者是一种比较简便的划分方法。在此基础上稍加整理，我们就可以得出这样几种行为的类别：

1. 生理行为

生理行为可以有两种含义：一是指满足人的生理需要的行为，如满足衣食住行需要的物质生活资料的生产行为和满足人自身的延续的生殖行为；二是泛指一切在本能驱使下发生的行为，其贬义的用法，就是所谓的"动物行为"，有时特指人的社会属性的异化。生理行为虽不属社会学研究的范围，但马克思主义的社会学从来不否认生理行为的重要性。事实上，很多至关重要的社会行为都是以生理行为（包括产生这种行为的需求和欲望）为前提、为基础的。恩格斯的"两种生产"（物质生活资料的生产和人自身的生产）的理论和弗洛伊德的精神分析理论，就是在深刻研究人类性行为和其他生理需求的基础上形成的。

2. 心理行为

它可能是一种比较隐蔽的、偏重于精神方面的持续的内心活动，但也可能是一个人为满足自己的某种欲望而付诸行动之前的一种过渡性行为。它受一定思想或感情的支配，因而表现为行动时，可能是一种理性行动，也可能是一种非理性行动。

对一些很深层次的人的问题的研究，如宏观层面的民族性、国民性的研究和微观层面的人的素质的研究，也要涉及心理行为的问题。

3. 伦理行为

指体现特定社会关系和人际关系的社会行为，特别是规定它们之间的权利与义务关系的社会行为。在封建宗法社会里，伦理关系几乎是唯一的社会关系，因而伦理行为也就成为社会行为的主体部分。历史上的中国社会，是一个以家族伦理为本位的社会，它表现在行为上，就是要遵循一套严格的特殊取向的行为准则，远近亲疏，尊卑贵贱，不得僭越，不容混淆。随着现代化进程的加速到来，这种以特殊取向为主要标志的家族伦理，正日益被以普遍取向为特征的社会伦理所取代。这种社会伦理已主要不是为了定名分、辨亲疏,而是已泛化为一种一般意义上的行为规范和道德准则,如职业道德、人际交往准则等等,相当于一种理想类型的角色关系和角色行为。

4. 社会行为

此处指相对于生理行为、心理行为、伦理行为而言的社会行为,属于同生物学、心理学、伦理学有相承相继关系的社会学的研究对象。它应该有一个专属社会学的严格的定义。但问题在于上述关于行为的分类远没有完全反映出行为科学所包含的不同类型社会行为的复杂情况。事实是,社会学除了有像生物学、心理学、伦理学这样一些先导性的继承学科之外,还有一组就其内容来说与社会学更相互贴近,甚至相互渗透的相邻学科,这就是占据社会科学主导地位的经济学、政治学、法学等学科。它们对人的经济行为、政治行为、法律行为的研究,与社会学的相关研究更难划清界限。很难想象,抽掉了社会行为中的经济的、政治的、法的内容,社会学的行为研究会是什么样子。特别是经济行为(包括市场行为)的研究,对社会学来说,更具有直接重要的意义。"马克思和恩格斯在探讨社会行为时,探讨得最详细的是这些经济行为,而且他们常常把这些经济行为作为其他社会行为的模型。可以看出,在马克思主义关于社会行为的理论中,劳动和交换是原始类型的行为。"①有的社会学家根据马克思的观点,把资本主义社会的社会行为概括为三种类型,这就是劳动、生殖和交换。而劳动和交换一般地可以概括为经济行为。

社会学当然要研究诸如经济行为、政治行为、法律行为,因为这是最重要的社会行为。研究的途径,除了借助于其他相关学科的研究成果和研究方法之外,所幸还有一个中间环节,那就是分支社会学,它在社会学和其他独立学科之间架起了一座沟通的桥梁。这样,我们就可以通过诸如经济社会学去研究人们的经济行为;通过政治社会学去研究人们的政治行为;通过宗教社会学去研究人们的宗教行为;通过两性社会学去研究人类的性行为;通过社会人类学去研究人类的原始行为;通过社会生物学去研究人类的遗传行为等等。从而使对社会行为的研究进入实质性的社会学领域。但这基本上属于经验研究的范畴,也就是说,分支社会学并不能代替理论社会学(如社会学原理)对社会行为的研究。从社会学理论的高度来研究社会行为并区分行为的类型,是社会学的特殊使命。

这样,关于社会行为的研究领域,就可以演化出以下既相互联系又相互

---

① [日]北川隆吉主编:《现代社会学》上册,沙莲香等编译,中国人民大学出版社1994年版,第107页。

区别的四个层面：先导学科的层面、相邻学科的层面、分支社会学层面和理论社会学层面。什么是社会行为，最终要由理论社会学来作出回答。

二、社会行为的主要理论

理论社会学对社会行为的研究，至少跟三个人的名字分不开，他们是马克斯·韦伯、帕雷托和帕森斯（T. Parsons, 1902—1979）。

马克斯·韦伯对社会行为理论的贡献

马克斯·韦伯对社会行为理论的贡献，主要有三个方面：

1. 关于社会行为的定义

这已见于总论部分有关社会学的对象一节，至今这个定义仍然具有权威性。他强调社会行为是一种主观意志，是一种有意义的行动，（因而需要理解和解释）是一种针对他人并受他人制约的行动。有必要指出的是，在韦伯的定义中，行动的主体是个人或个人的集合体。因此任何把社会行为和个人行动对立起来的做法都是错误的。正好相反，离开了个人的意志、欲望和要求，就不可能有社会行为。因此，这一观点带有明显的社会唯名论的倾向，是个人主义的或反实证主义的方法论的产物。

2. 关于社会行为的类型

韦伯在他的行为理论中提出了他自己给行为进行分类的标准，这就是有名的"行为类型"说。他把行为分为四种类型：

目的合理的行为，是"对外界事物的行为及其他人的行为有某种预测，并把这一预测作为结果，作为自己的目的加以追求，作为条件和手段加以利用的行为。"①因而是一种可以理解、可以预测的行为；

价值合理的行为，是把价值放在第一位，为了某种信念或行动者自认为值得去做的事情，不考虑最终目的的行为。在这里，手段的合理性代替了目的合理性；

感情的行为，是直接由感情或情绪产生的行为；

传统的行为，是由习惯和传统的思维方式所产生的行为。

其中，在韦伯看来，最高层次的行为是目的合理的行为，是一种按照他自己的"理想类型"的标准归纳出来的行为，它体现了目标手段和结果的优化配

---

① ［日］北川隆吉主编：《现代社会学》上册，沙莲香等编译，中国人民大学出版社1994年版，第135页。

置。他承认在现实生活中,还有大量目的不合理的行为(非理性行为)存在。

3. 关于行为分析的核心概念——理性与合理性(合理化)

从前述"行为类型"中不难看出,韦伯是根据理性原则或合理化原则来划分行为类型的。韦伯的"理解"社会学的前提是,人的行为从总体上来看,是一种合理的行为,是一种理性行为,因此才能实现人际之间的沟通,才能组合成社会。如果不是这样,假如社会都是由非理性的人及其行动所占据,社会就会变成不可理解的了。这一思想不仅实用于对行为的分析,而且贯穿于他的社会理论的全部,特别是在他的组织社会学(如官僚制理论)和宗教社会学(如新教伦理)中,尤为突出。另外,在历史领域里,他把社会的发展过程包括现代化过程看成是一个合理化过程,这一点直接反映在他的行为类型的理论中,或者说,是他的行为类型学的推广应用。韦伯对行动者的行为目的的关注,"并没有把他的研究局限在社会行动类型这个范围内。""在他的头脑中,现代文化向人们提出的问题占着首要地位,关于这一点,他认为从传统性行动向合理性行动的转化是个关键。他指出,处于一个法理型统治体系中的合理行动在现代合理化经济即资本主义体系中占有核心的地位。只有在一个合理化的经济结构中,行动着的个人才能够以合理的方式权衡得失。"①

什么是理性行为,什么是非理性行为,这是一个可以讨论,而且现在还正在讨论之中的问题。② 韦伯的合理化构想,一方面带有很浓厚的理想色彩(他认定世界的发展在趋向于合理化),但另一方面他又对这一合理化进程忧心忡忡,十分悲观,甚至认为合理化的新世界已经变成一个怪物,"合理化"成了异化和非人化的代名词。③ 这反映了韦伯思想方法上的某种不彻底性和自相矛盾性。但是与其说这是韦伯个人的矛盾,不如说是唯意志论的个人行为主体论的矛盾,说明微观社会学的个体方法论并不能摆脱更不能代替宏观领域的社会系统方法论,韦伯以后的社会行动理论的发展证明了这一点。

帕雷托在社会行为理论上的建树

帕雷托是在社会行为理论方面独树一帜的社会学家。虽然他的理论与韦伯并不存在内在的联系和对应关系,但就其观点和理论的侧重点来说,却与韦伯形成一种鲜明的对照:韦伯侧重于研究理性行为,帕雷托则侧重于研究非理性行为,并力图对这种非理性行为作出合乎情理的解释。"合理的行

---

① [美]刘易斯·科瑟:《社会学思想名家》,石人译,中国社会科学出版社1990年版,第250页。
② 郑也夫:《代价论——一个社会学的新视角》第二节,三联书店1995年版。
③ [美]刘易斯·科瑟:《社会学思想名家》,石人译,中国社会科学出版社1990年版,第254页。

为"帕雷托称之为"逻辑性行为",他给"逻辑性行为"下的定义是:"使用适合于目的的手段并将手段与目的逻辑地联系起来的行动,是主客观都符合逻辑的行动。"除此以外的所有的行动就是非逻辑行动。帕雷托尖锐地指出,社会上流行的信仰体系和理论并不对人的行动起决定作用,起决定作用的是人们原本就有的思维状态和深藏内心的基本情感,人们只不过是用这些信仰体系和理论将自己的非逻辑行动正当化、合理化,而社会学家的任务就在于揭露这些思想与理论的虚假性,还它以本来面目。① 由此看来,帕雷托并不认为非逻辑行为是行为者的弄虚作假,然后设法用一些理论和信仰来掩盖行为的虚假性。相反,他认为人的行为的非逻辑性和非理性恰恰是其真实的一面,使之逻辑化和合理化才是虚假的。这一观点深深植根于他的最重要的两个社会学范畴之中,此即"残留物"与"衍生物"。"残留物"是指从社会活动中除去所有的理性想法之后,所保留下来的那种东西,它是社会活动的常数;"衍生物"则表示观念、信仰、理论等意识形态系统,它们是派生的,是社会活动的变数。人们对非逻辑行动的逻辑化就产生出了许多衍生物。②

帕雷托的上述思想有很深的政治社会背景,他是马基雅弗利思想的直接继承者,他的"残留物"和"衍生物"所反映的核心思想是一种植根于人的本性不变的思想,是一种直接为意大利这个国家的政治服务的思想。因此与其说这是一种社会思想,不如说是一种国家思想、政治思想。另外,也许更值得一提的是,帕雷托首先是一个经济学家,他研究社会学,是把社会学作为经济学的一种补充来看待的。他认为经济行为是一种理性行为、逻辑行为。经济学不研究或研究不到的行为都是非逻辑行为。这一点很值得注意,在这一点上他和包括马克斯·韦伯在内的许多社会学家的观点是一致的。

帕森斯的行动理论

帕森斯是在综合总结前人(主要是涂尔干、韦伯和帕雷托)行为理论的基础上提出他的规模宏大的行动理论和社会系统理论的。确切地说,行动理论只是帕森斯的宏观的社会结构和功能理论的一个组成部分,在方法论上,他兼具个体方法论和社会本体论两方面的优势,为我们提供了一个以行动为起点逐步扩展到社会关系和社会制度体系这一完整过程的研究范例。

---

① [美]刘易斯·科瑟:《社会学思想名家》,石人译,中国社会科学出版社1990年版,第430—431页。

② 《中国大百科全书·社会学卷》,中国大百科全书出版社1991年版,第211页。

1. 行动要素与单位行动

帕森斯把他的行动理论纳入唯意志论的范畴。这个理论认为,行动是个体行动者的主观决策过程,整个行动过程涉及这样一些要素:① 行动者;② 行动的目标;③ 情境,包括可供行动者选择的手段和不可选择的客观条件;④ 规范,包括价值观和其他观念。总起来说,一个完整的行动过程就是行动者在一定行为规范和情景的制约下,选择一定的手段实现行动目标的过程。这样一个过程,就叫做一个单位行动。略如图4-1所示。①

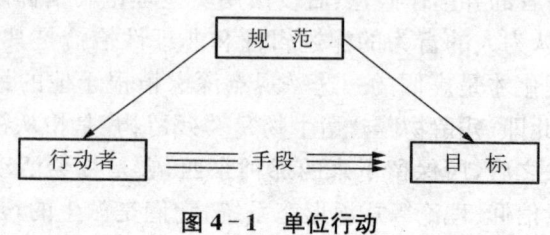

图4-1 单位行动

2. 从单位行动到互动

行动涉及动机和价值取向,"单位行动"的行动者主要是在以下三种行动类型中作出自己的选择:① 工具型行动(为了实现既定目标而采取的行动);② 表意型行动(满足感情需求的行动);③ 伦理型行动(与是非标准的选择有关的行动)。行动者从其中最强的动机和价值取向出发,确定行动的基本方式和基本倾向。

行动的性质决定了它必然要从单向的行动发展为互动。当各种倾向的行动者进行互动时,就需要确立一套互动的模式。帕森斯通过对互动模式的分析,得出了四个高度概念化的行动系统:① 行为有机体系统(行动者的生物学方面);② 人格系统(个人行动者的各种习得性需要、要求和行动抉择);③ 社会系统(使互动中的个人或群体处于一定的相互关系形式之中);④ 文化系统(与行动相联系的观念构成)。行动系统内部和系统之间的整合是基本的生存条件,而社会系统则是他研究的主题。

3. 从互动过程到制度化过程

互动过程即互动模式的形成过程,当互动模式达到相对稳定的阶段时,就构成为一种制度化的社会系统。社会系统的概念化的关键是制度化。制

---

① 此图及分析均参见[美]乔纳森·特纳:《社会学理论的结构》第三章,吴曲辉等译,浙江人民出版社1987年版。

度化既是一种结构,也是一种过程,而且首先是一种过程。根据乔纳森·特纳(J. H. Torner)的描述,互动模式的制度化过程大致是这样:行动者—互动情景—行动者的需要倾向及其变化(在文化模式的影响下)—规范的产生(角色的扮演和交换)—行动者行动取向的调整(借助规范);文化模式对规范的制约—规范对其后的互动的调节,互动的稳定。

当互动达到制度化程度时,它已远远超出了单纯行动的领域,而进入了社会系统的领域,即社会关系与社会制度的领域,一句话,社会结构的领域。此后,制度化作为社会结构得以建立和维持的过程继续发挥其作用。①

上面十分简略地介绍了社会行为理论三个最主要的代表人物的观点,这三人的观点虽不足以概括全部的行为理论,但他们的影响却是全局性的。特别是帕森斯,他的行为研究的成果,带有总结性的价值,代表了一个时代。这个时代完成了从社会整体论到社会个体论又回到社会整体论的一个完整的周期。其中第三阶段已从社会整体的水平进入到了社会系统的认识水平,这一改变的意义是深长的,因为社会系统中保留了个人作为行动主体的一席之地,并没有像早期那样把个人和社会对立起来。有的学者把以马克斯·韦伯和帕森斯为代表的社会行为的研究称之为"社会行为学派",以便和以弗洛伊德为代表的精神分析学派和以 G. H. 米德、H. G. 布鲁默为代表的符号互动学派相区别。还有一种概括的方法,是把帕森斯和他之后的行为研究称之为从功能主义向功利主义的转变。功利主义主要指战后在美国发展起来的以 G. C. 霍曼斯与 P. M. 布劳为代表的交换理论流派。这一转变也意味着从宏观社会学向微观社会学的转变。

近年来在行动理论研究方面的一个引人注目的进展是美国芝加哥大学社会学教授詹姆斯·科尔曼(J. S. Coleman)的最新研究。他的研究成果——《社会理论的基础》一书较之帕森斯的《社会行动的结构》在个体方法论的运用上走得更远、更彻底。他"期望建立以简明为特点的理论体系。行动者仅仅通过两种关系与资源(间接地与其他人)建立联系,即控制资源和获利于资源。行动者只有一个行动原则:最大限度地实现个人利益。"他把研究的对象明确限定为:① 有目的的行动(获利为最大目的);② 理性行动,合理的行动(行动者认为是合理的行动,通过信息和对他人行动的依赖)。由此两个(至少是两个)独立的行动者结合成一个行动系统。然而,科尔曼并不停留在对

---

① [美]乔纳森·特纳:《社会学理论的结构》,吴曲辉等译,浙江人民出版社1987年版,第76—77页。

个人行动者的研究上,他的真正目的是以此为起点,研究社会组织,但仍然是把它作为一个行动者来研究,这就是科尔曼行动理论的真正对象:法人行动者。① 他的研究因此获得社会学界的极高评价,被美国社会学大师罗伯特·默顿誉为"创建了新的社会行动理论","是具有深远影响的新思维"。

三、对几个基本概念的再认识

社会行为与非社会行为

比较容易产生的误解是把社会行为同个人行为对立起来,以为个人行为是非社会行为;另一种误解是把人的社会属性与自然属性对立起来,以为自然属性的行为是非社会行为。关于前者,通过前面对一些重要的行为理论的介绍,已经找到一种解释,只是我们并不十分满意这种解释,因此后面还要讨论一下这个问题;关于后者,应该承认两者的界线确实不是那么容易划清的。因为在现实生活中,人的自然属性与社会属性本来就分不开,否则就会出现两种人,一种叫兽性的人,一种叫人性的人,而这样的对人的分类显然是不科学的。既然对人本身不能作这样的划分,那么对人的行为也就不能作这样的划分。饮食男女是人的基本生理需求,是人的自然属性的表现。但是这种需求早就纳入到了社会文化的范畴之中,而且已成为人类文化中最绚丽的永恒的主题之一。生育行为原本是最自然的行为,但今天人类的生育行为已不再听任自然规律的摆布。如果说计划生育的实行因其巨大的社会规模而毫无疑义地是一种社会行为,那么类似"绝代佳人"②式的行为方式和生活方式尽管可能是纯私人的选择,但它显然也是一种社会行为。

把社会行为放在"行为—关系—制度"的大框架下来考察,那么社会行为似可定义为"在既定社会关系中发生的行为"或是"足以导致产生或改变某种社会关系的行为。"从而非社会行为就可定义为"在社会关系之外(或社会之外)发生的行为。"人虽然是社会的动物,但是人并不是先天地、固定不变地属于社会的,有各种原因和各种可能使人置身于社会之外,或被社会所"抛弃",或自绝于社会。退一步讲,即使人在社会之内,但他参与社会活动的深度和广度,他承担的社会角色的数量和质量,一句话他的社会化程度的高低,这一

---

① [美]詹姆斯·科尔曼:《社会理论的基础》,邓方译,社会科学文献出版社 1990 年版。
② "绝代佳人"是中国南方一些知识女性为了自己的事业和生活,而情愿放弃生育的一种心态写照,这是一句自嘲的双关语。——作者注。

切都将影响一个人的行为和活动的性质,成为鉴定其行为属理性行为还是非理性行为的重要依据。不错,人总是生活在社会空间和社会时间之中。然而,有社会空间就有"社会距离",有社会时间就有超前和滞后。因此在给社会行为分类的时候,不能完全不考虑这方面的因素。

以上所述,在分析角度上是与帕森斯,特别是科尔曼的分析大相径庭的,带有颇浓的社会唯实论的味道。其中的原因,与其说是意识形态的差异,不如说是社会发展阶段上的差异。由以社会为本位到以个人为本位,是一个历史发展的过程,下面我们还会接着谈这个问题。

社会行为与个人行为

关于"社会行为"的定义,我国早期社会学家孙本文先生曾把它归结为三个方面:① 交互行动;② 共同行动;③ 交互共同行动。这一界定在突出行为的社会性的同时,也带来了一个问题,即似乎个人行动都不是社会行动,因此完全有必要作一些澄清。我们认为,社会行为与个人行为的关系本质上是社会与个人的关系问题。迄今为止,有关个人与社会的关系,已经或正在经历三个发展阶段(参见总论部分):① 以社会为本位的阶段,此时没有个人的独立性可言,个人完全从属于社会(在中国,确切地说是从属于家庭和国家);② 以个人为本位的阶段,个人利益高于一切,最早建立资本主义生产关系的国家,正在经历这一阶段;③ 个人与社会相对独立的阶段,这一提法见于科尔曼的《社会理论的基础》,他认为行动理论提出的"基本问题是人与社会作为两种独立而又相互作用的行动系统(个人行动系统和社会行动系统)怎样共存"的问题。[1] 由此可见"个人"这个概念,"个人与社会"这一命题,正如马克思指出的都是历史发展的结果,而不是历史的起点。在一个漫长的历史时期内,是不存在"个人"这个实体的。由个人的出现而来的"个人主义",是资本主义的同义词。资产阶级思想家所倡导的"自由、平等、博爱"都是针对个人而言的,"人道主义"也是针对个人而言的。在个人没有独立出去以前,只有家庭行为、国家行为,或者说只有伦理行为、政治行为,没有现代意义上的"社会行为"。从个人与社会的历史渊源关系上只能得出这样的结论:没有个人行为就无所谓社会行为。"(个人的)行动—互动—制度化互动"就是社会行为形成的大致历程,这基本上符合"行为—关系—制度"这一社会行为结构和行为过程的大框架。

---

[1] [美]詹姆斯·科尔曼:《社会理论的基础》(上册),邓方译,社会科学文献出版社1990年版,第6页。

如果允许用"市民社会"来代表或表述现代社会的性质的话,那么现代意义上的社会行为就可以理解为是具有"市民"属性的个人的行为。尽管"市民社会"这一概念本身还有待最后界定,但大致上它与以城市产业结构为中心的市场经济、商品生产的内容是一致的。科尔曼的"法人行动者"也是以市民社会的社会结构为背景的。"法人行动者"这一范畴的出现,极大地丰富了行动理论,并把"社会行为"明确地分化为两大部分:自然人的行动和法人行动,使"社会行为"第一次突破了个人的层面,成为超越个人的真正名副其实的"社会行为"。

有关社会行为的理论(行动理论),关系到范围广泛的社会学上的许多重大问题,首先是社会化的前提、目的和程度的问题,这将在下一章展开讨论。但更深一层的讨论将不属于"行为"阶段而属于"关系"阶段,这将在《关系篇》中得到反映。

第五章 社会化与行为导向

人的"社会化"(Socialization)是众多学科共同研究的一个重要课题。从社会学角度来看,"社会化"是处理个人和社会之间关系的一个关键性概念。在现实生活中,社会化是一个过程,是个人走向群体、进入社会、理解和认同社会规范和制度,逐渐成为社会合格成员的过程。

一、社会化过程综述

社会化的含义

由于社会化是众多学科的研究主题,因而不同学科对社会化的含义就会从不同的角度予以界定。有的学者认为,人的社会化就是个体在特定的人类社会物质文化生活中,通过与社会环境的相互作用,由一个"自然人"(生物人)转变为"社会人"的过程;社会心理学家则强调社会化的过程是"自我"意识产生、发展和完善的过程,也即形成独特自我的过程。即便是在社会学界,长期以来对社会化含义的理解也不尽相同。

我们认为,社会化应该包括两个方面的含义:一是个人在社会中通过学习、接受教化等各种手段,了解和掌握社会的知识、技能、价值标准和行为规范的过程;二是个人积极活动,介入社会生活,参加社会关系系统,对已有的社会经验和社会观念进行再生产和再创造的过程。在这个过程中,社会文化得以承上启下,代代相传。由此看来,人的社会化过程,实质上就是作为一个"社会学习者"和一个"社会参与者"的人的个性和社会性的全面发展的过程。

根据上述观点,我们认为有必要对目前一些有关社会化的提法和认识加以澄清。

（1）把社会化视为从"自然人"到"社会人"，是迄今为止最流行的一种提法，它是从这样的假设出发的：一个人刚生下来的时候，只是一个生物体，它有两种发展前途：可能发展为社会意义上的人，也可能一直停留在动物阶段（例如"狼孩"之类），全看其"社会化"的情况而定。这个观点是和资产阶级启蒙思想家的"自然状态"说一脉相承的。然而，如果说"自然状态"论者在当时的历史条件下还起过一定的进步作用，那么时至今日，社会学讲社会化的问题还要把它的理论建筑在"自然人"的基础上，就很值得怀疑了。自然辩证法告诉我们，人类从动物群体中分化出来，早在百万年前已经完成了，此后的猿猴不可能再变成人类，同样，人类也不可能再倒退到猿猴。几个"狼孩"、"熊孩"除了说明世界上可能发生各种各样的偶然事件和非预期现象外，不能说明别的问题。

应该承认，由于人类本身来自自然界，来自动物界，因此，在研究人的社会化过程时，不应忽视人的自然属性的一面。但这是"人的自然属性"，而不是动物的自然属性，这个界线必须划清。另外，我们在前面已经指出，人性是自然性和社会性的统一，不应把人机械地划分为"人性的人"和"兽性的人"。归根到底，不应以人的"天性"作为对人进行分类的标准。

也许可以设想存在着两类"社会化"：一类是动物个体的社会化，一类是人类个体的社会化。动物有自己的群体生活亦即社会生活，有自己的"社会"结构，这已为社会生物学提供的愈来愈多的材料所证实，只是动物社会化的具体历程我们还不清楚。我们只知道动物是靠本能来维持它们的"社会秩序"并进行步调一致的活动的。与此相反，人类的真正社会意义上的活动都不是由本能推动的，甚至可以说是反本能的。人的社会化只能是一个后天的学习过程，是基于"nurture"（教养、训练）而不是"nature"（本性、天性），是依靠"learning"（学习）而不是"heredity"（遗传）。这两对概念把人的社会化和动物的"社会化"很清楚地区别了开来。

（2）在对社会化含义的阐述上，学习、内化和社会化常常被相提并论，视为等同，认为社会化就是个体学习社会规范并使之内化为自己的行动准则的过程。其实，仅仅把社会化归结为学习，是远远不够的。除非把这种"学习"作最广义的理解，从最主观的"自我修养"到最客观的环境的影响，如孔子的"十有五而志于学，三十而立，四十而不惑，五十而知天命，六十而耳顺，七十而从心所欲不逾矩"到"孟母三迁"。而通常人们所说的学习则是指个人通过一定的程序、手段和方法，自觉地、有目地地接受一定的文化知识和社会价值系统。但是，仅仅通过学习还远远不能够达到社会化的要求。常常有这样引人深思的社会现象存在：两个生下来差不多的人到后来会相差很大，相距很远，究其原因，主要是环境所使然。此正所谓"人之初，性本善，性相近，习相远"。后天的环境和行为既然可以使本来相近的人变远，不言而喻，它也能使本来相距很远的关系变近，而这正是社会化的目的所在。可见，学习和社会化虽然在目的上都是为了培养合格的社会成员但在基本含义上还是有差别的。当然，应该加以肯定的是，学习是实现人的社会化的最基本的手段，施教者、施教机构和施教内容对社会化过程进行指导、帮助和控制，使学习在社会化过程中具有决定性的作用。

至于内化，它是特指个人接受社会文化教化，变社会价值为自己的价值准则的过程。它既是社会化的一个基本途径，也是社会化的最终结果。

(3) 由于人类是高级的社会动物，人的社会属性决定了人的个性和行为的本质方面。个人从出生以后在家庭、学校、同龄群体、组织等各种社会环境中学习和掌握一定的社会角色的行为模式，进入和建立各种社会关系，认识和接受现有的社会价值观念，适应各种社会制度。同时，个人还积极地对已有的社会经验进行筛选、改造，使之成为自己的价值、定向和目标。在这一过程中，人不仅接受社会经验，而且参与社会经验的再生产活动，对此作出自己新的补充和贡献，将它推向一个新阶段，正因为如此，社会才能不断更新，才会塑造出一批又一批新人，由此产生了与以往不同的新起点。如此不断循环，社会才逐渐地向更高级的阶段发展。在这样一个相互作用的过程中，人既是教育者，又是受教育者；既是社会的主体，又是社会的客体；是主体和客体的有机统一。显然，以往把社会化仅仅视作个人只是被动的学习、掌握已有的社会经验、用已有的价值观和文化规范来校正个人的行为定向的看法，多少有些不够完整和全面。

(4) 社会是什么？社会本来是一个抽象的概念，说到底，社会不是由个人构成，而是表示这些个人彼此发生的那些联系和关系的总和。然而从另一方面来看，社会又是一个具体的东西，人一生出便处于一定的社会关系之中，而社会化的目的也不应该仅仅是为了求得个人的完善化，更重要的是为了求得人与人之间的关系的完善化，并在这一前提下，实现个人社会化的目的。正因为如此，我们在对社会的含义进行界定或阐述社会化的时候，不能把个人和社会隔离开来，以为在个人还未社会化之前，其对面凭空存在着一个"社会"这样一个事物或机构，一旦个人作好准备打算进行社会化时，就由此进入了"社会"。其实，这种观点是虚妄的，个人始终在社会之内，在家庭、同龄群体、组织等所带来的人与人的关系之中，因而，社会化的起点在社会之内，而不是在社会之外。当然,这并不意味着要否认个人作为一方与社会作为另一方两者之间可能出现的矛盾。如果说上述提法有什么矛盾的话,那么只能说,这是客观事物本身的矛盾,内外、远近、亲疏本来只具有相对的意义。"社会"的含义也是如此。当然,如果不是从抽象的意义上而是从具体的意义上来看待社会的话,那又的确存在着一个"进入"的问题。一个社区、一个团体、一个组织,的确存在着"进入"与"退出"的问题。尽管个人在社会之内,但不同的个人对社会价值、社会规范的态度也可能不完全一样,甚至完全不一致。个人的社会化最终要达到的目的,是使个人"认同"社会规范和社会价值,并把这些社会规范和价值"内化"为自己的行动和习惯。

(5) 社会化的一个重要内容或首要方面就是使个人掌握占社会统治地位的主流文化,包括规范、价值等等,将个人塑造成为一个合格的社会成员。但是,千万不要由此产生一个误解,即认为社会化是把人变成毫无个性和特色的个人。其实,由于个人或是因为遗传的特点和气质不同,或是因为某个时期的需要和状态不同,或是因为知识结构、思维方法不同,或是因为地位的差异等等。因此,社会化是随着每个个体所具备的条件而有选择地形成与进行的。此外,个人在社会化的道路上,一方面要按照自身的情况依据社会规范而行动;另一方面还必须解决自己所面临的问题以实现其发展。因此,每个人的社会化过程也是有所差异和有所侧重的。由此而言,个人的社会化过程也是个性化过程,社会化寓于人的个性化之中,社会化的理想状态应该是人的社会化和个性化的适度整合。

社会化的种类、内容和途径

由于分析的角度和着眼点不同,所以在我国的社会学界和社会心理学界中对社会化的分类也各不相同,例如,有的学者把社会化分为政治社会化、民族社会化、法律社会化、性别角色社会化、道德社会化等类型;也有的学者把社会化划分为初级社会化、次级社会化和再社会化三种基本类型;但更常见的,是直接以年龄来划分社会化的阶段:儿童社会化、青少年社会化、成年社会化和老年社会化。

儿童或青少年社会化,即个人早期的基本社会化,是指个人学习基本的生活知识和技能,掌握基本的社会规范,了解基本的社会关系网络,并能在实际生活中比较成功地扮演最基本的社会角色和从事最基础的社会活动的过程。这种社会化主要是在孩童和少年时代进行的。个人只有成功地和比较完满地实现了基本社会化,才获得一个合格的社会成员的基本条件,否则,个人的个性和人格就有可能埋下残缺和不完整的隐患。

个人在基本社会化的基础上进一步发展,如熟练运用基本生活技能,自觉遵守社会行为规范,逐渐调整社会关系;同时不断学习新知识、新技能,学习并掌握担当新的社会角色,建立新的社会关系,这个过程就是继续社会化。个人的人格以及对事物的价值取舍,对客观世界的根本看法和人生目标的确立,就是在继续社会化的过程中不断校正和完善的。

任何阶段的社会化都有可能中断或失败,在中断或失败之后重新(从头开始)进行的以改变原有的世界观、价值取向以及生活方式和行为方式为目标的社会化过程,就是再社会化。这是一种特殊性质的社会化,通常特指对违法分子所进行的一种强制性的教化过程,并往往是通过一些特别的机构(如监狱、劳动教养所、劳动改造农场等)予以实施的。然而,事实上每个人在自己的一生中或多或少都会体验到"再社会化"的滋味。因此,广义的再社会化,应该包括由于宏观社会的变迁、影响较大的社会流动、生活方式的巨大变化等多种情况。倘若以此来作分类依据,那么再社会化的方式就不仅仅只有强制性的一种,还可能有基于自愿选择的主动再社会化。

由于个人处于不同的人生发展阶段,故而其社会化的内容也各有侧重。但就一般而言,个人社会化的具体内容主要有下述几个方面:一是教导基本生活技能,包括衣食技能(个人维护生存的能力)和职业技能(个人谋求生活的本领);二是学习社会行为规范。社会规范制约着人们行为举止、价值取向,它通过习惯、时尚、民风、民俗、民德、法律以及各种规章制度和纪律等形式表现出来。对于这些东西,只有通过长期的教化,耳濡目染以至实践的正反两方面的教育,个人才能逐渐学会、掌握、并使之内化而成为自己行为的准则;三是培养社会角色。关于"社会角色"我们将在以后章节予以详细阐述,这里只是强调一下,"角色"这个概念比较形象地反映了行动之中人和人的关系的处理界限,是社会行为和社会规范具体的、生动的统一。教导个人理解、掌握社会角色,就是教导个人在复杂的社会关系中,在每一特定的人际关系的情境中和交互作用的具体场合下,知道如何行事处世,如何处理人际关系,甚至如何言谈表情等等。所以,角色意识的形成和角色行为的扮演,是社会化理论和实践统一的生动表现,因而也是个人社会化更深一层次的内容;四是灌输生活目标和培养价值观念,换言之,这也是引导个人树立正确的世界观、人生观和价值观,这是人的社会化的实质性内容。对于这一内容的实施或目标的达成,需要社会化教育各种渠道和手段的综合作用,所以,这是一个更加艰巨的复杂的过程。

个人是通过什么途径来实现社会化的呢?概言之,不外乎家庭、学校和社会三大途径。

家庭在漫长的历史长河中，曾经是个人社会化的主要途径，现在仍然是个人接受社会化教育的第一所学校，也是伴随生命始终的一个场所。个人早期的社会化内容，如基本的行为规范、基本的是非和善恶标准以及友爱、尊敬等基本的情感体验，都是在家庭早期社会化中完成或确立的，因此，个人家庭教育的成败在个人早期社会化历程中占据极其重要的位置。

学校是现代社会个人通往社会的必由之路。随着家庭社会化功能的减弱，学校越来越成为对青少年乃至成年人进行有组织、有系统、有影响的社会化教育的主要途径。学校通过引导学生服从教育制度的安排、传播占统治地位的文化目标、价值标准和人类知识遗产、培养学生思考、分析和解决问题的能力等来推动学生逐渐成为一个合格的社会成员。

社会教育就是通常所讲的社会环境对人的成长的影响和教化。它是一个广泛的概念，其施教者包括邻里、伙伴群体、社团组织、政权机构等等；其工具包括图书馆、文化宫、电影院、电视台、体育场、展览会等等。社会教育历来对个人的社会化具有促进作用，在当今社会里，社会教育的规模和范围越来越大，形式越来越多样化，作用越来越显现，因而也就促使人们越来越自觉地运用社会教育来促进自己的成长，并同时能动地参与社会的创造。

个人就是通过家庭、学校和社会三个途径，充分利用游戏、学习、劳动、交往、自我意识和自我修养等社会化手段实现社会化。虽然，上述社会化手段的运用在个人不同社会化阶段上有所侧重，但是，家庭、学校和社会作为个人社会化的三大途径却越来越呈现渗透、结合的倾向。

二、社会化基本理论

中国古代思想中的社会化理论

系统的社会化理论起源于西方，但在中国古代思想中也有呈现，如儒家思想代表人物孟子、荀子的思想。孟子性善论所表现的其实是一种"道德教化"的思想，即道德社会化的内容。孟子认为人类的恶行是先天丢失了良知，而后天的社会教化就是为了寻回良心，使个体的行为符合社会道德规范的要求。由此，孟子强调教育的重要性，特别是家庭教育的作用，他认为对社会成员树立理想类型来供成员们模仿是道德教化的一种形式，也是社会化的一种方式。与荀子有关"人性论"和"礼义"的论述是其社会化思想的具体表现。荀子认为人都受着内在感性冲动的支配，人生性好利，为了维持社会的稳定，必须通过后天的"教以善"来对本性加以规制。荀子将"礼仪"作为人行为的准则,认为人性本恶的特质必须依靠外在的行为来施加影响。荀子强调从师受教和同辈影响的重要性,通过自身的努力和社会互动的影响达到社会化的目的。

西方社会化理论

西方有关社会化的理论研究起步较早,关涉的领域也更广泛,在心理学、社会学、人类学等领域中都有大量的研究。早在19世纪90年代,美国社会学著作中就已经出现社会化的提法。S.萨金特于1950年开始把角色概念与社会化联系起来,认为"社会化的本质就是角色承担"[①],把社会化视为内化、社会学习、角色学习和获得价值标准的"混合体",是使人受到充分社会制约的"手段"。

精神分析学说　精神分析学派主张个体从出生起就有对社会生活产生巨大影响的内驱力,而社会化的目的是为了"驯服冲动",将它纳入社会可接受的范畴。S.弗洛伊德的精神分析学说把人格分为自我、本我和超我,强调社会化过程中生理因素和情感的力量,社会与个体的冲突。弗洛伊德将本我视为遗传下来的不受任何约束的本能冲动,是满足个人肉体和感情需要的内驱力;自我调节本我,遵循"现实原则",一方面在社会中试图满足本我的需要,另一方面又要服从超我的规范;超我则是个体在与社会环境的交往中,把社会认可的行为与价值准则内化,使个体自觉地遵守社会规范,这一过程也就是社会化的过程。弗洛伊德指出"超我"内化了社会规范、伦理道德等等,是人格的最高层次,通过抑制本我的冲动并对自我实行监控以达到社会化的结果。E.埃里克森在弗洛伊德精神分析学说的基础上提出了自己对社会化的看法。他将个体的一生划分为八个阶段,每个阶段都要面对自己与社会之间的一些适应性问题,各阶段之间有了密切的联系,社会化即是贯穿于各个阶段的整个过程。他将社会因素带进精神分析领域而提出了"心理社会化"的观点,将社会化放在个体人生发展的角度去分析,注重人格在人一生中的发展。

行为强化理论　B.F.斯金纳作为研究行为主义的心理学家在华生的发展心理学基础上强调了环境和人的行为之间的相互作用,他指出个体在社会环境中会不断地对各种刺激有所反应。较之华生的刺激对应反应的心理学观点不同,他提出了"应答性"和"操作性"行为,区分了刺激是否可见的两种

---

① 转引自:陈录生:《西方社会化理论与中国人的社会化》,《中州学刊》1997年7月。

行为。在斯金纳看来,强化作用是塑造行为的基础,当一些社会行为被强化而逐渐成为稳定的行为倾向,这种行为倾向的逐渐累积就是个体的社会化过程。斯金纳认为,行为若得不到强化即会减弱或消退。这被斯金纳用来解释儿童在采取发脾气或啼哭的行为时,遭遇无人理睬的状况后即会自行停止哭闹的现象。斯金纳认为个体学习和行为变化都是强化的结果,强化是塑造行为的关键,社会文化本身就是一种强化的情境,通过鼓励某些行为而排斥另一些行为来促进着人的社会化。

社会学习理论　A. 班杜拉作为社会学习理论的代表人物,关注观察与模仿在儿童行为模式习得中的作用,被西方心理学界誉为"人格形成的基础理论"。社会学习理论强调个人认知、环境和行为的交互作用,及三者的交互作用在实现人的社会化过程中的重要性。A. 班杜拉认为,人的习得活动,多数是在社会交往中通过对榜样人物示范行为的观察、模仿而完成的。人们的行为特征会因榜样的不同而不同。人适应社会环境的行为模式也是在榜样的影响下逐步建立起来的,进而实现个体的社会化。社会学习理论将个体的社会化过程看做一个十分复杂的过程,儿童不仅在激励与惩罚的过程中成长起来,观察与模仿是他们获得具有社会意义的角色行为的重要途径。

认知发展理论　以皮亚杰的"认知发展理论"为代表对社会化理论的发展具有很重要的作用,主要从认知发展的角度探讨个体个性的形成。该理论学派的代表人物除皮亚杰之外还有柯而伯格(Kohlberg)和季理根(Gilligan)。认知发展理论强调环境在个体成长与发展中的作用。皮亚杰认为学习是一个积极的过程,儿童在学习的过程中吸收知识。他认为儿童的成长需要经历四个阶段,前一个阶段所习得的知识和能力被带入和整合到下一个阶段的认知中,认知及道德判断上的转变与社会关系的变化密切相关。儿童在同辈群体中的互动增加,而与成人对其的约束减少时,就会倾向于更为自律及有道德的人,这点也可以看做是社会关系对个体成长的影响。柯而伯格假设道德发展的有顺性,致力于儿童道德发展阶段模式的研究,揭示了道德观念从认知的低级形式到高级形式的发展过程中社会规范内化为儿童自身道德标准的过程。不同的阶段中,行为结果与社会期望起着不同的作用。季理根关注女性与男性在看待道德议题时的差异。他的研究发现女性更重视他人的感受,而男性则更重视公正,并将这一差异归结为不同的社会化经验。美国心理学家 G. 卡利是认知发展理论心理学方向的代表人物。他认为个体的社会化过程与认知的发展过程是紧密联系在一起的,认知的发展与个体社会化过程是相互影响的。卡利指出:"一个人的过程,心理上是由他预料事件的方式来疏通的。"而这种"预料事件的方式"即个体在已有经验的基础上对未来的解释,这种"解释"作为一种认知结构对个体的行为起着控制和规范的作用,并推动着个体社会化的发展。

需求层次理论 作为人本主义心理学派的代表人物,马斯洛认为个体由"自我实现"的动机所驱使,在生物性与社会性的取舍中,不断摈弃生物性,发展社会性。他将人的需要划分为不同的层次,从低到高依次为:生理需要、安全需要、社会需要、尊重需要及自我实现的需要。他认为个体在不同的生命阶段对各种需要的需求程度是不同的,当低层次的需要满足后,它的激励作用就会降低,个体就会产生高层次的需要,高层次的需要得到满足,就会转向自我实现的需要,即充分展现个体的才能和潜能的需要。马斯洛认为这种从低层次的需要向高层次需要的发展,推动着个体的社会化进程。他强调个体社会化过程中意识对个体行为的支配力,即个体行为的目的性和创造性。

符号互动理论 乔治·米德是符号互动理论的代表人物,他区别了"客我"与"主我",其中"客我"在社会化过程中先后经历模仿、嬉戏和游戏三个阶段。模仿阶段主要是指儿童在这一时期的社会化依靠与父母之间在肢体语言上的模仿;嬉戏阶段主要是指儿童在与他人的互动中,借助与之相关的重要他人的角色;游戏阶段主要是指参与到普遍化的社会互动中,应对他人对个体的期望和要求。米德认为当个体进入到游戏阶段时,即已经完成了"客我"和社会的内化过程。米德的思想和理论受到杜威实用主义的影响,强调个体在适应环境的过程的理性行为,将人的个性看做是社会现象,认为在自我概念的发展中,"他人",即儿童所模范的对象,对个体的评估具有很大的影响力。此外,米德来指出个体在社会互动的过程中,从他人的态度和行为中认识和了解自己,即所谓的"概括他人",强调在个体社会化的过程中,他人的看法和行为对社会化个体的重要作用。

后现代主义理论 传统的社会化理论强调社会对个体的需要与规制,淡化了个体能动性的展现。后现代主义者看到了传统社会化理论在这一方面的偏颇,他们从解构的角度重新审视这一社会学的经典内容,哈贝马斯、吉登斯、鲍曼等人作为后现代主义的代表人物对当代社会化理论的发展具有重要的意义。哈贝马斯关注"社会化的个人",他将社会的再生产和社会成员的社会化看做同一个过程的两个方面,强调社会化个体的学习与行动能力对社会发展的重要意义;吉登斯认为人类现在处于"后传统社会"中,"去传统化"使社会化的问题更加突出,社会联系的纽带与传统的继承不同,他批判传统社会化理论将人的发展看做有规律可循又不可逆转的过程。同时指出传统社会化理论缺乏对个体积极能动性的考虑,个体社会化过程中的家庭、工作等等都被描述为线性的模型,呈现为一种强制被动的社会化过程。吉登斯从重构社会生活的视角出发考察社会化,关注个体的社会行动及其能动性与社会结构之间的关系;鲍曼认为个体经过社会化融入到社会发展的流程中所扮演的角色,已从过去的生产者变为消费者,从服从规制的劳动者变为具有创造力且能对新的经验做出反应的个体。可见,当代许多西方社会学家已对传统社会化理论进行了多角度的批判与再探究,让"人本"思想在社会化理论中的突显出来。

其他社会学家也就社会化问题提出了各种看法与认识。许多将关注点放在了研究影响个体社会化的因素,即社会政治环境、经济模式、宗教文化、家庭和工作环境、同辈群体以及大众媒体等等。也有很多专家学者将关注点集中到了对社会化过程的探究上,如社会化过程中的遗传、环境、榜样模仿等认知因素对社会化的作用。涂尔干关注社会次级群体对个体社会化及社会团结的影响;库利关于"镜中我"的理论认为生活在社会中的人们彼此都是对方的一面镜子,如同我们从镜子中看到自己一样。而个体通过社会互动了解对方对自己的看法和认识,就如同从镜子中看到别人对自己的评价。从儿童成长的社会化过程来说,他们会透过社会互动的过程想象别人对自己的看法,并表现出别人对自己期待的行为;韦伯试图用社会行动的理想类型来理解社会及人在社会中成长的过程;T.帕森斯有关社会化的认识是其社会结构功能思想的引申,他认为不必将人性规制得完全符合社会的要求,而只需让人们明确自身角色的要求,能为社会贡献自己的力量。但他同时也指出社会的存在与维持是与各类社会角色的各司其职密不可分的。美国人类学家M.米德通过对婴幼儿的研究探讨经验对个体社会化的影响,她认为抚养儿童的过程即是把文化和知识传授给儿童的过程,接受不同的文化灌输使生活在不同社会的人形成不同的个性和行为方式。

尽管不同学者或不同的理论取向在对社会化的认识和理解有所不同,但从总体上来看,社会化是反映个体与社会之间关系的概念。个体社会化的过程受到社会文化、社会成员、政治经济环境等等的影响,是一个逐步发展的过程。

三、行为导向的特殊意义——儿童时期基本社会化

社会学家、教育学家和心理学家历来认为儿童时期的社会化对个人成长

具有特殊意义。原因在于：其一，在这个时期个人应该习得基本生活知识的技能，掌握基本的社会规范，建立基本的人际关系，以及能够作出最基本的善恶区别和道德与价值判断，从而为进一步社会化奠定基础；其二，儿童时期社会化成功与否、顺利与否，直接关系到下一个阶段个人社会化的进程，许多研究和事例都表明，个人成年以后在某些心理或行为上的缺陷，都可以从其儿童时期不完善的社会化进程中找到"印记"，这种不完善很可能是不良的家庭环境、不良的父母教育方式或不良的同龄群体的影响所致，正因为如此，早期的社会化就是社会对未成年人施行的教化。

家庭在个人早期社会化中的特殊地位

家庭和学校无疑是儿童社会化的主要场所。由于儿童生理心理发展的局限性，所以在儿童社会化前期，家庭就具有举足轻重的地位。

美国社会学家伊恩·罗伯逊(Ian Roberson)认为，家庭之所以重要，原因之一是在关键性的生命早期阶段，由它来主要负责儿童的社会化。儿童正是在家庭中建立起其最初的亲密的感情联系，学习语言，并开始将文化规范和价值标准内化。对于幼儿来说，家庭就是全部天地。家庭中的社会化大量的是有意安排的，但也有不少是无意识地进行的。例如，家庭内部的社会相互作用范型就可能于无意之中为儿童长大后的行为和个性特征提供模式。

造成家庭重要性的第二个原因是它在社会结构中处于一种独特的位置。因此，从出生之日起，儿童就具有在某一种族、阶级、民族、宗教和地区的亚文化中的先赋地位——这些都可能会有力地影响后来的社会相互作用和社会化的性质。例如，儿童学到的价值标准和期待，在很大程度上取决于其父母的社会阶级地位。我们只需想一想出生在亚拉巴马乡间贫穷的原教旨主义浸礼会家庭里的孩子与出生在豪华的洛杉矶市郊富有的圣公会专业人员家庭里的孩子的不同经历，就可以理解家庭背景对社会化和个性有着何等重要的意义①。

父母亲对儿童社会化的重要意义

在所有的家庭成员中，父母亲的行为方式、教育方式、价值取向以及道德标准等等，显然在儿童社会化中具有决定性作用。父母的言行、举止、教导、期待就儿童本身而言，成为其行为的最佳参照体系，父母的价值取舍、态度倾向乃至兴趣爱好，都可能对儿童的成长产生暗示、感染、诱导、制约的效果，这种效果可能是强制性的结果，也可能是潜移默化所带来的结晶。在儿童自我

---

① [美]伊恩·罗伯逊：《社会学》，黄育馥译，商务印书馆1991年版，第159页。

意识还未形成和充分发展之前,这种他人导向就成为儿童与成人,尤其是与父母亲互动的基本前提。著名的瑞士心理学家皮亚杰在对儿童道德判断社会化过程进行大量研究的基础上,就曾提出儿童品德发展具有从"他律到自律"的心理发展路线。这里,所谓他律是指儿童的道德判断受自身以外的价值标准所支配。

由于儿童在这一阶段上显现的被动性,决定了他主要是通过模仿这一途径来构筑起以父母亲为主的他人导向的密切联系,从而接受社会化。这种他人导向下的社会化,一方面能够使儿童比较顺利地成长和发展,但是另一方面它也极有可能使儿童即使成人以后也始终残留着其父母不良性格或不良社会适应的痕迹。

研究表明:第一,以父母为主的他人导向对儿童社会化具有特殊意义,它缘于儿童心理、行为发展的局限性和家长的权威性;第二,父母亲的社会化程度和儿童的社会化程度具有密切的联系,这决定了儿童今后社会化的方向。更进一步地说,要实现儿童的社会化,首先需要实现父母双亲的社会化。然而,反观我们的现实生活,恰恰在这一方面有许多的问题值得深思。把西方家庭和东方家庭对待子女的态度作一比较可以发现,在幼年时期,东方家庭对子女的态度是百依百顺,西方家庭则是严加管束;在青年时期,东方家庭是多方干预和处处管束,而西方家庭则开始放手让其独立活动。两者的方式正好相反而形成强烈的反差,很明显,西方家庭对儿童采取的是参与性的社会化,它着眼于奖励良好的行为、强调儿童的独立自主,父母应理解孩子的需要和尊重他们的权利,这种方法无疑把社会化的对象看做主体,尊重主体的选择,但又不放弃必要的行为导向。而东方家庭实施的是压抑性的社会化,它着眼于惩罚错误行为,强调儿童的服从,强调以父母为中心,孩子只能看父母的眼色小心行事,这种方法完全把社会化的对象视作纯粹被动的客体。上述两种做法表明:在实施社会化的过程中,虽然都离不开父母的行为导向,然而东方家庭压抑性的社会化和西方家庭参与性的社会化无疑是有区别的。

儿童社会化的成败,在很大程度上取决于家庭社会功能发挥得是否正常以及父母亲行为导向得法与否。作为一个家庭以及作为家长的父母,在推进儿童社会化的过程中,既要使家庭成员感到温暖,又不能使家庭成员过于依赖家庭,否则就违反了家庭和个人社会化的根本宗旨:抚育社会成员、培养社会文化的传递者和继承者。从这个意义上说,儿童社会化过程也可以看做是"两次断乳"的过程。第一次是生理性断乳;第二次是社会性"断乳"。这后一次"断乳",意味着儿童社会化的阶段行将结束,即将面临一个新的社会化阶段。

四、从他人导向到自我导向——青少年社会化的艰苦历程

从学校到同龄群体

第二阶段,在社会化方面学校和教师的教育作用逐渐超过了家庭和家长的导向作用,从而成为青少年社会化最重要的社会环境因素。因为,第一,学校是社会正式规定的负责使青少年社会化、学习特定的技能、知识和价值标准的场所。学校里的社会化主要是通过"显性课程"和"隐性课程"来进行,如课外小组活动以及有组织的体育活动、参观访问等等。通过这些课程,学生们不仅知道保持整洁和严守时间的重要性,更重要的是了解他们必须尊重和服从那些在他们面前具有社会权威的人们(如教师)的指挥和安排。第二,学生们在学校里首次处在教师的直接监督之下,从而使他们知道了服从别人并不仅仅是由于这些人给予他们的关心和保护,而是由于社会制度要求大家共同遵守规定。在这个过程中,学生们逐渐认识到自己不仅是某个特殊的人,也是一群学生中的一个,对其他学生的规定和期待同样也适用于他。此外,学生们还学会了用别人评价他们的标准来评价自己,从而逐渐认识自我。因此,参与学校生活使青少年减少了对家庭的依赖,推进了他们与更广阔的社会之间的互动和联系。

值得注意的是,随着年龄的增长,除学校之外,社会环境因素越来越多介入青少年社会化的过程之中,这就是同龄群体。所谓同龄群体是指由一些年龄、兴趣爱好比较相近的人,为了满足自己的表意需要而自发结成的社会群体,它包括正式同龄群体和非正式同龄群体以及同龄伙伴等。同龄群体与家庭、学校有所不同,它能够使青少年完全围绕着自己关心和感觉兴趣的事情展开互动。这种社会化的情境大多是未曾经过有意安排的,他们从中也就能够在平等的基础上选择同伴和朋友并且和他人发生相互作用。在这个过程中,同龄群体成员可以探讨在家庭和学校里不能探讨的话题,甚至可能商议如何抵制或者消极对待父母和老师的价值标准与权威,因此,他们从中可以学会摆脱这两种社会化因素的影响,建立起独立的角色和身份。自然,这种角色和身份时常会引起老师和家长的高度关注乃至非议,在青春期,同龄群体的影响达到了最高点,这时候的青少年很容易形成具有相同的趣味、消遣方式、服饰发型、隐语、符号和价值标准、行为规范的独特的群体文化。而这一套文化体系又进一步增强了青少年对所属群体的"我群感"、投入感和归属感。同龄群体就这样对其成员的社会行为和个性产生着强有力的

影响。

  如果说这一阶段社会化的前期,青少年的行为还是以教师等他人导向为主的话,那么这一阶段的后期,尤其是进入青春期和介入各种同龄群体之后,青少年的行为就逐渐由他人导向向自我导向过渡。这种转变显然是基于下述原因:首先,身体机能的发展推动了自我意识逐渐走向成熟。在青少年时期,个人的内脏器官和生理系统的机能逐渐健全起来,尤其是性器官和性机能发展迅速,体态也发生急剧的变化。这些生理上的变化为其心理的发展提供了新的物质基础,使得这一时期的青少年心理状况围绕着"自我意识"和"要求独立"这两个核心蓬勃发展起来。具体表现为,这时候的青少年开始用社会上流行的审美尺度来感知自己的外貌,开始注意到自己和他人的精神世界和个性品质,并通过将自己与他人的比较,逐步建立起对自己的独立评价。正因为如此,这一阶段青少年在心理上产生了明显的独立意向,希望能摆脱父母的管束,在行为上、情感上、价值标准取舍和评判上强烈要求独立自主。可见,青春期的青少年已经不仅仅是作为一个学习者,同时还作为一个生活者来对待自己,希望用自己独立的人格和自己的力量去开辟人生道路。其次,小群体规范和小群体压力助长了青少年行为自我导向的倾向。研究和现实都表明,在青春期前后青少年大多会介入一个或数个正式、非正式的同龄群体和同龄伙伴,而这些群体规范往往具有抵制家长、教师影响的倾向,从而造成成员常常以审视的目光对待父母和老师的教导与行为,并且以反其道而行之的言论、举止来显示自己的独立意识。同时,这些同龄群体又往往通过疏离那些不遵守群体规范的成员和褒扬那些服从群体规范的成员来施加不同的群体压力,使青少年的行为更具有自我导向性。最后,社会化进程要求青少年的行为逐渐脱离对他人的依附转向自主、独立。

  美国心理学家E.埃里克森曾把人的一生划分为8个发展阶段并提出自我同一性理论。此理论对青少年社会化的主要任务作了如下概括:这一阶段中自我意识的确定与自我角色的形成是其核心问题,主要是获得同一感而克服同一性混乱。青少年在从他人对其态度中、从自己扮演的各种社会角色中以及在与同伴们建立的亲密的友谊中,进一步认识自己,对自己的过去、现在、将来产生一种内在的连续感,也认识自己与他人在外表上、性格上的相同与差别,认识自己的现在与未来在社会生活中的关系,这就叫同一性,即心理社会同一感。这种同一感可以帮助青少年了解自己以及自己与前后左右的各种人、事、物的关系,从而顺利地进入成年期。否则就会产生同一性的混乱,如怀疑自我认识与他人对自己认识之间的一致性,看不到努力工作与获得成就之间的关系。在两性问题上也会发生同一性的混乱,认识不到两性之间的同一与差异等。

我国也有学者指出,青少年社会化的核心内容就是从依赖转向自主。它具体包括以下几个方面:一是突破交往活动上对家庭的依附,学习独立交往和社会角色,与伙伴发展良好的关系,以求得平衡的社会态度;二是突破在学习技能上对老师的依附,转变学习的被动性,增强主动性,发挥有效的学习技能;三是突破在价值观念上对成人的依附,发展良心、道德性及价值判断的标准,从而发展人格的独立性。①

"青春期"问题

然而,这种从他人导向到自我导向、从依附到自主的社会化进程,对青少年而言并非是一帆风顺的,而是充满了复杂性、矛盾性,处处存在着危机和困惑,故而有人称这段时期为人生的"危险期"。

从深层次来看,造成困惑、迷惘乃至"危机感"的主要原因在于以下几个方面:

1. 生理成熟与社会成熟的不平衡

由于生活水平的改善,目前青少年生理成熟的时间大大提前,以女性为例,1982年底对我国天津、北京、上海等5个城市家庭调查显示,月经初潮年龄分布13—14岁占调查女性总数的30.92%,15—16岁的占总人数的42.37%,至1989年底的调查初潮平均年龄已提前到13.04岁。材料表明,生活条件对月经的影响很明显。条件越好,月经开始得越早,而且成熟期趋于延长。据1922年出版的卡尔·桑德斯的著作《人口问题》所载,不同的阶级,妇女月经开始的年龄分别为:上等阶级平均初潮为14.69岁,贫苦妇女平均初潮为16.00岁。日本的一个调查材料表明,初潮的提前,与城市化的进程有密切的关系。下面是日本妇女近半个世纪以来月经初潮的变化情况:②

1925年　14.5岁
1929年　14.2岁
1930年　14.3岁
1961年　13.3岁
1967年　12.1岁

---

① 刘豪兴、朱少华:《人的社会化》,上海人民出版社1993年版,第136页。
② [日]依田新主编:《青年心理学》,杨宗义、张春译,知识出版社1981年版,第16页。

从 2000 年和 1991 年我国学生体质健康调研数据来看,2000 年城市女生月经初潮平均年龄为 12.63 岁,乡村女生为 13.02 岁,城市比乡村提前约 0.39 岁;全国各地区群体间也所差别;2000 年城、乡女生月经初潮平均年龄分别比 1991 年提前了 0.16 和 0.31 岁。由此可见,我国少女月经初潮提前趋势明显,乡村较之城市更甚。(陈天娇、季成叶,2003)许多研究表明,我国青少年的心理成熟落后于生理成熟。尽管学校在普及健康教育知识方面已做了很多努力,但与国外发达国家相比,仍因心理与生理成熟度上的差异产生出许多社会问题。

另外,据有关资料介绍,目前,男孩在少年期以前发育很慢,10 岁以后发育加速,第二性征开始出现,并在青少年期基本完成。

问题在于,这一时期青少年的自主、独立、自我意识虽然也随着生理成熟而逐渐发展,但是,心理成熟一般总稍滞后于生理成熟。因此,如何自主、如何独立地判断是非和建立良好的社会关系,如何言行一致以及以怎样的人为学习楷模等问题,使他们在憧憬中又显得朦胧、迷惘乃至苦恼和不安。这种行为和心理上的游离与不确定性,为其社会化增加了难度。

在青春期提前的同时,结婚年龄却越来越推迟了,从性成熟到结婚中间往往会相距 10 年以上,大城市尤其如此。这就是说,在性成熟与社会成熟之间产生了明显的不平衡。此外,现代工业社会在其发展过程中,为人的生命周期添加了一个新阶段:人们不是从拉得很长的婴儿期或童年期直接进入成年期,而是经过青春期进入成年期。但在传统社会,生命只被划分成两个主要阶段:未成年期和成年期。多数十几岁的年轻人都已从事全日制工作或成为主要劳动力,我们都曾听说或见到过十几岁的孩子在农田劳作或"童工"现象。而工业社会却要求劳动力至少要能写会读,需要拥有大批掌握先进技术的专业人员,因此就有必要延长在校教育,而这又不可避免地使那些留在学校里读书的人的地位和角色发生变化。他们的身体和性机能都已发育成熟,但社会却不让他们承担诸如全日制工作或成为主要劳动力的成年人应有的责任和相应的权利,由此会产生各种各样的问题,给正常的社会化进程带来重重障碍。

2. 真实社会化与虚假社会化的冲突

迅猛发展的大众传播媒介是现代社会的一个重要标志。生活在这种生活环境里每一个人几乎都成为至少一种传媒的忠实"俘虏",发达国家的国民尤其如此。

我国大众传播媒介发展也十分迅速,至 20 世纪 90 年代初,全国公开发行的报刊已达800余种,杂志近6 000种;电视机1.4亿台,每天全国有7亿人收看电视,占总人数的60％左右。传媒对人们的影响和所带来的效果往往是墨守成规的人难以想象的。诚如美国社会学家伊恩·罗伯逊在其《社会学》一书中所言:传播媒介提供了人们可能绝对不能用别的方法看到的角色模式和生活方式掠影。通过传媒,儿童知道了许多虚构的人物,虽然这些形象许多都不真实,但未必就能削弱它们的影响。年轻人从传播媒介的广告中知道了他们将来作为消费者在市场上的角色以及社会对青春、成功、美丽的实利主义的高度重视。

固然,传播媒介在给青少年提供的大众文化中不乏有健康、向上的内容。但是,不可否认的是,社会上同样流传着许多介于黄色边缘和灰色边缘甚至是非法出版的充满暴力和色情的电视、电影、杂志、画报、录像带等等,这些反文化的糟粕,对青少年的健康成长具有严重危害性。它们把家长和教师辛苦构筑起来的正统的价值观念冲击得摇摇欲坠,代之以各种各样的"英雄"形象(从高僧、侠女到江洋大盗直至宇宙怪兽)成为青少年崇拜的对象,和他们"认同"的对象。这种大众文化所制造出来的"英雄"形象是虚构和不现实的,有些甚至是反文明、反社会的。因此,使青少年对这种虚假形象的认同代替了对社会价值和规范的认同,由此所达到的社会化不是真正有利于青少年自身、有利于社会的社会化,而是一种"虚假的社会化"。这种社会化的结果,势必对青少年顺利地进入成年期以及成年以后的继续社会化,埋下危险的隐患。

五、自我导向的不断校正——中老年继续社会化

"中年危机"

在青少年由他人导向转为自我导向的社会化历程中,充满了艰辛、荆棘和冲突、矛盾,但这又是人生发展必不可少的关键一环。从社会学的观点看,即使青少年社会化已经顺利完成,但是人生今后仍需社会化。社会化贯穿于人生的始终,这是现代社会对个人提出的要求。有研究表明,人进入成年期以后还会有"中年危机",进入老年期后又常常意味着个人从明确的有意义的角色突然变成模糊和几乎毫无意义的角色,从过一种独立和较有经济保障的物质生活突然变成过一种依赖他人的和较为窘迫的物质生活,所有这一切,都存在着一个继续社会化的重大难题。

通常,人在25岁左右进入成年期,人们习惯上把人生40岁左右到退休这一时期称之为中年。在这个时期,大多数人的基本社会化都已完成,而且已

形成了一种核心身份和主要角色。但是,这并非意味着社会化任务已告结束。相反,在现代社会的大背景下,中年人继续社会化任重道远。具体说,成家、立业和知识更新是中年社会化面临的中心任务,不适、矛盾和冲突也由此而起。

婚姻生活社会化,从实质上说就是学习和适应婚姻角色,从事婚姻关系规定的行为,在这个过程中配偶双方都必然会丧失部分的自主。因此,双方就会因适应问题而发生焦虑、矛盾;与此同时,孩子的出生也会在抚养教育以及如何协调夫妻角色和父母角色的关系上给中年人带来人生新挑战。中年人如果不能很好地调适这些问题,就会对婚姻和家庭产生厌倦和离心力。有研究表明,结婚3—5年之间的夫妻离婚率最高,从1994年全国人口变动情况抽样调查来看,离婚比例最高的是30—39岁年龄组,比例达10‰。

中年人因年富力强,又具有比较丰富的人生经验,情绪相对稳定,所以,通常都在一定的岗位上担负相应的领导责任。从整个社会来看,中年人是从事物质文明和精神文明生产的主力军,是创造社会财富的骨干力量。然而,这其中同样也隐藏着中年人的人生危机,它主要来源于:第一,家庭和事业的矛盾。中年人往往因工作繁忙,早出晚归而难以顾及家庭,忽略了配偶关系的不断调适,由此引发夫妻情感危机;除此之外,中年人在事业和家务的夹击下,在抚养孩子和赡养老人的重负中,生活压力最大,由此也极可能对身心健康带来严重的损伤。因此,"英年早逝"已成为一种令人关注的社会现象。第二,知识更新的逼迫。现代社会技术和经济的高速发展推动知识更新的频率不断加快,越来越多的职业和工作岗位需要更多的新知识、新技艺,这种状况使得中年人所凭借的年富力强和阅历丰富的优势逐渐失去,不得不考虑重新接受教育和不断更新自身的职业能力,但社会生活在使中年人成熟、老练的同时,也使他们的固执性增强,对事物的心理定势不易纠正,接受新知识的能力和欲望减弱,这就使中年人知识更新的难度增大。因此,中年人继续社会化的任务就是要正确处理好丈夫、妻子、父母、职业者的行为及其关系,不断校正原来的行为目标,不断学习以跟上社会发展的步伐。

老年人的社会化

以往认为,人进入了老年应该以享受为生活目标而不再需要社会化了,传统社会的老年人是天然的教化权威,他只对别人施行教化,而自己则决不会重新面对社会化的问题。然而,现代社会发展证明,上述观点已经过时。研究表明,老年人仍然需要继续社会化的理由在于角色的转换,它表现为:① 劳动角色转换为供养角色,这容易使老年人产生经济危机感;② 决策角色转换为平民角色(在家庭中,由"家长"角色转换为被动接受照顾的角色),它容易使老年人产生"被抛弃感"和寂寞感;③ 工具角色转换为情感角色。工具角色是指人们肩负着一定的社会公职,在社会政治、经济、文化各领域占据着主体地位,他们所扮演的角色是为了某种特殊的目的,如职业上的角色。情感角色是为满足身心情感的角色,比如在家庭中父母、子女间的角色。这种角色的转换使老年人常常碰到性别角色模糊问题以及伴随而产生的老年夫妻之间的冲突;④ 父母角色转换为祖父母角色。我们认为,除了角色转换外,老年人还将遭遇多重"突然失去"的威胁,如子女情感支持的突然失去(子女成家分居,老年人进入"空巢"家庭)、健全身体的突然失去(疾病并可能面临肢残或死亡)、配偶的突然失去(丧偶并带来心理健康上的问题)。所有这一切对老年人而言都是将要面临的新的问题,都需要通过继续社会化、加强学习、提高修养和不断作自我调整来予以解决。这同样是一段艰巨的社会化历程。因此,有人将更年期称之为"第二青春期",从一定意义上讲,这种说法并不为过。

在中老年继续社会化的过程中,中老年人还面临着一个重要任务:如何对待、缩小代沟和进行双向社会化。

代沟与双向社会化

所谓代沟,依照西方社会学理论的解释,就是指两代人之间在价值观念、生活态度以及兴趣爱好等方面的差别。从社会化的角度来看,代沟就是两代人在不同的社会化背景中行为、关系以及代际文化传递活动中所显现的差异。对代沟问题研究比较深入而且卓有成效的是美国当代著名人类学家玛格丽特·米德(Margarete Mead)。她在晚年的著作《文化与承诺》中,提出的前喻文化(指晚辈主要向长辈学习)、并喻文化(指晚辈和长辈的学习都发生在同辈之间)、后喻文化(指长辈反过来向晚辈学习)三种文化模式,对人类研究代沟问题提供了全新的分析视野和坚实的理论基础。

通常,代沟的含义可以有狭义和广义之分。狭义的代沟即指父母与子女两代人之间的差别,而社会学所说的广义的代沟是社会中青年一代与老一代之间的差异。代沟是一种自然的社会历史现象,无论是在社会急剧变化的时代,抑或在文化变迁缓慢的社会里,无不都存在着年轻一代与年长一代在生活态度、价值观念、情感倾向和行为方式等方面的差异、对立和矛盾。从一定意义上说,只有代沟的存在,才构成社会文化的发展;同时,只要存在着社会文化不断变迁的背景之中的社会化过程,代沟就难以避免。诚如米德在《文化与承诺》一书中写道:即使在不久以前,老一代仍然可以毫无愧色地训斥年轻一代:"你应该明白,在这个世界上我曾年轻过,而你却未老过。"但是,现在的年轻一代却能够理直气壮地回答:"在今天这个世界上,我是年轻的,而你却从未年轻过,并且永远不可能再年轻。"这就是为那些开拓者和他们的子孙们的不同经验所做的注脚。①

米德在这番论述中所涉及的在社会化过程中的矛盾和冲突,在我们这个世界何尝不存在。正因为这样,寻求一种缩小代沟、减少代际隔阂的途径,在飞速发展的今天愈发显得至关重要。诚如米德早在20世纪70年代初就曾指出:"……后喻文化的发展将依赖两代人之间的持续不断的对话,通过这种对话,已经能够积极主动地自由行动的年轻一代,一定能够引导自己的长辈走向未来。这样,年长的一代就能够获得新的知识。我确信,除此之外别无选择,只有通过年轻一代的直接参与,利用他们广博而新颖的知识,我们才能够建立一个富于生命力的未来。"②这里,玛格丽特·米德所说的"对话",从社会学的角度看就是两代人之间的双向社会化。

所谓双向社会化指的是除了上一代人向下一代传递文化和实施教化外,同时下一代人反过来向上一代人施加影响,向他们传授新的知识、技能,传播新的价值观念和行为规范的社会化过程。因此,这是对继续社会化的一个更完整的表述。根据此定义,双向社会化可以划分为两个过程,即:正向社会化和反向社会化。在传统的社会里,人的社会化一般都是单方面的正向社会化,家长、教师、长者、权威人物始终处于施化者的地位,而子女、学生、年幼者、下属则总是受化者,在社会化过程中属于受支配的地位。现代社会的科技进步和知识不断更新,使得老一辈的经验甚至观念可能变得陈旧,而年轻人凭借着自身特有的优势在接受和使用新知识、新技术等方面领先一步,同时,年轻一代在现代社会所大力提倡和宣传的民主、平等、创新等观念的熏陶下,往往在接受老一辈传递给他们的文化遗产的同时,又以自己的创造、革新为历史文化注入新的血液。这样,老一辈向年轻一代学习以及接受双向社会化的过程,就是现时代社会化所增添的一项重要任务。

尽管双向社会化理论还需要在实践中不断探索和完善,但是可以认识到,双向社会化是人类社会化过程中互为补充的两个重要组成部分,也是人类文化传递、发展和创新不可缺少的基本方式。因为有了正向社会化,人类

---

①② [美]玛格丽特·米德:《文化与承诺》,周晓虹、周怡译,河北人民出版社1987年版,第96、98页。

文化才得到传递和延续,社会行为、社会关系和社会制度才可能保持相对稳定;同样,由于存在着反向社会化,人类文化才会不断创新,社会行为、社会关系和社会制度才可能不断变迁和除旧布新,整个人类社会才能不断迈向更高级的文明。

六、社会化研究中若干值得探讨的问题

社会化作为一种社会学理论,尚存在许多模糊不清之处。譬如,衡量社会化程度的标准是什么？是不是社会化程度越高越好？有没有所谓"过分社会化"？它确切的含义是什么？社会化的理论基础究竟是什么？等等。本节拟就其中的若干问题作些阐述。

"社会化程度"的衡量标准

不妨设想,在对人的归类项目中除了惯常使用的"教育程度"(或"文化程度")之外,还可以考虑增加一个"社会化程度"的指标,这在十分强调"素质教育"的今天,是有其积极意义的。教育程度的划分十分简单,因为有公认的学历证明可资借鉴;社会化程度的标志则没有这样清楚,理解上亦颇不一致。现在看到的一些说法,多属于对日常生活现象的感性层面的描述,尚有待上升为理性认识。

从感性层面、现象层面来看,一个最直观的衡量社会化程度的标准,也许是一个人处理人际关系的能力。远离人群,孤芳自赏,不谙世事,孑然一身,这样的人很难说他已经社会化了。到处闹矛盾,搞不好家庭关系、邻里关系、同事关系的人,似乎也表明他在社会化方面存在某种缺陷。然而,那些被人们视为擅长交际、很会"做人"的人,是否就表明他的社会化程度很高了呢？而且划分这样的"高"与"低"又有什么意义呢？如前所述,社会化的实质问题是个人与社会的关系问题,这里面就包括究竟是以个人为主体还是以社会为主体的问题。即使是以社会为主体,也有一个个人价值与社会价值、个人目标与社会目标的整合问题。显然,在不同的社会条件下,这两者的整合度是不会完全一样的。例如,在传统社会,这种整合是以个人无条件地服从社会的要求,亦即以个性的丧失为代价而实现的。现代社会(这里主要指的是资本主义生产关系出现以后的社会),个人相对于社会,日益取得独立自主的地位,个人日益从社会中"解放"出来,不再无条件地从属于社会,从而"个人价值"与"社会价值"俨然形成两军对阵之势,"个性化"与"社会化"两大目标之间的冲突日益尖锐,在这种社会背景下,对"社会化"的解释和态度发生种种

分歧,势将成为不可避免的事。从不同的理论基础出发,对"社会化"就会得出完全不同的解释,作出不同的评价。问题的复杂性还在于,由于一个人既是宏观社会的一员,又是微观社会(具体社会如家庭和他所属的直接群体)的一员,他所认同的社会价值和社会目标往往只是他所在的那个群体(以后我们会知道,这叫做"亚文化群")的价值和目标,这个群体的价值和目标可能与主体社会的价值和目标保持一致,也可能不完全一致,甚至完全不一致。这就导致社会化的结果并不一定意味着个人完全认同社会的价值和目标,也就是说,在个人价值与社会价值、个人目标与社会目标之间,常常存在着不同程度的距离和差别。而且不能简单化地对这种距离和差别作出"对"与"错"的结论,还要看他从属的是什么样的社会和社会群体。对弥补个人与社会之间的差距的最有利的一个假设是,人类的大多数行动都是合乎理性的。"如果人不能有把握地指望他人的行动是合乎理性的,那么就不可能有社会生活。人是互相依赖才能生存的,否则人类生活本身就会消失。"①持这一观点的人认为,这正是社会化得以正常进行的前提,即理性化是社会化的前提,尽管社会上存在着那么多非理性化现象。出于这样的理性,人们才会在必要的时候,放弃个人的愿望和要求,去做那些对社会来说非做不可的事。我们平常所说的"顾全大局"等等涉及伦理道德和大是大非的决断和选择,就是这种根源于人类理性的社会化的结果。

综上所述,关于什么是"社会化程度"的问题,也许可以从个人同社会的整合度上找到答案:简单地说,社会化程度就是个人与社会的整合程度。由于社会化的目的从根本上说就是为了实现个人与社会的整合,因而这样理解社会化程度就完全是顺理成章的事。只是由于上面提到的诸多原因,才使社会化过程呈现出种种的复杂性。

关于"已过分社会化"的概念

"已过分社会化"(oversocialized)是美国社会学家丹尼斯·朗(Dennis Wrong)提出的一个概念。他在题为《现代社会中人的过分社会化了的概念》一文中,给这个概念所作的界定是:"人的已过分社会化是一个极类似于社会的已过分整合的观点。"②根据 A. 英克尔斯的归纳,这一概念基本上包含这样三层意思:首先,人的本性是中性的,可善可恶,具有后天的可塑性,亦即具有

---

① [美] A. 英克尔斯:《社会学是什么》,陈观胜、李培茱译,中国社会科学出版社 1981 年版,第 73 页。
② 《美国社会学评论》,1961 年,第 183—193 页。

发展变化的潜力;其次,社会化使人的这一能力朝符合社会要求的方向发展;再次,人在其外部生活中被看做是一个社会人,因此他的行动不得不大体符合他所处的时代和地方的特定规范和行为标准的要求。① 总的来看,这个概念强调的是社会环境(包括人际关系)对人具有强大制约作用,个人自由(包括个性发展)的余地是极其有限的。人的"已过分社会化"状态,即人的社会状态。社会状态是由自然状态发展而来的,但一旦发展到社会状态,就不可能再回到自然状态。犹如人来自猿猴,但一旦由猿变人,就不可能再回到猿的生活一样。所谓"回到自然"也许符合哲学家的思想,但却不是社会学家的观点。

由此看来,"已过分社会化"是人的一种社会状态,而不是社会化的一种类型或阶段。社会化,特别是个人的社会化无法改变或扭转人的"已过分社会化了"的局面。

丹尼斯·朗的提法,给我们研究社会化问题以巨大启发。正像社会整合是社会化的目标,而过度整合则会违背社会化的初衷一样,在进行社会化的过程中,应该警惕"过分社会化"的危险。为不致与丹尼斯·朗的概念相混淆,我们应声明"过分社会化"这个概念来自他的"oversocialized",但并不是同一个概念。"过分社会化"是社会化过程中的一种偏差现象,一种只承认共性,完全抹杀个性存在的合理性的社会现象。"过分社会化"在一个漫长的历史时期,曾经大行其道,居于统治地位。在家长制统治下的政治与伦理高度结合的社会生活是这种"过分社会化"的典型写照。如果说正常的社会化体现人类的理性准则的话,那么过分社会化则完全是非理性的,如发生在封建社会包办婚姻制度下的"嫁鸡随鸡,嫁狗随狗"的"认命"态度和"饿死事小,失节事大"的做人原则,被鲁迅称之为"吃人"的礼教的种种行径便是"过分社会化"的极端例证。

总之,"过分社会化"应该是一个有特定含义的概念,不容作望文生义的解释。过分社会化的对立面不是所谓的"社会化不足",而是"过分个性化"。理想的社会化应该既有利于人的社会性也有利于人的个性的发育和发展,无论是抹杀个性的"过分社会化"还是抹杀共性的"过分个性化"都属社会化过程中出现的偏差,都应加以纠正。但是着眼于中国社会发展的特殊阶段性和中国的国情,我们认为至少到目前为止应该着重防范"过分社会化"的产生。

---

① [美] A. 英克尔斯:《社会学是什么》,陈观胜、李培茱译,中国社会科学出版社 1981 年版,第 73—74 页。

中国国民性中某些负面的成分似乎可以从过分社会化的存在及其对个性健全发展的负面效应中得到解释。从最一般的意义上来说，某些社会病态现象的出现，可能是过分社会化的结果，这里面包括精神和心理方面的疾病、自杀、个人崇拜、个人对家庭或某一组织的过度信赖和依赖以及其他丧失独立生活能力和判断能力的表现等等。涂尔干对自杀行为与社会整合度的相关分析，可以说为我们理解过分社会化与过分个性化提供了一个极其有价值的理论依据。[1]

关于"反社会化"与"再社会化"

不能不承认，在人的社会化过程中还有一种反社会化的现象或行为（这里，所说的"反社会化"有别于前面提到的"反向社会化"）。从文化传递的角度来定义，它是个人接受与社会传统文化相对立和冲突的亚文化的过程，是对一定社会的社会化总目标的背离。需要注意的是，倘若把所有的反社会化都视作个人"社会化的失败"的话，那么，这多少是用既有社会道德和价值标准而不是用社会学的观点看待问题。因为它不利于人们发现新的个性的萌芽，自然也无从理解特定社会背景下的"反社会行为"的社会意义。

除了上述这种特殊的类型外，更多的反社会化行为无疑会直接危害到社会大多数成员的生活及整个社会的进步，尤其是那些以教唆别人犯罪为目的的反社会化以及反行为主体的行为。他们所遵从和接受的价值观念与行为准则与社会公认的规范背道而驰。对于这些越轨甚至犯罪的行为予以矫治，就是狭义的再社会化的任务。

再社会化（没有特别说明的话，通常是指狭义的再社会化，下同）是一种特殊性质的社会化，这种特殊性在于：第一，行为主体只能在具有国家强制力的监狱、劳改队等特殊场所被迫接受社会化，在其再社会化的全过程中始终属于被支配、被改造的地位。第二，针对行为主体的再社会化内容和目标主要是，改造原有的价值观念、道德标准和行为准则、改造其反社会性，使之重新认识和掌握各种基本的社会规范，以便让他们在再社会化过程结束之后能够按照符合社会要求的生活方式和行为方式去工作和生活。

当前，我国出现了一些新的反社会倾向，如：以权谋私、权钱交易和经济领域里的犯罪行为等正在逐渐增多。对此，有人以"失范"论予以解释，认为，目前在中国社会转型过程中，影响个人社会化最突出的一个问题，就是社会失范。所谓"社会失范"是指社会规范在某些方面和程度上的模糊、混乱乃至

---

[1] 郑也夫：《代价说——一个社会学的新视角》，三联书店1995年版，第79—81页。

多元化的现象。在社会转型中,社会结构在不断加速分化,旧的社会规范由此受到冲击而逐渐瓦解,新的社会规范体系的建立又有待于社会结构的重新整合,在这个过渡时期就会出现社会规范的混乱。上述状况又经常因转型时期社会化的程序被打乱、力量被削弱而加剧。社会失范使个人在社会化过程中无所适从,从而造成社会化过程中的偏差、失败及种种病态现象的发生。

但"社会失范"论并没有能够对中国解放以来周期性的社会动乱提供令人满意的答案。因此包括当前不断出现的以权谋私和经济犯罪在内的反社会现象,就其严重程度来说,似乎已经超出了继续社会化和再社会化的研究范畴,构成了一个社会问题。

七、人性与个性——关于社会化的理论基础

现实地说,社会化实质上是个人的社会化,特别是当我们把"社会化"和"个性化"作为一对基本矛盾提出的时候,更是如此。但是"个人"和"个性"本身是一个历史范畴,有一个产生、发展和变化的过程。而且个人和个性的发展要以社会的发展为前提。社会的发展和变化首先体现在少数个人的发展和变化上(这就是为什么领袖和先进人物成为历史唯物主义研究的课题之一的原因),然而最终社会的变迁会使绝大多数社会成员发生变化,由"古人"变为"现代人"。人类社会的发展,不仅有赖于人与人之间的相互作用,而且有赖于个人和社会之间的相互作用,个人与社会的关系是一种辩证的关系:个人是历史的产物,社会的产物;个人又是历史的创造者,社会的推进者。个人既是客体,又是主体。作为客体,它自身需要"社会化";作为主体,它又会使这一"社会化"的过程成为一个主动的、能动的创造性的过程,从而使社会发生变化。人类改造主观世界的目的,是为了更好地改造客观世界,脱离这个目的,就使任何"自我改造"、"自我完善"失掉了意义。我们的古人很早就已知道"己立立人,己达达人"、"修身、齐家、治国、平天下"的道理,这是十分可贵的认识。

如前所述,综观历史,个人是历史的结果,而不是历史的起点,根据这一基本原理,我们对人性的认识亦可以相应地划分为"人性—阶级性—个性"这样三个阶段。下面就按照这一顺序,作些探索性的分析。在讨论过一些具体的社会化问题之后,回过头来看一看在其身后的较深层次的理论问题,是很有必要的。

人性分类

最早的对人进行分类的标准,就是人性分类。这基本上是一种两分法:性善与性恶。关于人性本来是善还是恶的问题,几千年来一直争论不休。撇开善恶问题上的种种统治阶级的偏见和唯心主义的谬论,作为一种对人的最基本、最稳定、最简单的界定,这一善恶两分法仍然有它存在的价值,因为它作为一种基本的历史评价,已为广大的人民群众所承认和接受。我们知道,儿童对人的认识,对人的区分,就是从"好人"、"坏人"开始的,尽管他并不确切了解"好"与"坏"的复杂内涵。

两分法很容易变成三分法。中国春秋战国时代以孔子、孟子、荀子为主要代表人物的人性"善恶"之争,到秦汉以后,发展成以董仲舒、王充、韩愈等人为代表的"性三品"说:上品、中品、下品。上品指的是情欲极少的"圣人",下品指的是情欲极多的凡人,介于这两者之间的便是"中民之性"了①。对人的这种三分法,使人自然会联想到弗洛伊德,弗洛伊德的"本我"、"自我"、"超我"的人性理论,从心理学的角度对人作了和"性三品"说相类似的划分。这种不约而同的三分法,包含着对人的来源的最古老最原始的观念:人是介于神、兽之间的东西,"上品"接近于神,"下品"接近于兽,"中品"接近于现实的人。也就是说,从人性的角度对人进行分类,不能超出人的自然属性和社会属性,即人既是自然存在物,又是社会存在物这两个大的范畴。如果说人身上残留的"兽性"表明人来自自然界,那么对人的"神化"则表明人们对自身的社会性曾有过一段模糊认识。值得特别注意的是,作为"人性"的副产品的"兽性"和"神性",并未随着人类原始状态的过去而永远过去,它们常常以一种异化的方式反复出现在人间。关于这一点,马克思和恩格斯有过极其深刻的揭露。例如,关于人的动物性,马克思指出:劳动的异化,使人(劳动者)"只是在执行自己的动物机能时,亦即在饮食男女时,至多还在居家打扮等等时,才觉得自己是自由地活动的;而在执行自己的人类机能时,却觉得自己不过是动物。动物的东西成为人的东西,而人的东西成为动物的东西"。② 在另一个地方,马克思更尖锐地指出:在最野蛮的奴隶制下,"人不仅失去人的需要,甚至失去了动物的需要"。③ 至于人的"神"性,这里用得上"两极相通"这句话。"历史的'有神性'越大,它的非人性和牲畜性也就越大;不管怎么说,'有

---

① 傅云龙:《中国哲学史上的人性问题》,求实出版社 1982 年版。
② 马克思:《1844 年经济学—哲学手稿》,刘丕坤译,人民出版社 1979 年版,第 48 页。
③ 马克思:《1844 年经济学—哲学手稿》,刘丕坤译,人民出版社 1979 年版,第 87 页。

神的'中世纪确使人彻底兽化,产生农奴制和 jusprimaenoetis(初夜权)等。"①"神性"和"兽性"往往同时出现。还有一个典型的例子,那就是发生在20世纪60年代中国的"文化大革命"。它从反面说明,"人性"不容否定和摧残,社会主义革命应该把"人性"提到一个更高的水平而不是相反。

先秦诸子的人性论开创了一条延续至今的辨别人的善恶的方法和途径,当时争论双方的具体论点,人们已经淡忘,但是"人有善恶"的基本观点则已深入人心,成为一种有广泛社会影响的价值观念,汇入中华传统文化的洪流。其中的一些重要观点,如孔子的"性相近,习相远";孟子的"恻隐之心,人皆有之";荀子的"人之性恶,其善者伪",王充的人之善恶在教化不再性等等,作为社会学中社会化的现行理论,其价值决不在弗洛伊德的"自我"理论之下。

阶级分类

对于生活在阶级社会中的人坚持进行阶级分析,这是人的分类上的一次质的飞跃。从此,"善"与"恶","美"与"丑","好人"与"坏人"有了具体的内容,不再是一个抽象的概念。阶级划分从某种意义上说,是对人性划分的否定。从阶级论的高度看问题,人性论的虚伪之处暴露无遗,但是人性论的虚伪并不能否定人本身有善恶之分,只能说明善与恶是一种历史范畴,随着时间的推移,时代的变迁,善恶之间会发生转化,善恶的标准会发生变化,而在阶级社会里,特别是在剥削阶级存在的社会里,善恶的标准就是阶级的标准,在对抗性阶级存在的情况下鼓吹"普遍人性"、"社会正义",就成了一种欺骗,这就犹如国家,国家明明是某个占据统治地位的阶级用以维护自身统治地位的工具,但它却以全民利益的代表者的身份出现,因此被马克思称之为"虚构的集体"。

不能把阶级论对人性论的否定简单地理解为阶级性对人性的否定。前者是一种社会理论,后者是一种社会事实,作为一个社会科学家,他不可能既是阶级论者又是人性论者,但作为一个人,他却可能既具有阶级性又有一般意义上的人性。这样说,绝不是说理论可以不真实,可以违背事实,而是说,这是两对完全不同的概念。面对同一个事实会产生截然不同的几种理论,这本身就是一个最基本的社会事实。就阶级论而言,它并不否定人性,而是要力求给人性一种正确的科学的解释。

人性分层,与对人的阶级划分,是两个完全不同的概念。不妨这样说:人性善恶之分,是对人的行为层次上的划分,它与每一个人的行为直接有关,你

---

① 《马克思恩格斯全集》第1卷,人民出版社1979年版,第651页。

是好人还是坏人,你的行为就能告诉人家,所谓"听其言,观其行",就是这个道理(当然,对行为本身的判断又牵涉到许多因素);而对人的阶级划分则是一种关系层次上的划分,你很难直接从一个人的行为上得出他是属于哪个阶级的结论来。正因为如此,对社会的阶级划分,不能直接照搬到个人身上,阶级关系也不等于个人之间的关系。工人和老板之间既可能存在阶级关系,也可能存在个人关系,甚至看上去是相当"平等"的个人关系。这一点和等级关系有很大的不同,就等级来说,等级之间的关系就是不同等级的个人之间的关系,一个等级内的成员毫无疑问地属于这个等级。但阶级则不同,阶级对各个人来说,具有独立性,人们受阶级的支配,就像受社会分工的支配一样,是一种间接的总体上的支配,因此,具体到同一个阶级内的各分子间,可以有很大的不同。日益加快的社会流动,使这种差异更加多样化。"个人隶属于一定阶级这一现象,在那个除了反对统治阶级以外不需要维护任何特殊的阶级利益的阶级还没有形成之前是不可能消灭的。"①应该看到阶级的消灭不等于阶级成员的消灭,剥削阶级的大多数成员还是有改变自己的阶级地位的愿望和要求的,这就如同劳苦阶级的大多数成员有强烈改变自己的社会地位的愿望一样。在这种情况下,对人的阶级划分就需要特别慎重。应该严格区分阶级、阶层、团体、个人等不同层次的性质,比如政治上的"左、中、右"的划分应该是对某些政治势力和社会集团的划分,将这种划分标准扩大到一般社会成员身上,就可能产生而且事实上已经产生了严重的社会后果。

个性分类

迄今为止,对人的分类的研究,一直是从属于对社会的分类研究的,特别是从属于对社会阶级和阶层的分类研究的。这样的研究当然是非常必要的。个人是社会存在物,离开社会侈谈人的分类是毫无意义的。但是,根据我们对社会发展过程的理解,社会的发展自始至终体现为人的发展,社会的解放最终要落实到人的解放,社会的未来寄希望于个人的全面发展,其中也包括个性的全面发展。这种全面发展的个性,一方面表现为对客观世界的改造上的高度自觉性。另一方面表现为对自身改造的高度自觉性。这意味着在现有的个性类型之外还有可能出现许多新的具有未来社会新人特质的个性形象。

就像个人的发展是社会发展到一定阶段的结果一样,个性的发展亦复如是。这当然不是说古代的人都没有个性,也不是说地主和资本家没有个性,

---

① 《马克思恩格斯全集》第 3 卷,人民出版社 1979 年版,第 85—86 页。

而是说,那时人的个性远不是真正健康的,合乎人的本性的。所谓"个性自由",只属于统治阶级中的少数人,大多数社会成员的个性要屈从于偶然性,个人的私人关系要屈从于共同的阶级关系,就像他们不得不屈从于片面的分工和某种唯一的生产工具一样。在一些专制主义的国家中,少数领导人的个性得到了充分的、全面的发展,但那是以剥夺人民群众的个性发展权利为代价的。无产阶级的使命,正在于要变偶然性的个性为真正全体社会成员的个性,并为消灭一切在阶级社会里不可避免地存在着的畸形的、病态的片面发展的个性和人格而奋斗。

　　个性是心理学、社会心理学和社会学的共同的研究对象,但是到目前为止,科学地界定个性问题在三门学科中的地位和特征的任务还远远没有完成。一般说来,普通心理学着眼于从生理学和个体心理学的角度去探索个性的内在结构和个性发展的途径,社会学和社会心,理学则着重从社会的角度和社会与个人的关系角度探求上述问题。心理学为社会学提供了人的个性的一些最基本的结构模式,诸如:机能结构(包含三种基本类型:理智型、情绪型、意志型);向性结构(外向型和内同型);独立—顺从结构(独立型、顺从型);特性分析结构(表面特性、根源特性,其中一种特性又可以划分出许多特定的行为特征)①等等。但是个性的社会学分析,特别是社会学意义上的个性类型(或者叫"人格类型")的划分,至今仍没有满意的结果。美国社会学家A.英克尔斯在其所著《社会学是什么》中,介绍了一些"人格类型"的模式,可供参考。其中一个值得注意的划分法,是把个性置于一定的时间背景下进行研究所得出的结论。这就是戴维·里斯曼所提出的"三导向"模型:传统导向、自我导向和他人导向。他认为:第一种导向的人属于社会流动较小的中世纪时代;第二种导向的人所属的典型的环境是文艺复兴时代;第三种导向的人,则基本上属于当代。但是,甚至连A.英克尔斯也不得不承认,这些模型缺乏有说服力的理论依据。他指出:"仔细一看,就能发现不同的作者所定的类型,往往只是一些旧有的性格类型换上了新的、吸引人的名称而已。"②A.英克尔斯本人也在致力研究"现代人"的性格特征,受其影响,有关当代人的个性分类问题,在我国亦一度形成讨论热潮。当前这种研究基本上还是心理学和伦理学上的研究,给人的感觉仍然是在名词概念上变花样,尚看不出有什么实质性的进展。

---

① 《心理学》华东师范大学心理学系心理学教研室编,华东师范大学出版社1982年版。
② [美]A.英克尔斯:《社会学是什么》,陈观胜、李培茱译,中国社会科学出版社1981年版。

社会化与个性发展

此问题跟接下去要讨论的角色分类有着内在的联系。把两者放在一起进行比较,可以看出角色行为只不过是个性类型的外在表现。但是要想在结构复杂、数量繁多的个性和角色丛中找到某种"基本的类别",看来并不是轻而易举的事。社会学家的目的,是想从个性类型的研究中最终发现所谓"民族性"和"国民性"的奥秘。然而,除此以外对我们来说更重要、更有实际意义的,恐怕还在于个性研究有助于解决许多迫切的现实问题。举例来说,如何科学地确定和划分思想政治工作的对象,如何在日益扩大的人才流动中科学地鉴别和对待各类人才,如何相应地改革现有的人事制度,如何恰当地处理个人利益和集体利益、个人行为和社会行为、私人关系和社会关系的关系。一句话,如何预测和处理社会主义条件下的个人问题……

应当清醒地意识到,行为、关系层次上的个人社会地位的变化(从当前的改革中反映出来的这方面的变化是十分深刻的),必将导致制度层次上的深刻变化,经济体制改革的结果及其进一步的发展,必将深深触动全面的社会体制改革。这一改革和变化,最后都要落实到每一个社会成员身上,导致他们自身的变化。归根到底,个性的发展有赖于社会的发展,有赖于社会生产力的发展和社会物质生活条件的改善,因此除了制度因素外,不应忽视直接的物质生活条件的因素,一个很简单的道理是,要使一个人的德智体美诸方面都得到发展,首先需要有丰富多彩的文化生活设施和充裕的闲暇时间,否则一切都谈不上。

个人的社会化与人的个性化是同一个社会过程。前者是手段,后者才是目的。社会化的结果应该有利于人的个性的全面发展,否则这种社会化就是失败的,就是所谓的"过分社会化"。过去的社会个性被淹没在共性之中,多数人的个性被淹没在少数人的个性之中,其结果也就失掉了健全的、强有力的共性。正如我们在前面已经指出的,中国人的"国民性"上存在的问题,应该从中国人的共性和个性的失调上找到其中的原因。现在则应该警惕另一种失调:只讲个性,不讲共性;只讲个人利益,不讲集体利益、国家利益和民族利益。总之,保持共性和个性(包括不同层次上的共性和个性)之间的积极的平衡,是社会化的首要任务。未来的社会是"联合起来的个人"的时代。马克思和恩格斯的这一基本思想,是值得反复深思的。

第六章　角色与互动

角色（role）一词本是戏剧影视中常用的一个概念,自从美国心理学家G. H. 米德在社会化理论研究中首先移用这一概念以后,社会学理论中就有了"角色"的地位。社会学理论认为,凡角色都是社会性的,所以又称社会角色（social role）。凡是社会人都在扮演着许多不同的角色。

那么,社会学意义上的角色又指的是什么呢?

一、角色的含义和实质

一般认为角色就是与社会地位、社会身份相连的被期望的行为。这个表述包括了相互联系的三个部分。一是社会地位。社会地位即是个人和与其相关的地位群体在一个社会体系中所占有的与其他个人和群体相对而言的地位,或指在一个群体和社会中由特定社会关系因素所确定的位置。社会地位决定着权利、义务和主要社会关系,决定着同其他地位上的个人的关系的性质和程度,决定着一个人可能拥有的社会资源的数量和质量。二是社会身份。社会身份的原意是指某种不可改变的社会地位,在中国,其典型表现是传统社会由"君臣父子"、"三纲五常"所规定的身份地位,在这里则是社会角色的同义词,是指识别一个特定社会角色的标记或手段。社会角色与社会身份常可互换使用,也许可以这样说:"身份"是兼具地位和角色两种含义的一个概念,它是两者的合一。三是期望。期望也称社会期望或角色期望,它是指群体成员对自己和他人应有的行为规范和行为方式的一种共识,也即指一个角色的社会公认的扮演方式。

讲到角色,还应该交代两个基本观点,这就是:

第一,角色是社会结构的最小单位。从一定意义上讲,社会结构是社会地位和社会角色的复合体。社会结构揭示地位网络。社会是一个由各种各样的相互联系着的地位和角色组成的。在社会上,有许多基于地位所组成的各种不同类别的社会单位,形成一幅地位网络。分析这些地位网络的规模、分化程度和相互关联程度,可以发现它们呈现一种等级制形式,其中最上层的是社会、社会的世界体系这种最抽象、离个人最远的单位,最下层的是最接近个人的单位。个人的地位是在社会单位(群体)中确定的,离开特定的社会单位(群体)就无从确定个人的地位,而这种地位的动态方面就是角色,所以离开角色也同样无法表明个人的地位。

第二,角色又是社会关系的外化形式。社会关系规定反映了人的本质及其活动特质,安排人在社会体系中的地位及其行为方式。人们的互动行为是在模式化结构化的社会关系制约下发生的,是按照制度化的可预知性方式展开的。从这方面来讲,社会关系可被理解为人们各自的社会地位和他人对该地位赋予期望的角色之间的关系,处于模式化结构化的社会关系中的个人,不是作为单纯的行为主体出现,而是作为在结构上占有一定地位、在功能上具有相应角色的行为主体来定位;反过来说,社会关系则反映在个人身上,反映在个人以一定地位和身份而行动的角色扮演上。显而易见,角色和期望都是表示社会关系的概念。就角色而言,一个人的角色总是与另一个人的角色相对应的,例如,教师扮演着与学生角色相连的角色,如果没有学生角色,自然就没有教师角色;就期望而言,处于相反身份的两个角色中,彼此享有相应的权利,承担相应的义务。

个体实现角色,必须要有期望、并深切认同此期望。期望是实现角色的有效手段,因为所期望的行为规范和行为方式是一种被社会规范化了的程式,不是什么人的任意性方式。期望是社会规范的内化形式,它反映的是一种信任、责任、希望、委托、追求、关心,一个人要完成一个角色,首先需要知道自己将要充当的角色有一套什么样的行为模式,这种认识虽然是一种主观性判断,但这种判断能依据的是存在于周围他人之中的社会期望。按照这种期望,选定某种行为模式,然后作出行动,即变客体的期望为主体的角色行为。例如,因为有学生群体,就产生了需要有教育者这种期望,而履行教书这种期望的就是教师角色——这对学生来说是一种权利,对教师而言则是一种义务或责任。反过来说,因为有教师这种角色,就有了学生应当如何学习这种期望——这对教师来说是一种权利,而对履行这种期望的学生而言则是一种义务或责任。因此,期望是一种被理解了的反应,而角色就是这种反应的样式。

所以,期望就是角色的社会规定,反应期望就是履行角色。

二、角色理论

20世纪二三十年代,一些学者将角色概念引入社会学,形成了"角色理论",并作为一个抽象的分析概念被用作对一些社会现象和问题的分析与研究。

米德的角色理论 美国芝加哥学派的G. H. 米德是角色理论的开创者,他认为个体按照自身在社会中的位置对一些社会期望作出反应,即社会学意义上的角色扮演。儿童在游戏中担任的各种角色体验是开始有了看待自己的能力,在玩耍中把自己置于附有社会意义的他人的位置,逐渐懂得如何在一定的社会角色网络中扮演相应的角色,以个体与他人互动的方式来认知自己。米德强调自我在社会情境中承担的角色,运用语言等附有意义的符号与不同社会情境中的他人互动,并在互动的过程中不断调整和认识自己。个体在社会生活中承担各类角色、参与互动并对他人的行为给做出反应,由此形成自我。在米德看来,个体在经历把社会价值加以内化的社会化过程中,也表现出了对社会的作用与影响。

帕森斯的角色理论 帕森斯是社会结构功能主义的代表人物,他的研究关注社会的整合与秩序,因此有关角色的论述集中于有关群体的维持,及作为社会性角色承担者的个人在维持社会均衡中所起的作用,而忽视个体的人格及其他方面的独特性。帕森斯在解释人格系统时提出"在文化价值取向和角色期待被人格系统吸收的过程中,个体需要被文化价值取向和角色期待所塑造,即一种社会化的机制",帕森斯称之为"内化"。此外,帕森斯还对病人角色作了差异性研究,他将病人角色解释为可以免除正常社会责任,并获得社会给予一定特权的人群,分别从病人角色期望差异和感受差异这两个角度出发来分析病人角色的差异性及引起差异的因素。帕森斯的这一研究中区分了病人的个体差异和社会差异。此外,在《社会行动论》一书中,帕森斯提出任何社会都存在一套"角色期待",规定了社会成员间彼此期待要充当的社会角色。在帕森斯看来,由社会角色期待及其支持体系构成的"社会价值观念体系"制约和强化了社会成员行动的能力。

戈夫曼的角色理论 戈夫曼的角色理论将角色与规范相联系。他认为角色是个体在社会生活中,借助其来进行互动和行动的规范。角色扮演在戈夫曼的眼中是个体在履行特定角色需求时表现出的实际行动。戈夫曼在阐述有关角色扮演的认识时提出了一个重要的概念——"角色丛",包括角色中的个体所具有的多种角色他人。这里的角色他人是指个体在角色扮演过程中在特定的社会情境下发生实际互动的观众。戈夫曼提出了角色依附理论,认为个体在角色扮演的过程中会逐渐学会如何在特定的社会情境中恰当的依附于特定的角色。此外,戈夫曼在《日常生活的自我呈现》一书中详细地阐述了他的拟剧理论,并试图用其来解释社会中个体之间的互动。戈夫曼认为个体在社会生活中的互动从某种意义上说类似于表演,在不同的情境下进行符合角色需要的表演。在整个表演的过程中,个体尽量使自身行动与想要呈现给观众的角色形象相匹配。因此在社会互动中,双方看到的是对方在特定情境下表演的角色,而非个体本身。戈夫曼的拟剧理论阐述了他对社会互动中行为分析的认识。他认为生活在社会中的个体处于多种社会角色的转换中,每种角色都对应特定的社会规制,个体在不断调整自己以适应不同角色需求的过程中表现出社会互动的戏剧性。

此外,林顿在20世纪30年代提出的结构角色理论强调角色是地位的动态呈现,并在布劳那里得到了更为系统化的研究,突出社会角色与社会位置的关系;特纳和希布塔尼等人进一步发展了米德的符号互动理论。特纳认为,个人不是被动的接受社会规定的角色,而是主动地去形成角色。希布塔尼则把社会角色区分为惯例角色和待人角色,其中惯例角色作为对互动对象的角色行为以一种外显的模式在发生作用;萨宾和纽卡姆等人站在社会心理学的角度来探讨角色理论;纽卡姆将群体看做一个角色体系,关注群体方面的角色研究;斯特赖克(Sheldon Stryker)的认同理论关注个体在社会结构中所处位置的象征符号及其附带的意义。他认为个体在社会生活中如何充当社会角色,并处理好与他人的关系的预期是与其在社会中的位置密切相关的。斯特赖克强调认同作为自我的一部分,若其一再认同的显要序列中属于最高的位置,个体会倾向于将这个认同在角色丛中表现出来,而对那些处于显要序列次要地位的认同缺乏关注。特纳的角色理论关注对个体社会行为本质的探索。他认为个体行动者是主动地去建构和形成角色而非被动的接受社会规定的角色,并在与他人的互动中努力让对方知晓自己所扮演的是角色。特纳将角色领会与角色建构等同起来,人们为了融入社会生活建构自己的角色,并试图了解他人所扮演的角色。而角色领会和角色扮演过程也就是个体间互动的过程。

从角色理论的产生与发展的整个过程来看,主要可以分为两块研究取向,其一是结构角色论,将社会看做由各类相互联系的地位组成的网络,个体在这个网络中扮演各自的角色。其二是过程角色论,从社会互动出发,关注在社会互动过程中个体间角色扮演过程中的一系列问题,包括角色期望、角色冲突等等。这些问题对我们理解角色在社会生活中对人们行为和态度上产生的影响具有积极的意义。

三、角色的结构

角色结构的行为层面

角色行为指的是基于一种地位和身份,按照一定期望,选择一定行为模式去履行角色的外显行为。从理论上讲,角色和角色行为应该一致,就是说角色的社会期望给予角色确定一种不可缺少的可预期性标准,履行角色就是变这种标准为行动。但是,角色和角色行为又有区别。角色是指一种地位和身份的期望,是一种社会规定性,一种标准;角色行为则是指这一地位和身份的自我实际行为。这是因为:第一,角色期望或角色规定本身的特殊性,可能使角色承担者难以完全准确地把握和认同;第二,角色承担者对角色期望和角色规定的自我传递方式和能力不那么完美,存在着这样那样的欠缺;第三,角色承担者对角色期望或角色规定所作的判断与选择可能存在着偏差。以上因素,使角色承担者的角色扮演技巧和能力产生某些不足。此外,角色扮演的环境和情景因素,也是一个不可忽视的方面。

角色和角色行为存在的上述差异,事实上也就是理想角色与所谓"领悟角色",以及领悟角色与实践角色之间的差异。如:作为一个医生,他实际执行的与病人期望他应该执行的并不同一。这里反映不出医生与病人的是或非,也不能从价值上对他们作出区分,只能表明理想角色行为与被期望的角色行为是经常会产生差距的。

角色行为的直接体现:角色扮演

角色概念是在个人层次上——相互作用层次上的概念。所谓相互作用是指这样的情况:自我对他人说了什么话或做了什么事,结果他人也说了什么话或做了什么事。就是说,可以把相互作用看做是一系列行为在时间上的先后秩序,把他人的行为看做是对自我行为的简单或直接的反应。角色分析中使用的"角色扮演"这个术语,就是被当作一个表示相互作用的术语而形成的。例如,一个人最先发起的行为以及其他人对这一行为的反应这两个时间上的先后排列,就是所谓的相互作用,就可以用"角色扮演"这个术语来表达。按照 G. H. 米德的说法,所谓角色扮演,就是"扮演他人的角色",即个体(自我)在与他人合作或互动中把自己置身于他人的角色位置上,对他人行为作出反应,并控制这种反应,目的不是为了顺从他人,而是为了调节自己的行为。一般而言,角色扮演的成功程度取决于个体对所处地位和社会期望的内在解释、传递与选择,取决于行为受社会期望调节的程度和角色扮演技巧与能力,取决于角色扮演的社会环境和情景状况等等。

互动主义角色论者拉尔夫·特纳对角色扮演作了区别:

首先他区别了采取他人角色的观点的角色扮演与他人角色的观点的角色扮演。其次,区别了反身的角色扮演(我们使自己处于他人的角色地位上,目的是了解别人是如何看待我们的)与非反身的角色扮演(我们并不关心别人对我们的自我和我们的角色的这种估价)。[1]

总之,要研究社会关系和社会相互作用就得研究角色扮演。角色扮演是一种基本的思想,它构成人们相互联系和相互作用的基本形态和特征,也是人们社会化过程的基础。

角色丛——角色体现的社会关系

关于角色丛,社会学界有两种观点。

第一种观点认为,社会地位和社会角色是构成社会结构的主要部分。这里的地位,是指社会体系中的一个指明权利与义务的位置;而角色,就是适应其他人期望的行为。每个人在社会中必然处于多种地位,每一地位都有一个与之相关的角色,因而一个人必然基于多种地位而相应地扮演多种角色,这多种角色之和即为角色丛。例如,一位校长,他是教授,又是某政党成员、某学术机构负责人等等,这是他的地位和身份。从此出发,他可能扮演的角色就有人大代表、某政党机构负责人、某学术团体顾问,以及家庭中的祖父、丈夫、伯伯等等,所有这些角色构成了他的角色丛。换言之,以上观点坚持一种地位只有一种相应的角色,由多种地位所产生的多种角色之和就是角色丛。

第二种观点认为,每个人有多种地位,每一地位并不只包含单一的角色,而是系列的角色。角色丛与由多种地位所产生的相应的多种角色不是同一个概念。多种角色指的不是与某一单独地位有关的各种角色的复合体,而是与人们所处的种种地位有关的各种角色的复合体。由一人具有的各种地位所形成的角色整体不是角色丛,而是地位丛。角色丛是每个地位所扮演的特有的各种角色的复合体。在上举例子中,某校长不仅有一个角色丛,由于他有多种地位,每一种地位都要列出多种角色,并单独构成角色丛,所以他有多

---

[1] 邓肯·米歇尔主编:《新社会学词典》,蔡振扬译,上海译文出版社1987年版,第269—270页。

个角色丛。因此,这种观点坚持一种地位有多种角色,由一种地位所产生的多种角色之和构成为角色丛。

上述两种观点的基本区别,就是第一种观点假定,某种地位仅与某种角色相对应,一种地位仅表现为一种角色,因而角色丛就是由某个中心地位所扮演的各种角色的复合体,也因而一个人只有一个角色丛;第二种观点假定,某种地位与多种角色相对应,一种地位表现为多种角色,因而角色丛就是每个地位所扮演的各种角色的复合体,又因而一个人有多个角色丛。

我们赞成罗伯特·默顿的意见。他认为,角色丛的意思是指一个人在某一特定地位中间所扮演的各种角色的整体。不能把地位丛等同于角色丛。某人的中心地位是医生,这就表明了医生身份的角色关系,包括他与病人的关系,与医院其他医生、护士、管理者的关系,与医生协会同行的关系等等,医生在上述关系中所扮演的多种角色,就是他的一个角色丛。医生在家中的地位是丈夫,这种丈夫身份的角色关系又是好几种,需要他扮演多种角色,这又构成其另一个角色丛。凡此种种,一个人有多少种地位,就有多少个角色丛。角色丛的概念,至少反映了这样一个事实:占据不同中心地位的人,由于异于这中心地位的其他地位的同一性,会同其他地位的人发生沟通、联系,发生结构性关系,形成大体相同的价值、信念、情感、利益和要求。譬如:意大利某任总理是一个大足球迷,这使他在足球爱好者地位上与其他众多足球爱好者处于同一层次,产生共同的语言,因此尽管他与其他足球爱好者的中心地位有如此大的区别,但他们在喜爱足球方面的基本情绪却是相同的。此情况在研究社会分层问题时,值得引起注意。

角色分类

国外社会学界常根据不同角色理论对角色进行分类,这固然有其可取之处。在此我们将从另一种角度来思考这个问题。我们已经说过,一定的社会期望和社会角色都反映了一定的社会结构和社会联系。从这个意义上讲,角色是社会关系的载体和外化形式。所以,我们主张从角色所反映的社会联系、社会关系的性质和程度上来区分角色的最基本类型。

1. 先赋角色与自致角色

这是依据人们在社会联系中承担角色的成因所作的划分。先赋角色是指由人们的先天性因素,如血缘、门第、性别、年龄等等所决定的角色。父子、男女、长幼等等就是生成的不可改变的先赋角色。在某些特定社会,依据不平等原则,产生了先赋角色,一旦这些不平等原则被废除,也就不成其为先赋角色,如历史上的帝王、爵位等等。自致角色是指人们在社会活动中以自己的努力和成就而取得的角色,如古今中外的科学家、发明家、革命者等等。自致角色范围扩大和数量增多,是社会发展和进步的标志,而一个机会均等、文明开放的社会环境则是孕育、催发和形成自致角色的客观条件。

2. 永久角色与伴随角色

这是依据角色伴随个体在社会联系中的时间长短所作的划分。永久角色是指始终伴随个体生存的那些对称性角色,如祖孙角色。

有些对称性角色,如岳婿、婆媳、夫妻等等,可能是永久角色,也可能因为婚姻关系变动成为暂时角色。伴随角色是指那些起因于人们的某种社会活动,结成一定社会联系而形成的对称性角色,如上司与下属、同学、同事、朋友、合伙者等等。这类角色的维系和发展,一般取决于共同需要的满足程度,共同兴趣的凝合度和相互作用的频繁度。

3. 正式角色与非正式角色

这是依据社会期望、行为规范对角色行为的约束强度所作的划分。正式角色的责任、权利和义务,以及与周围他人的关系等等,都由社会组织及其机构作出明确规定,角色承担者应该说什么做什么,不应该说什么做什么,都有一定标准,所以又称作限定角色。非正式角色的情况较复杂,其中,一是那些社会期望、行为规范未作明确规定的角色。这些角色承担者主要依据自我对道德、价值、习俗、礼仪等等的理解和自己的经验、能力而实践相应的角色行为,因而角色行为有着一定自愿性和选择性,常常反映出一个人的个性特征,所以又称开放角色。二是主要行为偏离了社会地位、社会期望和行为规范要求的角色,又称偏离角色。一般说,要对那些否定或背离自己社会地位所确定的责任、权利和义务的角色行为作出评价,需持慎重态度,不可一概而论。因为角色和角色行为是一个历史范畴,社会生活中有正负两种偏离角色,而衡量角色偏离是正是负,重要一点是分析这种角色和角色行为是顺应还是偏离了社会结构、社会关系和社会制度变动的可能动向。

角色冲突——角色的内外关系

角色冲突是指一个角色丛中角色内部以及角色之间的矛盾冲突。角色冲突可以在几个层次上通过自我得到体验。

第一,角色内冲突。它是指角色承担者按照一定期望和规范要求去实践角色过程中,由这一角色身份的各种期望和规范要求而产生的行为矛盾和冲突。通常自我对他的角色的认识以及他对自己实践角色行为的认识应该一致,这也是实现角色的基础和前提。如果他对自己角色的认识和对自己实践角色行为的认识之间存在着差距,就可能对他的自我形象产生不利影响。例如,当自我看出他应该如何做一个丈夫并以丈夫身份而行动,和他事实上是如何行动这两者之间存在着很大距离时,他的心情和行为就可能发生变异,从而引起角色内冲突。

第二,角色间冲突。它是指角色承担者在众多的角色之间因各个角色在行为规范上的要求不尽相同甚至相对而产生的行为矛盾和冲突。角色间冲突发生在一个人在执行他的一个角色的某些规定性与贯彻他的另一个角色的某些规定性之间存在着互不相容之处的时候。一般有两种情况。其一是由角色紧张而引起,即两个角色同时对自我提出实践角色行为要求,使他处于矛盾境地。例如,一个事业心强的工作人员,把白天未做完的工作带回家中做,而作为丈夫,他又应分担妻子的家务事,于是形成了角色间冲突。其二是两个角色期望和规范对一个人提出了相反的要求,使他处于尴尬地位,不知如何是好,需要进行权衡和作出选择。

第三,本人的角色与其他行为者的角色之间的矛盾和冲突,这是角色间冲突的另一种形式。这种冲突发生在自我对他的角色的认知方式与具有相反身份的人对他的角色的解释方式之间存在着差别的时候,或者说出现在不同角色地位占有者对特定角色的不同认知的时候。例如,一人官位升迁,他对这个新角色要求的认识,与其家人、亲朋好友等对这个角色要求的理解不相一致时,就会感到为难。一般说,这种角色间一致性缺乏程度越高,角色地位占有者之间的冲突的可能性就越大。

第四,在新旧两种角色转换时期的心理冲突及行为矛盾,这可称为角色的历史冲突。一般情况下,自我在履行新角色,实现角色转换时,存在着一个心理和行为的适应空隙,在行为者的心理和行为适应新角色要求之前,新旧两种角色心理和行为之间必然存在着不一致的情况。例如,女儿成为媳妇之时,老干部刚退下之时等等,这种由角色转换而引发的角色冲突常常是在所难免的。

关于角色内外关系,除上述之外,社会学还在不同情况下使用多种术语予以述评,例如角色差距、角色紧张、角色障碍、角色混同、角色转换、角色评价、角色调适等等。在处理微观的人际关系和角色关系时,这都是一些十分有用的分析概念。

四、角色与互动——角色关系的制度化过程

为了更好地阐述本节所要讨论的问题,我们首先需要说明以下几点:

第一，前面已经说过，角色是期望的行为，就是说与角色最近的概念是期望，那么期望是怎么来的？我们说，期望是经过人们的相互行为即互动而形成和发展的，从这个意义上讲，没有互动就没有期望，因而也就无所谓角色；从本来意义上讲，角色扮演过程就是互动过程。

第二，人们的相互行为一般都是有规则地按照一定程式进行的，这表明其中有着某种客观定律，这就是社会文化的基本功能所在。人们是通过一定的行为模式发生相互行为，进行社会活动和互动的，在这个意义上讲，互动是一种行为模式，角色也是一种行为模式。

第三，人们之所以选择这种行为模式而不是那种行为模式进行互动，受制于主体和客体双重因素，即主体方面的需要和动机，客体方面的社会结构体系，而主体的需要与动机从根本上讲又是受制于社会结构体系的。所以说，互动、行为模式、期望和角色都生成于社会结构体系，并且是它的构成部分。

第四，这里对社会结构体系、需要和动机、行为模式、互动、期望、角色所作的排列，意在说明它们之间的决定与被决定或制约与被制约这一面。我们这样分析问题时，并没有忽视把这组排列倒过来进行思考，并没有把被决定、被制约方面仅仅看做被动因素，而是预期到了它们在一定条件下的能动作用。

互动的含义与实质

社会互动(social interaction)，简称互动，是指人与人之间的社会交往活动，或人们对他人的行动和反应过程，包括人的心理交感和行为交往过程。

美国社会心理学家 G. H. 米德在总结前人成果的基础上发现，人类心智的发展、"自我"意识的形成和社会组织与制度的建立，是社会互动的主要过程，也是社会互动产生的主要条件。社会互动的起点，是在人类心智发展基础上形成的"自我互动"。"自我互动"即"主我"与"客我"的互动。作为一个社会过程，"自我互动"反映的是从主我到客我的反思过程。有无这种反思是区分人类行为与动物行为的主要标志。从根本上讲，没有群体互动就不会有自我互动。对行动者个人来说，群体互动既是互动的前提也是互动必不可少的环境和情境。互动的实质在于，无论是自我互动还是社会互动，都是主体与客体之间的往返活动。当代社会学对社会互动的研究，大致经历了两个阶段：首先是把互动作为一个过程来研究，这是包括从自我互动到人际互动再到社会互动这样三个阶段；现在则更趋向于把互动作为一种结构来研究，从宏观意义上讲，有阶级之间、国家之间、民族之间、区域之间的互动；从微观意义上讲,便是我们现在正在讨论的角色之间的互动①。

互动的基本要素

首先是文化要素,即语言、文字、姿态、动作、礼仪等等。其中的语言和文字是互动的第一文化要素,它构成互动方式中最重要的一种互动,即所谓"符号互动"。语言相通和文字相同的人群之间进行有效互动的条件之一便是克服这方面的障碍。姿态、动作、礼仪、表情等等是互动的第二文化要素。人们除通过语言和文字进行互动外,还常常以反映相同意义的某种姿态、动作、礼仪、表情等等来表达各自的意愿,互为沟通和交流。如:婴儿主要是通过看父母的表情、动作等等来修正自己的行为,父母则从婴儿的姿态、表情等中了解其愿望。

其次是人格要素,即心态、价值、信念、意识、道德等等。这些要素经过内化过程反映为个体的人格系统,人们就是带着人格特征进入互动过程的。一般而言,人格特征不能由此推论说人格特征有异的人就不能进行有效的互动,因为互动的效验受个人因素制约的程度,与受社会因素制约的程度相比,何者为高,何者为低,要视许多情况而定。

互动的基本理论

自从互动成为社会学的研究范畴以来,在互动的内涵、类型、方式等方面产生了许多颇具影响力的研究成果。其中社会互动的理论成果以下几种最具代表性:

符号互动论 符号互动论认为个体之间的社会互动是通过附有意义的符号进行的,整个社会正是由互动着的个体构成的,因此要想解释各类社会现象和社会问题,只能从社会互动入手。在20世纪美国实用主义和芝加哥学派一些学者的推动下,赫伯特·布鲁默首先在1937年正式提出"符号互动论"的概念。随后,库利提出"镜中我"的概念,强调在社会交往中形成自我观念;威廉·艾萨克·托马斯提出情境定义及分析的思想都为符号互动论的发展提供了基本的概念和原理。G. H. 米德将符号互动论较为系统和完整了呈现了出来,因此常被看做是符号互动论的创立者。他强调个体通过符号互动获得扮演角色的能力,同时发展出自我,为研究个体和社会之间关系提供一条超越二元对立的途径。第二次世界大战以后,符号互动论迅速发展强大起来,期间的代表人物有赫伯特·布鲁默、戈夫曼、贝克尔等等。布鲁默为符号互动论理论体系的建立做了重要的贡献,力图将符号互动论发展为一套研究

---

① 《中国大百科全书·社会学卷》,中国大百科全书出版社1991年版,第303页。

社会群体生活的基本方法;戈夫曼的拟剧论对符号互动论中的"主我"、"客我"、"情境"等一系列概念进行了深入的研究,并发展出"角色距离"的概念来解释个体与角色的适应程度如何影响该角色对个体发挥的作用。当代的符号互动论者谢尔顿·斯特赖克称"互动(持续的社会过程)、精神、自我与社会的关系即米德的社会心理学主题"(罗森堡·莫里斯、特纳·拉尔夫,1992)①此外,在符号互动论本身理论的发展与壮大的过程中,衍生出了许多从符号互动论角度出发的社会研究理论,如标签理论、角色互动论等等。角色互动论关注角色在解释社会互动中的重要性,将互动视为角色之间的互动,社会的稳定归功于互动双方对社会角色规范的遵循,并在此过程中形成角色的扮演和领悟。可以说,符号互动论在整个社会互动理论中占据了十分重要的位置和意义。

参照群体理论 参照群体也称参考群体是社会心理学的一个重要概念,即指个体在心理上所从属的群体。参照群体理论认为社会互动中的个体以其参照群体的价值观作为自己的行为的规范,在某种意义上解释了非面对面的人际交往如何影响个体行为的问题。20 世纪 40 年代,美国社会心理学家海曼在研究个体和社会关系时首次采用了参照群体的概念,将其解释为个体用以来确定自己地位的比较群体或他人。之后,美国芝加哥学派的 R. E. 帕克推动了参照群体理论进一步的发展。

社会交换理论 社会交换理论兴起于 20 世纪 60 年代,其将社会互动看做是互动双方交换酬赏和惩罚的过程,其中酬赏是指个人在参与社会互动过程中的所得,包括物质财富以及尊重、认同等的精神收获。在此基础上,社会交换理论还发展出了成功、刺激、价值等多个可用以解释社会互动的命题。如价值命题就是指一种行动对个体行动者来说越有价值,那他就越倾向于采取这种行动。社会交换理论将社会互动理解为一种互动双方之间的交换行为。霍曼斯作为社会交换理论的创始人,提出了社会交换理论的基本原理和概念。布劳是社会交换理论的另一位代表人物,他关注对社会交换条件、过程及宏观结构的考察,为社会交换理论由微观向宏观的过渡做了重要的贡献。

互动的类型

社会联系和交往的多样性决定了社会互动的多型性。我们试图从互动所表现的形态,对互动类型作单纯的形式化划分,由此,可以把互动类型分为

---

① 《社会学观点的社会心理学手册》罗森堡·莫里斯、特纳·拉尔夫主编,孙非等译,南开大学出版社 1992 年版,第 8 页。

如下几种：

1. 直接型互动与间接型互动

人们的交互行为因时空因素而有直接与间接之分，由此决定着他们的互动也可作如此划分。前者又称直线式互动，它有两重含义：一是指面对面的直接的互指（双向）活动，即一人的行为引起了与另一人的互动，而另一人的行为又反过来引起与这人的互动；二是指互动主体的单指（单向）活动，即某人的行为引起了与另一人的互动，但这另一人并没有以自己的行为反过来引起与这人的互动。后者也称连锁式互动，指的是互动主体以人、事、物等媒体为中介而进行互动。

2. 横向型互动与纵向型互动

人们的社会地位有对等、高低、尊卑之分，由此决定了他们的互动行为类型也有纵横之别。前者是指以社会成员或群体之间以对等、平等为基础的互指活动。这种互动的主体之间较为开放和自在，一般以约定俗成方式互指，气氛较活泼，而且受空间性限制较少，所以广泛而普遍。后者是指有明显或不明显隶属关系的人们之间的相交活动。从道理上讲，这种互动更要讲究平等和礼仪，因为互动主体所表示的意义有差别，他们相互依赖的程度不均衡。

3. 志愿型互动与非志愿型互动

人们的社会行为有的受自律性支配，有的受他律性支配，因而有志愿型和非志愿型之分，由此决定着人的互动行为也可作如此划分。前者一般是由互动主体经过选择，为某种欲求和需要而进入互动的过程，如果有人不想就某事相交，他人就不能强迫其去干，因此这种互动的基础是互动主体双方需求、欲望、兴趣、志向、性格等等的相投性。后者本来主要是指由血缘关系和地缘关系等所产生的互动，可是在某种特定社会条件和情况下，一些由非血缘和地缘关系而生成的互动也可成为非志愿型互动，日常生活中众多的"不得不如此"活动就属这种类型。

4. 职业型互动与日常事务型互动

人们的社会活动主要分职业类和非职业类两种，由此决定着他们的互动也有职业型与日常事务型之分。因职业关系而发生的互动又可称之为有组织的互动或正式互动。随着社会分工的细化和社会关系的发展，这类互动更加普遍而频繁。日常事务型互动从根本上讲起因于社会生活的多样性和社会关系的广泛性。这类活动有些属于正式互动，但多数为非正式的、无组织的互动。由于人们社会活动范围的扩大，参与公共事务机会的增多，常常会在互动中反映出来，所以日常事务型互动是人们了解社会，体察人生真谛，开阔视野,增长才干的重要一环。

5. 开放型互动与封闭型互动

由于人们的社会地位、使命、追求和人际亲密度等等有所不同,他们赋予事物的意义也有区别,所以,人的互动有开放型与封闭型之分。恋人之间、夫妻之间、小群体之间、决策层之间等等的互动,常常是封闭型的,一般不可被外人所知晓。从宏观上看,一切等级社会的人际互动皆属封闭性的互动。与此相反,那些开放型的互动亦即非等级互动。另外,在日常生活中,有兴趣者和群体都可参与的互动则是开放型的。从历史发展的角度来说,总是先有封闭型互动,后有开放型互动。

6. 有序型互动与无序型互动

社会生活的有序性和无序性,决定着行为主体的社会行为的有序和无序之分。有序型互动是指人们必然要进行的交互活动,例如、会议、教学、生产、买卖活动等等。那些起因于非规律性因素或机缘性因素的互动,从互动主体来说多属无序型互动。从社会活动空间的角度来说,有些看上去是无序的现象其实仍然包含着某种有序性。

互动的方式

人们以何种形式,通过什么途径展开相互行为的程式这就是互动方式。人们进行互动,要受到相互认知程度、现实媒体状况和具体情境的制约,而这些因素对行为主体所产生的制约强度又与其自身的知识、需要、动机和目标相关联。人们就是以这些为参项,选择某种方式与他人进入互动过程的,所以互动也是一种选择活动。主要的互动方式有以下几种:

1. 暗示

是指个体有意地向他人发出某种信号来影响和控制对方反应的行为。暗示一般发生于非对抗情境中,一方以这种或那种方式影响他人,使他人产生某种心理和行为,接受一种意见或按照一定方式产生行为,这种行为又与暗示者主观性意义相合,即产生一种观点相似性意识和行为。语言、姿态、动作、表情、习俗等等都是暗示的信号。一般说,语言暗示的含蓄度越高越能引起对方反应。除语言以外的暗示称身体语言暗示。暗示功效主要取决于两种因素:互动主体双方对彼此知识库的领悟,对不同事物赋以相应的意义;采用恰当的暗示方式,不使对方产生逆反心理,通常间接性暗示易于引起顺从性行为。

2. 模仿

是指按照他人行为方式去行动,即通过全盘或部分接受他人某种行为特征与范式而产生的相同或相类似的行为。模仿的特点是引起模仿行为的社会影响和刺激,不是由社会组织的行政措施所衍生,而是由一种非控制性的社会影响和刺激所引发;这种行为又与他人的行为相似,或者说是接受、再现他人的某种外部特征、行为方式和动作姿态,并且被赋予的意义又与被模仿者相似。最普遍的模仿就是感染,其中由情绪启动行为的叫情绪感染;由某种率先行为扩散为众人行为的叫行为感染。

3. 合作

合作行为主要指个人或群体之间为达到共同目标或各自目标,相互有意无意地作出配合、彼此协助的行为方式和过程。产生合作行为的条件,是人们的兴趣、信念、价值观相近,彼此信任,利害相关,目标相似,互为依赖。合作行为表现了人类的社会本性,因而是一种基本的互动方式。合作行为可以表现为多种类型。有合作者通过行为直接配合来达到一定目的的直接合作,有合作者通过行为结果的相互配合来达到一定目的的间接合作,还有简单合作和系统合作等等。如果从人们发生合作行为的需要与动机来考察,则又有交换型合作、援助型合作、协同型合作等等。

4. 竞争

主要指个人或群体为达到各自的或同样的目标,力求超过对方的行为方式和过程。竞争行为产生于人们主观需求与客观现实之间的差距,产生于人们的自尊需要和自我实现需要。社会资源和社会机会的相对有限性,个人和群体对资源、机会、地位、权力等等追求的相对合理性,使人们自觉不自觉地成为竞争参与者。竞争的特点是人们在竞争中易表现出强烈的动机,坚强的意志,饱满的热情,高度的紧张,艰苦的行为和惊人的创造力,因而人们往往看重竞争而不太看重合作。竞争应该是公平和平等的。唯有公平合理的竞争,才能使竞争机制得到正常发挥,使竞争行为成为社会活力的强大刺激剂。

5. 冲突

主要指个人或群体的动机、利益、情感与行为彼此抵触或对立,以说服、制服、压倒对方为目的的行为方式和过程。冲突的特征是双方公开而直接的互指,一方的行为旨在禁止另一方达到目的。冲突能够促进社会的协调和整合。冲突过程中引发出种种情绪的宣泄、体力的宣泄、感情的宣泄,是一种特殊的社会控制的方式。"过度整合"之所以危险,就在于它拒绝任何冲突。冲突体现群体间彼此的差距,给群体以同一性和凝聚力,促进个人与群体的密切接触。当然,冲突的起因、单位、形态、烈度和持续时间各不相同,由此而产生的社会功能也不可能完全相同,需要作具体的分析。在一般情况下,冲突的结果可用是否有利于调适人际关系、社会制度和社会关系,使社会结构趋于合理化这个标准来衡量。

6. 调适

主要指个人或群体为适应客观环境而全部或部分地改变态度和行为的过程。调适行为的产生,是因为冲突、斗争和竞争本身及其引起的摩擦不可能无穷地持续下去,需要用和解、妥协等手段来摆正位置,调整关系。调适是一种行为过程,人们完成一次调适,一般要经过服从、顺应、同化这几个步骤。调适行为因具体起因不同而有区别,常见的有和解、妥协、容忍、转变、支配和服从等等。

行为模式和规范模式

如前所说,角色是一种制度化互动,是制度化了的社会结构单位,它拥有一定地位的行为者之间相对稳定的规范化互动模式。这种互动模式,显然受规范的调节,并渗透着一种文化。

实践证明,一种想法可以用不同的方式表达,一个行为可以用不同的方式进行,但在社会生活中许多行为的程式却都是按照同一模式或格调进行的,并且不断重复,尽管重复的形式和内容有异。所以显然存在着某种制约机制,即文化模式对随意性或本能性行为的制约。正是文化模式的这种制约作用,人们才形成一定的行为模式。这里所称的行为模式就是多数社会成员公认和遵循的行为方式,即:人们有动机、有目的、有特点的日常活动结构、内容以及规则化的行为系列。

行为模式一词其实还是一个笼统术语。依据行为模式所含的文化意义及其与角色的关系,还需在行为模式之外增加一个规范模式的概念。行为模式与规范模式的区别是前者是有关行为的种种方式,后者是有关规范的种种模式。两者之间基本上是一种协同关系,即实际与规则这两者之间的协同关系。对此,可以这样来理解:处于特定社会地位、有着特定身份的个人,在给定的情况下应该做出什么行为,它属于规范模式的事情,而行为模式则揭示人们实际上在做什么,揭示分散的行为领域中的中心倾向。

规范模式按其类型可分为强制性、自致性、典型性、选择性和约束性五种,其中以强制性为基本特征。规范模式的强制性特征主要存在于完整的或有效地强化其外部约束力的文化环境之中。因此,规范模式的实质是一种价值标准,可以说是一种价值标准的规范程式,其中不包含那些不被认可的或被禁止的模式。行为模式则不以强制性为特征。规范模式是可以做得到的,一定要那样做的,而行为模式则是讲实际上该如何做,因而包括了不被认可的或被禁止的模式。例如,未婚同居这种行为在规范模式中是没有的,而实际行为中却存在,并且正成为一种社会现象。

规范模式与行为模式是随着文化的变化发展而发展的。每种模式都是从表现为自然活动的知识与习惯中抽象出来,从与知识、习惯相关的态度,价值观和思想中抽象出来。文化的变迁,人的态度、价值观和思想的变化以及人们兴趣和倾向性的变化,就会引起行为模式的变化,而这种变化了的模式有时在规范模式中是找不到的,经过一个阶段,在规范模式中才有所反映。

综上所述,规范模式是一种价值标准,等同于角色的社会规定性,与社会期望属同一范畴。说角色是被期望的行为,也就是说角色是规范化、模式化行为,两者讲的都是理想角色。行为模式是一种实践标准,它对应的是实践角色。这种角色一旦进入互动过程便会在一定格式之下定型化和继续下去。人们的相互行为之所以表现出某种反复样式,反映某种模式化结构状态,正说明互动的相对固定化特征,而这种特征来自行为模式的制约和调节。从这个意义上讲,行为模式就是固定的互动,就是角色。而规范模式和行为模式的统一完善过程,就是角色关系的制度化过程。从角色行为—角色关系—制度化的角色关系,可以看出这是整个社会"行—关—制"结构的一个微观显现。

第七章 失范与越轨行为

一、社会规范与失范

社会规范的含义和功能

"规范"一词来源于拉丁文"norma",原意是指木匠手中的"规尺"。后来,哲学家和行为学家用它来研究人的行为,将其作为人类社会中的"规尺",即作为人类行为的标准、准则,因此,一个特定的概念——"社会规范"(social norms)便固定下来。

不同的学科对社会规范的概念界定有不同的表述。在社会学中,社会规则是指社会群体共同遵守、认同的思想和行为的标准,这个标准使得个人间的思想和行为趋向一致和协调,从而有利于增强社会群体的团结。

社会规范对人们行为的约束贯穿于个体社会化的整个过程,从这个意义上来讲,社会化就是要求社会的个体学习社会规范、遵守社会规范、并内化为个体的心智品质。从整个社会的层面上来说,当社会个体都能遵守这些社会规范、不加违犯时,整个社会就实现了和谐、有序的发展;从社会群体层面上来说,群体的成员遵守群体的规范、不加违犯时,成员之间共同的认识和行为更加有利于群体目标的实现,从而进一步增强群体的团结;从个体层面上来说,由于遵守了这些规范,个体可以在群体中、社会中得到其他成员的认可,一定程度上来讲,这也有利于个体实现其目标。因此,社会规范有利于社会、群体、个体三个层面上主体的共同发展和进步。

然而,如果个体违犯了社会规范,就会受到严厉的惩罚,这些惩罚来自其他个体、群体以及社会。违犯社会规范严重的情况下,其他社会成员甚至动用社会中最严厉的惩罚工具——法律。

因此，社会规范对社会成员的思想、行为做出了规定，要求成员依照这些标准在社会中生活、发展。社会规范有利于整个社会的团结、和谐、有序的发展，也有利于增强社会中群体的团结。对于个体来说，有利于规范其行为，从而促使其更加适应地在社会中生活。

社会规范体系

古语有云"国有国法、家有家规"，这里的"法"、"规"指的就是对人类行为进行约束和制约的社会规范。可以看出，社会规范体系应该包含不同群体层面上对其成员行为进行约束的规范。因此，我们有必要来看看社会规范体系内部究竟包含哪些内容。

有研究者认为，社会规范可以细分为调整个人与个人之间关系的规范、个人与群体之间关系的规范、群体与群体之间关系的规范。而如果把社会关系分为经济关系、政治关系和思想关系的话，社会规范可以分为经济规范、政治规范和思想规范。可以看出，这种划分方法依据的是不同层面以及不同领域的社会关系。

另有研究者将社会规范分为两种社会规范。第一种是指公开的、成文的、合法的社会规范；第二种是指现实生活中在部分人中流行着的、隐蔽的、不成文的、不合法的一种心理默契与行为规则，也称为潜规则、隐规则、亚规则或副规则。

而在1994年，凌文辁、方俐洛、郑晓明对社会规范进行的国际比较研究中发现，社会规范包括了伦理道德、价值取向、法律规章、社会习俗四个纬度。其中，伦理道德和机制取向构成内控规范、法律规章和社会习俗构成外控规范。

可以看出，社会规范体系是一个复杂的系统，不同的研究者可以从不同的角度发现不同的内容。

失范的含义和表现形式

"失范"(anomie 或 anomy)一词来自希腊文。在16世纪的神学中指不守法，尤其是亵渎神。300年后，怀特海(A. Whitehead)把它引入到了学术领域和政治领域里，使"失范"得到了广泛的运用和传播，并在涂尔干(Emile Durkheim)那里被再次引入到社会学研究中来。塔尔卡特·帕森斯(Talcott Parsons)称其为"少数几个真正的社会学概念"。

"失范"的含义随时代变迁而发生变化，在不同的时代对其的界定存在不同，即使在同一时代，学者之间在这个问题上仍然存在争议。

朱力在总结前人研究的基础上提出，社会规范的概念界定可以分为宏观、微观两个层面。宏观层面上的失范是指，社会规范、制度体系的稳定性与社会秩序问题,即指社会规范系统瓦解的状态;微观层面上的失范是指,社会团体或社会成员的失范行为,与越轨行为是同义语,指社会团体或个体偏离或违反现行社会规范的行为。前者是指规范本身的失范;后者是指规范对象与执行者的失范。本书采用微观层面上的定义,即指行为的失范。

失范存在于社会生活的各个领域,包括政治领域、经济领域、文化领域、社会领域、教育领域等。政治领域的失范如腐败、政府行政失范等;经济领域的失范如挪用公款、企业诚信失范、职业道德失范等;社会领域的失范如社会成员道德失范等;文化领域的失范如网络道德失范、通俗文化失范等;教育领域的失范如学术失范、教师行为失范、学生行为失范等。总之,失范的表现形式多种多样。而在一个社会中,被界定为失范的行为,到了另一个文化体系的社会中,不一定被认为是失范行为。而随着社会的发展,即使在同一个社会中,先前被认为是失范行为的,也会逐渐被社会成员所接纳、承认。

失范的理论研究

有关失范的理论研究,最早可以追溯到涂尔干的研究。涂尔干在其1893年出版的《社会分工论》中提出了"失范"的概念。在涂尔干看来,失范是对道德的一种否定,"失范是所有道德的对立面"。而在《社会分工论》中,涂尔干只是把失范当作很小的一部分提出,只是用来描述因"有机团结"不完善而出现的一种反常现象。

四年后,涂尔干在其《自杀论》中将自杀分为利己型自杀、利他型自杀和失范型自杀。失范型自杀的产生是由于个人缺乏社会约束的调节。在涂尔干看来,失范型自杀主要是发生在社会的大动荡时期,因这时个人觉得失去改造社会、适应新的社会要求的能力,失去与原有社会的联系,继而产生极大的恐慌和困惑。涂尔干所说的"anomie"也就是"normlessness",集体秩序断裂、个人野心不断滋长超出能力范围,此时道德行为如果与个人私欲不相一致就会导致背离了正常的道德秩序,这就是失范,这是对所有道德的否认。

后人对涂尔干的失范理论进行了重新评价,其中之一就是帕森斯(Talcott Parson)的解读。帕森斯在1938年出版的《社会行动的社会结构》中从两个方面来理解涂尔干的失范理论:第一个方面,在行动的目标和手段之间缺少平衡;第二个方面,缺乏明确的目标本身。默顿有关社会失范的理论建立在涂尔干理论的基础之上。

默顿认为,失范研究的目的就是要将偏差行为的社会与文化根源揭示出来。他通过构建文化价值与制度化手段之间的不同组合来揭示失范行为。文化价值与制度化手段之间的不同组合可以有不同的社会成员的适应模式:

顺从(conformity)、革新(innovation)、仪式主义(ritualism)、逃避主义(retreatism)以及反叛(rebellion)。

表中是默顿划分的各种类型(＋代表"接受",－代表"拒绝",＋－代表"拒绝现存价值,代之以新的价值"):

适应模式	文化价值	制度化手段
顺从(conformity)	＋	＋
革新(innovation)	＋	－
仪式主义(ritualism)	－	＋
逃避主义(retreatism)	－	－
反叛(rebellion)	＋－	＋－

默顿指出,在一个财富和权力、利益受到过度重视的社会中,时刻存在着以不合法的手段来达到这些社会认可的目标这样的危险。默顿指出:"当过于强调了文化目标而与制度性手段相脱节的时候,欺骗、腐败、不道德、罪恶,简而言之,一些社会所禁止的行为,就会成为日益普遍的行为。"

1964年,默顿区分了 anomie 与 anomia,即个体失范与社会失范的不同。他认为,anomie 指的是社会系统的匮乏状态;anomia 则指在特定的社会条件下,特别人所具有的特殊状态。两者之间存在差异,又相互联系。anomie 是 anomia 的扩散过程,也是 anomia 现象的集合,同时,anomie 也是 anomia 产生的前提和条件。

涂尔干与默顿有关失范的研究与其各自所处的社会环境有很大的关系。在涂尔干那里,法国19世纪的转型阶段背景下,工业高速发展的同时,能够规范他的社会力量却增长缓慢,这也是造成失范的原因之一。涂尔干认为,失范是一种现代工业社会中不正常的现象。涂尔干研究中的失范是因为社会无力约束人们无限的欲望和要求,因为个体的欲望是无止境的,规则系统一旦解体,责任的欲望就会无限制的扩张。默顿认为,失范其实是正常现象,不需要牵涉价值判断,文化目标与制度性手段之间的不平衡造成了失范现象,因此在默顿看来,越轨行为是经济不平等和机会不平等产生的一种副产品。

二、越轨

越轨的含义和本质

"越轨",作为"失范"的同义语,更多地出现于美国学者的研究中。

什么样的行为可以被称为越轨,在不同的社会环境中有不同的界定,而随着时间的流逝,人们对越轨的认识也在发生变化。比如,在我国,一个男人结两次婚娶两个妻子会被认为是越轨行为,而在伊斯兰社会中,一个男人有几个妻子并不能称为越轨。以前人们认为婚前发生性关系就属于越轨行为,会被社会中的其他成员所鄙视,而近年来,婚前发生性关系已经成为比较普遍的现象。

社会越轨(social deviance),亦称越轨行为、离轨行为或偏离行为,是指社会成员(包括社会个体、社会群体和社会组织)偏离或违反现存社会规范的行为。美国社会学家道格拉斯将越轨定义为:"某一社会群体的成员判定是违反其准则或价值观念的任何思想、感受或行为。"

《中国大百科全书·社会学卷》中所作的定义是,越轨指违反重要的社会规范的行为,又称为离轨行为或偏离行为。越轨行为的特点被概括为:① 具有相对性,即它是在特定的时间、地点和条件下才称为越轨行为。某一社会成员或群体中的越轨行为,在另一群体中可能是正常或正当的行为;② 必是违反重要的规范;③ 是多数人都不赞同的行为;④ 不完全等同于社会问题;⑤ 越轨的程度以及受到的惩罚的程度取决于该行为触犯规范的严重性。

霍华德·贝克尔(Howard Becker)建议不要将越轨定义为与特定行为相关联的品德,而是有某种行为的人与把该行为称为越轨的人之间的社会互动的结果。贝克尔对越轨的定义是"越轨并非由行为本身决定的一种性质,而是由行为的从事者和行为的反应者双方相互作用产生的一种性质"。本书对越轨的定义采用贝克尔的这个观点。

越轨行为普遍存在于大多数社会,不管它是哪种社会,不存在没有越轨行为的社会。虽然在不同的社会、不同的文化规范下,越轨行为的形式有所差别,被认定为越轨的行为也不是到处都一致,然而,无论在什么社会、什么时代,总会有一部分人的行为被界定为越轨行为。

越轨的社会功能

一般而言,我们提到越轨时,都是从它的负面效果入手的,继而谈到的就是对越轨的控制。然而,我们必须认识到,越轨之所以可以在一个社会中长久的存在下去,特别是与社会的进步相伴随,一定有它内在的发展规律。从相对主义的角度来看,越轨也存在其正面的功能。而本书中将要论述的越轨的社会功能即指其正面的功能。在波普诺看来,越轨的社会功能有下面一些:

(1) 社会中的越轨行为有助于社会成员更清晰、更直观地感受社会规范。社会成员对有些社会规范模糊不清,而当这些社会规范被破坏、越轨行为发生时,社会成员对越轨的反应才澄清了规范。

(2) 越轨行为的发生有助于增强群体的团结。当越轨行为发生时,群体成员对越轨有共同的判断和评价,因此,群体成员共同的行动去组织越轨行为或是对越轨行为进行处罚,从而增进了群体成员之间的团结。另外,群体内部也可能会为了某一个越轨的成员而团结起来,可能是为了保护这名成员或是帮助这名成员遵守社会规范,总之,为了实现群体的完整,达到群体的目标,这两种方式都可以实现群体的团结。

(3) 越轨行为可能带来社会变迁和社会进步。这一点是由于越轨的丰富内涵来实现的。从前述我们对越轨的定义中,可以发现,越轨即是指对社会规范的违反。而在一种社会发展到尽头时,对其规范的违反就代表了一种进步力量。比如,在中世纪,布鲁诺有关日心说的观点违反了教会的规范,却在后来被证实是一种正确的观点;马丁·路德·金为美国黑人争取合法权利的斗争,后来取得的成功使得人们认识到,对黑人采取的隔离态度是不正确的。这种促进社会进步,而违反社会规范,或者被称为越轨行为的实例,在人类社会发展的进程中数不胜数。

(4) 社会对越轨行为的惩罚使得其成员达成这样一种共识:越轨会导致惩罚,从而促成了人们对社会规范遵从的意愿的增强。因此,越轨促使人们更愿意遵从,只发生在越轨失败或是越轨者遭到惩罚时。一旦越轨者遭到惩罚,那些没有违反社会规范的人即是获得了某种"报酬",因此,人们更愿意遵守社会规范而不去违反它。

越轨的理论视角

对越轨有了一个初步的认识之后,我们接着来分析越轨出现的原因,为什么在社会中有些人会出现不遵守社会规范,甚至违反社会规范的行为?而已有的很多理论研究帮助我们解答了这样的问题。不同的学科从不同的视角对越轨发生的原因进行了解释,比如,生物学的研究者认为,越轨者的生物特性决定了其采取越轨行为,甚至发生犯罪行为。这方面的解释有体质说、遗传说、染色体说,等等;心理学家从越轨者的心理层面对越轨行为的发生提出了解释。有人认为,外向性格的人更容易发生越轨行为;有人认为,暴力和越轨行为都是社会习得的;有人认为,采取攻击行为常常是由挫折引起的。(波普诺)社会学的解释着重分析越轨行为发生的社会因素。本书中,我们将从以下几个理论观点进行阐述。

功能主义

功能主义的代表人物是涂尔干和默顿。前面我们在论述失范理论的部分对他们的观点已有所论述,这里再加以总结和概括。

如同对待其他研究对象一样,涂尔干将越轨和犯罪也当作一种社会事实,而这种社会事实需要寻求另一种社会事实来进行解释。涂尔干提出,在现代社会,由于传统的规范和标准遭到了破坏,而新的传统和规范还没有被建立起来,因此,人们在没有明确的规范指导时,失范行为就会发生。

在涂尔干看来,一个社会中存在越轨是必需的,是由于越轨在社会中发挥着重要的功能:第一,越轨具有一种适应性的功能。越轨可以作为一种创新行为,将新的观念引入社会中,为社会带来了新的变化,以及新的增长力量,从而促进社会的发展。第二,越轨使得社会中"好"行为与"坏"行为之间界限明晰。一个越轨行为的发生,引起社会群体对其共同的看法和评价,从而增强了该群体的团结。这些内容在前面"越轨的社会功能"这一部分已有所论述。

美国社会学家罗伯特·默顿继承了涂尔干的失范概念并构建了一个很有影响力的失范行为理论,并将越轨行为的根源定位在美国社会结构本身。

默顿认为,在美国社会中,人们所普遍接受的价值观强调物质上的成功,而达到这个成功目标的手段就是自律和努力工作。因此,无论你的起点有多么低,只要努力工作就可以获得成功。然而,这种观念是没有根据的,事实上,大多数地位低下的人,并没有通过努力工作获得成功,甚至根本没有获得任何机会。当这些人受到指责时,他们就会采取不被社会认可的手段来获得成功,而这些手段往往是社会成员所认为的越轨行为。因此,在默顿那里,越轨行为是由目标和手段之间的紧张关系引起的。默顿通过分析文化价值目标与制度手段之间的不同适应组合提出了四种越轨行为:革新、仪式主义、退却主义和反叛主义,前文已有所论述。

后来的研究者在继承涂尔干和默顿研究成果的基础上,提出越轨行为发生于亚文化群体中。奥尔伯特·科恩(Albert Cohen)认为,越轨反应是在亚文化群体中集体发生的。在其著作《失足男孩》(1955)一书中,他提出,处于较低阶层的工人阶级中对自己的生活地位灰心丧气的男孩,会选择加入一些失足亚文化群体中,比如帮派等,这些亚文化排斥中产阶级的价值观,取而代之的是,鼓励诸如不良行为、违法行为、不遵从行为等的价值观。理查德·A. 克劳沃德(Richard A. Cloward)和洛依德·E. 欧林(Lloyd E. Ohlin)(1960)的研究发现,"危险"最大的男孩是那些已经接受了中产阶级的价值观,并被鼓励要靠自己的努力实现一个中产阶级目标的男孩。这些男孩不能实现他们的目标时,就会产生越轨行为。克劳沃德和欧林在对男孩帮派的研究中发现,失足帮派主要是那些通过合法手段取得成功机会很小的亚文化群体,这个研究结果证实了默顿的有关观点。

综上,我们可以看出,功能主义者的观点有一个假设前提,那就是,处于社会贫困阶层的人和处于社会较高阶层,或者说贫困者阶层和富裕者阶层对成功的定义是一样的,而贫困者阶层缺乏达到这个成功目标的手段,或者说连机会都没有,因此,会采取越轨行为来达到成功,进一步来说,越轨行为仅仅发生在处于底层的人中间。然而,我们在社会中的经验告诉我们,不同的人群当中都会发生于越轨行为,比如,政治人物的贪污、腐败,等等,对这些特权阶层的越轨行为,功能主义的观点无法进行解释。因此,在这一点上,功能主义者遭到了批评。

互动主义

在互动主义者看来,社会活动是社会中个人之间、群体之间既协作又对抗的复杂相互作用的结果。以这种观点来研究越轨和犯罪的社会学家认为,越轨是一种由社会建构出来的现象。用互动理论来研究越轨行为最重要的就是标签理论。

标签理论者把越轨行为理解为越轨行为者与非越轨行为者之间的一种互动过程,而不是个人或群体所具有的一套特征。代表规范与秩序这种力量的人,能够把传统道德规范的定义施加到其他人身上,从而把越轨的标签贴到这些人身上。例如,很多小孩子会走进别人家的果园,会偷水果,会逃课,会考试作弊。在有些人看来,这些只是小孩子的调皮,而在另一些人看来,这些行为就可能被看做青少年犯罪的迹象。一旦某个儿童被贴上犯罪的标签之后,他就被打伤了犯罪者的烙印。

在霍华德·贝克尔(Howard Becker)看来,"越轨行为就是被人们贴上越轨行为标签的行为"。他严厉批评犯罪学所定义的"越轨"和"正常"之间存在清晰界限的看法,他认为,越轨行为不是成为越轨者的决定因素,还有与行为本身不相关的因素,使得一个人被社会上的人认定为是越轨者。

标签不仅影响到社会中其他个体对"越轨者"的看法,也影响到"越轨者"本人的自我意识。

埃德文·雷梅特(Edwin Lemert,1951、1961)区分了两种越轨:初级越轨(primary deviance),即偶尔卷入违反社会规范的行为,并未对个人的心理形象和社会角色扮演发生持续的影响;二级越轨(secondary deviance),即卷入违反社会规范的行为,并被其他人标签为越轨而且越轨者本人也这么接受了。以一个例子来说明这两种越轨。某青年与朋友一起玩耍时,打碎了一家商店的玻璃。如果这一举动被认为是青年人过度鲁莽的行为,而当作年轻人常见的可以原谅的错误的话,他可能只是受到警察的一番训斥,交些罚款,便没事了。这个年轻人被认为是品行良好的人,只是这一次显得粗暴一些,那么打碎商店玻璃这个事件就停留在初级越轨水平上。但是,如果警察选择认为这个青年的行为属于严重违反社会治安秩序的行为,并选择由法庭来作出制裁时,这个事件就可能成为二级越轨。

对标签理论的批评者认为,标签理论并没有注意到导致越轨行为发生的最初原因。比如,来自贫困家庭的孩子确实更可能比来自富裕家庭的孩子在商店里偷东西,然而并不是贴上标签使得他们开始偷东西,而是其他的原因,比如,家庭的贫困。另外,贴上标签是否促使人们更进一步地采取越轨行为,甚至犯罪,即贴上标签在其中发挥多大的作用还不能被清晰的界定,或者是其他因素使得被贴上标签的人更容易走向犯罪。然而,标签理论确实为我们提出了一个研究越轨行为的全新的视角。

冲突理论

在功能主义者看来,所有社会成员共享一套希望达到确定的成功目标的价值观。然而,冲突理论者否认所有社会成员共享相同的目标和价值。他们认为,社会上有权有势的人与那些没有权力和地位的人的价值观大不相同。因为社会规范是在那些有权有势的人参与下制定的,因此,无权无势的人越轨频率更高。

文化冲突理论(cultural conflict theory)和马克思主义冲突理论(Marxism conflict theory)是两种基本的冲突理论学派。

文化冲突理论强调这样一个事实,复杂的社会包含了很多的亚文化,每一亚文化都有其自己独特的目标和价值。被一个群体视为越轨的行为可能在另一群体来说就是可以接受的行为。然而,较为强大的亚文化能有效地将许多弱小的亚文化的价值界定为越轨。文化冲突理论家经常会问的一个问题是,为什么是某些群体而不是其他群体的规范被定为法律?为什么这些法律针对某些群体的成员而不是别的群体的成员执行得更严厉?他们对此的解释可能是,拥有大得多的社会权力的群体可以将其群体的规范定为法律,而对其他的群体成员执行得更加严厉。比如,相对来说,大麻的危害并不如威士忌酒得更大,然而吸食大麻被认定为越轨,而饮用威士忌却是可以接受的,文化冲突论者指出,这是由于饮威士忌的人比吸食大麻的人拥有更大的社会权力。

马克思主义冲突论者强调,社会阶级的不同权力才是解释越轨的真正原因,而不是种种不同的亚文化。这种理论认为,能够解释大多数越轨的,不是一般的文化差异,而是阶级冲突。泰勒(Taylor)、沃尔顿(Walton)和扬(Young)在1973年发表的《新犯罪学》中吸取了马克思主义的观点。他们认为,个体积极地选择投身到越轨行为中去,是为了反抗资本主义制度的不平等。马克思主义的冲突理论家认为,法律体系只是有助于教育、大众传媒和宗教将公众的注意力集中于下层阶级越轨,特别是像街头抢劫和小偷小摸之类的犯罪。因此,我们的注意力从特权阶级的越轨身上转移开来,而忽略了最基本的越轨原因:美国社会的巨大不平等。

控制理论

控制理论认为,越轨的发生是越轨行为的冲动与组织它的社会控制或身体控制之间不平衡的结果。

一类控制理论是以心理学为基础的。这种理论认为,那些有越轨行为的人是由于他们比其他人更缺乏控制自己内在冲动的能力。沃尔特·雷克利斯(Walter Reckless,1967)提出的"自制理论"认为,那些有越轨行为的人是缺乏正确的自我观念,不能抵制得住越轨诱惑的普通人。霍华德·贝克尔(Howard Becker,1963)提出,"正常人"通过思考他们发生越轨行为后的结果来控制他们的越轨冲动,而越轨者在抑制这些冲动时存在困难,因为他们缺乏正确的自我评价,或者缺乏较强的认同意识。

另一类控制理论强调的是个人之间社会联系的控制作用。特拉维希·伊尔希(Travis Hirschi,1969)指出,在我们大多数人中起约束作用的四大关键社会纽带却在越轨者那里典型地呈现软弱状态。这些纽带包括,"附属"于其他遵从者,特别是父母和同辈;"奋斗目标",个体投入时间和精力为实现传统目标而工作,而越轨行为会危及这些目标的实现;"参与"常规活动,从而减少可能越轨的时间;"信仰",接受常规的道德规范。而那些越轨者之所以自己的控制能力较弱,是由于在家里和在学校里社会化不充分。

文化传递理论

正如心理学的学习理论所指出的一样,文化传递理论认为,人们的越轨行为也是通过学习来获得的。那些习得了赞成越轨行为的观念的人,与其他人相比,更有可能采取越轨行为。

克利福特·肖(Clifford Shaw)和亨利·麦凯(Henry McKay)的一个研究支持了越轨的学习理论。他们的研究在芝加哥附近的一个高犯罪率地区进行。肖和麦凯的研究发现,虽然这一地区的民族构成发生了几次大的变化,但高犯罪率在这里却持续了20多年。研究结论显示,新来者向已经居住在此的人学习越轨行为。

我们知道,在现实生活中,没有一个人只是单一地受到越轨的影响。比如,犯罪团伙中的新成员在接受老成员教唆他们如何去行窃时,也有其他人教导他们说,行窃在道德和法律上都是不被允许的。那么,为什么有些人最终发生了越轨行为,而其他人却抵制住了诱惑,没有发生越轨呢?

埃德文·萨瑟兰(Edwin Sutherland)尝试提出了一个差异性联合理论(theory of differential association)。这个理论提出,每个人都受到了越轨和遵从行为的双重影响。这两方面的影响在人的思想中互相斗争,哪个思想占据了上风,哪个方面就会引导人们的行为。如果走向越轨的社会化强度超过了走向遵从的社会化强度,一个人就会采取越轨行为,成为越轨者。

越轨的基本类型

分类的标准

我们对越轨进行分类时,可以依据越轨行为的不同,也可以依据越轨主体的不同,不同的分类标准依据的是研究者的观察角度不同。

第一,可以依据越轨行为违反的规范不同进行划分。例如,著名社会学家科塞认为,非正式越轨行为违反的规范是社会习俗;不道德的越轨行为违反的规范是社会道德;非法的越轨行为违反的规范是社会法律。

第二,因生理、心理或精神疾病引起的越轨。如,"异常行为"、"自毁行为"、"生物越轨者"等。

第三,因人的行为方式的不同而做出的划分,如默顿划分的"遵从行为"、"不遵从行为"等。

划分标准难于穷尽,由于研究者的观察角度和理论范式的不同,对越轨的划分也必然存在着差异。

不同的分类

《中国大百科全书·社会学卷》将越轨行为划分为如下类型:

第一,不适当行为。违反的是特定场合的特定规范,对社会并无危害。这种行为会引来众人不满,却不会受到正式的惩罚。

第二,异常行为。多指因精神疾病、心理变态导致的违犯社会规范的行为。

第三,自毁行为。即违反社会规范的自我毁灭、自我伤害的行为,比如酗酒、吸毒、自杀等。

第四,不道德行为。指违反人们共同生活及其行为准则的行为,这种行为经常会受到舆论的职责。

第五，反社会行为。指对社会和他人造成损害以致造成严重破坏的行为。

第六，犯罪行为。指违反刑事法规而应受到刑事处罚的行为。

反社会行为和犯罪行为同属最严重的越轨行为，但并不是所有的反社会行为都构成犯罪行为，那些触犯刑法的反社会行为才是犯罪行为。

如前所提到的，默顿根据文化机制和制度化手段之间的紧张关系的不同组合分析出五种适应情况，而提到的四种越轨行为有：

革新，接受社会所认可的价值观，但拒绝社会认可的手段，他们可以采取各种各样的手段来遵循这些价值观，不管是合法的手段还是不合法的手段。通过非法手段获得财富的犯罪者即是例子。

仪式主义，这些人接受社会认可的手段但拒绝社会上所设立的目标。比如，一些人上大学仅仅是为了获得文凭，而可以肯定地认为获得学位并非为了找到工作。

退却主义，即拒绝手段也拒绝目标，比如隐士，他们抛开尘世生活，退隐到山林。

反叛，拒绝社会上认可的目标和手段，而代之以新的目标和手段。例如，一些大学生可能会选择退学并组织起环境保护组织。

选择哪些具体的越轨行为进行介绍是很困难的，看起来，似乎每一种都值得我们关注和研究。接下来，我们选择几种越轨行为进行叙述。

暴力行为

暴力行为是一种最广泛地存在于人类社会的越轨行为。对于暴力行为带来的不管是身体上还是精神上的伤害来说，都不能让我们对其漠然置之。

暴力行为描述的是这样一种行为，它涉及公开地或秘密地、攻击性地或防卫性地对他人使用武力。在道格拉斯看来，暴力可以分为四类：公开暴力，即可见的，如战斗；秘密暴力，即隐藏的，或没有直接导演出的，如威胁行为；攻击性暴力，实施暴力的目的不是自卫，而是进取，如杀人抢劫；自卫性暴力，实施暴力的目的是为了自卫。攻击性暴力与自卫性暴力可以是公开的，也可以是秘密的。可见，这种分类是从不同维度上进行的，而两种分类可以互相交叉。

另有研究者认为，对暴力的分类，仍然存在着不同的分类标准：按照暴力的目的，可以分为表意型和工具型；按照施暴者的组织构成可以分为个人暴力和集体暴力；按照暴力发生的空间可以分为家庭暴力和街头暴力；按照暴力的指向性，可以分为外向型攻击（袭击他人）和内向型攻击（如自杀行为）。

道格拉斯在他的《越轨社会学概论》中分别论述了集体暴力、恐怖行为、青少年团伙暴力、人身攻击与凶杀、强奸、自杀等几种暴力行为。

性行为越轨

在我们已知的一切社会中,性行为都受到一定准则的规定,没有哪个社会放任性行为彻底自由。由于每个社会都有知道其性行为的规范,自然就会产生违反这些规范的行为,称为性行为越轨。

在很长一段时间里,对于性的研究是不被重视的。学者们为了保护自己的研究作为科学的研究而不被认为是色情,采取了各种方法,比如,用其他的语言来写作。然而,研究人类的诸学科,很少有不涉及性问题研究的。其中,越轨性行为已几乎被各学科以各自的方法研究过。

道格拉斯在其著作中,将妓女卖淫和淫秽书画作为性越轨行为的"典型"进行分析。

国内学者潘绥铭教授对红灯区卖淫女的研究也是值得我们关注的重要研究。

麻醉药品越轨

麻醉药品,被俗称为毒品,但却比毒品的范围要广得多。在这里,我们认为,麻醉药品就是"致力于影响大脑或身体组织或功能的非食物性物质"。吸食毒品、贩卖毒品等都被认为是违犯社会规范的越轨行为,这类行为我们称其为麻醉药品越轨行为。

研究者发现,完全出于本人原因而开始使用麻醉药品的人少之又少,使用麻醉药品并非一种孤立的选择和行为,而是一种社会的选择和行为。与吸食麻醉药品的人接触是逐渐成为麻醉药品滥用者的第一步。埃里希·古德的研究发现,影响个人做出使用麻醉药品决定的有五大因素:第一,意识到危险或没有危险;第二,意识到该麻醉药品的好处;第三,对经常服用者的态度;第四,与那些提倡使用该麻醉药品的人关系密切的程度;第五,与那些力图说服自己的人的关系的密切程度。

国际范围内的制、售、食毒品的现象引起了国际社会的广泛关注,也是国际刑警开展工作的一个重要领域,这一点在很多的影视作品中也有反映。

特权阶层的越轨

通常情况下,人们谈到的越轨行为指的都是诸如抢劫、杀人、卖淫、吸毒等的行为,而极少关注特权阶层的越轨行为。比如,白领阶层的越轨行为,政府官员的越轨行为。

近年来,政府官员的贪污、腐败、行贿、受贿等越轨行为日益受到公众的关注。我国政府也强烈呼吁并加大力度打击政府官员的这些越轨行为。

政府官员的越轨行为不同于其他的越轨行为,这是因为他们掌握着社会中的优势权力,却滥用这些权力为个人谋私利。政府机构作为其他机构的榜样,其成员的越轨行为对社会的危害更大。

研究者发现,政府官僚体制与政府官员的越轨行为之间存在着密切关系。一方面,政府官僚体制会制定某些特定的准则以控制利用职权便利为自己谋取私利的行为;另一方面,官僚体制使得政府官员强烈意识到,他们手中的职权赋予了自己个人特权,因此,他们会利用职权便利以谋取私利,结果成为越轨者。

社会中的越轨行为多种多样,有兴趣的读者可以找到一些相关的书籍进行仔细研读。

三、社会控制

社会控制的含义

在社会学中,社会控制(social control)的概念可以分为广义和狭义。广义的社会控制是指社会通过各种途径、形式、方法建立和维持社会秩序,对社会成员的社会行为及价值观念进行指导和约束,对各类社会关系进行调整和制约的过程。狭义的社会控制则是指社会或社会组织对偏离和违犯社会规范的越轨行为所采用的各种防范、惩罚和重新教育的过程。无论是广义的社会控制还是狭义的社会控制,其目的都是为了通过社会的自身力量保证人们遵守社会规范,以确保和维持社会秩序。

从社会控制的定义可以看出:实施社会控制的主体主要是社会组织;社会控制的对象是社会行为;社会控制的工具是社会规范。

社会控制的类型

社会控制普遍存在于任何社会中,又是一种复杂的社会现象。依据不同的划分标准,社会控制可以分为不同的类型。

第一,依据社会控制的方式,社会控制可以分为正式控制与非正式控制。正式控制是指使用比较正规、成型的规则来约束人们,比如,法律、条例、各种规章制度等。非正式控制是指运用相对而言不怎么成型的规范来约束人们行为的方式,例如,风俗、习惯等。

第二,依据社会控制的具体途径,社会控制可以分为积极控制与消极控制。积极控制是指,运用舆论、宣传、教育等措施引导社会成员的价值观和行为方式,预防社会越轨行为的发生。消极控制是指,通过各种惩罚性手段对已经产生的社会越轨行为进行制裁,表现为对越轨行为的限制过程。

第三,依据社会控制力量的直接来源,社会控制可以分为外在控制与内在控制。外在控制是指,通过社会规范直接约束个人行为所实现的社会控制。这种社会力量来源于行为者之外,他感觉到了外在环境对他的行为产生了约束和压力。内在控制是指,社会成员用内化了的社会价值规范约束和指导自己行为的过程。内在控制既是社会化的结果,也是最有效的社会控制的方式。

第四,从社会机构的层次上划分,社会控制可以分为宏观控制和微观控制。宏观控制是指,社会运用政权、法律、纪律、政策、规章等控制手段对全体社会成员及整个社会关系进行调控与制约;微观控制则是指,某个具体的社会组织运用组织规章、组织文化等控制手段对其组织成员实施指导和约束。

第五,依据控制的手段和方式,可以将社会控制划分为强制控制和非强制控制。强制性控制是指,控制的手段和方式依赖于社会强制力而实施的控制,比如用政权、法律、纪律等对社会成员的行为进行控制,这种控制具有一种"刚性";非强制控制是指,运用非强制性的手段和方式对社会成员的社会行为进行控制,如依赖于社会舆论、风俗、习惯、伦理道德等对社会成员进行控制,这种控制具有一种"柔性"。

对越轨行为的社会控制

对越轨行为进行社会控制,必须发挥各种类型的控制方式进行,然而,内化的控制方式对越轨行为来说是最有效的。因而,我们要特别关注人们的社会化过程,在社会化过程中,将社会的规范内化为个体的心智品质,才能更好地规范个体的行为,减少越轨行为的发生,从而促使整个社会的和谐、有序发展。

Ⅲ 关系篇

附录 III

第八章 关系

概述

在"行为—关系—制度"这一理论框架中,我们把关系定义为"行为的固定化形式。"①(不言而喻,这里的行为和关系都是社会行为和社会关系的简称,下同)这一定义包含着这样一层意思:关系的形成有一个过程,行为的积累是构成一定的社会关系的前提。本章将以"行为"及"行为和关系"之间的联系为导入,逐渐对"关系"展开比较详细的分析。

一、从行为到关系

在第四章中,我们曾把行动的基本过程简单概括为三个阶段:个人的行动—互动—固定的互动。可见,社会关系形成的过程自始至终就是一个行动的过程,什么时候行动停止了,关系也就终止了。

这一观点部分地可以解释一些日常生活中普遍存在的关系现象。例如病人与医生的关系;雇员与雇主的关系;友谊关系;恋爱关系以至夫妻关系。概而言之,凡是够得上称为"关系"的现象,都有一个行为的积累在里面。关系有深有浅,有疏有密,有长有短,这都可以从相对应的行动过程中得到解释。例如病人和医生的关系,如果是偶尔到一位医生那里去看一次病,那只能说是一种"偶遇关系",但如果是固定由一位医生看病,日久天长,病人和医生之间的关系,就会发展为某种感情关系、朋友关系甚至类似家庭成员之间的关系(如家庭医生)。

---

① 关于社会关系的比较正面的、完整的定义,可参见《中国大百科全书·社会学卷》,中国大百科全书出版社1991年版,第300页。

行为对关系的影响,是多方面的。不仅行为的存续会导致关系的存续,而且行为的短缺也会导致某种关系的产生。例如只存在于人类社会的漫长的代际抚育关系,儿童时期在社会化过程中发生的种种关系,就同人在幼年时期缺乏先天行为能力有关,这一点人类不如动物,但也正因为如此,在人类的无数代的生育行为过程中,产生了人所特有的亲子关系和家庭关系。举一反三,社会上出现的很多关系,都可以从人的行为能力的短缺上得到解释。这种行为能力的短缺或低下,有的是先天的,有的则是后天被剥夺了的。

用行为来解释关系,带有还原论的味道。似乎是把社会层面上的关系还原为个人层面上的行为和行动。事实上在行为和关系的互动关系中,行为是本原的,关系是派生的;行为是能动的,关系是被动的;行为是自变量,关系是因变量。

行为的本原性,在总论部分和行为篇中已有所论述。这里再作一些归纳和补充,从中可以看出对关系的分类实源于对行为的分类。

人及其行为是社会现象的本质所在,是区分社会现象和自然现象的最根本的依据。社会规律就是人们自己的社会行动的规律,社会就是一个复杂的社会行动系统,行动是一切社会关系和社会制度产生的前提。

通过前面对社会化理论和角色理论的讨论,我们知道,所谓社会行为简单地说就是角色行为,所谓社会关系简单地说就是角色关系。有关社会行为和社会关系的关系,凭借"角色"这一概念以及由角色构成的一组概念,可以得到比较全面的反映。日本社会学家富永健一在其《社会学原理》中有如下概括:

"把角色作为一种职能来理解时,角色是个人行动,属于个人层次——角色履行、角色扮演等词组表现了这一侧面;而把角色作为整体中的局部所承担的部分来理解时,角色表现部分与社会整体的关系,属于社会层次—角色结构、角色分配等词组表现了这一侧面。例如要建立家庭这个社会,从功能上讲要有人履行夫妻、父母、子女的角色;要建立企业这个社会,从功能上讲要有人履行制造、采购、销售、财务、劳务和部长、科长、业务负责人、工长的角色。角色概念的特征同时包含着个人和社会这两个侧面,这在社会学分析上具有战略上的重要意义。"①

---

① [日]富永健一:《社会学原理》,严立贤译,社会科学文献出版社1992年版,第90页。

应该强调指出的是,无论是在个人层面上还是社会层面上,角色的本义是行动,角色期待是对一种行动的期待,而且必定是一种针对他人的行动,因此行动就很自然地走进了关系的领域,亦即社会的领域。

马克斯·韦伯赋予行动的本质属性是其合理性,即理性行动。所谓理性行动,就是有目的、有意义的行动,也就是有利可图的行动。显然,这不是孤立的个人的行动。理性行动只可能产生在社会环境之中,亦即一定的社会关系的环境之中,因此,理性行动体现着行为与关系的完全的统一。反之,非理性行动则表明两者的冲突和背离。

根据历史唯物主义的基本原理,人首先必须解决衣、食、住、行等日常物质生活的基本需要,然后才能从事政治、法律、宗教、艺术等精神领域的活动。马克思关于在社会关系中区分原生(original)关系和次生关系的思想,有重大的理论意义。但这源于上述人的两大需求的区分,首先是基本物质的需求,其次才是高级的精神生活的需求。因此在一切社会活动中,生产物质、生活资料的活动是最本源的活动,在这一生产活动中形成的关系即生产关系是最基本的社会关系。"生产力决定生产关系"的原理中,人的创造性劳动和活动(包括体力劳动、脑力劳动和一切与此有关的社会活动)是最重要的生产力因素,因此,这一命题为我们理解社会行为与社会关系的本质联系提供了基本的理论依据。与此形成对照的,是形式上近似而实质上相去甚远的一种提法,此即将社会关系区分为初级关系和次级关系的提法。鉴于这一关系分类在社会学领域有着非同小可的地位和影响,后面将加以讨论。

二、行为主导与关系主导

在《总论篇》谈到社会学的逻辑起点的时候,我们曾提出两种选择的可能性:一种选择是从个人的行动开始社会学的研究,另一种是从社会整体开始这一研究。第一种选择相当于从行为到关系的过程,或者叫做行为主导关系的过程;第二种选择相当于从关系到行为的过程,或者叫做关系主导行为的过程。就行为和关系的互动的全过程来说,确实应该包括这两个过程。但是这并不意味着行为主导关系一定属于第一阶段,关系主导行为一定属于第二阶段。前一节讲从行为到关系,主要是从行为对关系的产生和发展具有原生的意义这一点来说的。在实际过程中很难真的作这样的划分。也许情况正好相反,首先出现的是关系主导行为的阶段,然后才出现行为主导关系的阶段。下面让我们从几个层面分别来分析这个问题。

首先,从个人的层面看,个人所面对的社会关系并非都要经历一个行为积累的过程,多数人一生中所遇到的绝大部分社会关系都是先于他的行动而存在的,都是既定的。当他呱呱坠地的时候,他接触到的第一批人与他的关系是已经安排好了的,婴儿睁开眼睛第一眼看到的这个世界是个成年人的世界,此后在整个社会化过程中他(她)还要无数次地面对这种强加给他(她)的社会关系。他(她)作为个体行动者所能作出的决断和选择,只能改善(也可能是改坏)原有的社会关系,而不可能从根本上改变或取消这一关系。

其次,从宏观水平来考察人类的行为,这种行为是和人类的基本需求,基本欲望(从生物欲望到社会欲望)紧密相连的。有饮食男女的欲望,才会有饮食男女的行为,而这种欲望和需求的满足以及在原有需求满足之后随即产生的新的需求,都只有在特定的社会环境即社会关系中才能实现。关于这个问题,马克思在其《1844年经济学—哲学手稿》中有极其透彻的分析。他说:

"男女之间的关系是人与人之间最自然的关系。因此,这种关系可以表现出人的自然的行为在何种程度上成了人的行为,或者,人的本质在何种程度上对人说来成了自然的本质……这种关系还表明,人之需要在何种程度上成了人的需要,也就是说,其他人作为人在何种程度上对他说来成了需要,他在他个人的存在中在何种程度上同时又是社会的存在。"①

马克思的下述观点对我们理解个人与社会、个人行动与社会活动的关系本质具有极大的启发意义:

"社会的活动和社会的享受绝不仅仅以直接集体的活动和直接集体的享受这种形式而存在……甚至当我从事科学之类的活动,亦即当我从事那种只是在很少的情况下才能直接同别人共同进行的活动时候,我也是在从事社会的活动,因为我是作为人而活动的。不仅我进行活动所需的材料——甚至思想家借以进行活动的语言本身——是作为社会的产物给予我的,而且我自身的存在也是社会的活动;因此,我用我自身所做出的东西,是我用我自身为社会做出的,并且意识到我自身是社会的存在物。"

---

① 马克思:《1844年经济学—哲学手稿》,刘丕坤译,人民出版社1979年版,第72页。

"因此,如果说人是一个特殊的个体,并且正是他的特殊性使他成为一个个体和现实的、单个的社会存在物,那么,同样地他也是总体、观念的总体,可以被思考和被感知的社会之主体的、自为的存在,……"①

透过比较抽象的哲学语言,马克思十分清晰地表达了这样的思想:不论是单个人的活动还是集体的活动,只要是人的活动,就是社会的活动,因为人自身是社会存在物。在马克思的眼睛里,人既是个体,也是总体;既是客体,也是主体;既是个人行动者,也是社会行动者。

然而,个体行动论者却要竭力在个人和社会之间划清界限,从个体行动论的观点出发,坚信个人对自己的行动有充分的选择权,他可以选择自己行动的目的,也可以选择自己行动的价值,他还可以制定各种各样行动合理化的标准。尤其值得注意的是,个体行动论者根本反对把人作为"社会系统中一种已被社会化了的元素"。詹姆斯·科尔曼在其《社会理论的基础》中写道:"许多社会理论家把社会规范作为理论的起点,把反映系统水平特征的社会规范作为起点的理论强调人只能作为社会人,人是社会系统中一种已被社会化了的元素。其结果,那些阐明人与社会之间存在基本矛盾的道德与政治学问题便丧失了其针对性。这种以社会规范为起点的理论无视人有按照自己愿望行动的自由以及社会限制着这种自由。……人仅仅以他们遵从或背离社会规范的方式进入这种理论。""在缺乏个人行动基础的理论中,行动的原因不是个人的目标、目的或意愿,而是个人之外的某种力量,或是个人未曾意识到的某种内在冲动。其结果,这些理论除了描绘某种不可抗拒的命运,再无别用了。"②因此,和他倡导的目的论相反,他认为这是一种宿命论的观点。

这里应该指出,在对个人社会化的理解上,社会学界确实存在着以社会唯实论和社会唯名论为理论背景的分歧,也还存在着社会化理论基础方面的分歧,例如,社会化的理论基础到底是米德和弗洛伊德的"自我"论,还是霍布斯和卢梭等人的"社会契约"论?社会化的起点到底在社会之外还是社会之内?等等。

---

① 马克思:《1844 年经济学—哲学手稿》,刘丕坤译,人民出版社 1979 年版,第 72 页。
② [美]詹姆斯·科尔曼:《社会理论的基础》上册,邓方译,社会科学文献出版社 1990 年版,第 5、19 页。

在《行为篇》中讲社会化一章时,我们是遵循目前多数社会学家通常的做法来处理这些问题的。即在肯定社会是一个实体的前提下,通过社会化使个人在行为规范上和生活技能上能够适应社会的需要,最终达到个人认同社会,成为一名合格的社会成员的目的。虽然也提到个人对社会的能动作用,在实现个人社会化的同时,也实现社会自身的日益健全和完善,并且借用"过分社会化"这一概念,以反对完全抹杀人的个性和独立性的错误倾向,但毋庸讳言,上述社会化观点的社会唯实论的倾向仍然是很明显的,而且也无意放弃这一立场。

的确,应该充分地估计个人行动理论的积极贡献,它是对社会行动理论和社会关系理论的一个重要的补充。但是没有必要因此就否认社会的实体性和"社会事实"的客观性及其对个人行动的制约作用。从社会学这门学科建立的初衷来看,它是把社会作为一个实体来看待的。否则的话,也许这门学科根本就不会诞生。现在已没有必要在社会唯名论与社会唯实论之间作出选择,但如果一定要作这样的选择的话,那么唯实论仍然不失为首选的目标。如果说,"缺乏个人行动基础的理论"会导致宿命论的话,那只讲个人行动的理论则会导致唯意志论。虽然西方社会学者并不讳言唯意志论,但对我们中国学者来说,是深知唯意志论的危害和惨痛社会教训的,它一点不比宿命论好多少,是同样不可取的。

在唯名唯实的问题上近年来的一个新进展,是把个人和社会都看成实体,是两个相对独立的实体,这也是詹姆斯·科尔曼的一个贡献,亦见于他所著的《社会理论的基础》,关于这一点,我们已在本书第四章中提及。值得注意的是,中国当代著名社会学家费孝通先生在其著作中,亦有类似的思想表述。在费先生的文章中留给我们的社会实体论的印象是十分深刻的,但费先生在经历了"文革"那场"证实了那个超于个人的社会实体的存在"的社会实验过程之后,这样写道:

> "但就在同时我也亲自感觉到有一个对抗着这个实体的'个人'的存在。这个'个人'固然外表上按着社会指定他的行为模式行动:扫街、清厕、游街、批斗,但是还出现了一个行为上看不见的而具有思想和感情的'自我'。这个自我的思想和感情可以完全不接受甚至反抗所规定的行为模式,并作出各种十分复杂的行动上的反应,从表面顺服,直到坚决拒绝,即自杀了事。这样我看见了个人背后出现的一个看不见的'自我'。这个和'集体表像'所对立的'自我感觉'看来也是个实体,因为不仅它已不是'社会的载体',而且可以是

'社会的对立体'。……我确是切身领会到超生物的社会实体的巨大能量,同时也更赤裸裸地看到个人生物本性的顽强表现。"①

在并不否认社会是一个实体的大前提下,费孝通提出了一个重要结论:"个人既是载体也是实体。"这一提法的不同寻常的意义在于,它是首次通过一位著名的中国社会学家在中国这样的社会环境下提出来的。这一事实本身具有很重要的象征意义,首先是中国社会结构的变化开始在理论上得到反映,这种结构性变化有可能冲破费孝通早年对东西方社会结构的差异所作的概括,②也就是说,中国由来已久的"差序格局"的社会结构,有可能走向本来属于西方社会的"团体格局",后者的本质特征就是个人成为社会实体。其次,"两种实体"的提出不仅是费孝通先生个人学术思想上的转变,而且是完全植根于中国社会现实的产物,因而具有准确反映中国社会结构性变迁的深远意义,也正因为它是完全根据中国大地上发生的变化进行的思考,而不是简单化的外来理论的移植,因此新的理论概括(有异于"差序格局"和"团体格局"的概括)仍然应该具有与西方理论不完全相同的特点。这些特点是什么?新一代的社会学家正在努力寻找答案。

三、社会关系的结构与类型

行为模式:关系研究的切入点

在讲行为的时候,我们知道行为自身有它的结构和过程。行为结构的最小单元是"单位行动",在"个人行动系统"到"社会行动系统"之间有一个互动过程,可简单概括为"个人行动—互动—固定的互动(或叫制度化互动)"。到了固定化互动阶段,就会形成某种互动模式亦即行为模式。行为模式是一种在同样条件和情景下人人都会照着去做的行为方式。行为模式一旦形成之后,就会反过来制约和指导人们在日常生活中的具体行动,并且轻易不会发生变化。有必要指出的是,行为模式的形成是一个自发的自然的过程,不是人为制定的,这一点有异于现行的社会制度。例如师生之间的行为模式不同于父子之间的行为模式,虽然可以通过行政手段制定教师或学生的行为规范,但那也是在先于这种制度就已存在的行为模式的基础上制定的,至于父

---

① 费孝通:《学术自述与反思》,三联书店1996年版,第219—220页。
② 费孝通:《乡土中国》,观察社1948年版。

子之间的行为模式,更是如此。有的家庭会制定一套"家规"和"家训",但并不等于说没有这种家规和家训就不存在父子之间的行为模式。(试试看做这样一个实验:让学生回到家里用对待陌生人的态度对待家里人以观察家人的反应,会产生什么样的结果)说到底,行为模式已经体现为一定的社会关系,它是社会结构从行为主导型向关系主导型转化的标志。在后一种类型的社会结构中,正如詹姆斯·科尔曼所批评的,个人成了"已被社会化了的元素",他只考虑自己的行为是否符合某种既定的行为规范即"模式",不需要再去重新寻找行为的正确标准,再去寻找"我该怎样"做儿子,做父亲,该怎样扮演好自己的角色的答案。古人所说的"君君、臣臣、父父、子子",就是这种关系主导型结构的一种典型例子。"君君"的意思就是君的行为要像一个"君",怎样做"君",已不成问题,问题在于你的所作所为像不像一个"君",这是一种典型的关系主导型的社会结构,根据前面的分析,这也是一种传统社会社会关系的典型特征,它的进一步的发展,将会进入社会结构的第三阶段,即在更高层次上出现的行为主导型的结构。在新的行为主导型的阶段到来之前,会出现一种原有行为模式与关系相悖离的过程,亦即所谓"君不君、臣不臣、父不父、子不子"的社会失范过程,它预示着一个新的真正以个人为行为主体的关系格局的出现。这将是所谓现代社会社会关系的主要特征。

社会关系的基本类型

对社会关系类型的研究,几乎可以说贯穿于整个社会学以至社会科学的发展历史之中。从涂尔干的"机械团结"和"有机团结"到滕尼斯的"社区"与"社会";从马克思的"原生关系"和"次生关系"到库利的"首属关系"和"次属关系";就中国来说,从儒家倡导的"三纲"、"五常"到毛泽东的"十大关系"和"两类矛盾";不一而足,不胜枚举。上述这些提法,有些我们已有所接触,有些将在以下各章中分别进行讨论。在本章中,我们将首先着重从方法论的角度讨论怎样区分最基本的关系类型。

1. 帕森斯的"模式变量"

美国社会学家帕森斯在他和爱德华·希尔斯(E. A. Shils)合作的《朝向一般行动理论》一书中提出了一套旨在分析行动系统和社会系统的概念体系(他称之为"模式变量"),为我们分析社会关系的类型提供了一个有益的基础。其基本的类别如下:①

---

① [美]乔纳森·特纳:《社会学理论的结构》,吴曲辉等译,浙江人民出版社1987年版,第28页。又见景熙编著:《欧美现代社会学说新编》,四川大学出版社1992年版,第319—328页。

（1）情感性—情感中立性　在互动过程中应否涉及情感以及情感投入的多少。例如教育制度之与情感中立性。

（2）扩散性—专一性　它主要涉及关系所要求的范围。例如对一个非常亲密的朋友的期望和要求和对一个牙科医生的要求就明显不同,亲密朋友之间的关系是一种扩散性关系,牙医与病人之间的关系是一种专一性关系。

（3）特殊性—普遍性　主要涉及评价的标准问题。对人的评价和选择应该以一般规范为基准,还是应该以特殊关系为基准？例如一个教师对学生的评价应该以其成绩的高下为依据还是以私人之间的关系为依据？这一选择与上述第一类的情况有相通之处,即在在教育过程中应否介入感情因素。"特殊性"关系既可能导致任人唯亲,也可能导致歧视现象的产生。

（4）先赋性—自致性　先赋性指性别、年龄、门第、种族、民族等自然特性或先天条件,自致性指人的后天的努力和成就。

（5）集体取向—个人取向　是重视公众的义务和责任,还是追求个人利益？现代社会使追求私人利益制度化、合法化。这一变量后来被帕森斯从其"模式变量"中删去。

帕森斯把上述五对模式变量中每一对的前一个变量,即情感性、扩散性、特殊性、先赋性、集体取向称之为"表意性变量",而后一变量即情感中立性、专一性、普遍性、自致性、个人取向称之为"工具性变量",并且认为工具性变量是现代社会或工业社会的特征,而表意性变量则属于传统社会的特征。

正如帕森斯的行动理论具有总结前人成果,集其大成的性质那样,他的"模式变量"的内容也有类似的显著特点。他的五对模式变量反映的是两类最基本的社会关系,这种社会关系的两分法,直接来自滕尼斯,只不过滕尼斯用的基本范畴是:"社区"（共同社会）和"社会"（利益社会）；而帕森斯则把它扩展为"传统社会"和"现代社会"。

这一社会关系的两分法,使我们很自然地想到了费孝通的"差序格局"与"团体格局",这也是一种社会关系的两分法。除了"团体格局"是一个东方人对西方人社会的描述之外,"差序格局"则是这个东方人对自己社会的描述,因而具有极高的权威性和可比性。

2. 费孝通的"差序格局"

费孝通把西方社会比作界限清楚、单位分明的一个个稻田里的柴捆,"几根稻草束成一把,几把束成一扎,几扎束成一捆,几捆束成一挑。每一根柴在整个挑里都属于一定的捆、扎、把。每一根柴也可以找到同把、同扎、同捆的柴……在社会中,这些单位就是团体"。社会上的人也就生活在这种"团体格局的社会关系之中"。与此相对照,中国传统社会的社会关系就好像是"把一块石头丢在水面上所发生的一圈圈推出去的波纹。每个人都是他社会影响所推出的圈子的中心。被圈子的波纹所推及的就发生联系"。① 这一比喻十分生动而又确切地说明了中国传统社会的社会关系是一种中国社会所特有的伦理关系("伦[轮]"字的含义和来历也同时说清楚了)。

对照一下帕森斯的"模式变量",特别是其中的"表意性变量",我们能够发现,它跟费孝通所说的"差序格局"的特征有不少相互吻合的地方。"表意性变量"中所述的情感性、扩散性、特殊性、先赋性诸特征,基本上就是"差序格局"所包含的特征。在这些变量中,一般认为最足以体现中国传统社会社会关系特点的,莫过于特殊性(特殊主义)这一条。它体现的是早在两千年前就由荀子阐发过的"分"的思想:"群而无分则争"。分什么?分清尊卑贵贱、长幼亲疏。一事当前,先要问清了对象是谁,和自己是什么关系,之后才能决定怎么办。"差序格局"反映的是一种伦理关系,这当然是一种等级关系,但不是那种单纯的等级关系,而是兼有表意性和工具性(功利性)双重含义在内的等级关系,(例如,从关系的推己及人的动态表现来看,它又是一种扩散性关系,可以从血缘扩散到地缘甚至业缘领域)这一点是最值得注意的。从宏观的发展的角度来看,是否存在着一个从表意性关系向工具性关系过渡的问题?对此似应作出肯定的回答。但这要视其社会功能的存废而定。至少就目前中国的情况来看,像行为和关系的特殊取向就不是一朝一夕可以消失的。这不仅仅是一个文化传统问题、价值观问题,而且是一个牵涉成千上万的普通民众的切身生活的问题。② 由此看来,是否存在一个从差序格局向团体格局转化的问题,也应该作类似的回答。在这里,起决定作用的,还是历史唯物主义道出的那条真理:物质资料的生产方式决定人们的生活方式和思维方式,而不是相反。

四、变革中的关系格局与社会结构

行为模式、关系格局,再加上它们的最高程度固定化形式——制度体系,构成了一个完整的社会结构体系。其中,社会关系处在一个中心的位置,是社会结构的主体部分。因此深入分析一个社会的社会关系的结构类型及其

---

① 费孝通:《乡土中国》,观察社 1948 年版。
② 郑也夫在其《代价论》一书中对特殊主义的社会功能有富于想象力的辨析,可供参考。

变化,也就基本上把握住了整个社会的社会结构的本质特征。基于这一认识,我们拟把有关社会结构的主要范畴和理论放在《关系篇》中来处理。一方面,以社会结构为大背景,有助于深化对社会关系的理解;另一方面,也希望通过对社会关系的讨论能触及一些中国社会结构演变过程中常有争议的深层次问题。

儒家伦理与家国结构

用一个什么概念来概括传统中国的社会关系和社会结构,是一件颇费思量的事情。这个标题代表着一种观点,即认为,中国占主导地位的社会关系,无论从漫长的历史来看,还是从到不久前为止的主要社会现实来看,都只能说是以儒家伦理为代表的伦理关系或等级关系。与此相对应,中国的社会结构是一种家国一体的"共同体"(一称"总体性组织")结构。

"差序格局"即以儒家伦理为核心的等级关系,这一点只要仔细阅读费孝通先生的《乡土中国》,当不难取得共识。值得一提的是,儒家伦理所体现的等级关系是一种十分恢宏的体系:从"身"开始逐级而上,直至"天下"中间最重要的两级阶梯正是"家"和"国"。儒家伦理规定了中国人做人的基本态度和最高行为准则,儒家所倡导的"修身、齐家、治国、平天下",体现了个人理想与社会理想的高度统一。(准确地说是自身理想与家国理想的统一,那时并没有"个人"和"社会"的概念,后面还要谈这个问题。)正因为如此,"穷则独善其身,达则兼善天下"成了中国人安身立命的至理名言。

儒家伦理是"家国结构"的理论表现。中国知识分子中持"家国一体"论的,不在少数。只是同为"家国论"者,其中又有区别。例如钱穆主张"会通论",即名符其实的"一体论",他在《现代中国学术论衡》一书中指出:"正反本属一体,天人内外本属和合。""人生乃一会合⋯⋯家国天下则人与人相会和。"这一观点无意中透露出"身"是不独立的,是从属于家和国的,因此家国结构显然不同于现代社会的"群己结构"。又如,冯友兰主张"等同论",他说:"旧日所谓国者,实则还是家。皇帝之皇家即是国,国即是皇帝之皇家,所谓家天下者是也。"[①]这说明,"家"本身原是一个政治概念,而非社会概念。诸侯称"国",大夫称"家",只有等级上的不同,没有性质上的区别。再如吕思勉,主张"分化论",他说:"世人有恒言曰:集人而成家,集家而成国,集国而成天下。"他在指出这一说法的谬误之后说:"生民之初⋯⋯无人我,无群己,浑然集若干人于一处而已。适其小进,乃从浑然一大群中分为若干小群,演进愈

---

① 冯友兰:《三松堂全集》第4卷,河南人民出版社1986年版,第260页。

深,分析愈细,最后乃知有个人。"①吕思勉的这一思想直接来自荀子。诚如梁启超所言:"孔子言礼专主节,荀子言礼专主分",荀子已从道德伦理的领域进入功利性领域,是很值得注意的。

和上述主张"家国论"的诸多学者的论点相比,费孝通可以称之为"外推论"者。费孝通正是从"家"的社会地位开始他的社会结构的研究的。他说:"这个'家'可以说最能伸缩自如了。'家里的'可以指自己的太太一个人,'家门'可以指叔伯侄子一大批,'自家人'可以包罗任何要拉入自己的圈子,表示亲热的人物。自家人的范围是因时因地可伸缩的,大到数不清,真是天下可成一家。"②这是一种以"己"为中心逐级向外推的人伦关系。"外推论"表明,"家"在中国人心目中,不仅是各自的小家庭,而且是沟通人的心灵的一条通衢大道。"从己到家,由家到国,由国到天下,是一条通路,中庸里把五伦作为天下之达道,因为在这种社会结构里,从己到天下是一圈圈推出去的。"③

费孝通的上述观点代表了中国人一种共同的价值取向,在帕森斯的"模式变量"中,它居于表意性变量中的集体取向而非个人取向。尽管在他的"差序格局"中多次提到"己"这一概念,但"己"并不是一个独立的社会单位,它是附属于"家"的。"家"在中国社会结构中居于很特殊的地位,说中国社会是一个以"家"为本位的社会当不为过。一个封闭的社会,一个开放的"家",这就是中国。

集体主义与个人主义、群体本位与个人本位

伦理关系(这里指儒家伦理)下实行的只能是一种特殊主义的行动取向,这是没有异议的。但是伦理关系下行动者主要考虑的是个人的利益还是他所从属的集体的(群体的)利益?他的目标主要是为了满足他个人的需要还是集体的需要?

对这个问题的回答照理也应该是没有争议的,但事实上却存在着深刻的分歧。

分歧的焦点是在如何定义"群体"和"个人",如何界定其产生和存在的时间。

在中国的社会学中,"群体"是一个最易产生歧义的模糊概念。但有一点是清楚的,当费孝通用"团体格局"来和"差序格局"相对比时,他知道"团体"

---

① 吕思勉:《中国制度史》,上海教育出版社1985年版,第367页。
② 费孝通:《差序格局》,载《费孝通选集》,天津人民出版社1988年版,第95页。
③ 同上,第100页。

这个东西在当时的中国是没有的,或至少是非主流的。不错,在西方,家庭也可以称作"团体",但在中国不会这样称呼。足见中国社会不可能是一个以团体为本位的社会。那么能否因此就说中国社会是一个以个人为本位的社会?更不可能。因为在那时,严格意义上的个人还没有产生。我们已经反复引证过马克思的一句话:"个人是历史的结果,而不是历史的起点。"个人产生的时代只能在资本主义的生产关系形成之后,而不会在这之前,因为在这之前没有什么个人的利益和权利可言。因此确切地说,个人不但不会与团体相对立,而且正好相反,它们是一对孪生兄弟。正像家庭、私有制和国家是同时产生的一样,个人、团体与现代社会也是同时产生的。企图在团体与个人之间作出选择,以为非此即彼,是不会有结果的。行动理论只可能产生于近代资本主义社会,而不可能产生于东方的中国。与此形成鲜明对照的是,中国没有行动理论(要有的话,就是属于"应对进退"的关系主导型的行为),却有发达的关系理论,原因就在于中国缺少作为行动主体的独立的团体和个人,但并不缺少作为家庭和国家的孝子与忠臣的"大家庭"成员。这就是为什么非团体格局的社会行动者其行动取向只能是集体主义的而不会是个人主义的秘密之所在。

见于秦晖、苏文所著的《田园诗与狂想曲》一书中的下列引文颇值得深思:

"封建时代的不自由或人身依附,其最深刻的本质还不是一批人对另一批人的'强制',而是个人从属于共同体。因此,我国传统社会关系中的人身依附(佃农依附于地主只是其中的内容之一)集中表现在异常强固的宗法共同体独特模式上。"

"中国封建时代不缺乏维系宗法共同体的超经济强制,但缺乏或者从来没有过西方封建晚期那种摧毁宗法共同体而迫使人'自由'的超经济强制。……在中国那充满'人情'味的封建主义中,'父权加温情'、束缚与保护的结合远较西方中世纪为牢固。无论宗法权贵还是宗法农民,在独立个性方面都处于蒙昧状态,都要依附于共同体而生存。共同体失去保护职能,农民便推翻之而另建一个,共同体失去束缚职能,统治者便强化之而使其不垮。宗法共同体便在此种循环中处于'动态平衡'状态而延续下来,中国人的依附性人格也随之延续下来。"[①]

---

① 秦晖、苏文:《田园诗与狂想曲——关中模式与前近代社会的再认识》,中央编译出版社1996年版,第178—179、184页。

这种"依附性人格"的极致,便是被不少人(其中包括中国古代哲学家老子和德国近代哲学家黑格尔)向往过、赞美过、批判过的中国人的"孩童心态"或"婴儿心态"。在一百多年的民主革命和社会主义革命过程中,儒家伦理曾经受到过彻底的批判,但"家国结构"依然完好如初。中国人民从一盘散沙走向高度组织化的道路,客观上更加强化而不是淡化了"家国意识"和组织观念。但这种组织观念显然不同于现代社会的团体意识。从血缘领域到业缘领域,"家长制"作为一种社会现象虽然没有像日本那样成为一种制度,但仍然随处可见,仍然潜藏在人们的内心深处。社会主义给中国带来了巨大的变化,但它也帮助中国保留了一些最古老的东西,以至现在我们能够不太困难地从社会主义伦理中找到许多儒家伦理的原型。这种古老的社会伦理和社会结构真正被触动,要到1978年底中共中央召开的十一届三中全会以后邓小平领导的全方位的改革和开放,它标志着一种实质意义上的社会转型期的到来。这一社会转型的意义,从前面我们提到的费孝通在"文革"之后根据亲身经历而得出的结论,可以部分地得到解答:不仅社会是一个实体,而且个人也是实体,或者说,个人既是载体,也是实体。这是一位社会学家对中国社会变迁之实质所能讲出的最深刻的一句话。应该说这既是一种反思、一种回顾,也是一种前瞻,它对中国社会最终要从差序格局走向团体格局提供了某种依据。

等级关系与关系等级

如上所述,存在于漫长历史时期中的中国社会的社会关系是一种等级关系。另外我们应该看到,就关系自身来说,为了研究的方便,我们是可以把它划分为各种级别的。正如对人的分类基本上就是对人的分层,对社会关系的分类,也可以理解为是各种意义上的关系分层。在本篇中,我们把社会关系分作如下三个层面来进行讨论:

1. 社会关系的群体层面

这里面又可分为三个部分:血缘群体,主要是氏族和家庭,反映社会的血缘关系;地缘群体,主要是城乡社区和国家机构,反映社会的地缘关系;业缘群体,主要是产业、职业群体和其他利益群体,反映社会的业缘关系。由于血缘、地缘、业缘之间本来存在着先天或后天的关系,因而"群体"的性质并不一定那样单纯。以海外华人社团组织为例,就常常兼具亲缘、地缘、神缘、业缘、物缘多种关系,被称之为"五缘"文化。① 因此研究"三缘"以至"五缘"内部之间的关系,对彻底理清一个社会社会关系的来龙去脉和未来走向是非常重要

---

① 林其锬:《"五缘"文化与亚洲的未来》,《学术季刊》(上海社会科学院)1990年第2期。

的。以上述华人社会和社团的演变看,就有一个"由亲缘而扩大为不分姓氏的地缘,再扩大为不分姓氏、地域信仰的华族认同与回归,于是形成了遍及五大洲的星星点点华人社会"的过程。而"企业经营者为生产及市场需要的情势驱动,基于经济利益的实际需要,往往会超越政治制度上的分歧和隐藏着的风险而进行跨国、跨地区的合作"。① 从而在历经千难万险之后,实现由亲缘关系向业缘关系的过渡,但与此同时,文化上和心理上的亲缘关系并不会因此就趋于淡化或消失。

2. 社会关系的社会层面或社会结构层面

在这一层面,将集中探讨有关社会结构诸方面的问题。社会结构本身是一个多向度、多层面的大问题,社会关系连同社会行为和社会制度都是社会结构这一大系统下的子系统,但正如前面曾指出的,社会关系的状况又确实对社会结构状况有着非同一般的意义。这一点特别适用于社会的阶级阶层结构,举凡国家与社会的关系、个人与社会的关系;社会的经济关系和政治关系,都将反映到社会的阶级阶层结构中来。在对社会关系的讨论中,忽视或否定阶级或阶层关系的重要性,跟企图用阶级关系来取代其他重要的社会关系,同样都是错误的。

3. 社会关系的个人层面或"人际关系"层面

宏观的社会变迁,最终都要反映在人际关系的变迁上,因此这是最具有现实意义的,因而也是最生动活泼的一个研究层面。这里面特别是关于初级关系与次级关系的划分是迄今在人际关系的研究方面,涵盖面最广,实用性最强的一种重要的分类方法。"初级关系"的提法来源于库利的"初级群体"(primary group),因此其特征可以从初级群体的特征上得到借鉴。诸如:范围较小,人数较少,互动频率较高,且多为面对面的互动。初级关系一般带有感情色彩,因而在互动方式上具有不可置换性的特点,如父与子、夫与妻,其互动方式不可转用于其他的人身上。亦因此,初级关系是一种典型的特殊取向的关系。至于次级关系,则是一种不具备上述特点的较正式的科层关系。有时,从管理的角度、效益的角度考虑,在正式的科层组织中有意营造一种初级关系的氛围,往往有助于特定组织目标的实现。但是值得注意的是,在社会转型过程中,大量次级关系会以不规范的、不正常的途径和方式转化为初级关系(私人关系或径直就叫做"关系",如"关系网"、"关系户"以及专门研究如何"通路子"、"开后门"的"关系学")。这是一种社会关系的异化现象,应作

---

① 林其锬:《"五缘"文化与亚洲的未来》,《学术季刊》(上海社会科学院)1990年第2期。

为社会问题去进行研究。与此近似的一种关系分类,是正式关系与非正式关系(对应于正式群体与非正式群体)。其中非正式关系也可能属于初级关系范畴。

从文化与心理的深层层面去考察人际关系,在中国人中间(以及其他华人世界)流行着一个很重要的观念,那就是关于"缘"的理念。"有缘千里来相会,无缘对面不相识"。"缘分"的有无,成了能否形成某种关系,实现某种愿望重要的外部力量。说它是"外部力量",是因为对个人来说,它是"前定"的,(这个"前"包括一个人出生之前,即俗话所说"上辈子"。)因而是个人无法控制也无法改变的一种人生际会。"缘"的观念,从宏观上来说,具有维持人际关系的和谐和稳定的特殊的社会功能;对个人来说,则更多地起的是一种消极认命或逆来顺受的作用。但对已形成的关系,客观上也能起某种保护作用。①

"缘"的作用范围极广,是真正超时空的。"缘分"基本上也许可以说是一种潜在的、虚幻的、有待转化为现实的人际关系。它是人生旅程中的一条因果链。因此,人们常常把"缘分"和一些美好的向往联系在一起。在这一点上,它和中国人处理人际关系的另一个重要概念"报"(报恩与报仇,"善有善报,恶有恶报")有相通之处。跟"报"一样,"缘"也有两重属性,有"良缘",也有"孽缘"。对这一问题的深入思考和探讨,将有助于我们深化对行为和关系的辩证理解,但同时也将使这一问题的研究更深入到人文学科的领域。因此在下面的两章中,我们将只重点论述群体层面和社会层面的社会关系的结构类型。

---

① 李亦园:《传统中国宇宙观与现代企业行为》,载《中国人的观念与行为》,天津人民出版社1995年版。

第九章 社会关系的群体层面

从本章开始,我们尝试对社会关系做一些经验层面的分析。在经验层面上我们可以把最基本的社会关系划分为三大类,即:血缘关系、地缘关系和业缘关系。因为,这样的划分既与历史上人类的社会关系演变顺序比较吻合,又能够体现现实社会的基本面貌和基本特征;既能反映个人社会化的阶段性历程,又符合人类社会进步和发展的总趋势,同时,这样的划分还能使我们比较直观和透彻地了解与把握体现这些关系的最基本的社会载体。显然,血缘关系的典型承载者是家庭,地缘关系得主要代表是社区,而业缘关系的典型则是各种利益群体、各种团体和组织,在现代社会则是各种职业团体和法人组织。

一、血缘群体:氏族与家庭

在常态下,家庭和婚姻两者之间关系密不可分,可以这样说,从婚姻制度的演变能够探索家庭及家庭制度的过去、现在和未来,从家庭结构的变化、家庭关系的变迁则可以预测婚姻制度进一步嬗变的轨迹。

婚姻关系的最终确立与真正意义的家庭诞生

当人类从动物状态分化出来和人与人之间的关系逐渐由生物性的关系变为社会性的关系的时候,人类社会最早出现的生活单位都是血缘单位。这种血缘单位漫长的演变历程按照摩尔根在《古代社会》一书中的阐述是遵循如下的顺序:乱婚状态—血缘家庭—普那路亚家庭—对偶婚家庭——夫一妻制家庭。按照这个模式,婚姻关系的确立和家庭的产生似乎早于氏族的诞生。但是,恩格斯认为,最初不是家庭为氏族,相反的,氏族是以血缘为基础的人类社会的自然形成的原始形式,由于氏族纽带开始解体,各种各样的家庭形式才发展起来。

根据历史学家和人类学家的研究,人类原始群在进化与自然选择的作用下,偶然的群体性关系逐步变为常规与必然性,内部的部分性关系(同辈之间)变成了完全的非性关系。这种完全排除了内部性关系的集团,必须与另一个同样完全排除了内部性关系的集团彼此建立性关系,从而形成两合氏族组织(部落、氏族公社)。两合氏族组织中男女个性之间的关系不是婚姻,集团与集团之间的性关系才是婚姻。因为婚姻是以双方负有若干权利与义务为前提的,在两合氏族组织中,两性之间的若干权利与义务只存在于整个集团,而不在单个个人。当男女个人之间产生若干权利与义务的关系时,群体婚就开始过渡为个体婚。群体婚的承担者是氏族,个体婚的承担者是家庭。说得更简单明了一些,氏族按其本性是不可能从家庭基础上产生,因为氏族是一种外婚制血缘群体,氏族成员之间不可能发生婚姻关系。所以,氏族是一种比家庭还要原始的社会组织形式。由此,根据恩格斯在《家庭、私有制和国家的起源》一书中的分析,人类早期的血缘组织按顺序应该是:原始群体—氏族公社—家庭。与此对应的人类婚姻关系的发展则是:乱婚—群婚——夫一妻制婚姻。显然,上述模式的最后阶段表明了人类婚姻关系的最终确立和现代意义上家庭的诞生。据此,我们可以这样认为,婚姻是家庭的本质,婚姻关系衍生出血缘关系,后者是婚姻关系的延续,婚姻关系和血缘关系是形成家庭的两种基本关系。这里婚姻关系指的是两性之间生物关系和社会关系的结合,血缘关系则主要指的是父母与子女之间的代际关系和兄弟姐妹之间的同辈关系。家庭首先通过婚姻关系构筑起来了。

搞清楚氏族和国家谁先谁后的问题,有重大的理论意义。正像个体家庭的出现和私有制的产生密切联系一样。维护私有制并认为这是一种永恒的存在的人,必然要把家庭视为最原始,最基本的社会单位,而且视其为一种永恒的存在。在家庭的起源这一原则问题上的分歧,必将影响到对家庭的现状以至家庭的未来看法上的分歧。总之,离开私有制讲家庭的起源和本质,是永远也谈不清楚这个问题的,因为家庭、私有制和国家的起源本来是连在一起的,它们本质上是一个问题。"个体婚制是一个伟大的历史进步,但同时它同奴隶制和私有财富一起,却开辟了一个以至继续到今天的时代,在这个时代中,任何进步同时也是相对的退步,一些人的幸福和发展是通过另一些人的痛苦和受压抑而实现的。个体婚制是文明社会的细胞形态,根据这种形态,我们可以研究文明社会内部充分发展着的对立和矛盾的本来性质。"①

如果从时间上去进行比较,氏族存在的时间不知道要比家庭(特别是一夫一妻制家庭)存在的时间长多少倍。另外,如果从功能上去进行比较,氏族的功能要远过于家庭。但是,我们毕竟生活在以家庭而不是氏族为社会基本单位的时代,因此,应该着重研究的是家庭而不是氏族。不过,正因为家庭是由氏族发展而来的,在家庭的发展过程中,会留下氏族的痕迹,因此在研究今天的家庭制度的时候,不能无视氏族的影响。研究中国的家庭制度,尤其是这样。

家庭的含义与现代家庭结构及其变迁

家庭是一种具有多种功能的社会群体,因此,一般社会学教科书从多个角度来给家庭下定义:

第一,作为一种关系形式,家庭是以婚姻关系为纽带的,兼有血缘关系或领养关系的社会生产和生活的基本组织形式。

第二,作为一种制度,家庭本质上是一种维持和进行"两种生产"(生活资料的生产和人自身的繁衍)活动的基础单位。

第三,所谓"现代家庭",指的是一种有法律和道义责任的两性结合体。

为了便于分析,我们综合上述各个角度对家庭下一个概括性的定义:家庭是指由婚姻关系、血缘关系或收养关系所构成的,以人口生产为特征的社会生活的基本单位。这里,人类的人口生产是一种生物性活动,同时又不完全是生物性活动,因为在这个过程中必然伴随着传递和继承社会文化、学习社会规范等社会过程。前者在不同的社会制度下基本相似,后者除了相似的一面外,还有更多的差异。社会学对于家庭的研究指向和兴趣,主要是家庭在不同历史发展阶段的相似性与差异性。

根据上述含义,我们认为,作为一个完整意义上的家庭,应当包含这样几个基本要素:

通常是两人以上成员(包括父母、夫妻、子女或夫妻子女)所组成的小群体。

第一,基于一定的婚姻关系、血缘关系或收养关系。

第二,得到某种法律规范或社会准则的许可。

---

① 《马克思恩格斯选集》第4卷,人民出版社1972年版,第61页。

第三,完成家庭所具有的特殊社会功能。

纵观家庭的演变,家庭就是以从血缘关系为主发展到以婚姻关系(夫妻关系)为主的一个历史过程,那么,一部家庭发展史也即是家庭结构和功能不断变化的历史。

家庭结构是指家庭成员的代际关系与亲缘关系的组合状况。现代社会根据家庭结构的复杂程度和规模的大小,一般可以概括为这样几种划分:

按代际层次分有三种主要类型:核心家庭,主干家庭,联合家庭

核心家庭是由一对夫妇及其未婚子女生活在一起而组成的家庭。核心家庭可以由图9-1(a)、(b)表示。

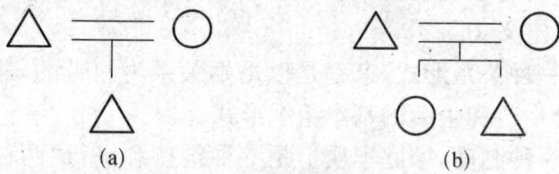

图9-1 核心家庭结构

图中,"△"代表男性,"○"表示女性,"="表示婚姻关系,"|"表示血缘关系,包括亲子关系和兄弟姐妹关系。社会上其他一切家庭形态都是这个基本形态的发展或变化。

主干家庭亦称直系家庭。它是由两对或两对以上都是异代的夫妇和未婚子女所组成的家庭。主干家庭是核心家庭的延伸。目前我们国家的主干家庭大多属于如图9-2(a)、(b)所示的类型。

图9-2 主干家庭结构

联合家庭亦称多偶家庭,由两对或两对以上同代夫妇及其未婚子女所组成的家庭,称之为联合家庭。它的典型结构如图9-3所示。

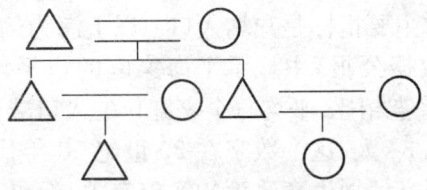

图 9-3 联合家庭结构

按角色完整情况分有两种：健全家庭，残缺家庭

如上所述的核心家庭、主干家庭或联合家庭的代际关系都是完整无缺失的，这种家庭就称为健全家庭。

除了上述典型的家庭外，还有几种特殊的残缺家庭形式：① 只有一对夫妇或异代夫妇而无子女或子女已婚分立门户的家庭，前称未育配偶家庭，后称空巢家庭，两者我们均可以称为配偶主干家庭。② 由于夫妇或父母一方已死亡、离婚由父亲或者母亲与未婚子女组成的家庭，称之为单亲主干家庭。

按爱情状况分三种：爱情型家庭，责任型家庭，危机家庭

爱情型家庭是指以浪漫的爱情为婚姻家庭的第一要义，以夫妻感情为主轴的感情团体。这类家庭的特点就是夫妻双方能合则合，不合就散。在西方，这是比较典型的家庭结构。

在中国，传统家庭则主要是一个事业单位和生产单位，家庭的生育功能、经济功能历来重于夫妻之间以及家庭其他成员之间的感情协调的功能，这类家庭我们称之为责任型家庭。

危机家庭通常是指一些发生重大压力的事件（如家人遇到意外或病重），或是经历一段时间家庭困难之后，最终承受不了而爆发（如已有恋情问题的夫妇因一次婚外情疑云而产生暴力事件），而家庭结构并没有发生变化的家庭。

在实际生活中，这三类家庭存在共存与互相转化的作用力。

按人口和代际分两种：小家庭，大家庭

通常我们所说的核心家庭就是典型的小家庭，而主干家庭或联合家庭就是大家庭。小家庭是家庭发展的结果，也是大家庭不断分化的结果。

伴随着经济发展和社会开放，中国的家庭结构和规模正处于分化和变迁之中，以血缘为纽带的家庭关系正在松懈，亲属关系在淡化，夫妻关系在增强。具体说来这种变迁主要体现在如下几个方面：

(1) 现代家庭呈现小型化,核心化,同时,趋向"分而不离"的网络化。

衡量家庭规模的主要指标是户均人口。以上海为例,《2005年上海市1％人口抽样调查主要数据公报》中显示上海家庭的户平均人口为2.66人,与2000年第五次人口普查相比,平均每个家庭户的人口减少了0.14人,比1990年的普查资料减少0.34人,这个数字在20世纪50年代则为4.91人。户均人口的下降固然与国家计划生育政策的实施有关,但更与经济和社会发展具有密切的联系。经济发展带动城市住宅建设的快速起步,从而促使城市居民分户人数的逐渐增多。据《上海统计年鉴》提供的资料,1978年上海市区人均居住面积为4.5平方米,1990年为6.6平方米,2000年已上升到11.8平方米,2005年又达到了15.5平方米。可以预计,我国沿海发达城市随着经济增长尤其是住宅建设速度的加快而使家庭成员分居或分户,最终导致家庭规模小型化的趋势仍将持续发展。而分居或分户后父母与子女之间"分而不离"的网络化格局亦会愈演愈烈。

(2) 妇女在家庭中地位不断提高,新型的家庭关系逐步形成。

在传统中国家庭中,"妻"是没有其地位的,但随着女性就业率的不断提高,独立的经济收入也趋稳定,男女共同参与社会竞争。在以前中国历史上,女人和男人同时竞争学历、官职或别的什么的较少。像花木兰、杨门女将此类敢往男人前面跑的女人屈指可数;吕雉、武则天此类敢当"国家元首"的女人更是凤毛麟角。但看看现在的女性,虽然中国还没有女国家主席、女中央总书记,但女高干、女企业家之类的却数不胜数。根据这样的形势,妇女在家庭中地位的提升也是理所当然的。山东省妇联和统计局2002年曾发布的一项全省性调查表明,目前绝大多数家庭追求男女平等,这已成为婚姻家庭的主流。85.2％的被调查者同意男女共同承担家务,夫妻间注重情感交流、互相尊重。调查显示,94.8％的女性认为在夫妻之间能平等交流,有95.7％的女性对目前的婚姻状况表示满意。在家庭重大事务的决策上女性有了更多的参与权。调查数据显示,在"从事什么生产"的决策上,农村由夫妻共同决定及主要由妻子决定的比例达64％,比十年前提高了20多个百分点。在"买房、盖房"的决策上,妻子参与决策的比例为66％以上,比1990年提高了5.9个百分点。"家庭日常开支"由夫妻共同决定及主要由妻子决定的比例达71％,比1990年提高近15个百分点。[①]

费孝通根据雷蒙德·弗思在《人文类型》一书中的提法,把核心家庭的基

---

① 新华社,2002年3月7日。

本形态称之为"社会结构中的基本三角",①他认为作为社会学基本概念的家庭,指的就是这个由父、母、子三方形成的"基本三角"。按照这个观点,"基本三角"反映的显然是传统社会中传统文化、传统价值观支配和影响下的家庭模式。从发展的角度看,与其说核心家庭是家庭的起点,不如说它是家庭发展的结果,是大家庭不断分化的结果。正因为如此,它的"稳定性"就需要打许多问号。众所周知,在传统社会夫妻关系得稳定是依赖于父子关系,取决于父子关系的。在三角形中,"妻"的地位是没有的,或者说是很不重要的,这是一种虚假的稳定。一旦一位母亲不满足于光做一个母亲,还要做一个名副其实的妻子,甚至还想做一个独立于男子的女人,这个"基本三角"的稳定性就立刻会发生问题。事实也正是这样。可见这个"基本三角"并不是无条件地适用于任何一种社会制度的,它基本上是父权制家庭人际关系的写照。

(3) 建立在爱情基础上的家庭越来越多,与此同时,经济状况仍是制约家庭建立与发展的重要因素。

很难找到相应的数据来支持这个观点,但我们可以看到当下许多人都抱持着爱情至上的观点,而"父母之命,媒妁之言"也已经是过去时代的产物了。伴随着婚姻以爱情为基础的观点的普遍,婚姻物质化的观点也越来越受到大家的重视,有些人认为这种物质婚姻是买卖婚姻,实则不是。毕竟我们生活在现实的物质世界中,这恰恰说明现在的青年人不仅能谈恋爱,还很有经济头脑。只有建筑在现实的物质经济条件基础之上的爱情与婚姻才是现实的、牢靠的,才是能维持长久的。任何事情一片面就会出问题,比如说只讲感情不讲物质,或者只讲物质不讲感情都会为日后的家庭婚姻生活带来问题。换句话说,在今天普遍注重物质生活的社会中,有爱情的婚姻应该建立在物质基础上,建筑在理想之上、幻想之中的婚姻是不牢靠的。

(4) 离婚率稳步上升,随之而生的是单身家庭和再婚家庭越来越多。

虽然缺乏详细的统计资料,但是单亲家庭的出现并缓慢地增加,这是通过调查研究可以获得的事实。还是以上海为例,目前单亲家庭在上海大约占3%—4%,其中,虽然有因丧偶的母(父)亲与未婚子女共同生活的单亲家庭,但是同样也有因离婚而从核心家庭中分离出来的由单身母(父)亲与未婚子女组成的家庭类型。显然这种现状出现的背景是我国城市夫妻婚姻的离散趋势在扩大。从《上海市统计年鉴》公布的数据可以知道,1978 年离婚人数为0.08 万人,每千人口中仅有0.07人离异,1990 年离婚人数为 3.27 万人,每千

---

① 费孝通:《生育制度》,天津人民出版社 1981 年版,第 65 页。

人口中有 2.54 人离异,2005 年离婚人数已达 7.86 万人,每千人口中有 5.86 人离异,与改革开放前相比,离婚率增长 80.36 倍。城市婚姻的这种状况无疑会导致单亲家庭的出现和增多,问题是它会不会像西方国家那样成为一个比较严重的社会问题。

家庭小型化使我国家庭内部的关系结构想对简化,人际互动趋向民主化,结果带来一个比较明显的变化是,夫妇关系开始成为我国城市中核心化家庭的主轴,成为维系家庭的第一纽带和家庭生活和谐与否的关键。即使在直系家庭中,纵向的父亲单轴也开始向横向的老少夫妇并行的双轴演化,同房分食、一家两主已经成为我国许多大城市尤其是经济发达地区直系家庭成员关系的现代新特征。

(5) 家庭人口老龄化,计划生育导致"四二一"家庭,对传统的家庭养老制度形成有力冲击。

老年人问题涉及范围很广,诸如老年人的经济状况、社会地位、社会角色、社会作用、家庭关系、家庭环境、卫生状况、赡养状况、婚姻状况、心理状况、精神生活、思想调适、文化活动等等。从家庭功能的角度来说,主要是如何解决赡养的责任问题,我国目前的老年人保障有三种形式:即国家供给、社会供养和家庭赡养。传统以家庭赡养为主,但由于计划生育使我国一些大城市已面临严重的人口老龄化现象,"四二一"的家庭结构也很难担负起家庭赡养的职责。怎么办?出路在于养老社会化。把国家、社会、个人力量结合起来,大力兴办老年福利院、养老院、老年公寓、社区养老中心、家庭养老上门服务等,构建多种形式渠道兼而有之的养老体系是解决这一问题的最终出路。

(6) 丁克家庭和独身人数在不断增加,独身作为一种生活方式得到社会的承认。

一对具有生育能力的夫妇自愿不要孩子,就是我们所说的"二人世界",又称之为"DINK"家庭或"丁克家庭"。20 世纪六七十年代,这种家庭模式开始在欧美等地流行,自 80 年代起,它悄悄地叩开中国的大门。随着时代的发展,这种家庭模式逐渐被人们所接受、认同。选择丁克家庭的人群具有三个明显特征:年轻化、高学历和高收入。而导致丁克家庭出现的原因基本上有:"养儿防老"意识的转变,对婚姻关系的不信任,社会工作的压力,经济能力的不具备等等。丁克族作为一种超前的生活方式,一种独特的家庭结构,如何正确看待它是我们所要思考的。

与丁克族相同,独身观念也自 80 年代开始,慢慢侵袭我们的思想,更逐渐地为大多年轻人所认同,成为一种得到社会认可的生活方式。如同婚恋自由一样,独身也是个人自由,但是独身是要付出代价的,需要克服生理上、精神上以及各方面所必然出现的诸多矛盾,而独身主义对于我们社会的繁衍生息、社会性道德等问题都有极大的冲击,必然会引起越来越多学者的重视。

由于家庭结构的变化,也衍生出了许多以前所没有的家庭问题,例如日益受到重视的家庭暴力问题就是其中之一。

家庭暴力是发生在家庭成员之间的暴力行为。日益严重的家庭暴力危害了受害者的身心健康,侵犯了受害者的合法权益,破坏了社会的稳定和发展,已引起全社会的广泛关注。为了给予家庭暴力的受害者更全面、更具体、更适当的协助,以取得更好的社会效果,必须依靠建立法律、社会、心理各层面的社会支持体系。

在现实生活中,家庭暴力的存在严重地侵扰着家庭的安宁和稳定,并且使弱势的家庭成员成为首当其冲的受害者。据有关资料表明,1999年全国29个省、自治区、直辖市妇联上半年来访总数为112 976件,其中婚姻家庭类55 892件,占总数的49.47%,反映家庭暴力的有8 862件,占婚姻家庭类的15.86%;下半年来信来访总数为280 338件,其中婚姻家庭类110 070件,占总数的39.26%,反映家庭暴力的20 148件,占婚姻家庭类的18.3%,比上半年上升了2.44%。从家庭暴力的情节来看,受害者以妇女居多,伤害的手段残忍。而施暴者大多为26—55岁的年龄,文化素质较低,其中农民占多数,其次是工人和个体经营者,但也有较高层次的副教授等。我国目前家庭暴力的状况,要求我们把反家庭暴力提上日程,预防和制止家庭暴力,维护家庭成员的人身权利,保障人权。

当然,由于中国地域广阔,人口众多,上述的分析都是针对我国城市情况而言,广大农村家庭自然有它的变化特点。除了从以联合家庭为主转向以核心家庭为主,以及家庭中的权威人物不仅仅只是辈分最高的长者,而更多的是精力充沛、文化技术素质较高和能赚钱的家庭成员外,由于中国农村仍处在相对封闭状态之中,所以,婚姻结合的途径仍然受到限制,低质量的凑合型的婚姻仍然占一定的比例,妇女在家庭中的地位仍然有待于提高,而最关键的是农村家庭关系至今更多的还是以父子关系为轴心而转动。

家庭的基本理论和东西方家庭结构的比较

家庭基本理论

对于社会学研究而言,作为基本的社会单元,家庭在社会中到底扮演什么角色呢? 对于这个问题,社会学中的主流研究范式都有自己的解释。

功能主义的解释

社会学中的功能主义学者认为，家庭对社会的贡献是显而易见的。在许多部落社会中，家庭基本的自给自足单位，所有的家庭成员共同参加生产劳动，为所有家庭成员提供必须的生存物质；不仅如此，家庭中的长辈要生养子女，为子女的成长提供环境，交给他们生存的技能，培养他们基本的价值观念。因此，家庭基本上是一个全能的社会单元。通常，我们认为家庭具有生养功能、经济功能、社会化功能、性爱与感情功能等。

在现代社会，家庭的首要社会意义是生养。在中国，主流的家庭模式仍然是一夫一妻加子女的核心家庭，即使是非主流形态的家庭，也有不少人愿意以收养的方式养育后代。因此，直到今天，人们仍然在遵循社会繁衍的基本法则：通过生养的方式保证家族的繁衍，进而保持社会的延续。

在传统社会中，人们对生养的理解只是增加一个人口，只要能够养活，就能保证社会的延续，强壮的身体是第一位的。在现代社会，尽管强壮的身体仍然重要，但是获取知识的重要性却在不断上升，现代社会的职业对知识的要求不仅越来越专门化，也越来越个性化，要求就业者在既有知识积累的基础上具有更强的创造能力，而这种能力的培养正是从养育开始的。社会化始于家庭，从家里，人们学会了基本的吃、穿、行走等生存的技能，同时也学会了对自我的认知，对社会的基本了解，对人对事的态度等。社会学和心理学的研究也表明，对于社会而言，个体的情商和智商一样重要。就像人类的基本能力不是人类的本能一样，人类的情感也不是人类的本能，而是社会的产物，是在与社会的互动中发展出来的。情感的摇篮正是一个人最初所处的社会团体，即家庭。

在传统社会中，由于男女生理上的差异，导致了经济活动中的分工，男性主要承担体力活动，女性主要承担技巧性活动，使得家庭中的夫妻在经济互动中成为相互依赖的整体。随着人类经济生活方式的变迁，家庭的经济意义在逐步减弱。

尽管约束性行为的观念和规则在不同的社会和不同历史时期有很大的不同，但没有一个社会提倡甚至允许完全自由的性行为，而对人类性行为进行约束的重要方式就是家庭，通过相对稳定的性伴侣约束，来约束滥交。

冲突论的解释

上面是从两性和谐关系的角度出发对家庭主要社会意义的探讨，如果从两性对抗的角度出发，就会看到家庭的另一些社会意义。

女性主义者强调，两性之间并不存在和谐的关系，始终存在的是两性冲突,男性与女性的彼此竞争。在这场竞争中,女性是失败者,进而也变成被统治者。

不管家庭的不平等基础来源于哪里,在女性主义者看来,今天的家庭仍然是男性统治女性的工具,并为社会上男性对女性的统治奠定了基础,许多人把男性看成是这个社会的主宰,并认为是天经地义的。这是因为,在家庭中女性就表现为从属角色,就受男性的支配。因此,社会中男性对女性的支配只不过是家庭模式的翻版而已。

东西方家庭结构的比较:以夫妻为主轴的感情团体与事业单位和生产单位

如前所述,家庭是从以血缘关系为主发展到以婚姻关系为主的一个历史过程,家庭的这两个阶段,基本上可以从东西方两种不同类的家庭中得以反映。在西方,家庭是团体性的社群,是一个以夫妻为主轴的感情团体,有明确的团体界限。在中国,家庭则主要是一个事业单位和生产单位,家庭的生育功能、经济功能历来重于夫妻之间以及家庭其他成员之间的感情协调的功能,传统的中国尤其如此。既然这样,中国的纵向家庭关系,即亲子关系代表了家庭关系的主要方面和主要方向,横向的夫妻关系则为纵向关系所支配和维持,而并不注重夫妻之间的感情。这与西方大不相同。在西方,浪漫主义的爱情为婚姻家庭的第一要义,没有爱情的婚姻是无法理解和难以成立的,能合则合,不合就散,不仅婚前如此,婚后也是这样。但在中国却相反。有一句中国流行语称之为:"先结婚后恋爱",表明爱情决非婚姻的决定性因素。事实夫妻一旦结合了,夫与妻各尽义务而已,"合得来则合,合不来也凑合",这是中国许多家庭夫妻关系的一种真实写照。

既然家庭是一个生产单位,那么,中国的家庭尤其是广大农村家庭,就格外注重与维持家庭生产或事业不断绵延发展有关的传宗接代的事。生孩子在中国家庭中被认为至关重要,"不孝有三,无后为大",这句话十分典型地反映了这一点。中国家庭以父系承袭,因此关键的是生育男孩,生男孩的意义远远超出使家庭成员鼎盛的生理意义。生育上的男女不平等带来了家庭中男女不平等,这一点显然又有别于西方社会家庭中的男女两性的地位。重生育、重生男的传统一直影响到现代中国家庭。著名社会学家潘光旦先生于1926年在上海就人们结婚成立家庭的目的进行了调查,所发问卷列了四种看法:(1)性欲之满足;(2)善良子女之生产和教育;(3)父母之侍奉;(4)浪漫生活与伴侣。经过统计发现,无论是男性被调查者还是女性被调查者,都是选择第二种看法的最多。在20世纪90年代的今天,"传宗接代","重男轻女"的思想在中国特别是广大的农村不能说仅仅只有残余,恐怕依然有很大的市场。可见,中国家庭的主轴是在父子之间,是纵向的。它反映在观念形态上,也就特别注重上下、长幼、尊卑、贵贱这一整套等级制度。它在结构上是氏族性的,具有氏族的很多特点,如,单系发展、同性组合、血缘性和以家族为本位(户为本位)等等。

费孝通先生在《乡土中国》一书中曾经认为,中国家庭(确切地说是家族)成员之间的远近亲疏,就像水的波纹一样,可以一圈圈推出去,没有明确的界限,但却有一个固定的中心,即是与"人"相对立的"己"。传统中国社会的结构,就是以家庭为中心的等级分明的人伦结构。传统中国的人际关系是一种"推己及人"的人伦关系,是一种"特殊取向",以至陌生人之间也可称兄道弟,这跟西方社会那种权利与义务的界限十分清楚的"群己"关系(这可以从他们的远近不分、亲疏难辨的"先生"、"小姐"的称呼上反映出来)是大不一样的。这种人伦关系使中国社会自古以来就十分重视私人关系和私人感情。中国过去可以说是一张由无数私人关系所织成的网。对此,中国著名的哲学家冯友兰先生也认为,家族制度就是中国的社会制度。虽然,这种家族制度在无数次中国革命的洪流中遭受了冲击,但它的影响至今并未完全肃清。即便是到了21世纪,我国城市人民政权内部存在的家长制行为方式,封建宗法式的人际关系,以及"家国"混淆的情况,依然时有所闻。例如现在很流行的家族式企业,也是这种观念的产物。

近年来随着改革开放,人们的婚姻观和家庭意识也逐渐在发生转变,尤其是年轻人的经自由恋爱到组织家庭,有的已不再那么讲究中国人一直以来的"门当户对",而把感情因素放在了首位,尤其是80年代后出生的独生子女已成为离婚高发人群。上海市民政局婚姻管理登记处统计显示,2006年上海结婚登记人数达16.2万多对,比2005年增长了六成,创下了多年来的又一结婚高峰纪录。但办理离婚手续的夫妇亦有3.7万多对,比上年增长两成多。其中很多都是结婚不长便闪电离婚的25岁左右的年轻夫妇,浦东新区民政局甚至有过一对小夫妻登记结婚后隔天便登记离婚的现象。这些年轻人大部分处于一种大人身儿童心的状态,他们生理上成熟了,心理上并没成熟,想法很前卫,但承受力却很差。对此有专家建议应建立成熟的婚姻观和科学的家庭观念,进行适当婚前培训再组织家庭。在未来的日子里,加强家庭物质生活建设和家庭精神文明建设仍将是建设社会主义和谐社会的必经之途。

可以说,中国的家庭结构正经历着前所未有的巨大变迁,这就是家庭的小型化和多样化趋势。这一趋势和城市化过程,改变了传统的恋爱婚姻家庭文化，也影响着人们的家庭关系和生育行为。家庭是社会的基本单位之一，对家庭和家庭关系变迁的社会学研究对于建立新的社会生活共同体具有重要的理论和实践意义。

家庭的未来

对家庭历史的追溯我们可以知道，家庭是人类发展到一定历史阶段上的产物，那么，随着家庭的进一步变化和发展，家庭究竟会不会消亡？问题的提出不仅是由于家庭的起源所引起，更多的是因为当今的家庭所发生的令人眼花缭乱的变化。

曾经在联合国教科文组织人口局工作和曾任巴黎迪卡儿大学社会学客座教授的詹姆士德·本纳姆在《家庭的未来》一文中指出：今天的西方，"夫妇式家庭"这种依然最普通的模式，从形式到内容方面均受到威胁。变化着的社会文化价值，科学的进步，人口状况的趋势以及国际形势的变化都是家庭解体的主要原因。① 这里，变化着的社会文化价值的标志是：非法生育数量增加，尤其是在青春期少女中；离婚率增长；婚姻体制相应削弱；同居者数量增加。对家庭的无论何种形式的义务和责任已经成为个人之间的义务和责任，而不再是由结婚仪式为象征而承担起来的社会性的义务和责任。科学和技术的进步有可能导致新的社会行为模式的产生。生物学和医学的发展，使得社会面临伦理道德及文化方面的新挑战。生育，这个迄今为止要由一个男人和一个女人共同做出决定并进行的复杂活动，可以在彼此隔离的情况下进行：捐献精液者，妊娠期怀胎的代理母亲，医生及其他中间人等三者介入了这项活动。随后出现了与试管内授精、死后授精等相关的问题。国际上的政治和经济变化，使得数以百万计的人口流向西方，从而对家庭产生了间接的影响。因为这意味着不同文化习俗的家庭在新的国度里共同生活，这种情况导致了混合婚姻、传统家庭的分裂、生育率变化以及第二代移民同化中的种种问题。此外，生育率下降，人口老化以及结婚人数减少等等，所有这一切都对东西方传统家庭带来了冲击。

正因为家庭正在发生如此巨大的变化，并且这种变化还将进一步加剧，故而对家庭未来的走向，历来存在着不同的见解，归纳起来，下述几种理论或观点比较具有代表性：

1. 家庭消亡论

这是悲观主义论者的观点。他们认为，家庭的社会作用正在消失，正如

---

① 《国际社会科学杂志》1995 年第 8 卷第 4 期，第 117 页。

机械化、工业化、科层化正在同化其他社会结构一样,将会同化家庭。由于大规模有效率的托儿所、幼儿园、寄宿学校培养和教育儿童会比单个家庭更为出色,因此家庭就变成一对可以自由解除婚约的夫妻进行再生产的维持感情的场所了。索罗金(P. Sorokin)是这一观点的代表人物,他指出,家庭的主要文化功能会进一步削弱,直到家庭变成一个男子纯属偶然同居的场所,变成一个主要是两性关系的非常短暂的居处。

2. 家庭永恒论

这种观点认为现代的家庭形式在将来会继续存在,并继续担负必不可少的职能。作为代表人物,美国社会学家古德(W. J. Goode)认为,工业化改变家庭的进程在朝着"某种类型的婚姻制度"发展,在结婚年龄、权威类型、劳动分工和家庭作用上,世界会趋同一致;由于婚姻家庭能更好地适应工业社会,提供更稳定和更具有创造性的劳动力,因此这种趋同是合于需要的;由于核心家庭能使家庭成员享受更多的自由,青年人受老一辈专制统治的程度在减轻,并能打破严格的阶层界限,结婚和离婚更自由,因此这种家庭在伦理道德上也是合于需要的。

3. 家庭多样化论

这种理论主要由西方未来学者提出的。据他们预测,在未来家庭中,核心家庭只是占很少比率的一种,相当多的是这样一些家庭:单身家庭、同居家庭、丁克家庭、单亲家庭、合伙家庭(由两个离过婚带有孩子的男女再次结婚而组成的包括大人、原有孩子的扩大家庭)、群居家庭(由一群人如嬉皮士或一群老人共同生活而形成的家庭以及其他形形色色的非血缘家庭)。

4. 家庭核心化论

这是中国学者根据中国家庭发展的状况所提出的一种观点。他们认为,中国近几十年来特别是在城市中,核心家庭不仅呈增长趋势而且占据明显优势,因此中国的未来家庭将主要是核心家庭。

不论在理论上作何种概括,社会经济文化生活的发展、中国传统文化环境的变迁、西方文化的渗入和融合、生育可续性技术的进步和普及、城市化的飞速发展、人们爱情意识的确立,所有这一切都反映到了家庭里来,我们可以比较清晰地看到:家庭内"代沟"在扩大,亲戚在疏远,女性在觉醒,性观念在开放,老人在家中的地位逐渐下降,维系家庭成员之间关系的纽带正趋于变质。而随着进一步的社会发展,中国的家庭又会发生怎样的变化?对此,至少目前我们尚无法作出肯定的判断。

二、地缘群体：城乡社区与国家

前面已经提到，血缘和地缘的分离过程，是伴随着社会和国家的分离，农村和城市的分离同时进行的。在这个过程中，首先出现的地缘单位就是"社区"(community)。

社区的本来含义及其演变

"社区"含有公社、社会、共同体和同一地区的全体居民等多种意思。中国早期对"community"的翻译，曾有多种："地群"、"人群"、"区域社会"等等。在西方，早期研究社区的人，经常采用对比的方式来说明社区的含义。德国社会学家滕尼斯(F. Tonnis)首先提出"gemeinschaft"和"gesellschaft"这两个概念。前者现在一般译作"社区"，后者则译作"社会"。这两个概念的区别，大致可从下面的对比中看出来：

"gemeinschaft"	"gesellschaft"
乡土社会	法理社会
传统权威	法理权威
过去取向	现在和未来取向
初级关系（血缘关系、感情关系）	初级关系（契约关系、权利与义务关系）
个人归属感强	个人归属感弱
先赋性地位	自致性地位
结构的封闭性与同质性	开放性与异质性
组织是小型的（小群体）	组织是大型的（大组织）

在《社区与社会》中，滕尼斯将"gemeinschaft"解释为一种由同质人口组成的具有价值观念一致、关系密切、出入相扶、守望相助的富有人情味的社会群体。人们加入这个群体不是由自己选择的，而是因为他们生长在这个群体。这种群体就是社区。"gesellschaft"则是指一种由异质人口组成的具有不同价值观念的重理智、轻人情的社会群体。这种群体就是社会。人家加入这个群体是根据自己的意愿选择决定的。滕尼斯认为整个社会发展的大趋势就是逐步由乡土社会向法理社会的过渡。

类似这样的"两分法"，在涂尔干的关于分工的理论中得到了再现，他用

"机械团结"和"有机团结"这两个概念分别概括古代社会和现代社会。在前一种情况下个性湮没在集体之中,个人无个性可言,在后一种情况下,出现了个性的个人。

英国社会学家麦基佛(R. M. Maciver)将"社区"(community)与"社团"(association)相比较,前者是一种生活的共同体,它包括社区所在的全体成员;后者则是一种有特定目的的组织,它只包括社区中部分的成员。一个社区内可以包括许多社团,既可以包括最重要的社团,也可以包括最不重要的社团;既可以是暂时的社团,也可以永久性的社团。而且一个社区的成员可以同时是好几个不同社团的成员,但是再大的社团也不能包括社区的全体成员。

从社区概念的产生看,它带有很大的空想成分。有点类似陶渊明笔下的"桃花源"那样的自给自足的小村庄,或者像孟子笔下的"井田制"社会。滕尼斯的确也只是强调社区成员的一致性和所谓的"共同的利益",而对于情感意义上的任何消极的关系和本质上的冲突,则一概置之不顾,实际上他是把生物学上的"共生"理论作为社区理论的基础,所描绘的不过是非历史的、理想化的公社形式。

至滕尼斯以后,社会学家从各种角度对社区概念进行界说,其定义据说多达140多种。归纳起来主要有以下几种最具有代表性:

(1) 认为社区是一个地域性或地理性概念,按照 R. E. 帕克的说法,社区是"社会团体中个人与社会制度的地理分布"。持这种说法的人较多,被称为社区研究中的"区位学派"。

(2) 认为社区是居民生活中互相关联与互相依赖的网状体,这种看法侧重于社会群体的心理与互动。

(3) 认为社区的目的在于寻求相互保卫与共同福利。这种看法注重社区的功能。社区生活的动力也在于自行发现其共同的利益及需要与自求解决的方法。

(4) 从系统论的观点出发,认为社区是地域、社会互动和社会关系的综合体。

(5) 多数社会学家都认为,社区是进行一种共同的社会活动、具有某种较密切的互动关系和共同文化维系力的人类生活的区域共同体。

从上述意义来看,基本上可以把社区分为两大类:一类是从功能主义观点出发,认为社区是由相互关联的人——有共同的目标和利益关系—组成的社会共同体;另一类从地域出发,认为社区是在某一特定地区内共生的有组织的人群。实质上作为人们生活的基本社会单位,它不仅具有一定的地域性特点,而且也具有一定的组织结构性和功能性特点,只不过这些性质在不同的社区生活中所表露的程度有所差异。在我国,社区的地域性质比较明显,而在一些发达国家,社区的功能性比较明显。因此,我们认为所谓社区是指居住在一个地区里进行共同生活的社会群体。他们进行互相联系的经济和政治活动,形成一个共同的生活集体,具有一定程度上相同的价值观念、共同利益和相似的认同意识,并有相应得实体单位。

从上述这个概念中可以看出,社区至少应该包括这样几个内容:

(1) 社区是一个特定地区内的人口集团;

(2) 社区成员之间的联系纽带是共同语言、风格和文化,由此产生共同的结合感和归属感;

(3) 每一社区都有共同的活动场所和活动中心;

(4) 每一个社区都有自己的组织和制度;

(5) 每一社区都有它特有的自然条件或生态环境。凭借着这种自然环境我们可以划分出性质和特点迥然不同的社区,比如农村社区和城市社区。

社区研究的历史发展和基本理论

早期的研究

在社会学学科的发展历史上,最早真正开始从社会学角度论述社区问题的社会学家是德国社会学家滕尼斯(F. Tonnis),他于1887年所著的《社区与社会》一书,是最早提出有关"社区"理论的社会学论著。此外,法国社会学家迪尔凯姆在《社会分工论》中对两种不同的社会结构类型的划分,也对农村社区和城市社区的研究产生了重要的影响。

20世纪二三十年代,在帕克的带领下,美国早期从事社会学研究的芝加哥学派研究了芝加哥城市的都市化过程,由此探究美国城市的结构及演变过程。在10年间,帕克指导的博士研究生进行了15项有关城市生活和城市社会问题的研究,其对象包括非法团伙、流浪汉、职业舞女、妓女、吸毒、青少年犯罪以及犹太移民等等。他们认为社区的空间秩序是通过优势、隔离、非人情化竞争和演替等"自然"过程才得以形成的,其中经济竞争在总体上支配着城市空间组织的构造,而文化因素或社会价值观的认同则会影响城市空间组织的微观结构。这种竞争是城市社区在发展过程中避免不了,但是这种竞争并不是与社区的自我发展相矛盾,甚至相反,却能强化社区的生活功能体系。在帕克看来,社区是竞争的结果,竞争使强者占据城市有利的区位社区,而使弱者退居到区位较差的社区,由于不同社区生活着不同阶层和地位的人,于是就形成不同特质的社区,社区的多样性就由此而生,比如就有富人社区和穷人社区之分。这些理论对后来的社区研究带来很大的影响。在这个研究过程中,著名的人文区位学理论也随之产生发展起来了,并提出了几个有影响的理论模型。例如,伯吉斯创立的"同心圆区"模型以芝加哥城市为例,把城市的区域划分为向外扩展的五个同心圆:中心商业区、过渡性地带、工人阶级住宅区、较好的住宅带和交通带,每个同心圆包含各自独特的人口和活动方式。霍默·霍伊特提出的"扇形"模式,认为城市应该呈扇形向外展开。昌西·哈里斯和爱德华·厄尔曼总结出的"多核心"模式,强调城市应该具有多个核心,每个核心都是一个专业区域的中心。这一理论在分析社区区位的基础上,对芝加哥市内的犹太人聚居区、波兰移民区、上层阶级邻里、贫民区等独立的社区单位进行研究,具体而深入地揭示了社区人文生态结构的基本特征。

同一时期,美国学者罗伯特·林德和海伦·林德夫妇开创了以小镇为对象的社区综合性研究。他们在对当时美国印第安纳州的一个市镇进行了深入的调查研究的基础上,于1929年出版了《中镇》一书。书中较全面地描述和解释了这个大约3.5万人的小镇居民在职业、家庭生活、闲暇活动、宗教活动等方面的状况。

20世纪50年代,在美国的社区研究中,开始重视起了社区权力研究,其目的是通过社区权力的分配状况,认识社区的分层结构及决策过程。这方面研究的代表作有美国学者弗洛伊德·亨特(Floyd. Huntet)1953年出版的《社区权力结构》一书,该书对美国亚特兰大市的权力分配进行了研究,指出辨认出社区的真正领导人,同他们进行恰当的沟通或施加压力,就可能促进社区的重大社会变迁。

20世纪六七十年代,随着新技术革命的到来,传统的农村社区在西方已很难找到,城市社区的研究者提出了后现代城市的概念。更有一些学者认为,在美国这个高度发展的社会中,社区已经解体,社区研究的意义不复存在。但在70年代后,美国社会学者在经过社会现代化所带来的变化反思后,认识到,美国社会虽然高度发展,但并不是一个彻底的大从社会,在民族间、种族间仍存在价值观念、生活方式和行为方式等方面的差异,特别在城乡间,经济发展、社会结构、价值观念等方面仍存在很大的区别,社区研究的意义仍不可忽视。社区研究开始了复兴。

从芝加哥学派到新城市社会学

"新城市社会学"("新马克思主义城市社会学"或"城市政治经济学")学

派产生的社会背景缘自20世纪60年代欧美国家普遍出现的城市危机,美国60年代出现郊区化以及种族暴乱等城市危机,引起了该学派的研究兴趣:资本主义的作用、国际经济秩序对城市建设的影响、财富的积累与权力的集中、社会阶级关系与国家管理职能等。其主要的主张是对政府公共政策与私人利益联姻的批判,认为国家管理的职能最终是为满足经济利益所需要的稳定社会秩序服务的;城市象征着由利润机制造成的财富与权力的不平等,是代表资本积累与阶级斗争集中的空间场所,认为是资产阶级而不是劳工大众受惠于政府的城市政策。

根据兹金(S. Zukin)在"新城市社会学的10年"中的看法,新学派可分为三个流派(S. Zukin,1981),这就是法国以卡斯泰尔为代表的结构马克思主义城市社会学、美国以哈维(D. Harvey)为代表的政治经济学和英国以帕尔为代表的新韦伯主义。其中,最有影响力的是卡斯泰尔和哈维。

《城市问题》中,卡斯泰尔明确地表示他力图用结构马克思主义的观点来分析城市社会。他认为,城市空间是社会结构的表现,社会结构是由经济系统、政治系统和意识形态系统组成的,其中经济系统起决定作用;经济系统的发展不是被思想,而是被过去和现在的经济系统所决定;经济系统本身由劳动力、生产工具和资本家三要素构成。在其理论中有一个重要的概念:集体消费。他认为,只有通过国家的介入,直接干预公共事业的生产、分配、管理与消费的组织过程才能提供集体消费资料。所以,资本主义社会的国家已成为一支凌驾于社会生产方式之上的独立力量,它不仅对资本主义生产工具的生产与再生产过程进行调控,而且直接介入到劳动力的生产与再生产的消费过程中,"成为日常生活的真正管理者"。城市只是由国家政府政策加以补充的市场机制的物理扩展;国家一方面代表统治阶级的利益,另一方面也不得不采取一定的措施缓和阶级矛盾,防止社会动荡;随着资本的市场运动,政府在何时、何地、以何种方式、在多大程度上组织和介入集体消费过程,必将极大影响城市空间形态的变动。但是卡斯泰尔指出,那些服务于资本利益的城市计划和政策,并不必然符合广大城市居民和贫困阶层的利益。

在《城市与百姓》(*The City and the Grassroots*)中,卡斯泰尔还着重分析了欧美社会中蓬勃发展的城市社会运动。在他看来,城市社会运动本质上是广大城市居民自发组织起来对政府城市规划的抵抗,表明了百姓自我防卫意识的高涨。在长期的城市社会生活中,百姓们逐步产生了一种新的人与城市之间的互动关系和相应的社会利益、价值观念,即人对自己社区的看法。他们将社区与自身的经济利益和社会生活的各个方面联系起来,认识到为了城市规划而搬出自己长期居住的社区,不仅意味着自己离开一个地理环境,而更重要的是,意味着与长期在社区中建立起来的社会关系断绝,放弃了融会在该社区中的社会与文化价值。同样,社区环境的好坏也与自己的切身利益息息相关。出于这种认识,在同一社区中生活的城市居民有可能超越阶层、阶级、种族、文化的界线,组织成政治团体,为捍卫社区的共同利益而进行斗争。如果政府不能向社区提供足够的集体消费资料,社区居民就组织社会运动来表示不满并进行抗议活动,"这些社会运动对于影响政府城市政策的决策具有巨大作用。城市社会运动有三个主要目标:(1) 抵制以利润获取为主要目标、坚持提高集体消费水平的城市规划;(2) 社区文化的创造与认同(Identity);(3) 政治上自治管理,市民组织具有参与决策权"(转引自森冈清美等,1993)。但是他指出,城市社会运动有局限性,它只能改良城市,却不能改变社会。他重申了自己一贯的主张,阶级斗争才是社会变迁的主要动力(转自 W. Flanagan,1993)。

雷克斯和帕尔的城市社会学研究继承了韦伯的科层制、市场情境(market situation)理论,认为阶级是由市场情境中的市场地位所决定,因此,被人们称为新韦伯主义,明显地不同于卡斯泰尔、哈维接近正统马克思主义的分析立场。在与人合著的《种族、社区与冲突》(1967)中,雷克斯指出,资本主义的生产、阶级冲突和国家都与城市转变为"被创建的环境"(created environment)有直接的关系,其中住宅对阶级形成和阶级冲突又具有极为重要的作用。雷克斯认为,城市内质量不同住宅的取得,并不仅仅是由经济因素决定的,也是一个经由市场机制和科层官僚制运作过程的产物。国家与私人资本对城市住宅的投资,促成了"住宅市场"的兴起,对于不同住宅的拥有,就产生了不同的"住宅阶级"。在比较大的城市中,我们至少可以看到以下几种住宅阶级:(1) 通过现金购买,确实拥有自己住宅并住在最令人满意的地区者;(2) 通过抵押贷款方式而拥有该类住宅者;(3) 通过抵押贷款方式而拥有住宅,但却位于不太令人满意的地区的住宅者;(4) 住在政府出租的住宅者;(5) 住在私人出租的住宅者。一般情况下,国家提供的国民住宅相对来讲要质优价廉,但是,国民住宅的资格限制和购屋贷款的审核却很复杂。能否拥有国民住宅必须要经过激烈争夺,而这常常是官僚、市场、经济多种因素平衡的结果。因此在雷克斯看来,能否通过资格限制和贷款审核是争取住宅的阶级斗争的两个主要方面;在全国全面普及国家提供的国民住宅又是工人运动的一个重要问题。整个城市中有住宅的阶级和无住宅的阶级、住宅好的阶级和住宅差的阶级之间,因住宅产生的斗争造成了持续不断的社会冲突。在雷克斯理论的基础上,帕尔则以"城市管理者"(urban manager)的理论,进一步指出城市资源的分配不平等是造成社会冲突的根本原因。"城市管理者"理论有两个主要观点:(1)城市资源的分配并不是由生态过程或经济结构所决定,而是由拥有权力的科层制官僚所决定的,换言之,城市资源的分配是由一群掌握住宅市场和科层制运作机制的人所控制的。(2)城市是一种社会和空间体系。因此,城市资源也含有地理空间的成分,此类资源的分布,无法同时由两个或两个以上的个人和团体所占有,能占有良好位置者自然就拥有比他人更多或更大使用各项设施的优势。正由于此种不平等现象的存在,城市内社会冲突的情况才不可避免。

当今欧美日社会学的相关研究中,越来越多的学者已将注意力转向具体社区的案例研究。进入互联网时代后,学者们在传统的农村社区和城市社区这些现实社区之外,还提出了虚拟社区的概念。它是由共同需要的社会成员组成、依托互联网网站进行人际互动的一种非地域性的社会形态,是人类活动空间扩展到虚拟世界后的一个飞跃。

农村社区和城市社区

在近代以前,中国的农村社区和城市社区都具有典型的农业社会特征。鸦片战争以后,外国资本进入中国,加速了城市中工业的发展。与此同时也扩大了农村社区与城市社区的差别:农村社区仍然处于封建制度的农业社会,而城市尤其是沿海的大城市则日趋变成半殖民地式的工业化社会。1949年中华人民共和国成立以后,在城市和农村都建立了社会主义公有制,实行了计划经济体制,并且开始了大规模的工业化进程。由于发展工业所需的资金靠农业生产积累,从而加剧了城乡发展的不均衡性。

改革开放以后,城乡隔离格局逐步被打破。首先是由于乡镇企业的发展,使城乡之间的经济交往更加频繁和密切。接着发生的是城乡之间的人口流动,大批农民暂时地和永久地进入城镇,开始打破城乡二元社会结构的格局。下面我们将讨论中国农村社区和城市社区的发展以及中国的城市化道路。

1. 农村社区及其变迁

(1) 传统农村社区

这是"社区"这个词的本义所在。前面在对比"社区"和"社会"这两种社会形态时,给社区下的那些界定,基本上都适用于农村社区,传统的农村社区一般都具有这样一些特点:社区的范围一般都不大,"三家村"甚至"独家村"都可以成为一个单位;人口密度不高;人口的组合较单纯,属所谓"同质"组合;社会流动缓慢;人际关系简单、直接而又密切;社会风气朴实,一般社会问题靠风俗习惯就能解决。正如前面已经指出的,"社区"这个概念从它产生之日起,就带有一定的空想色彩。从这里罗列的几点,也可略见一二。一旦开始接触实际的社区生活,就会发觉它里面充满着各种各样的矛盾,在这些矛盾面前,社区的理想化特征就走样了,因而也就超出了社区的范围。我们使用"社区"这个词,将主要限定在"基本单位"这一意义之内,即全体成员都有份的那样一种生活"圈子"之内,而反对把这个概念任意的解释,比如把城市社区等同于城市,把城市社区和农村社区的关系等同于城乡关系等等。当然,反过来也不能走向另一个极端,要求截然划清两者的界限,那也是不可能的。

  作为社会基本单位的农村社区,其自身又可划分为层次不同的若干单位。我国汉朝刘熙所撰《释名》,记载了据说从周朝开始的农村的区域结构:五家为伍(又谓之邻),五邻为里,五百家为党,万二千五百为乡。这说明在中国农村很早就存在严密的组织结构。在西方,农村社区的扩大的过程大致是:小村落(hamlet),人口在250人以下;村(village),从250人到1 000人;镇(town),1 000人至1 500人。我国的情况,大致亦如此。不过由于幅员辽阔,各地情况很不相同,其间差别很大。江南一带,鱼米之乡,乡镇事业向来很发达,生产丝绸而闻名全国的江苏吴江县盛泽镇,据说在明代就有上万人口(1981年达2.6万人),而有些偏远地方的县城,如介于闽粤赣三省交界的寻乌县城,据毛泽东同志1930年的调查,人口也不过两三千人。① 可见,差别之大。

  1949年中华人民共和国成立以后,首先在农村中实行了土地改革,从根本上废除了封建的土地所有制,使农民都获得了土地,从而极大地提高了农业生产力。20世纪50年代中期开始的农村合作化运动和50年代后期实行的人民公社制度,使中国农村社会发生了一次大的变化。在人民公社制度下,农民都成为公社的社员,土地和其他主要的生产资料也都为集体所有。人民公社制度的建立避免了农村社区内部的贫富分化,并且集体经济组织的建立在一定程度上提高了农业生产中抵御自然灾害的能力。但是在这种制度下,农村劳动者在就业和迁移等方面失去了自由选择的权利,以1958年颁布《中华人民共和国户口登记条例》为标志,中国采取了严格控制农村人口向城市迁移的政策,由此形成了城乡分割的二元体制。并且,农村中集体的生

---

① 毛泽东:《寻乌调查》,载《毛泽东农村调查文集》,人民出版社1982年版。

产组织方式和由此而导致的平均主义的分配方式不利于调动农村劳动者的生产积极性,在一定程度上阻碍了农村经济的发展。

(2) 农村社区的变化和中介社区

从20世纪70年代末开始,中国农村社区实行了以家庭联产承包责任制为主要形式的经济体制改革。这一改革极大地激发了农民的生产积极性,促进了农业生产力的提高,同时促使大量的农村剩余劳动力从土地上解放出来,转入了乡镇企业等非农产业,进一步促进了农村社区的经济发展,缩小了城乡差别,中国农村的真正历史性改变也从此开始。

与此同时,农村社区之间的差距也在不断拉大。报载,1988年夏天,美国留学生詹姆斯·埃苏墨不远万里来到中国,在上海附近一个村子中的一户农家逗留了6个月,他一心渴望接触一下旧式乡民,一睹没有市侩气息的纯朴民风。但结果他大失所望,因为中国农村的纯朴生活已不复见。① 报道中的这位美国青年在上海郊区寻找传统纯朴的农村生活,显然是找错了地方,因为上海郊区已经是高度城市化了的城市。但不能因此就下结论,说中国农村现在都已发生了这样的变化。事实是,就全国范围来说,农村之间的差异极大,东部沿海城市周围的农村与中西部内地及边远地区的农村之间的差距就非常巨大。

1978年以后中国农村社区出现的变化主要表现在如下几个方面:

第一,商品经济机制进入农村,使封闭了几千年的中国农村的大门被打开了。狭小的血缘关系的圈子,正在被日益扩大的业缘关系的大市场所代替。

第二,单一的生产方式和生活方式的局面,正在为前所未有的多元文化所代替。农民对土地的依赖性在减弱,数以亿计的农民正在自愿地或被迫地离开自己的土地。

第三,家庭正在发生结构性变化,家庭内部的职业分化(从而阶层分化)现象日趋明显,传统的农村社区的家庭性特征,在经过几度反复之后,将最终趋于消失。

第四,现代文化、城市文化以及伴随而来的现代社会价值观念,正在深刻地改变着农民的精神面貌。农村比城市更需要一种新的精神支柱,否则将不可避免地出现与物质生活提高背道而驰的精神生活滑坡的现象。

在中国农村社区深层因素变迁的同时,伴随着社区存在形态的逐渐演化,一个典型的表现就是在传统的农村社区中不断诞生出中介社区。这里,

---

① 香港《信报》1989年2月10日。

所谓的中介社区指的是那些介于城乡之间，兼有城、乡社区特征，以乡镇企业为主要生产组织，以农村居民为主要工业生产者的小城镇和村社区。

作为新型中介社区的小城镇，它的兴起不是行政命令的产物，也不仅仅是农村一定范围内农副产品集散地，而是拥有发达的乡镇工业和购销范围波及全国的轻工业品（俗称小商品）交换市场的城镇社区。在这些社区的从业人员大多数户籍身份为农民，工作性质为工人的、具有双重身份的农民工或农民企业家。而村社区则是这样一些超级村庄，它完全脱离农业的工业人口和工业产值分别占全村总人口和工农业总产值至少90％以上，并且由于村办工业的发展，逐渐聚集起几倍甚至十几倍超出本村人口的工业人口，逐步形成工业品生产基地，以及信息、物资的交换市场。它与一般乡镇的区别在于，它没有政府在农村的最基层组织——乡政府，而是由村委会转变而来的总公司担负这个职能。

由此可见，新型中介社区与城乡两种社区具有紧密的联系，体现了它的一种非城非乡、亦城亦乡的特性。除此之外，新型中介社区的出现不是依靠国家的投资或规划，而完全是依靠农民创办乡镇企业自然生长出来的。

新型中介社区的出现缩带来的深刻意义自然不言而喻，至少目前我们能够感受到，它的诞生和壮大不仅开拓了城乡经济一体化的道路，而且正在逐步缩小城乡社区在人口聚集规模、就业人口构成、生产方式和生活方式等方面巨大差异，同时还大大地冲击了城市社区以户籍制度为核心，辅之以其他相应制度的一整套制度体制，最终推动了中国城乡融合的趋势，这一趋势在中国东部沿海经济发达地区尤其引人注目。

中国农村社区的变迁，尤其是乡镇企业的崛起对中国传统农村带来的重大影响和后果，费孝通先生在他近年的社区研究中有过精辟的论述，他的"区域"概念的引进，以及他对中国农村工业化、城市化由行政区域向经济区域发展模式的探索，为我们引出了无论是在社会学研究中还是在现实社会发展中都极为重要的有关中国城市化道路的话题。

关于理解中国乡村社会的最基础单位，过去社会学界就有"村落"和"集市"之争，这实际上也是在理解乡村社会方面，是看重于传播同质信息的组织还是看重于传播异质信息的网络。改革以后，在乡村社会的再组织过程中，虽然村落的行政边界没有发生太大的变化，但其经济边界和文化边界却远远超越了其行政边界。这种边界差异究竟会产生什么样的后果？对未来乡村社会变迁的方向产生怎样的影响？历经上千年的村落会不会失去它传统的基础性地位而被新型社区取代？

(3) 社会主义新农村建设

新农村,是相对于传统农村,计划经济时代的农村以及改革开放后新时期的农村,是在新的时代背景下具有新内涵、新风貌的农村。① 那这个"新"究竟新在哪里呢？与传统农村和计划经济时代农村相比,其基本有"五新"：新居住环境,新技术环境,新体制环境,新分工环境和新居民主体。新农村建设,是促成具有上述特点的新农村所有行动的总和,根据十一五规划,新农村建设的重点是发展农村生产、全面深化农村改革、进行基础设施建设,发展农村公共事业,提高农民素质,千方百计增加农民收入。

有些极端的社会学观点认为城市化才是现代化,搞新农村建设就违背了现代化的规律。有一些学者认为,日本和韩国在工业化中期阶段为了留住农村人口,避免农村凋敝,推动了新农村运动。尽管农村建设得比较好,但结果还是大量人口去了城市,能够留在农村的人口寥寥无几。

但建设新农村,并不是要否定我国的城镇化道路。我国现代化,只有城镇化而没有农村建设是不全面的；只强调农村建设,而否定城镇化,就会延误我国现代化的进程。根据我国的国情,即便我国将来高度城镇化,农村也会有几亿居民。(据第五次人口普查的结果显示,居住在乡村的人口仍有80 739万人,占总人口的63.91％。)因此,要正确认识新农村建设与城镇化之间的关系,确保城市带动农村,农村不拖城市后腿。

新农村建设中政府应该如何为自己定位？首先我们要明确新农村建设的主体必须是农民,但同时建设初期应该以政府主导为主。这里着重指出,政府应该把自己定位成一个资源提供者、公共产品提供者,尤其是一个配套政策提供者。目前中国的相关政策有些不但无关新农村建设,并且部分因其严重的时代滞后性对新农村建设产生了阻碍。就好比农村社会组织的建立,虽然宪法规定公民有结社自由,但在实践操作中农民自发组织民间组织受到了各种不配套政策的阻碍。纵使在组织成立时没有过多受到干预,但在其日常活动过程中却处处限制。当然为了维持现有社会秩序,不能任意破坏现有制度与法律,但政府应该加快配套政策与制度的制定与设计,必要的时候我们认为大胆革新是必要的,否则新农村建设只能是形式主义的又一牺牲品,只能是又一场没有结果的运动罢了。

2. 城市社区和城市化

(1) 城市社区特点和社区意识

不是哪一种类型的城市社区,概括起来,它一般具有如下一些基本特点：

---

① 《中国新农村建设报告(2006)》,社会科学文献出版社2006年版,第16页。

社区成员主要从事非农业生产活动；人口数量多、密度高，人口异质性强；社会结构复杂、商品生产发达，生产的社会性强；服务设施比较完善，服务水平较高；家庭的部分功能减弱，血缘关系相对淡化，地缘、业缘性质明显；人际关系比较淡薄，并且日益具有轻感情、重理智的趋向；成员的行为标准和价值观念多元化；生活秩序及一般社会关系主要通过正式规范、制度和组织调适。

　　如果说，一个独立的村庄就是一个完整的社区的话，那么城市则可以划分为好多个不同质的社区。正因为这个"质"的差异，就造成城市居民不仅有城市意识，而且有强烈的社区意识。在某种意义上说，有无社区意识，是社区是否存在的一个最重要的标志。对故乡和故土的强烈的感情，就是这种社区意识的集中表现。就上海这个城市来说，在许多老上海人的心目中，它可以划分为很多心理上的区域，以前所谓的"上只角"、"下只角"，就是用来表达这种社区意识的特殊语言，它分别指的是像徐汇区、静安区这样一些传统的高级住宅区和普陀区、闸北区这样一些传统的低收入住宅区甚至棚户区。这种意识即使在城市建设得到飞速发展的今天，也依然有较大的通行范围。值得指出的是，社区意识是一种可以放大也可以缩小的弹性意识，在同一城市的居民中间，你居住在哪一只"角"，有时会成为社交成败的重要因素；但是如果你离开这个城市，你就会不自觉地以这个城市的主人的身份自居，别人也会把这个城市居民的整体看法甚至是一种偏见用来评价你。例如，工作或旅游在外的上海人常常被当地人作此等评价：聪明，人很"精"，有时甚至很小气，不肯吃亏，有某种优越感，虚情假意和与人交往不愿掏真情等等。事实上，上海人和其他地方人一样千差万别，这就是一种"社区意识"的影响。随着社会流动的不断升级，传统的社区意识会逐渐淡化以及消失，就像现在的家族观念正在无可挽回地淡化和消失一样。不过应该承认这毕竟还是比较久远的事情，更迫切的倒是城市化快速的步伐对城市社区和社区成员带来的冲击，以及由此而产生的一系列结果。

　　(2) 城市化和人口流动

　　可以从不同角度去研究城市化并给它下定义。人口学家着眼于人口向城市的集聚、向城市流动；经济学家则把城市化和工业化连在一起，着眼于城市环境对经济效益的影响，把城市化作为一种经济现象、经济过程去研究；社会学则在更广泛的意义上，着眼于社会变迁的全过程去研究城市化及其社会后果。

　　城市化是人类从农业社会走向工业社会，从农村生活走向城市生活这一漫长过程中所出现的最重要的社会现象。城市的出现，曾经是城乡对立的开端;城市化的进程则将导致城乡差别的消失。

原则上说,从城市产生的那一天起,城市化的过程就开始了,但是,现在作为科学研究对象的城市化,却是当代社会在世界范围内出现的一种快速发展中的新的社会现象和社会问题。城市是当代社会的缩影。过去,一个家庭就是一个社会;后来,一个村庄就是一个社会;现在,真正能反映社会生活复杂性的,只有城市。当代城市社会生活就像一部生活百科全书,纵横交错,应有尽有。

在早期的时候,城乡不仅是对立的,而且是隔离的,这是由当时的小农经济的生产方式所决定的。资本主义大工业的出现,带来了城市化的高潮。如果说早期城市的象征是集市,那么后期城市的象征就是工厂。集市只能产生孤立的小城市,工厂才会带来现代社会所特有的大城市;事实上一个大的工厂,一个大的企业本身就是一座城市:"石油城"、"煤都"、"钢都"……大工业的出现使城市化的规模和进程一下子扩大和加快了好多倍。原来是沿着村落—集镇—小城市的方向和轨道进行的城市化路线,一下子变成沿着大城市—中等城市—小城市—农村的方向迅猛发展了,从而城市化的定义也发生了变化:现在我们所理解的城市化,指的是城市对农村的影响不断扩大,城市所代表的生产方式、生活方式、行为规范、人际关系以至城市所特有的社会分层、社会矛盾、社会问题、社会病态不断向农村扩散、渗透和转移的过程。因此,城市化在实质上是工业化和现代化的同义语。

欧洲城市的发展是以中心城市为核心的,城市化的高度发展及城市间的巨大相互作用,致使城市地域范围扩大和城市的数目增多,构成了由不同等级的规模城市所组成的城市区域体。作为欧美大都市圈主流学派的法国地理学家简·戈特曼提出了"城市群"的理论:在区域体中城市间的地缘边界相互蔓延,形成了连成一片的城市地区或称城市连绵带,或称城市群。

以德国、法国和英国为代表的欧洲城市群发展具有两个重要特征:

第一,分散性、独立性、低密度的城市形态,已成为德国等欧洲发达国家城市群结构的基本构成。德国的城市独具特色,它不是以规模和繁华而有名,而是以其适中的规模、良好的环境和深厚的历史文化底蕴而闻名于世。德国的城市化水平很高,达到80%以上,是世界上城市化水平最高的国家之一。但城市的首位度很低,最大的城市首都柏林仅有300多万人,城市人口规模大多在100万人以下,20—30万人的中、小城市高度发达,分布均衡,规划合理,形成城市密集群,大城市数量小,而且规模不大。因此,德国的城市基本上没有出现过一般世界大城市那样的"城市病",例如交通拥挤、人口膨胀、环境恶化以及就业紧张等等。其城市的职能在城市化的过程中已经合理地体现到了各个城市,没有出现巴黎、伦敦、东京那样职能高度集中的大城市。

第二,城市规划法律的制定,保护了古老城市的特色风貌,构成了城市群发展的核心内容。欧洲将城市规划视为国家大法,数十年不变是城市规划与发展的基本原则。从欧洲城市群发展脉络来看,制定了"保护旧城区、重建副中心"的发展规划。欧洲大部分十分重视保护旧城区的工作,如巴黎是最早开始进行发行的西方大城市之一。早在19世纪后期,就开始了巴黎的旧城改造工作,现在巴黎市的格局就是在那个时期形成的。虽然巴黎的改造未能解决城市化提出的新的要求,但当时所提出的种种大胆改革措施和城市美化运动仍具有重要历史意义。当时的巴黎曾被誉为世界上最美丽、最现代化的城市。因此,巴黎的城市规划是有传统的。

与欧洲城市化发展不同的是美国的城市化发展,美国的城市化发展存在着许多问题,甚至进一步引发了其他城市危机。过去的50年,美国城市发展的主要特点是城市郊区化,其促成的动力既有明显的政策调节因素,也有文化、消费模式等潜在的社会影响因素。这些主要因素是:洲际高速公路建设及公路交通的快速发展,使住宅、商场、工业园、停车场等沿路周边分布建设;低首付、固定利率的长期抵押贷款政策,使住宅的私有化程度大为提高;工业企业向低成本的郊区和卫星城转移,动摇了建立在工作和居住基础上的亲密邻里关系;旧城改造使市中心区密度降低;郊区住宅的大量建设和住宅产业化,住宅成本降低,郊区住宅成为中产阶级的首选;种族隔离和工作歧视使黑人不能融入中产圈,市中心成为社会问题的多发地;郊区多功能购物中心的兴起,取代了市中心百货店的商业繁华;建设项目外迁郊区化,使卫星城迅速崛起,城市像"摊大饼"一样向外蔓延;空调技术的发展,各种物业对自然环境的依赖程度大大降低,使郊区非常适宜人们的居住和生活;城市暴乱的增加使市中心人口减少、经济衰退和住宅空置。总之,美国城市郊区化是在高速公路、住房政策、种族歧视等系列诱因作用下,形成的中产和富裕阶层纷纷涌向郊区寻求好的居住环境,低收入人群不断向市中区集聚,使环境更加恶化、财政税负减少、社会问题严重,这就是美国城市郊区化的教训。

值得注意的是曾经影响和预计将会影响美国城市发展的因素,已经作用于我国的城市化进程,研究城市郊区化因素对城市建设与发展产生了深远的影响,注重加强政府宏观调控、制定优惠政策调节、注重城市规划引导等措施的落实,对我国的整个经济社会发展将是十分有益的。

(3) 中国城市化道路及其引发的社会问题

中国的城乡结构与经济结构严重不平衡,同时农村的从业人员结构与产值结构也严重背离,这既是造成农民收入增长缓慢和农民外出冲动的主要原因,也是影响中国社会协调发展与稳定的重要因素。随着城乡管理体制障碍的排除或冲破,城市化或城镇化正进入一个加速时期,社会流动的规模也日趋夸大、速度日趋提高,城乡间、区域间、行业间和部门间的人才与劳力流动,将对社会在结构转型过程中的重组与重建产生巨大冲击与促动。如何形成有序的流动格局,并缓解城乡之间的不平衡,加速城镇化建设的步子,并创造出新的部门与行业(如第三部门与服务行业),将是社会学研究的重要领域。

从欧美两地区的城市化发展来看,城市化在理论上可以说,存在着两种城市化的模式:一种是在西欧,各国曾经发生过的强制性地变农业人口为工业人口,人口从农村流向城市的道路,如发生在英国的"圈地运动"即是一例;还有一种是像中国这样的农业大国,即使根据第五次人口普查的结果表示我国城镇的人口已达 45 594 万人,占总人口的 36.09%;但居住在乡村的人口仍有 80 739 万人,占总人口的 63.91%。有些国家发展几个大城市,就能使全国的人口 80%—90%变成城市人口,但我国这显然是不可能的。因此,在我国要照搬西方的城市化模式,是显然行不通的。20 世纪 80 年代初我国制定了"控制大城市规模,合理发展中等城市,积极发展小城市"的方针。在执行这一方针的过程中,一个具有特殊意义的问题是如何看待小城镇的地位。过去和现在对这个问题始终存在着认识上的分歧。无视小城镇的作用,或过分强调小城镇的作用,否认中心城市的作用都是片面的。问题的实质仍然在于如何确定一条符合中国国情的城市化(工业化、现代化)的道路。毫无疑问,现代化应该以城市为中心,而不可能以农村为中心,因而也不可能以农村所在地的小城镇为中心。但是以现代化的任务和目标来说,它正是要使落后的农村现代化。从这个意义上来说,符合中国国情的城市化的道路,在某种意义上也就是城镇化道路。首先是实现农村人口的城镇化,最终则是要实现农村人口的智力化。到那时,从城市来的先进文化和科学技术也就容易消化了。从长远来看,发展小城镇,使几亿农民从祖祖辈辈所耕耘的那块土地上解放出来,从"离土不离乡"到"离土又离乡",逐步缩小城乡差别和大中小城市的差别,既是贯彻执行社会主义商品经济的必要步骤,也是它的必然结果。

费孝通在 20 世纪 80 年代初以中国小城镇为基点的社区研究,对我们认识和探索中国城市化发展道路极具启发。从 1982 年起,费孝通深入到家乡进行调查研究,然后从一个村扩大到吴江七大镇,又扩大到整个吴江县,他看到了特定行政区域内的经济社会的发展,以及以行政区域为依托的城市化过程。1984年费孝通在对苏南苏北进行比较之后提出了"苏南模式",1986年费孝通在考察了温州、民权、福建等地后又分别提出了"温州模式"、"民权模式"和"侨乡模式",从而探索到了以地理区域为主要特征的城市化发展道路。1987年前后,费孝通的研究跨出江苏省,分向两个方向:一路是沿海从江苏到浙江、经福建到广东的珠江三角洲,进而接触到广西的东部地区。另一路是进入边区,从黑龙江到内蒙古、宁夏、甘肃、青海、云南等地。由此,他看到了经济区域作为中国城市化发展的可能性和迫切性。他写道:

"经济区域是在人们经济生活中形成的,本身有一个发展过程。……"

"我国改革开放以来,进入经济迅速发展的时期。农村的工业化和城市化,走上了城乡一体的道路。小城镇的兴建正进入高潮,中大城市都在发展和扩建。同时,社会主义市场经济的蓬勃成长,已使过去经济关系在不同程度上处于分割和疏隔的各层次行政区域,已日益感到协作和互补的需要而相互开放和联系了起来,而且已出现了超越行政界限的各种形式的协作和结合。……"①

从行政区域到地理区域,再到经济区域,这是费孝通对当代中国尤其是1978年以后的中国城市化轨迹的一种描绘和分析,或许这就是中国城市化现在和未来发展的方向和道路,对此,当然还可以作进一步的探讨。不过,社会现实已经部分地证实了费孝通先生的思想和论述。目前中国城市化的高速发展,使得百万以上的特大城市数远远超过欧美发达国家,特别是东部地区一些特大城市和大城市在发展过程中几乎要连成一片了,有的学者据此引申出"大社区"或"大都市区域"的概念。这些建立在沿海阳光带上的城市群落,正是中国未来的希望所在。这些以经济和社会发展为内容的区域,是一种系统性的聚合,是一种有机的、稳定的利益共同体,而在管理方式上则是一种协商谈判式的互动结构。可以说,城市化战略实施至今,取得了一定的成就,以长三角地区城市群为代表,国家统计局2007年发布的长三角16城市居民生活水平分析报告显示,2006年长三角16个城市人均可支配收入17 237元,位次变化明显的是南京市从去年的第11位跃升至第9位,增幅16.9%列第一;上海市居民人均收入则首次突破2万元,达20 668元;15个城市居民收入增幅均在两位数以上。长三角城乡发展、不同地区的发展已经出现从不平衡到平

---

① 费孝通:《农村、小城镇、区域发展》,《北京大学学报》(哲学社会科学版)1995年第2期。

衡、不协调到协调的携手共进势头。区域内"经济鸿沟"呈缩小态势。苏浙沪入选百强县数量占全国近一半,不少农村地区已经出现"微型城市化"迹象。农村经济在国家政策的刺激下正在实现瓶颈突破,伴随这一过程,农民收入也出现了加速增长态势。长三角经济在经历了十余年高速发展后,已经进入了一个新的发展时期,城市对乡村的辐射、带动作用迅速上升,城乡差距将逐渐弥合。在未来的发展中,将继续扶持基础性行业,整合过度竞争性行业,开放、规范垄断行业,把加强宏观调控作为缩小行业差距的主要手段。对零售、餐饮、纺织服装等过度竞争性行业,加强整合,适当提高产业集中度,提高规模经济效益。对垄断性行业加大开放和规范管理的力度。对垄断行业,能放开的应坚决放开,适当降低市场准入门槛,鼓励民间资本参与竞争。

但是,不能不看到,我国城市化进程中在"城市等级结构"上远远不如发达国家那样合理,主要是中小城市不发达,这就造成两种后果:一是城市先进的生产力和一般城市文化无法迅速到达广大农村;二是大量农村剩余劳动力无法就近找到出路,结果不得不直接涌向大城市,或者聚集在城市的边缘,从而一方面大大增加了大城市的拥挤和压力。另一方面引发出一个城市边缘社区的管理、周围居民居住治安环境和安全等问题,这就是已被不少国家高度重视并予以深入研究的有关"次社区"的课题。所谓次社区,就是指城市化发展过程中的城市边缘地带。这些区域往往聚集着许多非城市人口,他们具有着比较强烈的共同价值观念和行为方式,"我群"感和"他群"感意识浓厚,社会文明程度较低,法制观念比较淡薄而违法犯罪行为却较为严重。由于这些地区人口流动性很大,管理颇具难度,从而对邻近的城市社区居民的人身和财产安全构成较大的威胁。中国沿海许多经济发达地区,在城市化过程同样面临着上述次社区的现象,这是在城市管理和城市规划中急需予以重视和解决的重大问题。

是否允许农村人口进城务工经商、是否走城市化道路这样一些问题,曾经困扰了中国几十年,进入21世纪后,似乎已经不再是问题了。然而,现在我们面对的挑战是如何让进城的农村流动人口融入城市社会。最近几年,社会各界都在为农民工问题而呼吁,政府也出台了一些旨在改善进城农村流动人口状况的政策,比如要求让他们的子女在城市与其他孩子享受同等的教育待遇,要求将他们纳入社会保障体系等等。这些政策以及一些相应的研究主要针对如何改善他们在城市的"暂居状态",很少考虑到农村流动人口在城市的社会融合。然而现实中却出现了超出"暂居状态",长期留居城市的变化趋势。因此需要从更远、更广的视野去研究和看待农民工在城市社会的生存现状。

经历20多年的经济快速发展,当前的中国社会却深陷法国社会学家涂尔干提出但没能解决的整合困境,即劳动分工导致的利益分化和冲突如何可以成为规范整合(normative integration)的基础。这在进城的农村流动人口身上表现得尤为明显:他们已经加入城市的劳动分工,承担着城市专业分工的一些重要功能,但是并没有自然地整合到城市社会中去。"分工绝对不会造成社会的肢解和崩溃,它的各个部分的功能都彼此充分地联系在一起,倾向于形成一种平衡,形成一种自我调节机制。"①农村流动人口在城市找到了工作,也有钱可赚,但是,最近几年以来,他们的权益受损问题、子女得不到公平教育、留守儿童问题、受到社会歧视等社会整合问题却越来越突出。

农村流动人口是当今中国城市社会中最大的非正规就业群体。有统计表明,在中国城市,2000年有112 251亿非正规就业人员,其中11 134亿是从农村劳动力转移过来的。从城乡分布来看,城镇非正规就业人员占多数,达7 046万,其中农村转移劳动力达6 135万。与其他非正规就业者相比,农村流动人口有如下特点:得不到法律和制度的有效保护,经常受到市政管理部门的清理和追赶;报酬低,是城市社会的"工作中的贫穷者";工作环境恶劣,工作时间长,劳动强度大,得不到正常的休息保证,更享受不到法定的节假日休息权利;就业不稳定,缺乏职业经历累计和晋升的保证机制。

非正规就业将农村流动人口锁定在单纯的劳动力上,没有给予同等的其他权益和发展机会,比如教育和培训机会、晋升机会、社会保障权益等。尽管最近几年政府试图改变农村流动人口子女受教育的不平等状态,但是效果很不理想。比如各地政府不再允许公立学校向外来人口子女收取赞助费,但各种变相的收费仍然层出不穷;在公立学校上学的成本(包括生活成本)太高,使得农村流动人口难以承受;还有不少学校拒绝接纳农村流动人口子女入学;公立学校对农村来的孩子存在严重的歧视;他们中的不少人不能持续而稳定地在城市上学,到了上初中的时候,因为受升学的学籍限制,父母不得不把他们送回农村上学,断断续续的教育不利于他们学习成绩的提高等等。所有这些因素严重地损害了农村流动人口子女的受教育权益和机会,他们中的

---

① [法]涂尔干:《社会分工论》第二版序言,渠东译,三联书店2000年版。

不少人对学习失去了兴趣,甚至产生厌学情绪;老师也对他们失去了信心和耐心,甚至表现出非常歧视的态度。一些进入公办学校的孩子已经因为忍受不了歧视而离开。2007年央视的春节晚会上来自民工子弟学校的学生们表演的诗歌朗诵深深打动了观众;北京一家媒体记录了这样一个女孩8岁时离开公立学校的故事:"课间操的时候,我头晕,就回到教室,他们(本地孩子)回来就说丢了一支笔,非说是我偷的,我特别难受,跟谁都没说,压在心里,我就让爸爸把我调到这个打工子弟学校来了。"①

居住条件在一定程度上反映个人及家庭的社会地位,中国许多城市放开户籍吸纳外来人口的一个重要前提就是固定的居住条件。国际上对城市移民居住条件的比较研究表明,农村向城市移民,在居住上经历了逐步融入的过程:第一步并不是直接拥有自己的房子,而是先租房子住,一般租住在城市中心贫民区,然后随着收入水平的提高,离开贫民区,在城市边缘地带修建简陋棚户,逐渐将其改造为更加坚固的房屋。② 目前中国城市的农村流动人口大多停留在租房子阶段,他们在城市基本上采用三种居住形式,即租简易房子,自搭棚屋;住在雇主提供的房子。受收入低的限制,农村流动人口能承受的房屋租金大多在500元以下,有不少人集体租房子住,每个房间月租金100多元。他们中只有少数人能承受得起一个人居住或一家人居住的房租负担,但租金也不会很高。从区域上看,他们大多居住在城乡结合部的"城中村"。虽说现在还不能用"贫民窟"来描述中国农村流动人口在城市的居住条件,但至少可以说他们的居住条件是非常"边缘化"的。居住在与城市隔离的"孤岛"之中,使农村流动人口的生活状况表现为非正常化、隔离化和村落化三个特点。所谓非正常化,是指他们的生活不稳定、不完整,他们中的不少人过着单身生活,生活在同性别的人群中,接触不到异性朋友。已婚者没办法过上家庭生活,性需求难以得到满足。有的是与子女长期分离,子女在农村靠老人照看,缺乏父母的正常呵护和监督,从而产生各种社会化问题。所谓隔离化,是指农村流动人口只生活在他们自己的圈子中和有限的空间里,在生活和社会交往上与城市居民和城市社会没有联系,更不能分享日趋丰富的城市公共生活。由于与城市社会相隔离,只生活在自己的群体当中,农村流动人口过着与其在家乡村庄相似的"村落化"的生活。表现为:第一,他们的交往

---

① 摘自2004年12月2日《南方周末》有关"民工第二代"的报道。
② 吴维平、王汉生:《寄居大都市:京沪两地流动人口住房现状分析》,《社会学研究》2002年第3期。

圈局限于自己的内群体,缺少与外群体的交往。第二,他们居住在一起,形成农村流动人口聚落。

由于现代化的生产手段和其他物质条件的具备,打破了过去那种按部就班的、纯粹自发性的城市化的模式,有可能在最偏僻最落后的地方出现一座现代化的城市。这就意味着两种截然不同的社区生活发生接触、发生冲突和同化。这种城乡社区生活的巨大差距是当代社会发生剧烈的文化冲突和价值观念冲突(冲突之后照例是同化、是融合,是新的文化和新的价值观念的诞生)的重要的社会根源,也是产生现代社会所特有的社会问题(从住房问题、环境污染问题到离婚问题和犯罪问题)的社会条件。然而,更重要、更本质的一点是,它是社会进步的巨大动力,而且大城市本身就是社会进步的标志,不管它带来了多少使人烦恼的社会问题。在一定历史阶段内,城市人口在全部人口中所占的比例,一般能反映出这个国家或地区工业化和现代化的程度。据美国社会学家研究,城市化是"现代化"的一个"关键变量",只有当一个社会的城市人口占全部人口的10%,知识技能才开始扩展;当全部人口的25%达到城市化时,城市的发展才能和知识技能的增长产生直接的联系,才能推进国家工业经济的长足发展。

曾经有一些西方学者认为,一个国家工业化开始得越晚,其城市化过程则越快。此观点有助于说明我国百万人以上城市过度发展的原因。反之,我国大中小城市发展比例失调,也从一个方面反映出我国工业化过程中一些曲折的经历。值得指出的是,这种城市等级结构的不平衡,不仅表现在大中小城市之间,也表现在城市内部的各个部分之间,这方面的不平衡,直接关系到城市人民的生活。

从国家到社会

纵观社会基本单位的发展,可以看出它是沿着"家庭→社区→国家→社会→个人"这样的轨迹前进的。在这里,国家可以作为一个重要的界线,社会的结构,基本上也可以依此划分为两个层次:从家庭到国家和从国家到社会。

地缘性群体发展到最高峰,便是国家的诞生。纵观世界历史,许多国家都是在同一种族或同一民族的基础上发展而成的。有些国家至今保持着种族同质。还有许多国家只有一种宗教或文化。正如美国当代社会学家詹姆斯·科尔曼(James S. Coleman)在《社会理论的基础》一书中所指出的:组成这些国家的基本元素是自然人而不是职位。国家作为一个整体为自然人承担责任并对其行使权威。大多数国家都以行文严谨的宪法为基础而加以组织,宪法被视为由众多独立的个人所签署的社会契约,这些签约者之所以联合,是由于具有共同目标。① 在旧中国,由于几千年封建历史和传统的影响,国家的地缘乃至血缘倾向更加明显,这就是为什么人们会把那时候中国的社会结构称为"家—国结构"的原因。在这种结构里,"家"与"国"在性质上是相同的。

然而,社会毕竟是不断向前发展的,人类群体推进到"国家"这一阶段,就必然使国家成为一个具有中介性质的法人行动者(一种组织),它拥有以原始性联系为基础的业缘群体(乃至血缘群体)的某些特征,同时又具有现代法人行动者的性质。愈是开放和现代化的社会,国家的业缘倾向就愈加显著,并且最终让位于各种社会组织,由此,构成了一种名符其实的"社会"结构。在这种结构中,国家在社会生活中的地位和作用,可以反映一个社会进步和落后的状态。

从理论上说,社会主义社会国家的地位和权利应该大大低于封建社会和资本主义社会。然而,由于历史的复杂原因,恰恰是社会主义的国家机关,承担着远较资本主义国家机关繁重得多的任务。一切都由国家包下来,成了社会主义国家的通病。这种国家把未来属于社会机构或民间组织有权办理的事统统包下来,其结果一方面使它的公民产生依赖思想(如有些地方,国家的救济金养活了一群懒汉)和对政府的过高期望,另一方面又助长了国家干部的官僚主义(包括所谓"辛辛苦苦的官僚主义")。官僚主义导致人民的不满,人民的不满又会推动国家对社会生活更多、更深的卷入,以至形成恶性循环。改革的方向,唯一的在于摆正国家机关在社会中的位置和促进各种社会组织在国家中的成长和成熟。

19世纪以来,进步—发展—现代化曾经一直主宰着或影响着社会学的研究理路。中国社会也在20年来进入了全新的发展时期,而正是这20年来,进步—发展—现代化的社会学范式在理论和经验的层面上都受到了来自世界各地各机构、各群体的批评和批判。特别是由于20年来,在二战以来进步—发展—现代化范式的指导下的发展规划与发展模式,无论是世界各国内部还是各国之间,不是导致了协调性与可持续性,而是贫富悬殊的扩大,社会不公的蔓延,社会安全与信任的危机,以及生态—环境的巨大风险。但是,来自批判学派的种种非难,如果不能提出什么可替代的方案和日程,则这样的批判

---

① [美]詹姆斯·科尔曼:《社会理论的基础》,邓文译,社会科学文献出版社1990年版,第727页。

将在很大程度上失去其理论和方法上的说服力和穿透力,并在实践上引发虚无主义或悲观厌世。社会学,作为致力于社会发展与社会稳定的应用性很强的学科,怎样在实际的挑战面前,拿出既有理论的力度、又能通过在实践上的精心操作而产生有利于社会整体的福祉的后果;尤其是中国社会正在经历前所未有的社会转型与社会变迁,社会及其机构、组织、社区的再造,在什么意义上不将只是按照"丛林规则"进行的,有没有可能在不牺牲基本社会秩序的前提下实现社会协调发展与经济—政治—文化的全面进步,是社会学不能回避的大课题。

三、业缘群体:团体与组织

群体是人类历史上普遍存在的一种社会现象,是人们社会生活的具体单位。群体生活是人类生活的本质反映。从历史的角度来看,人类群体大致经历了从氏族、家庭到社区的血缘群体,从社区到国家的地缘群体和从国家到社会的阶级群体以及职业群体这样几个阶段,这最后一个阶段就是我们所要展开讨论的"业缘"阶段,它所体现的业缘关系的最典型载体就是职业团体和社会组织。

团体界定和团体分类

区别于人们日常生活中的人群(偶发聚集体、社会类属),社会团体是有一定条件限制的,其概念是从英文 social group 翻译过来的,有时亦译作社会群体或社会集体。它是通过一定社会关系结合起来进行有目的活动的集体。如家庭、邻里、游戏团体、学校、工作单位、现代组织等。一般一个社会团体包含了四个要素:

(1) 一群人。至少要两个或两个以上的人的集合才能构成社会团体,只有具有一定数量的人,才有可能在这些人之间发生社会互动。

(2) 社会互动。这一群人在相互作用的过程中,形成了与其他群体不同的相互作用方式。通过特定范围内的多次的重复的社会互动,这一群人结成相对稳定的社会关系。

(3) 共同的行为模式。这一群人在社会互动的过程中,遵循这个团体固有的行为模式,并以此作为"我群"与"他群"相互区别的主要标志之一。

(4) 角色关系。这一群人中的每一个人在团体内的互动中都获得特定的地位和角色,他们之间的关系也可以表达为地位角色关系。

社会学家根据自己的研究需要,经常要把团体分为不同的类型,常见的有以下几种分类:

1. 初级团体和次级团体

无论是在日常生活中,还是在工作场所,我们都会遭遇与自己关系亲疏有别、互动规则相异的两类基本团体,这就是初级团体(又称首属团体)和次级团体(又称次属团体)。这两者的区别可参见表 9-1。

表 9-1 初级团体与次级团体的区别

划分标准 团体种类	初级团体	次级团体
人际关系	密切	疏远
互动方式	面对面的,直接的	以间接的互动为主
互动频率	高	低
团体存在时间	长	短

20世纪初,美国社会学家库利(Charles H. Cooley)提出了"初级团体"的概念。在他 1909 年出版的《社会组织》一书中,对于"初级团体"的解释为:"初级团体,具有亲密的、面对面的结合和合作等特征。这些团体之所以成为初级的,其意义是多方面的,但主要是指它们对个人的社会性和个人的理想的形成是基本的。"可见,初级团体是一类规模较小,有多重目的的群体,譬如说家庭。这类团体在面对面互动的条件下,每个人都会把自己的全部情感甚至人格带进团体。举例来说,家庭中的母亲对每个家庭成员的情感都是真实的、全部的,包括了她对家庭所有成员的真实感受;每个人对她的付出也心怀感激,想尽办法用自己的努力来回报她的付出,并因此形成了紧密的利益共同体。由于团体规模较小,每个成员都有互动的机会,而且是完全情感和人格投入的互动,因而,相互之间的交往非常自然,没有修饰和表演,每个成员展现的都是朴素的自我,并能够从他人对自己的反应中看到自我。也正因为如此,由此形成的关系具有很低的替代性,其他的社会关系很难替代在初级团体中形成的关系。

当库利在《社会组织》一书中提出"初级团体"的概念之时,他并不是从人类的群集性和人的所属团体出发来讨论这个问题的,他的兴趣点在于家庭和嬉戏团体,因为在他看来,这是人们获得社会化的两个基本团体,是这两个团体培养了人的本性。但是很显然,他提出了社会学家们不曾注意到的问题,那就是人生来就是团体的人。于是,在库利之后,人们不仅用初级团体指称家庭和儿童嬉戏群体,也用来指称与这两个团体类似的人类社会团体,譬如儿童的"小集团"、运动队等具有强烈认同感的团体。

与初级团体相对应的团体则是次级团体。次级团体是为达到特殊目标而特别设计的,成员之间很少感情联系的团体。与初级团体的互动不同,次级团体成员之间面对面的情感性互动非常有限,彼此之间以团体中的角色关系为主。次级团体是社会的主要组织方式,如各种正式组织、社区、学校、公司、政府中的工作团体。在次级团体中,人们都是公事公办,以达到具体的实务目标为宗旨,而不是情感表达和情感支持,而且成员之间具有极大的替代性(参见表9-1)。

2. 正式团体与非正式团体

除了初级团体与次级团体的划分外,美国学者梅约于1927—1932年进行著名的霍桑实验以后,又提出了正式团体和非正式团体的概念,这是依据团体的组织化程度、团体目标、团体的控制手段和满足的需要来划分的。我们可从表9-2来看正式团体和非正式团体的主要区别。

表9-2 正式团体与非正式团体的区别

划分标准	团体种类 正式团体	非正式团体
组织程度	高	低
群体目标	明确,目标专一	不明确,泛目标
控制手段	纪律,规章	习俗,道德
满足需要	部分的,社会为主	多方面的,个人为主

正式团体的成员有加入团体的手续和在团体中的角色,有规定的权利和义务,有明确的职责分工,工厂的车间、班组、科室,学校的班级、教研室,以及党团组织、行政组织等都是正式团体。

非正式团体与正式团体不同,它是在成员个人意愿的基础上建立的。因此,非正式团体是一种自发形成的、无正式结构、无正式规章的团体,如有共同兴趣爱好之人组成的兴趣团体。非正式团体既可存在于正式团体之外,也可以在正式团体内部形成。

3. 成员团体与参照团体

参照团体也叫榜样团体,它首先是由美国社会心理学家海曼于1942年提出来的。它是个人用以帮助确定自己的信仰、态度、价值标准,并指导自己的行为的社会团体,它是人们有意或无意中拿来作为参照却不全然隶属于他的团体。成员团体是指个体为其正式成员的团体。

参照团体通常包含三种含义:第一是个人作为比较标准的团体。例如,一位学生考试成绩得75分,与考90分的学生相比就会感到很多不足。第二是个人希望加入的群体。大学生团体往往是想考入大学的高中生的参照团体。第三是个人以其价值和观念为行为准则的团体。例如,一个西方人长期生活在东方,会逐渐学着用东方人的价值和观念去为人处世。

参照团体有的是人为形成的,如通过评选、比赛、命名等方式产生,有的是自然形成的。一个人如果把一个或多个团体看做自己的参照团体,他就会自觉不自觉地以参照团体的价值观和规范来对照自己的行为,指导自己的行为。在社会生活中,青少年特别容易用自己心目中的参照团体来塑造自己的行为。

除了上述几项分类,根据研究的不同,社会学家还将团体分为封闭团体与开放团体,内团体("我群")与外团体("他群"),大团体与小团体,积极团体与消极团体等等。

任何社会团体都有一定的功能,美国社会学家帕森斯以"A—G—I—L"模式分析社会系统时提出团体具有四项功能:(1)适应环境。如团体与外界进行资源交流,并保持与外界的平衡。这在宏观上表现为团体的"经济"功能。(2)实现目标。即确定团体的目标,并使群体成员为达到目标而一致努力。这在宏观上表现为团体的"政治"功能。(3)统一内部。即调整团体成员间的关系,制定规范,使团体组织成为一个整体。这在宏观上表现为团体的"社会控制"功能。(4)维持价值。团体往往形成一种潜在的价值形式,给成员的行为以动机和活力。满足成员的要求。这在宏观上则表现为道德、宗教、教育等"文化"功能。这四种功能具有不能互相代替的独立性。它们间有相互密切联系。当然,不同类型、结构的群体,其具体功能各有侧重、不尽相同,在具体分析时应注意区分,准确认识其外显功能和潜功能和具体的社会作用。

作为团体分类的依据,下述几项原则是值得注意的:

1. 社会关系的固定化形式

团体是社会关系的外部表现,或者说,是社会关系的"固定化形式"。之所以需要建立团体或组织,首先的目的,是希望把某种关系稳定下来或固定下来,团体自身应该找到达到自身稳定的手段,这是团体和组织建设的主要内容。

社会关系不但有性质上的区别,而且有等级和层次上的区别。生产关系—社会关系—人际关系—面对面的人际关系,就是这种等级和层次的最粗略的划分。西方社会学家之所以能提出"首属群体"(初级团体)和"次属群体"(次级团体)的概念,就是因为他们那个社会客观存在着反映这两种群体的人际关系,而且眼看着人与人之间的那一点儿亲密的家庭般温暖的、富有感情色彩的关系已消失殆尽,才使"首属群体"的建立变成社会生活中十分迫切的任务。

人的社会活动范围的固定化,是和社会生产的非自愿分工分不开的;当这种分工一旦形成之后,每个人就有了自己一定的特殊的范围,而且不能超越这个范围(或者对大多数人来说,很难超越这个范围)。当然,所谓"固定化"只具有相对的意义。从绝对意义上说,任何社会关系都不是固定不变的,正相反,它们都只具有"独特的,历史的和暂时的性质"。因而由这种社会关系所决定的社会团体、组织和制度,也不可能是一成不变的。这里,我们又会碰到在分析家庭结构时同样会碰到的社会学上的一对典型矛盾:社会团体——如家庭那样,既求稳定又求变化发展,主观上希望它能够稳定而实际上又不可能真的固定不变。问题在于往往两者难以兼顾,为了求得稳定或为了求得发展,有时都需要付出很大的代价。

2. "需要"因素

在对团体进行分类时,除了考虑"关系"因素之外,还应该考虑一个相关因素,即"需要"因素。这一因素特别是对阶层性集团的分析具有重要意义。

"需要"因素,是一种带有主观意愿的能动因素。在性质上它和前一个因素("关系因素")正好相反:前者如我们已经指出的,是一种稳定的因素,使行为趋于固定化、模式化,从而最终形成团体和组织的因素;后种因素则是一种动态的不稳定的因素,它促使人们竭力从原有的社会关系,从而是原有的团体和组织中"解放"出来,以便进入一个新的更高层次的团体和组织。

美国人本主义心理学家马斯洛曾经提出的"需要等级理论"指出:第一级,基本的生理上的需要;第二级,生理需要满足后出现的安全的需要;第三级,爱情、友谊和社交的需要;第四级,心理的需要;第五级,自我发展和自我完成的需要。

这个需要模式包含着一些朴素的唯物论思想,但同时它的严重缺陷在于过分强调需要的个人性质,似乎这些需要都可以通过"个人奋斗"而加以实现。诚然,有些简单的需要是可以通过个人的意志取得的,但是,对于大部分复杂的需要来说,(它本质上不是个人的需要,而是社会的需要)特别是对高层次的需要而言,必须依靠社会和集体的力量。这正如马克思、恩格斯所指出的"只有在集体中,个人才能获得全面发展其才能的手段"。①

因此,马斯洛的模式,从反面给了我们一个极其深刻的启示:需要的产生和满足,是一种社会现象,它需要通过社会的力量才能解决,所谓"社会的力量"主要就是各类各级团体和组织的力量。就个人来说,他要满足自己的不同等级的需要,这就意味着他需要参照并最终进入原先不属于他的那个团体和组织。这里,"参照团体"是一个重要的概念。追求新的需要,也就意味着在追求和模仿自己心目中的"参照团体",人就在这个过程中求得需要的满足。

3. 行为模式与团体归属

行为模式是分析团体现象的一个恰当的入口处。因为不同的群体总伴随着一套与别的群体不同的风俗、习惯、行为规范等等,很显然,家庭成员之间的行为方式和社交场合中的行为方式不可能一样。在微观层次,不同的行为模式直接就能反映出不同的人际关系,进而亦能反映出不同团体归属。团体和组织的形成或解体,其成员之间的互动方式的演变无疑是一个最直接最明显的迹象。另外,在微观层次上对团体进行分类,感情因素是一个不可忽视的因素,"初级团体"就是感情团体。西方社会学家常常用成员对团体在感情上的"投入"程度和"归属"意识的强烈程度来给某些团体分类。我们认为在分析社会关系进而分析社会团体现象时,始终沉溺于所谓"感情羁绊",同完全无视感情关系,同样都是错误的。感情关系毕竟也是一种重要的社会关系,但不能停止在这一点上,要进而看到感情和利益之间、感情需要和其他需要之间的内在的复杂联系,这同时也是"初级团体"与"次级团体"之间的联系。

4. 团体作为个人与社会的中介

从组成团体的分子的角度对团体进行深入一步的分析,我们会发现,团体的最重要的作用,在于它能在个人同社会之间起一种中介的作用。在日常生活中,我们习惯于把青年踏上工作岗位叫做"走上社会",而忘记了一个人一生下来就已经进入了社会;然而另一方面,我们又容易忽视另一个更重要的事实:任何人不可能直接生活在抽象的"社会"之中,他只能通过他所在的具体单位同社会发生联系。这种具体单位就是一个人所拥有的"社会空间"。一个人作为自然存在物,他和其他任何东西一样,只能占有一个自然空间;但是作为社会存在物,他却可以占有好多个"社会空间"。下面这张表反映的是

---

① 《马克思恩格斯选集》第1卷,人民出版社1972年版,第82页。

一个普通人所可能拥有的社会身份和地位,亦即属于他的"社会空间",从中可以看出他同社会联系的各种渠道:

儿子——核心家庭——大家庭
居民——居民小组——居民委员会
大学生——班级——大学(学生会)
共产党员——党小组(支部)——党组织
合唱队员——合唱小组——合唱团
个人——初级团体——次级团体(社会)

从中可以看出,社会既不是个人的机械集合,也不是一种抽象的"实体",而是社会成员的有机联系。个人是各种身份或"角色"的集合体,社会则是各种团体和组织的集合体。个人进入社会,意味着由初级群体进入次级群体,由直接的面对面的小群体进入间接正式的大群体,进入社会组织。不能否认,在众多的团体和组织中,对个人进入社会的影响并不是等同的,有的很明显地具有关键的意义。举例来说,一个工人进入大学之后,他会随之发现一系列其他新的机会,他和社会相联系的渠道可能发生重大的改变。某种意义上可以说,一个人的一生就是在一系列不同类型的团体和组织中停留和转换着一生,其中有些组织会在人的一生中起决定性的作用。按照这个顺序去逐一研究社会上的团体和组织,是"个人社会化"这一课题的任务。

团体和组织的分界

在这之前,我们一直采用团体和组织并称的办法,意在说明,根据我国的国情,没有必要将两者分得十分清楚。我国社会团体中的相当一部分是组织的派生物,或者在地位上从属于某个组织。由于历史的和社会的原因,团体生活在我国人民的生活中并不占据主要地位,犹如宗教生活不占主要地位一样。也正因为如此,前面有关团体问题的分析,很多都适用于组织,但组织方面的一些特殊问题,却未能完全包括对团体的分析之中,因此有必要再作一些补充。

社会组织一般说来是团体的更高层次。在我国,团体和组织的界线经常并不那么清楚。习惯上,我们只会把团体称为组织,而不会把组织称为团体。具体地说,组织可以有三种情况:

相对于团体来说,组织是正式团体(这时,组织＜团体);
相对于社会来说,组织是一切团体和制度的复合体,它是社会的核心部

分(这时,社会＞组织＞团体);

相对于个体来说,组织就是社会。(这时,社会＝组织,社会是"有法之群",即有组织、有制度的人群)。

这里我们假定,存在着"社会之内"和"社会之外"的人类群体和分瓢在特定场合,这一提法还是有意义的。比如马克思针对蒲鲁东的主观唯心主义社会观,曾经指出:"社会不是由个人构成,而是表示这些个人彼此发生的那些联系和关系的总和。"蒲鲁东认为,从社会的角度来看,并不存在奴隶和公民,两者都是人。对此,马克思指出:"其实正相反,在社会之外他们才是人,成为奴隶或成为公民这是社会的规定,是人和人或 A 和 B 的关系。A 作为人并不是奴隶,他在社会里并通过社会才成为奴隶。"[①]这段旨在阐明社会关系的本质的话,用来说明社会组织的本质是同样再恰当不过的。

组织的基本特征

同团体比较起来,组织的下述特征更为突出:

1. 规章制度

组织是一个集体,它不仅有共同的行为规范,而且有明确而严格的规章制度,有较团体更为严格的组织纪律。这一点使组织与非组织的界线显得十分清楚,进入或退出一个组织,需要履行一定的手续。

2. 人际关系

现代组织不同于社区和非正式团体的另一地方,表现在组织内成员之间的关系是一种社会性的(契约性的)关系,而不是社区性的(情感性的)关系。在资本主义社会的企业组织和国家机关中,他们的关系纯粹是一种雇佣关系。在社会主义制度下,组织中的关系本质上是一种新型的政治上彼此(包括上下级之间)平等的同志关系,但是,也有契约性关系的一面。

3. 组织目标

根据"组织就是社会"的基本观点,组织实际上是一个系统,社会这个大系统就是通过各级组织(也就是各个子系统)运转起来并发挥作用的。因此研究组织目标,最根本的一条,就是要着眼于整体、着眼于全局,认清目标的整体性和系统性原则。组织目标的这一特性,也许是它和团体目标,进而,也许是组织和团体(以及社会和传统社区)之间的最重要的区别。相对来说,团体目标是比较分散的,独立性较强的,虽然它也不能摆脱社会这个大系统、大目标的控制和"干扰"。但是,任何组织,如果过分强调自己目标的独立性和

[①] 《马克思恩格斯全集》第 46 卷,人民出版社 1979 年版,第 220 页。

独特性，必然要给社会从而也给它自身带来严重的后果。

然而，由于不同的社会单位和组织具有不同的社会职能，这就决定了它们在组织目标上不可能完全一样，而必然存在着目标上的侧重，所以，制订组织目标时不仅要考虑目标的整体性，而且还要顾及目标的横向结构。为此，就必须进行目标分工和目标选择，以及组织目标上的综合平衡。

在讨论组织目标的时候，必然要涉及和个体目标的关系问题。因为组织内的每个成员都有自己的个性和需求，组织上下达给个体的目标有时会和他自己原有的"目标"相冲突。如何保证使个体目标的制定有利于组织目标的实现，这也是组织目标的内容之一。如果整个组织的大目标不明确，或重点不清楚，必然引起下面具体操作目标和个体目标的偏差和混乱，甚至为不正之风和犯罪活动提供可乘之机。有的组织目标会发生"异化"：小目标本来是由大目标所决定，下级组织的目标本来是由上级组织的目标派生出来，然而处理不好可能会发生小目标的实施反而有碍于大目标的实现，甚至直接与大目标相抵触的现象或结果。比如，扩大企业自主权，增强企业活力，是城市经济体制改革的一个重要目标，但是企业也可能利用自己拥有的自主权去干扰地方政府和中央大目标的实现，变手段为目标，变初级目标为终极目标，使目标发生转移。所以，中共中央和国务院在各种场合中一再强调：各种改革措施要相互配套，既有利于微观搞活，又有利于宏观控制，以保证和促进各个经济和社会领域的稳定和发展。

4. 组织结构

组织内部的权力、职位、任务和责任等有关方面的划分及联系，就是所谓的组织结构。目标的实施需要由结构来保证，组织结构关系表现为两个方面：一是纵向结构，即组织阶层的关系。由于权力分层而产生的领导与被领导的关系；二是横向结构，即由于职能分工而产生的分工协作关系。

一般来说，组织结构的复杂程度与组织规模的大小成正比。即当一个组织的规模较小时，内部分工就很少，往往只有简单的纵向结构的分化，而没有明显的横向结构的分化。如一个几个人的社团，社长既是秘书长，又是组织部长；社员既是一般工作人员，又是社长助理。社会学和管理学将这种简单的组织结构称为"直线式"的组织结构。这种组织结构是古代社会组织的一种普遍的结构方式。

在传统的社会里，社会组织乃至国家和封建家族制度密切联系，规模不大，分工不发达，所以多采取"直线式"（集权）的形式。组织的一切权力都集中在最高领导者一个人手里，实行个人独裁，一切号令出自一人。在一个小的组织里,除了掌权者之外,一般成员并没有职务上的划分。每一个人做什么,怎样做,完全由领导一个人决定,而且可以随时改变。领导者的权力是没有限制的。每个成员都直接向领导人负责,并从领导人那里领取报酬,没有横向的正式关系,我们把这种结构称之为"报酬结构"。

在较大的组织里,最高当权者不能事必躬亲,所以在他之下设立一些职位分配给他的下属,但是处于这些职位的人只是代替最高当权者办事,并没有明确的权限,他的权力的大小,取决于领导人对他的信任和器重程度。他的职位并没有给他独立的决定相处理问题的权力,一切要听命于最高当权者。所以这种组织表面上有职位的划分,实际上仍然是集权制的组织,是"报酬结构"的一种衍生结构。集权制组织是生产水平低,分工不发达的产物。

当一个组织的规模较大时,其内部分工就很细致,内部关系就很复杂。因为组织规模越大,组织中的分工就越细,进而要求每一个成员专业化,而专业化程度越高就要求相互协作。在现代社会中,由于分工细致,联系密切,效率要求高,组织规模大,集权制的结构是无法适应的,因此,一般是采取分权的体制。组织的最高权力通常是掌握在一个集团手里,这个集团是由少数有财产或有才能、有资历、有威望的人组成的,这个领导集团是决策机构。一切重大问题由它讨论决定,但是它不直接执行,通常是选拔一个行政领导人负责执行领导集团的决定。而一个领导人要包办整个组织的事务是不可能的,他必须把领导集团授予他的权力进行划分,把权力分配给他的下属分别去行使。类似于这样的组织结构,我们就称其为"权利结构"。权力划分的办法一是根据职能划分,二是根据专业或产品的性质划分,三是根据地区划分,以上三种划分方法可以同时使用。

组织结构不但有明确的分工体系,而且有具体的人选到各个岗位上去工作,是一个活动着的有生命的结构。一个组织结构是否合理,是否有效率,不但要看分工和机构设置是否合理,还要看选择什么样的人到其中工作。具体结构是组织分工体系中处于不同地位、不同职务的人之间的角色交往,是一幅活动着的组织图。我们时常发现两个组织的结构一样,条件相同,但效果却不一样,什么原因呢?就是由于派到组织中各个岗位上工作的人不同。如果派一些不称职的人在其中工作,就会使这个组织不能正常运转,不能发挥其功能。

组织结构是一个权力地位体系,权力是由职务规定的,有职才有权。而职务是被组织编排成的一个等级序列,有高低不同,因此权力也有大小之分。地位是个人在职务序列中的位置,有了一定的职务,就有一定的地位。这样看来,组织内部的职务、权力和地位是一致的,三者一致是组织正常工作的前提。

职务表示占有这个职位的人的任务和职权范围,地位当然是由职务规定的,但是它不仅受职务的影响,还受个人的才能、学识、功绩、品德、声望的影响,因此担当同一职务的不同的个人,其地位可能有高低之不同。权力是由职务规定的,但是权力要实现才有意义,而权力的实现,必须有服从,服从或者不服从这要看下级的态度。下级的态度如何,要看领导者对他的态度和行为影响力的大小。而影响力的大小不仅取决于领导者的职务,还取决于他的地位和威望。职务只是给予担当这个职位的人以一定的权力,并没有保证其下级和群众一定能够服从他的权力,所以有了一定的职务,并不等于他手中的权力一定能够实现。要实现权力,还要靠个人的地位和声望,因此,选贤任能是组织结构正常运转的关键。其次,组织结构一经确立,就有组织法,全体成员都必须严格遵守,弃权或越权行为都会妨碍组织的正常工作。

5. 组织过程

组织结构讲的是组织的静态,组织过程则主要是指组织的动态运行过程。当组织的目标确定后,为了实现目标,组织便进入到运行状态,即组织过程。

(1) 决策

所谓决策及组织领导或具体管理者从两个以上的行动方案中进行选择决断,以期最优化地达到组织目标的过程。决策的内容包括:选择一个全面的战略思想;确定各个阶段具体的工作目标和计划,涉及组织结构;挑选人员;不断地根据新情况制定各种新的政策和规范;评价成果等等。

决策的过程主要包括四阶段:① 情报活动:找出制定决策的理由,即探寻环境,寻求要求决策的条件;② 设计活动:找到可能的行动方案,即创造、制定和分析可能采取的行动方案;③ 抉择活动:在各种行动方案中进行抉择;④ 审查活动:对已进行的抉择进行评价。

决策可以区分为性质相反的两种决策:一种是程序化决策,即结构良好的决策;另一种是非程序化决策,即结构不良的决策;区分它们的主要依据是这两种决策所采用的技术是不同的。制定常规性程序化决策的传统方式由于运筹学和电子数据处理等新的数字技术的研制和广泛的应用而发生了革命,而制定非程序化决策的传统方式包括大量的人工判断、洞察和直觉观察还未经历过任何较大的革命,但在某些基础研究方面正在形成某种革命,如探索式解决问题、人类思维的模拟等。自动化方面的进步和人类决策方面的进步会把组织中人的部分和电子的部分结合起来构成一种先进的人—机系统。

美国著名学者、诺贝尔奖获得者西蒙的组织设计思想认为,一个组织可分为三个层次：最下层是基本工作过程，在生产性组织中，指取得原材料、生产产品、储存和运输的过程；中间一层是程序化决策制定过程，指控制日常生产操作和分配系统；最上一层是非程序化决策制定过程，指对整个系统进行设计和再设计，为系统提供基础的目标，并监控其活动。自动化通过对整个系统进行较为清晰而正规的说明，将使各层次之间的关系更为清楚明确。大型组织不仅分有层次，而且其结构几乎普遍都是等级结构。

二战以后，计算机和信息技术在管理决策过程中的运用使决策过程增加了科学的成分，但是他们只是决策者的决策工具，并不能取代决策过程。管理人员还必须对可供决策的方案评价以后进行抉择，作出最后判断。一旦选定方案，经理人员就要对其承担责任和负担一定的风险。在今天信息丰富的环境中，关键性的任务是对信息进行过滤，加工处理成各个组成部分，稀有的资源是处理信息的能力。

（2）沟通

组织结构是以分工为主的，沟通就是信息交流，沟通对于组织犹如血液对于人体，是组织合理决策和控制的基本前提。

沟通从沟通者的目的来看有两种基本类型：工具是沟通和满足个人精神需要的沟通。沟通还可以分为正式沟通和非正式沟通，一个组织按它自身的正式结果提供的渠道进行信息传递与交流被称为正式沟通，正式沟通按信息传递的渠道来看则分为纵向的上下沟通及横向的同层沟通（亦称平行沟通）。

在组织运行过程中，沟通有着巨大的功能。人类社会正步入信息时代，信息同物质、能源一起成为推动社会发展的三大支柱。美国副总统戈尔曾指出："信息高速公路的建设，是一场将促进改变人们生活和工作方式的信息革命性的社会变革。"在组织管理中，通过沟通可以处理事务、传递和获得信息、制定决策、促进相互理解并发展关系。所以，信息交流是有效进行计划、组织、指挥、协调、控制、激励等功能所不可缺少的重要因素。信息普遍存在于自然界、人类社会和思维活动中，包括消息、信号、数据、资料、情报、新闻和知识等。因此，中国加入WTO后，各类组织的领导者更应帮助员工树立强烈的信息观念，增强信息的意识，注重信息的交流，改进信息沟通的方式。信息沟通主要是人际沟通和组织沟通。如果一个组织的管理者与员工之间的信息沟通渠道通畅，敢于诉说个人的意见、表达真实的感情，彼此就能靠近或走入对方的生活和心理世界，增强了心理相容性，提高了情感密度。这种关系不仅畅通了工作沟通的渠道，而且强化了员工对组织目标的理解和承诺，有利于建立一个充满信任感和凝聚力的社会支持系统，有利于人际关系的和谐。

可见,信息沟通是调节人际关系的重要条件。

(3) 控制

为了确保组织的所有活动与组织的目标和计划相一致,使得活动更加有效,组织就要用各种规章制度和奖惩手段来约束组织成员的行为,以实现组织的控制。同沟通一样,控制可分为正式控制和非正式控制。组织对成员的控制手段分为自发、诱发和强制三种。控制的过程可分为预先控制、现场控制和反馈控制。控制具有整体性和动态性。在组织中,自上而下,其成员对组织目标的投入也依次递减,因此必须加强对组织环境的变化作出迅速反应、协调组织行为、提供修改计划的依据。

决策、沟通、控制并不是彼此分离和先后发生的,在现实的组织运行过程中,三者往往彼此统一、有机联系。组织决策的过程始终伴随着并影响着组织的沟通和控制过程、沟通则随时为决策和控制提供渠道和信息、各种控制过程也具体地贯彻着组织的决策。

6. 组织分类

组织的种类繁多,各种组织因其目标、性质、结构、组成方法和活动方式等的不同,划分也不尽相同:① 以组织的目标分类,交换理论的代表布劳在《正式组织》一书中根据"使谁收益"的目标划分了互利组织(所有成员相互受益,如俱乐部、工会、教会等)、实业组织(所有者受益,如企业、银行、工厂等)、服务组织(社会服务,如医院、学校等)和公益组织(福利,如图书馆、博物馆等)。② 以组织对成员的关系和控制方式分类,爱桑尼《复杂组织比较分析》中分为强制组织(如监狱、战俘营、劳教所、精神病院等)、功利组织(如各类工业组织、商业组织等盈利组织)、规范组织(如教会)。③ 以组织的规模分类,美国社会学家凯普劳区分了小型组织(3 到 30 人)、中型组织(30 到 1 000 人)、大型组织(一千到五万人)、巨型组织(五万人以上)。④ 以组织的社会功能分类,帕森斯把组织分成了经济组织、政治组织、整合组织和文化组织。

组织的形态

从历史的角度来看,社会的组织结构形态大致经历了:原始的民主制——宗法家长制——资本主义的科层制——社会主义的民主集中制等几个阶段。其中"家长制"和"科层制"(Bureaucracy)常被作为对立的两种社会组织的典型进行比较。"科层制"一词来自马克斯·韦伯。马克斯·韦伯把"科层制"的管理形式概括为如下几点:"①(管理机关的官员)有个人自由并仅仅听命于公务上的职责;② 具有稳定的职务等级;③ 有严格规定的职务权限;④ 根据合同进行工作,因而原则上是根据专业熟练程度进行自由选择而工作;⑤ 有固定的薪金报酬;⑥ 把自己的工作看做是唯一的或主要的职业;⑦ 或则根据工龄长短,或则根据能力预卜自己的官运——'晋升',而不管长官的意见如何;⑧ 工作完全与'管理手段分离',也不需要授予职位;⑨ 服从严格而统一的工作纪律和监督。"①

其实,"家长制"和"科层制"都是一种等级制,其区别只在于前者是世袭的等级制,后者是流动的等级制;前者是农业社会的等级制,后者是工业社会的等级制。在家长制下,家庭出身、辈分、性别、年龄,都可以成为划分等级的标准;而在"科层制"下,这些因素都将退居次要地位,主要根据本人的业务水平和工作能力来划分等级,在一定程度上废止了"任人唯亲",实行了"任人唯贤"的原则。与此相联系,作为等级制的本质内容的权威因素不再属于固定的某个个人,而是属于相应的科层职位,因而被称为"科层权威"。

科层制无疑是比较进步的组织形式,因为它更符合"节约"和"效率"的原则,更具合理性。但是,即使是西方社会学界,也早已有人(包括马克斯·韦伯自己在内)指出科层制的严重不足之处:机械、刻板、文牍主义、无人性,既反官僚主义又在提供官僚主义的温床。

科层组织内部各级结构、各种人员的职责、权限、活动方式等都是由一套严格的规则和章程来限定的,组织成员在组织内部的一切行动均需严格按照组织的规章制度来进行。由于过分强调照章办事,使组织成员的行动长期受到规则的限制,久而久之,组织成员就变得墨守成规。组织规则这一实现组织目标的手段变成组织成员工作的目的,这既会妨碍组织成员创造性和自主性的发挥,又会使组织事务的处理变得呆板、繁琐并进而导致形式主义。形式主义使科层组织中的许多活动失去了理性基础,并影响组织工作效率的进一步发挥和提高。

理想型的科层制能够极大地提高组织的活动效率,科层组织方式正以其技术优势而蓬勃发展。正如工业机械一样,"人的机械"扩大了人的能力;它增加了人在逐渐复杂的社会中达到其目的的可能性。但是,现代世界的科层化已经导致了它的非人化,一切行为和计划都具有可计算性及可预测性。韦伯关于世界的理性化和科层化不可避免的观点与马克思的异化思想有明显的相似,他们两人都认为"现代的组织方式极大地提高了生产的效益,使人对自己的支配能力达到了空前的程度",同时他们也都认为"合理化的新世界已经变成了一个怪物,它要把自己的制造物非人化"。

---

① [苏] N.C.科恩主编:《十九世纪二十世纪初资产阶级社会历史》,梁逸译,上海译文出版社1982年版,第220页。

科层组织和市场网络通常被定义为在一定条件下可以相互替代的两种不同的资源配置方式。经典社会学家在论证科层组织的效率取向的同时,也揭示了它的非人化和官僚化危险。另外,市场越来越被社会学家视为嵌入社会网络并受社会网络制约的一种交易形式。市场网络和科层组织各自的适用边界究竟在哪里?或者,两者之间有没有明确的边界?如何解释无等级体系的新型企业和具有组织体系的市场网络?

在我国,社会组织管理方面还存在着许多问题,其中包括组织管理中行政因素严重,以致官僚主义严重削弱着组织管理的效率。在社会组织的管理中,行政因素的严重与我国的社会结构、传统文化相结合,酿成了明显的家长制管理,人治色彩浓重;在组织管理手段方面,偏重思想政治教育、物质刺激不足,在社会价值观发生变化的情况下,激励效果大受影响等。于是,二十年来我国兴起了一股向外国学习管理经验的热潮。一会儿科层制成为议论的中心,一会儿行为科学理论受到重视,日本式管理大受青睐,一会儿目标管理风靡全国。这些都是围绕着提高组织管理效率进行的,也取得了许多成果。应该指出,我国组织管理中的弊端是与我国长期实行的社会管理体制密切相关的。高度集权、依靠政治力量推动组织运行,不但滋生了官僚主义,也使家长制大行其道,行政领导以其职权指挥组织的运行。这里多的是经验主义、官僚主义,缺少科学态度,多的是个人决策,群体参与较少,而且详细制定的规章制度也形同虚设。这就使得在社会组织的管理上也同社会管理一样不是法治而是人治。另外过分浓重的私人关系也影响了组织的效率。在一段时间内,以原体制不关心人为理由,我国的组织管理中人际关系受到高度重视,这是无可指责的。但是中国有浓厚的重人伦关系的传统,人情大于王法,这使得在批判不关心人、靠制度管卡压的同时,只重关系不顾规则的现象占据主流,从而使组织管理处于低水平和无规则状态。从我国实际情况来看,组织管理的弱点是规则不健全,或有了规则不能真正实行,而太重人情。因此,科层制化仍是我国面临的重要任务,只不过应该注意的是在此同时不要使其弊端发展起来。

从市场经济中的企业来看,传统的等级制已经不适合当代的发展。20世纪60年代注重标准化产品和可替代技能的管理自然地引导着企业内自上而下的权力流,而到了80年代,组织内外的工作变得越来越复杂,传统的等级制的组织结构开始变得扁平化,在此过程中也暴露了等级制的一些问题:

——等级制倾向于在职能领域设置障碍,一些跨职能的沟通只能先沿着某个等级分支向上传播,然后再通过另一个等级分支向下传播;

——当信息向上传播时,等级制会过滤或歪曲信息;

——等级制经常妨碍迅速、动态、灵活的行为；
——大部分重要的价值流都是职能的，等级制度使职能过程速度缓慢，易出错误，效率不高，难以转变；
——等级制延迟决策，导致机会丧失；
——与顾客接近的小组知道采取何种行动取悦顾客；高层管理者却不行。从事实际工作的小组比其他任何人都更多地知道怎样改进工作过程；
——不接触实际工作的高层管理者经常制定引发困难的规则和条例；
——等级制倾向于制定增加复杂性的规则和控制；
——管理人员更关注政治动机、权力斗争，关心职位；
——人们跨职能技能的发展受到限制；
——等级制限制了个人的责任——我只是在服从命令；
——在快速变化的行业，等级制里的高层人物将很危险地落伍；
——等级制倾向于自我繁殖，在不需要的时候，他们会自我保护。

传统等级制与扁平式等级制

旧世界的等级制	扁平式等级制
——知识集中在企业高层人物那里； ——命令必须按等级由上而下传达； ——信息按等级由下而上传递； ——等级制底层人物听从命令； ——工人不设计他们自己的工作过程。	——更少的中间管理层，更宽的控制幅度； ——采用自我管理小组； ——授权熟练员工管理他们自己的工作并承担责任； ——大多数工人是知识工人； ——有知识的员工拥有计算机化的知识、决策支持系统、专家系统和有力的工具。
网络化组织	簇状结构
——所有员工都可得到任何信息； ——信息从底层直接传到顶部； ——知识工人能在世界范围内相互影响； ——小组能够被分布在不同的地方； ——知识工人发展高度专业化的技能，能被应用到很远的地方； ——知识工人和小组共享一个共同的任务和目标； ——为组织而设计价值流。	——整个企业都进行价值流再建； ——价值流小组高度关注自己的价值流目标； ——总裁小组指定计划、确定方向、构造结构、实施授权。

由上表可见,当垂直结构变成水平结构时,企业会发生一个更加根本性的变化,企业会被组织成价值流小组,而不是职能筒仓。价值流小组完全关注价值流顾客、关注与顾客满意相关的衡量、关注为顾客提供结果的盈利能力的衡量。企业的组织结构由传统的等级制发展到网络化和簇状结构是信息技术和市场竞争发展的必然结果。因为每一种新的竞争形式的出现,都需要有相应的组织结构来满足这种竞争的需要。

应当说,金字塔式的管理等级制,在工业化大生产中起到了相当大的作用。它的特点是能有效保证整个体系稳定运行。虽然现在企业都追求扁平化管理,但对等级制的优点谁也不能否认,更不能抛弃。没有等级可能就没有管理。但是过分强调等级观念,尤其是传统国企的等级制和官场很相似,是资历本位下的等级制,这样会禁锢人们的思维,使企业员工的创新思维不断萎缩,进而影响到企业的创新能力。如何在等级制和创新思维的两难境地中找一个平衡点?只有把资历本位的等级制改变为能力本位的等级制。虽然等级制的背后都是权力崇拜,但能力等级制的实质是能力崇拜,这与资历崇拜有本质区别。能力等级制下,权力拥有者依然拥有话语垄断权力,但相对而言,由于能力等级制是一种动态的等级制,它以人的能力为本位,能者上,庸者下,思维活跃、能力强者有机会在等级制中获得升迁,这种等级制对活跃人们的思维有良性的导向作用。在资历本位下,思维活跃、创新思维基本上不会带来好处,而能力等级制为创新思维、思维活跃提供了诱因。

组织的生命周期

像一切生物系统和社会系统一样,组织也有从诞生到死亡的生命发展周期。一个组织的生命周期可以被描绘为五个重要阶段的序列:诞生、成长、成熟、衰落和死亡。下面我们将对这五个阶段分别作一概述。

(1) 诞生。 当一群成员为了一个共同的目标、利益和需要而走到一起时便产生一个组织。一般而言,这样的组织开始时是相当不正规的,没有成文政策或正式的规章制度,许多相互作用处于日常的面对面接触的水平上,组织成员彼此能相互了解,甚至带有较强烈的私人感情色彩而成为好朋友。当普通操作人员、中级管理部门以及顶端管理部门形成之后,一种等级阶梯于是建立起来,尽管如此,这个时候的组织非正式的倾向还是十分明显的。此外,此时组织的最高领导者往往具有见解和资本,他们强烈地影响和左右着组织,主导着组织的发展。

(2) 成长。 当组织经历它的最强烈的增长时便处于第二阶段。在这个阶段中,利润(如果是一个经营性的组织的话)和规模每年递增百分之几百也属常事。20世纪70年代后期美国苹果计算机制造企业的发展就显示了这种惊人的增长。在这个阶段中,组织的主导性人物所起的作用的重要性开始降低,组织成员之间面对面的日常联系也逐渐减少。组织开始变得较正规化,成文政策和正规的等级结构开始取代通过面对面相互作用所曾达到的那种非正式的共同意见。当组织变大时,人们开始感到自己失去了个性而变得千人一面。这是因为随着组织的迅速成长,它就愈来愈倾向于变得具有高度的结构并发展起包罗万象的政策和程序,换言之,组织更多的关系是其结构的分化,职能的细化和成员技能专业化而忽视人的能动因素。

(3) 成熟。在这个阶段,组织的成长变慢了。新的发展方向或者新市场、新产品开始被开拓穷尽,组织常常变得停滞下来。从成长阶段开始的那种制度化过程,现在逐渐演化成为僵硬的官僚机构的过程,并窒息组织。虽然,在这时期组织已经建立了一种文化,一种办事的既定方式,并且组织也形成了自己珍视和奉行的价值观、行为的规范或标准(这种规范或标准可能是成文形式的,也可能是约定俗成的),然而,对传统和现有文化过于强烈的依附,无疑会勒死这个组织,因此,保持活力是这个时候组织的关键任务,尤其是在组织需要寻求获取其他组织以不断扩张的时候。不过,应该指出,成熟阶段在组织的一生中常常占有最长的时间,在这期间,组织年复一年地缓慢变化而相对稳定。

(4) 衰落。组织终于开始遇到难以应付的问题:关键人物辞职、组织的方针和策略与外部环境或对象不相吻合、许多经营性的产品严重积压,等等。组织只看重成员的服务时间,而不看重他们的思想观念和作为,尤其是新的思想常常受到阻力。这样的组织于是开始了它的衰落过程。在这个过程中,原先就存在于组织内部的各种积弊也已经由萌芽到成熟并开始暴露无遗,各种病态逐渐猖狂地泛滥起来。美国普林斯顿大学社会学教授威勃特·E.摩尔在《组织个性》一文中,就曾指出各种病态的表现形态:①

第一,偏宠。"他的意思很对,此外他是老板的表弟。"在选择和提升过程中,裙带关系开始盛行。

第二,懒散和怠工。"不要太卖力气。"拖延、回避等一系列"磨洋工"的行为和言论成为对付组织的有效武器。个人的懒惰行为来源于他们自己的无聊感和缺乏承认,或者来源于他们同事的消沉所引起的感情连带关系,由此,

---

① [美] C. Wright 米尔斯:《社会学与社会组织》,何维凌、黄晓京译,浙江人民出版社 1986 年版,第 169—171 页。

"随大流"成为比争取最高水平和最高工作成绩更普遍的作为。

第三,腐败。"这里面有我什么?"此时个人对组织利益的替代可能无处不在。在公务时间内为个人谋利,以及用公司的汽车去作周末旅行等,都不被视作犯罪的贪污。按照这类习惯做法,所有权的概念只好让位于占有者的合法权利。

第四,工具主义。"没有什么理由可说,这就是政策。"形式主义地服从一些规章和程序,而没有对要实现的目标或者需要解决的问题作现实主义的思考,这种僵硬的官僚主义的做法成为此时组织的通行方法。

面对上述种种弊端,组织有时不得不做出努力来改造结构和政策,重新确定组织的功能和使命,采纳新的管理技术,以重振活力而避免死亡。

(5)死亡。当组织衰落已发展到不能再回返的时候,组织将停止作为社会中的一种有活力的角色而宣告它的生命的终止。并不是所有组织都是在整个地停止继续存在的意义上死去的。它们可以被一个较大的组织所吞并或巩固,政府部门的计划和服务可以和这个组织的计划与服务联合起来,这时,组织仍然可以部分地生存着。

纵观中国各类组织的发展,我们不难发现这种周期性的生命痕迹。以上海的产业组织为例,纺织业、机电业等各类企业在20世纪50年代都曾有辉煌的历史,曾经是上海经济发展的支柱性产业,然而时至今日,这些企业大多进入衰落阶段,有的甚至倒闭"死亡"。由此看来,及时进行改革,以适应不断变化的外部环境,这是目前各类组织尤其是产业性组织的一项迫在眉睫的任务。

组织理论学派

有关组织的概念可以追溯到古代,但近代意义上的对组织的研究始于19世纪末20世纪初,出现了古典理论、人际关系理论、组织行为理论、系统理论、权变理论等等,分别对组织进行了生态的、关系的、制度的和经济学的分析。

古典组织理论的观点认为,为了使组织更有效地达到目标,需使组织的结构和过程科学化和合理化,为此,应创建合理的理论、方法和技术。古典理论由分工、阶梯过程和职能过程、结构设计以及管辖跨度构成。古典组织理论是带着建设这四大要素相互协调的关系的观点而集中解剖正式组织的。其最重要的代表人物之一的马克斯·韦伯分析了工业对组织结构的影响,形成了科层制的组织理论。从韦伯的研究开始,在组织分析中组织边界就扮演着中心性的角色。韦伯把组织定义为"封闭"的社会关系,只限于特定的个人能接近,在行政人员协助下的长官或主管来实行这一限制。随着开放系统观念的出现,理论家们认识到组织对管理资源流和其他与环境的交换的依赖,但他们继续强调组织需要保护自身以免受外部的影响,通常是通过"封锁"它们的技术内核以免受环境的干扰。在最近几十年组织的边界已经变得更加开放和灵活。尽管像某些过于热心的观察者那样宣称"无边界"的组织的出现似乎尚不成熟,但是许多迹象表明,组织边界已经变得更加可渗透和更加灵活。终身制的工人被临时的、兼职的和合同制的雇员所取代;团队和项目小组经常包括多个彼此独立的企业的成员;组织压缩、增加并廉价出售其组成部分;组织与其交易伙伴及竞争者结成联盟。随着早期的手工生产系统被小型企业产业区、以大企业为中心的圆心系统以及战略联盟所结合,今天的生产和服务系统越来越可能延伸为跨越相互独立或半独立的公司和机构的网络。然而,这些发展并不表明组织边界的消失,而是表明在组织的范围、成分、持续时间和实施机制上的变化。象征性的符号日益取代边界划分的物质主义方式。

梅约1933年发表的《工业文明中的人的文体》提出了"霍桑实验"的结论:人是组织中最重要的因素,开创了人际关系理论。该理论认为:组织的生产效率取决于社会规范而非生理能力,非经济因素会对成员的行为产生相当大的影响。

组织行为理论运用行为科学的方法,既重视对组织正式结构的研究,又重视对非正式结构的考察。并且强调两者之间的平衡互补关系。麦克雷戈是组织行为理论的代表之一,他提出了著名的"X"理论与"Y"理论。

系统既把组织看做是由各个部分构成的复杂整体系统,又把组织看做是更大系统中的一个子系统。因而它重视组织与组织、组织与环境之间的相互作用和相互影响,系统论强调组织内外系统的平衡和交换过程。

权变理论认为组织的内部关系、组织与环境的关系都是灵活多变的。因而组织结构的设计和组织管理应根据组织的具体内外情况,更加灵活和更具适应性。超"Y"理论就是一种权变理论。在20世纪50年代,组织成为社会科学研究的一个公认领域。西蒙(Simon)的早期工作集中于决策和决策者,"有限理性"模型巧妙地将强调目的和意图的主张与对限制这种理性行动的认知的和社会的约束的认识联系起来。默顿(Merton)领导之下的哥伦比亚大学的学者等后来的研究,强调"有目的行动的非预料后果"。塞尔兹尼克强调的是组织表现出来的"矛盾性"(paradox),它一方面是"服从于可算计操纵的正式结构",另一方面又是"不可避免地嵌入在制度矩阵中"的社会结构。布劳(Blau)集中关注科层制的"两难困境",即它作为被设计为解决特定问题的正式结构又导致了其他问题的产生;古尔德纳(1954)提到了组织作为强制系统和同意系统的"两面"特征。在从20世纪50年代开始一直持续到80年代的成长期中,社会学家们研究了有关组织的各种各样的主题,但是他们最为独特和固守的关注点是组织结构的决定因素。怎样才能最好地描述组织的独特之处,什么力量在形成这些特征时发挥着作用?例如,布劳主持的由大量的合作者参与的比较研究项目,持续地考察了不同组织类型的正式结构,将其看成是"展示自身规律性"的系统。从20世纪80年代至今,由于社会学家始终在研究相似组织集合的结构特征(组织种群)以及不同的相互依赖的组织集合——组织领域和组织网络的结构方面走在前面,他们已经在更高的分析层次追踪这些关注点。不仅关注组织结构的决定因素,还关注组织结构的后果,考察组织结构对组织绩效和组织参与者的影响,以及在更广泛程度上的对权力和社会不平等的影响。最先出现的是权变理论(contingency theory),这种分析方法认识到尽管所有组织都依赖于它们的资源环境和技术信息环境,但是,这些环境在复杂性和不确定性方面是不同的,因此,组织结构也会随之变化。作为它们的技术环境的函数,可以观察到组织是变化的。而且,那些其结构能最好地适应其特定环境的组织,绩效也是最好的。尽管权变理论是在我们能称之为组织研究的"现代"时期出现的最早的系统化的理论,但是它们保持着最大的影响力。无疑,权变理论的流行在一定程度上反映了它对那些试图改善他们的组织的实践者的吸引力。

交易成本(transaction cost)——建立在经济学见解的基础之上,即所有的交易(商品和服务的交换)都是有成本的,但是某些交易比其他交易成本更高。威廉姆森(Williamson)追随科斯(Coase)的观点,认为组织的产生是为了处理市场不能解决的交易成本。相对不确定和复杂的交易要求更精细的治理机制以确保交易各方的安全。组织就是一种这样的机制,它试图调整利益并创造控制系统以阻止机会主义行为。

资源依赖理论(resource dependence theory)——也强调适应环境的益处,但是它认为环境同时包括经济系统和政治系统。认识到组织为了生存一定要交换资源,但是这种交换如果不均衡的话,就会产生权力分化。因此,经济交换可能产生权力分化,并且经济依赖可能导致政治性的解决办法。主张资源依赖的学者强调,管理者不仅要设法管理它们组织的结构,还要控制组织所处的环境,降低依赖并寻求充分的权力优势。

网络理论(network theory)——长期以来就被心理学家和社会学家用来研究人际关系,但是在20世纪70—80年代期间,它被用于组织间关系的研究。立足于怀特(White)等人的基础性工作,学者们着手提出了适合于研究组织网络的测量技术和方法。组织在网络关系中的位置以及网络本身的结构,都被认为对组织的行为和结果具有影响。在有关连锁董事会、竞争性交换结构和利润、在国家层面上影响政策设定的组织间系统以及战略联盟的形成和影响的研究中,已经探究了这些网络关系和结构。因为网络理论强调环境的关系方面,它的发展有助于资源依赖关系的研究。

制度理论(institutional theory)——主张组织一定要不仅考虑它们的技术环境,还要考虑它们的"制度"环境。早期的理论家,诸如塞尔兹尼克(Selznick)和帕森斯(Parsons),强调制度系统的管制性和规范性特征。后来的"新制度主义理论家"将这些视为重要的因素,但是他们还强调对象征性要素——先验图式(schemas)、典型化(typifications)和文本(scripts)——的作用给予关注,这些要素在形成组织结构和行为上扮演着重要的、独立的角色。

自20世纪60年代以来,将组织及其结构和过程作为研究的主题,从单个的组织层面向上移动,将注意力集中于组织集合(organization-set),更精确地定义对既定组织而言起作用的重要情境。不是评价诸如"复杂性"和"不确定性"等被抽象出来的环境维度,而是更加注意研究特定的资源流和信息流、特定的网络关系及其影响。这种分析层次非常适合探究资源依赖关系和组织战略问题。组织生态学选择在组织种群层面开展研究,尽管这一理论框架可以应用在多种层次上。种群被定义为包含所有在同样的小生境(environmental niche)中竞争资源的组织。具体而言,研究者一般考察那些享有同样类型或原型,显示相似结构并追求相似目标的组织。以一种特别的方式将既有的技术和各类社会行动者结合起来,一个特定的组织形式便在一个特定的时间出现,并且一旦组织创设,它便会随着时间而存续,很少出现变化。如果一种类型组织的全部历史被研究,大量的、不同的种群的研究就揭示了相似的S型的增长和衰退的经验范型。

将组织作为各种权力系统来关注,科尔曼(Coleman)对此进行了有说服力的重新构造,他指出,组织作为集体行动者扩展利益,并追求不同于其成员的目标;而通常个人不仅在和其他个体的关系上,而且在和组织的关系上失去了他们的权力。组织不是作为在我们的控制之下的一种力量来帮助我们追求我们的目标,更为经常的是,当组织追求它的特定目标时,我们投入我们的时间和精力来为组织机构服务。组织也越来越影响到社会的流动和生活机会的分配。研究社会分层的学者曾长期专注于社会阶层,现在也开始关注在现代社会作为流动的重要媒介的组织的作用。"新结构主义学者"关注工作的结构——日常性地嵌入在企业和产业之中——以及组织过程——雇佣、培训、晋升和解雇——它们决定着地位获得。

在20世纪的大部分时期,组织追求的是"内在化"(internalization)的重大战略。随着组织面临对它们机能的重大挑战,可能的反应是将这些挑战吸收或映射(map)进自身的结构。在内部化行不通的情况下,组织开始将环境的关键方面"映射"(map)在其自身结构中,例如雇用有工会经验的人到劳资关系部门或者雇用律师应对法律环境。然而,从20世纪的后几十年开始,随着组织开始抛弃各种成分和功能,出现了一个令人惊奇和出人意料的转向。现在越来越多的组织追寻的主要战略是"外部化"(externalization):关闭一些内部部门,将以前在组织内部完成的工作外包出去。

中国非政府组织的发展

随着市场经济的发展,各种相对独立的市场主体和各种社会组织、中介组织也快速发展起来,相对于国家和政府的社会领域大大地扩展了,一切由政府包管的体制已经改变了,建立新的生活共同体运行机制成为迫切的需要,在未来的发展中,社会组织与社区建设、社区机制、社区秩序的问题会变得越来越重要。

1978年以后,中国相继进行了经济体制改革、政治体制改革和社会改革。社会主义市场经济体制的建立、政府机构的精简与职能的转变和"小政府、大社会"目标模式的确立使得国家与市场、国家与社会的关系面临深刻的变化和调整,各类社会组织的功能面临新的分化和合理定位。在这种新的环境背景下,中国非政府组织的发展面临着前所未有的机遇,同时,非政府组织的发展又成为中国实现经济体制改革、政治体制改革和社会改革目标的助推器。

经过20多年的改革,中国已初步建立了社会主义市场经济体制的基本框架。伴随着经济体制转轨进程,中国的社会转型也有了一定的进展。今天,在经济全球化的大背景下,在改革已进入到以调整重大利益关系为主要任务的攻坚阶段,社会转型也到了关键时期。积极发展非政府组织,就是新时期社会转型面临着的重大课题。我国的改革开放走到今天,非政府组织同政府、企业共同构成了现代社会结构的三大支柱。因此,发展非政府组织既有客观需求,又有现实的紧迫性。

根据有关统计数据,中国的各类社会团体由1978年前的6 000多个增加到1998年的16.5万个,民办非政府企业单位从零发展到70万个左右。但是,目前我国非政府组织的发展还是初步的。例如,上海解放初期各类工商协会有410家,与此相比较,2001年底才有123家。作为目前我国行业协会发展最快最好的地区之一,上海与解放初期相比还有相当明显的差距,由此可以分析全国行业协会发展的现状。

非政府组织的发展滞后不仅体现在数量上,而且在起步发展过程中具有某些"先天性"问题:第一,目前中国的非政府组织不管是行业协会还是其他各类社会团体,在一定程度上还带有浓厚的行政化色彩。因此,它不能充分反映和代表自己应当反映和代表的那部分人的利益。第二,非政府组织虽然具有一定的数量,但还不具有广泛的代表性。例如,上海是目前行业协会发展较好的地区,但上海行业协会的代表性,目前也只有50%左右。第三,非政府组织发育层次比较低,作用发挥不明显。比如说在国际社会讨论人权的时候,参加人权讨论的相当一部分人是国际上各类非政府组织的代表,中国政府方面的代表与非政府组织在一起讨论对话类似人权这样的问题就有相当大的局限性。如果中国的非政府组织能够充分反映中国的人权现状与国际上的非政府组织对话,其效果和作用会大不相同,可能会起到政府代表起不到的作用。第四,法律地位的不确定。尽管目前已出台一些相关的行政法规,但是到今天为止,非政府组织的法律地位仍旧不确定。

当前中国正处于经济转轨的关键时期,非政府组织的产生和发展既是改革、是政府改革的产物,同时也是检验政府改革的重要标准。举两个例子:第一,为什么政企分开提了20多年到现在还是难以分开,并且有的政府部门还在强化某些权力?究竟谁能代表企业与政府对话,把属于企业的权利从政府手中争取回来?单个企业是无力同政府对话和谈判的,但是代表企业的行业组织在这里就能起到一个中间不可缺少的代表者的作用。这说明,行业组织发展的滞后和某些官僚化的倾向,也是导致政企不分的重要原因之一。第二个例子,虽然政府改革在多方面取得一定的进展,但无论从财政供养人数还是政府职能转换的实际进程看,政府改革还远远没有到位。这涉及政府机构改革背后的深层次利益因素。为什么审批制度改革这么难,不应该审批的事项,现在仍旧抓在自己手中不放,就是由于在审批过程中存在某些利益交换。

总的来说,中国正处在以调整重大利益关系为基本特点的改革攻坚的新阶段,非政府组织的发展大有空间,它不仅会对中国新阶段的改革开放产生重大影响,而且必将成为推动国家经济发展、社会进步的重要力量。

第十章 社会关系的社会层面
——社会结构层面

一、什么是社会结构

在提出社会结构问题之前,我们实际上已接触过了为数众多的具体的社会结构类型,例如一个核心家庭的结构、一个农村社区的结构、一个科层组织的结构等。而且在日常生活中,我们也随处可见此类结构现象,小至由一辆三人(两个售票员和一个司机)组成的公共汽车,大至一个上千人的超级市场,都能使我们强烈地感受到"结构"的存在和它所起的作用。

给"结构"下定义看上去似乎并不难,正如一位结构主义者所说,当你动手在一本词典里查找"结构"这个词的定义的时候,这一行动本身就已为你提供了答案。因为正是借助词典的结构,你才得以顺利找到自己要找的那个词。按照这个说法,结构就是某种秩序,某种格局。然而作为一个定义,它是有缺陷的,并且可能产生误导,好像结构可以像一本书一样由人编排,且一经编定,就一劳永逸,不会变化。这显然不符合活生生的社会结构的真实情况。"结构"与其说是被编排的,不如说是被"发现"的,它是一个客观的存在,是一个实体,是一个运动着的生命体。结构既是生命体运动的结果,也是赖以继续运动的条件,这种运动在社会领域里首先就是人的物质生产的活动。"从物质生产的一定形式产生:第一,一定的社会结构。第二,人对自然的一定关系。"[1]从一般意义上来说,行动是社会结构产生和变化的前提,一如行动是关系的前提。因此社会关系是最接近于社会结构的一个概念,几乎可以这样

---

[1] 《马克思恩格斯全集》第26卷,人民出版社1979年版,第296页。

说,社会结构就是凝固化了的社会关系。总之,在未给社会结构下一个严格意义上的定义之前,我们至少可以认定两条:(1)当社会关系的发展已达到高度模式化、制度化的程度;(2)因而能在一个相当长的时期内保持稳定和均衡状态,就可以称之为一种社会结构。① 下面就让我们来看看经典作家们是怎样论述这个问题的。

经典的论述:马克思的提法

关于社会结构的经典论述,充分反映在由马克思、恩格斯创立的历史唯物主义的基本原理之中。上面谈到社会关系对社会结构的意义,在马克思那里,犹如他们无暇顾及研究所有的社会关系,而只是着重研究社会关系中最重要的部分——社会的生产关系一样,他们对社会结构的研究也主要关注其最本质的部分——社会的经济结构。而对经济结构的研究又紧紧围绕着生产活动和生产过程来进行,由此得出了一个极其重要的结论:"生产力与交往形式的关系就是交往形式与个人的行动或活动的关系(这种活动的基本形式当然是物质活动,它决定一切其他的活动,如脑力活动、政治活动、宗教活动等。……)。"②怎样判断不同时代的社会结构的性质呢?马克思的回答是:"动物遗骸的结构对于认识已经绝迹的动物的机体有重要的意义,劳动资料的遗骸对于判断已经消亡的社会经济形态也有同样重要的意义。各种经济时代的区别,不在于生产什么,而在于怎样生产,用什么劳动资料生产。劳动资料不仅是人类劳动力发展的测量器,而且是劳动借以进行的社会关系的指示器。"③用今天的术语来说,区别不同的时代,主要看使用什么手段进行生产,这些生产手段既能反映生产力的水平,也能反映生产关系的性质。马克思的名言:"手推磨产生的是封建主为首的社会,蒸汽磨产生的是工业资本家为首的社会。"④十分形象地说明了这个问题。综观马克思对社会结构的分析,可以清楚地看出,一个宏观的社会结构应该包含两对最基本的关系:一是个人与社会的关系;一是物质生产和精神生产的关系。马克思对社会分工的社会历史意义的高度评价,就是完全建立在对上述社会结构所包含的基本关系的基础之上的。他指出:"分工只是从物质劳动和精神劳动分离的时候起才开始成为真正的分工。""分工不仅使物质活动和精神活动、享受和劳动、生产和消费由各

---

① [美]乔纳森・H.特纳:《社会学理论的结构》,吴曲辉等译,浙江人民出版社1987年版,第497页。
② 《马克思恩格斯全集》第3卷,人民出版社1979年版,第80页。
③ 《马克思恩格斯全集》第23卷,人民出版社1979年版,第204页。
④ 《马克思恩格斯全集》第4卷,人民出版社1979年版,第114、115页。

种不同的人来分担这种情况成为可能,而且成为现实。"①马克思的分工理论,使他对社会结构问题的关注重点转移到了社会的阶级结构的方面,而不是像他之后的众多社会学家那样越来越走向对微观层次的社会结构的研究。

非马克思主义的社会结构论的几个阶段

1. 从生物有机体到社会有机体

这是社会学初创时期的特点,此时社会学刚从生物学中脱胎出来,还没有摆脱用生物有机体去类比社会有机体的局限。但从初期的发展中,已经得出了一些十分重要的观点,例如分化的观点、整合的观点、同质性向异质性转化的观点等。

稍后,一系列关于社会结构的两分法被提出来,这里面包括斯宾塞的"军事社会"与"工业社会"、滕尼斯的"社区"与"社会"以及涂尔干的"机械团结"与"有机团结"的划分。这些划分体现了从人类社会本身的内在因素探讨社会结构的形成和发展的重要阶段的开始。特别是涂尔干,他把分化和整合的观点,具体应用于社会分工的研究,得出了新的分化可能带来社会的新的整合的结论。另外,他通过对自杀现象的研究,对社会的整合度问题(例如所谓"过度整合")作了有益的探讨,为后来的结构功能主义的产生奠定了基础。

2. 从以社会为本位到以个人为本位(行动本位)

自马克斯·韦伯以后,有关社会结构理论的重点,逐渐从社会实体的方面转向人的行动的领域。马克斯·韦伯结构理论的一个核心概念是其"合理化"(理性化)概念。"合理化"首先是一个方法论范畴,在对社会结构的分类中,马克斯·韦伯提出了一个著名的"理想类型"的模式,而其中行动的合理性占据着重要的位置。在行动的合理性中(它包括价值合理的行动和目标合理的行动),尤以目标合理的行动最为重要。因为"目标合理的行动者,他要根据目的、手段和附带的后果来规定自己行动的目标,同时既要合理地权衡达到目的的手段,又要合理地考虑产生附带后果的目的,最后还要考虑彼此有关的各种可能的目的"。②"理想类型"理论的实际应用,体现在他对"科层制"组织体制的研究上。他认为"家长制"体制的种种弊病归结为一点,就是它不是人类理性的产物,它的权力结构是不合理的,"科层制"(官僚制)虽然也有其弊病,但在合理性上,较之家长制是一个巨大的进步。具体表现在其

---

① 《马克思恩格斯全集》第 4 卷,人民出版社 1979 年版,第 114、115 页。
② 马克斯·韦伯:《经济与社会》,转引自 N.C. 科恩:《十九世纪至二十世纪初资产阶级社会学史》,梁逸译,上海译文出版社 1982 年版,第 294 页。

制约权力和利益的分配的是法律而不是某个特殊的个人,亦即是"法治"而非"人治",而且无论是被管理者还是管理者,均需服从于法律。不过,正像不少社会学家已经指出的,马克斯·韦伯的行动理论也好,其科层制理论也好,都带有浓厚的理想色彩。马克斯·韦伯虽然已将重点由社会本体转移到人及其行动上,但基本上仍属静态的分析,抽象的分析,即理论的分析,因而有别于他之后的对行动的经验层次的研究者们。

3. 结构—功能主义阶段

这实际上是前两个阶段的综合和总结。作为这个阶段的主要代表人物的帕森斯,他实际上就是涂尔干和马克斯·韦伯学说的集大成者。他本人继承了一种对社会作宏观的、抽象的、纯理论研究的传统,但同时又开创了一个由宏观到微观、由抽象到具体,某种意义上是由结构(静态的)到功能(动态的)分析的社会学的新阶段。继马克斯·韦伯之后,对传统社会与现代社会的比较研究,亦从这个阶段开始逐渐展开。

其中值得一提的是,帕森斯的学生之一,M. 莱维(M. J. Levy),他在传统与现代的比较研究上,产生了较大影响。他得出的主要结论是:从传统社会向现代社会的转变,在结构上意味着:① 组织的功能由普遍化走向专门化;② 单位内部的自给自足走向单位之间的相互依赖;③ 价值标准由特殊取向走向普遍取向;④ 人际关系由直接交往走向间接交往,商品和市场在交往中的作用日益突出。① 莱维的这些结论对我们今天研究转型期社会结构,是有一定参考价值的。

4. 从阶级分层到社会分层

社会分层的问题,可上溯到马克思和马克斯·韦伯。但对社会分层和社会流动的大规模的实证研究则是很近的事。一般认为,阶级论的代表是马克思,社会分层论的代表是马克斯·韦伯。他们两人的思想又分别对社会结构的两大流派——冲突论和功能主义(均衡论)产生深远影响。阶级结构是社会结构的延伸,阶层结构又被认为是阶级结构的延伸。现在已逐渐把非阶级意义上的阶层分析看做社会分层的主要内容,也就是说,在社会分层的问题上,马克斯·韦伯的观点和方法已逐渐占据社会学界的主导地位。有关社会阶级阶层结构的问题,将在后面作专门的讨论。

社会结构的单位、要素与性质界定

从最一般的意义上给社会结构下定义:社会结构即是以人的社会行动或

---

① M. 莱维:《现代化与社会结构》,参见金耀基:《中国现代化与知识分子》,时报出版公司 1987 年版,第 132—134 页。

活动为基础的,社会各组成要素间和各基本过程间的固定化关系模式和互动方式。此定义参考了一个结构主义者给"结构"所下的定义:"结构"是"成分间或基本过程间的一个关系网"。① 如果可以把最基本的社会要素理解为就是行为、关系、制度的话,那么,一个合理的社会结构,就意味着社会的"行为—关系—制度"之间的稳定和平衡。而事实上,一个社会在结构上发生重大变化之前,总是首先反映在结构要素之间(例如行为与关系之间或关系与制度之间)的紊乱和背离上,这种要素之间的背离,最终会导致非结构化局面的出现。另外,把"活动"和"过程"引入结构的定义之中,避免了对结构作纯静止的理解,丰富了结构的内涵,这特别有助于对当前社会转型的研究。它使人们意识到,研究社会结构的目的正在于寻找社会动静之间、治乱之间、新旧交替之间的内在联系和转换机制,而不仅仅在于确定某种社会状态的性质和界限。

对社会结构的内涵的比较全面的、具有实质意义的概括,见于马克思的如下一段话:

"在人们的生产力发展的一定状况下,就会有一定的交换(commerce)和消费形式。在生产、交换和消费发展的一定阶段上,就会有一定的社会制度、一定的家庭、等级或阶级组织,一句话,就会有一定的市民社会。有一定的市民社会,就会有不过是市民社会的正式表现的一定的政治国家。"②

不难看出,这段话里已经包含了在马克思看来是最重要的社会结构的单位和要素。按照顺序,它们应该是:生产者(个人行动者),生产、交换、消费过程(行动过程),社会制度,社会组织(包括家庭、等级或阶级组织),市民社会,政治国家。

日本社会学家富永健一把社会结构定义为"构成社会的各种要素间相对恒常的结合"。③ 十分有意思的是,他对社会构成要素的排列顺序是:角色、制度、社会群体、社区、社会阶层、国民社会。其中除"社区"一项外(角色是行动者的更一般的概括),与马克思的要素内容先后顺序均相当接近,而且两者

---

① [比] J. M. 布洛克曼:《结构主义》,李幼燕译,商务印书馆 1980 年版,第 18 页。
② 《马克思恩格斯选集》第 14 卷,人民出版社 1972 年版,第 320—321 页。
③ [日] 富永健一:《社会结构与社会变迁》,董光华译,云南人民出版社 1988 年版,第 21 页。

均始于个人行动的层次而终于整体社会的层次。

仔细分析这一要素的排列顺序,可以看出,它和马克思关于社会结构的另一种表述方式,即对我们来说更为熟悉的经济基础与上层建筑的结构模式是基本一致的。这一模式也可以称为物质结构与思想结构的关系模式。物质结构指的是经济基础,思想结构指的是上层建筑,它们两者的统一,就叫做社会形态(或社会经济形态)。马克思的社会结构理论,从某种意义上也可以说就是社会形态理论。其大致轮廓如图10-1所示。如果说"生产方式"主要是为人们提供了一种社会的骨架、骨骼,那么,"社会形态"则提供了一个活生生的有血有肉的社会。一种社会形态可以包括多种生产方式,但是决定社会形态性质的必定是占统治地位的那种生产方式。各个时代的"社会形态"(社会经济形态)中的生产方式的总和就是人类社会这座"大厦"的基础,在这个基础之上"耸立着由各种不同情感、幻想、思想方式和世界观构成的整个上层建筑。①严格说来,上层建筑又分两层:除了思想、观点以外,还有同这些观点相适应的政治、法律等制度和设施。这样,从最宏观的角度来看社会结构(当然是处于一定历史时期的社会结构),它基本上有这样三个层次:作为基础的经济制度;作为上层建筑的主体部分的政治制度和法律制度;作为政治、法律制度的体现者的意识形态系统。进一步考察这三个层次,会发现用以建造这座大厦的材料,不是别的,而正是不同形式的人的活动。我们可以把它们相应地归结为"三种活动方式":生产方式、生活方式和思想方式。抽象地讲,这都是一些行为方式。从而可以看出,在社会结构中存在着由行为到制度,由动到静(相对稳定)的辩证过程。另外一方面,列宁指出:马克思和恩格斯的基本思想"是把社会关系分成物质关系和思想关系。思想关系只是不以人们的意志和意识为转移而形成的物质关系的上层建筑,而物质关系是人们维持生存的活动的形式(结果)"。② 这样看来,"社会形态"这一概念完整地包含了从行为方式到关系到制度的社会运动的全过程。反映了社会结构的动态平衡的特性。这里需要指出的是,"不管个人在主观上怎样超脱各种关系,他在社会意义上总是这些关系的产物"。因此,"社会经济形态的发展是一种自然历史过程"。③ 但是,又因为这一过程是由无数个人的行动和活动所组成的,它毕竟是一个"历史"过程,因此丝毫

---

① 《马克思恩格斯选集》第1卷,人民出版社1972年版,第629页。
② 《列宁选集》第1卷,人民出版社1988年版,第18页。
③ 马克思:《资本论》第1卷,人民出版社1975年版,序言。

不能无视个人行为在这一过程中的意义。也就是说，社会结构的动态平衡的实现决不是自动的、自发的，它需要通过控制人的活动来加以实现。当然，社会形态论后来的发展走向了简单化、公式化的道路，这主要是受前苏联理论界的影响，把社会形态的发展固定化为五个阶段，即原始共产主义社会、奴隶社会、封建社会、资本主义社会、社会主义社会等。忽视社会形态发展过程中个人地位的发展和变化，个人与社会关系的变化，是这一理论模式的重大缺陷。

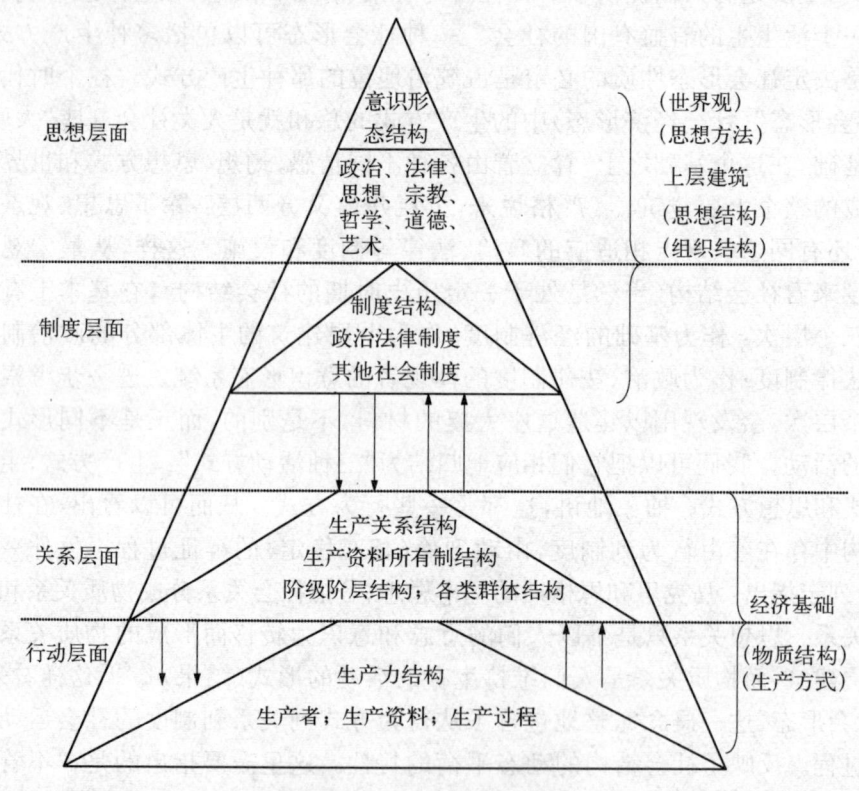

图 10-1　社会形态略图

社会结构的共性与个性

有没有一个统一的结构模式，就像统一的进化模式那样？今天发达国家的结构模式是否就是未来发展中国家的结构模式？在讨论这个问题之前，最好让我们先看看社会结构的共性方面。

任何一种社会结构，至少应具有如下的一些共同特征：

1. 整体性

结构总是相对于一个整体而言的,离开了整体,部分之间的关系就变得毫无意义。从结构的观点看问题,首先应该看到,任何局部都是为整体而存在的,都是整体的一个部分。局部固然也有一个结构,但它要么从属于整体的结构,要么就是整体结构的复制和缩微。

2. 有序性

结构意味着一种"秩序",杂乱无章不成其为结构。在社会领域里,如前所述,分层现象是一种重要的结构现象,它是一种有序状态。因此,在社会处于混乱状态的时候,往往突出表现在阶层关系的紊乱上。所谓"君不君,臣不臣,父不父,子不子",就是对封建社会结构紊乱的写照;所谓"良性运行",也就是一种运行过程中的有序状态、可控状态,它反映了一种合理的结构。

3. 稳定性

结构尽管包括活动和过程在内,但这种活动的方式和过程应该是稳定的,有规律可循的。正因如此,在社会变迁过程中,凡属结构性的变迁,一般都不会轻易发生,一旦发生,也不会轻易消失。

4. 区分性

真正把一个社会和另一个社会区分开来的,是它们各自的内在结构,看似相同的社会组织,由于其结构不同,而产生完全不同的功能。例如同为家长制,日本的家长制同中国的家长制就有很大差异,这只能从结构上去寻找原因。

5. 同构性

结构的区分功能并不排除它可能具有的同构性特征。最简单的、最微观的事物,与最复杂、最宏观的事物可以是同构体,这种情况并不鲜见。中国的封建家长制既可以指一个家庭,也可以指一个组织,原因在于两者在结构上具有某种同构性。

6. 过程性

结构的稳定性并不意味着它不会变化,稳定本身是社会结构生命周期中的一个阶段。所谓社会变迁,从本质上讲就是社会结构的变迁,亦因此社会在形成过程中会呈现出某种阶段性来,从宏观的高度来看,结构和过程是无法分开的一个整体,世界上不存在固定不变的结构模式。

在讨论社会结构的一般属性的同时,有必要就结构的"均衡"或"平衡"问题稍作重点分析,因为这个问题曾经给中国经济和社会发展过程带来过较大的影响。

在社会结构中,"平衡"是一个重要的概念。所谓"静态"的社会结构,其实并不真正是静态的,它只是一种暂时的(暂时并不一定指时间很短促)均衡状态而已。社会成员的流动,知识的增长,新的社会分工的出现,社会分化的进程,更不要说革命和暴力的冲击,都会使这种平衡发生动摇,使社会结构发生变化。① 旧的平衡不断为新的平衡所代替,才使得社会在更高层次的平衡中继续得到发展,从而使社会显示出阶段性来。

在我国国民经济建设的过程中,由于极"左"思潮的干扰,曾经有一段时间,只讲斗争,不讲妥协,过分强调"不平衡"的绝对性,实行所谓不平衡发展战略,导致国民经济各部门之间的严重失衡。具体表现在:在整个社会生活中一度只考虑政治效果,忽视经济效益;在经济发展中,只重视物质生产,忽视精神生产;在物质生产中,只重视直接生产部门,忽视基础设施建设;在直接生产部门中,只重视工业,不重视农业;在工业中,只重视生产资料工业,忽视消费资料的生产;在生产资料工业中,只重视加工工业,忽视采掘及原材料工业,如此等等,以至形成畸形的经济结构,破坏了我国经济发展的稳定性和连续性,时而大起,时而大落,时而激进,时而倒退。② 经济领域中的平衡与不平衡之争,是整个社会领域内这一争论的一个缩影。上述经济结构上的矛盾,在社会,就是社会的结构性矛盾,它主要包括社会的经济结构、政治结构和意识形态结构三者之间的矛盾。解决或至少缓和这些矛盾意味着要在它们三者之间取得某种平衡。至于这种平衡状态到底意味着什么,是社会的进步,还是社会的倒退,则是一个比较复杂的,需要予以具体分析的问题。社会学意义上的"平衡"可以基本上划分为两种情况:一种是常态的平衡;一种是变态的平衡。在常态的平衡中,既包括社会及其周围环境之间的"外部的平衡",又包括社会各要素之间的"内部平衡"。国家作为最大的社会组织,是阶级社会统治阶级为实现这种平衡所使用的工具,它使利益彼此对立的各阶级的同时并存成为可能,但也正因为国家是统治阶级的工具,而非一切阶级的工具,因而依靠它所实现的平衡,对不同阶级的人含义就不会一样(国家除了作为统治阶级的代表而发挥作用外,是否还有它自身的利益要维护,即国家是否是一种具有自主性的利益实体,是近年来一个新的研究课题。一种观点认为,国家与统治阶级的利益既有一致的方面,也有矛盾的方面。特别是在

---

① T. B. 博特莫尔:《研究社会结构的方法》,《国外社会学参考资料》1983 年第 3 期。
② 刘国光主编:《中国经济发展战略研究》,上海人民出版社 1984 年版,第 118—120 页。

国家与统治阶级同时受到威胁时,其矛盾的一面会更加突出①。这一理论使国家相对于社会成为社会结构的一个要素,显得更加意义重大)。因而,人们所向往的"常态的平衡"常常只能是一种理想状态,否则就是一种原始状态(与世隔绝的封闭状态),即纯粹静止、毫无变化和流动的状态。但是事实上这种纯粹的状态是不大可能存在的。社会既不可能是"纯和谐"的,也不可能是"纯冲突"的,真正的"常态",是介于这两者之间的一种状态。因而"纯和谐"的平衡倒反而应视为一种变态了。譬如在高度专制统治下所形成的"和谐"和"一致",就属于这种情况,不妨把这种平衡称之为"过度均衡"或"虚假均衡"。一般说来,常态的平衡应该是为更高一级的平衡开辟道路、创造条件的平衡,因此,它是一种"带正号的动的平衡",而变态的平衡的社会后果,则要么使社会停滞不前,要么使社会发生"断裂",甚至导致社会的瓦解和毁灭,此即所谓"带负号的动的平衡"。② 对平衡(从而也是对社会结构)的这一分类,有助于说明为什么社会变迁的速度在不同社会之间会有那么大的差异,举例来说,为什么中国的封建社会会经历那样漫长的岁月?除了经济学、历史学的解释外,社会学能否提供某种解释呢?这是一个饶有趣味的问题。在我们看来,社会结构的过度平衡或强制性平衡理论,不失为一种社会学的解释。一般说来,任何社会组织(典型的例子是家庭),既要求其稳定,又不能使之过分稳定、过分刻板、过度"整合",否则其社会功能就会完全丧失,甚至带来其他非预期结果。人类社会作为一种超大型组织也不能逃避这条规律的制约。有关这个问题的进一步讨论,将在社会制度一章中进行。这里想要指出的倒是其相反的情况,即社会秩序的过快变迁,平衡的频繁动荡,推而广之,文化传统、价值观念、生活方式的过大过急的转弯和变易,都会带来跟"过度整合"同样严重的后果。特别是在实行大规模改革的今天,对此不能掉以轻心。从历史事实来看,在中国无论是"过度整合"还是急转弯式的"过度否定"均不乏其例。并常常互为因果形成"怪圈"。在发展中国家向现代化目标前进的过程中,此种现象最易发生。对这一历史现象的分析,往往容易停留在思想层面(如唯意志论的影响)或政策层面(如"政策多变")上,尚缺少更深层次的理论分析。这就涉及了社会结构的个性的问题。社会结构之间的本质区别在哪里?是否世界各国都有着大致相同的社会结构,只是发展阶段上

---

① 孙立平:《改革前后中国大陆国家、民间统治精英及民众间互动关系的演变》,载《华人社会之社会阶层研究讨论会论文集》(香港,1993)。

② 布哈林:《历史唯物主义理论》,李光谟等译,人民出版社1983版,第79—81页。另见,A.汉肯:《控制论与社会》,黎明译,商务印书馆1984年版,第63—64页。

存在差异？（因而有所谓"早发展国家"和"迟发展国家"之分？）抑或差异根本不在"早发"、"迟发"上，即不在时间顺序上，而在社会结构性质本身？（例如说中国是一个无等级、无阶级的社会等）这是一个应该由专家去讨论的问题。然而，社会最终是要前进的，而每个社会所特有的传统又是不能改变、不能取代的。在这个问题上，美国未来学家托夫勒为我们提供了一个不同于发展中国家的社会结构的变化范型。他把社会结构比作一组组电影镜头。这些镜头连起来，就能得出一幅近似整体的图像。它的各个部分都在发展，又有相互影响、相互强化的作用，它们的活动是同步的，或者彼此抗衡、抵消、冲突。① 因此，他在描述社会结构时，有意识地不用"阶段"而用"浪潮"这个词，可谓煞费苦心。他重视过程，而轻视结构，甚至把文化也叫做"瞬息万变的文化"。当然，这其实就是托夫勒的结构模式。我们认为"七巧板"和"电影镜头"都失之偏颇，因为如前所述社会结构既是一组活动，又是一组制约这些活动的关系和制度的固定化形式。离开固定化，既没有社会，也没有人的社会活动。

二、社会的阶级结构

社会有机体论区别于生物有机体论的一个本质性特征，在于它赋予此一有机体以社会的意义即社会等级的意义。迄今为止，社会的结构基本上还是等级（当然是广义上的等级）结构。每一个社会成员不仅从属于一定的社区、团体和组织，而且从属于一定的等级、阶级和阶层。而职业，则是这些等级、阶级和阶层（特别是阶层）的指示器和归宿。从政治分层到经济分层到职业分层，是阶级社会走向无阶级社会的必经阶段。什么时候职业的等级性消除了，那么，把人划分为等级的制度也就最后消失了，真正的"自由人的联合体"也就诞生了。而职业的等级性，在职业作为谋生的手段的性质未改变以前，在非自愿分工未彻底消除以前，是不可能消除的。因此，在今天，各国社会学者研究社会结构主要是研究阶级结构、阶层结构和职业结构，就绝非偶然的现象了。在西方社会学中，这些问题都归在"社会分层"的总题目下进行研究，并不十分看重等级、阶级和阶层的界限，由于社会贫富两极分化和尖锐的种族矛盾的现实，迫使社会学家不得不把社会分层的问题同社会不平等的问题联系起来，使本来属于客观范畴的社会结构问题带上了浓厚的主观色彩和伦理色彩。

---

① 阿尔温·托夫勒：《预测与前提》，粟旺等译，国际文化出版公司1984年版，第206页。

阶级、阶层问题无疑是社会学上的一个非常重要的问题。但是这个问题同时也是广义社会学——历史唯物主义和科学社会主义(其实还应包括政治经济学)都在研究的重点课题。就普通社会学而言,有一点是比较明确的,阶级阶层问题首先是一个现实的社会问题,它牵涉一系列需要进行实地调查研究的具体而实际的内容,而不单纯是一个理论问题。在本章中,我们拟着重从阶级结构的历史与现状两个方面分别作一些讨论。我们正处在人类历史上社会结构(特别是阶级结构)发生深刻变化的时代,探讨这个问题既有深远的理论意义,也有迫切的现实意义。

阶级的含义及其发展

"阶级",首先是一个经济范畴。阶级的产生是跟生产的发展分不开的。按照列宁的定义,阶级的本义是社会上一部分人占有另一部分人的劳动,一个集团占有另一个集团的劳动。这一占有必须具备两方面的条件:一方面,生产的发展已使生产的东西超过了单纯维持劳动力所需要的数量,即已开始出现剩余产品,从而使劳动者开始拥有剩余时间。"没有这种剩余时间,就不可能有剩余劳动,从而不可能有资本家,而且也不可能有奴隶主,不可能有封建贵族,一句话,不可能有大私有者阶级。"[①]另一方面,与此相反,生产的发展还不足以使剩余时间多到这样的程度,即大家都可以去从事社会的公共事务,如劳动管理、国家事务、法律事务、艺术、科学等,因此"必然有一个脱离实际劳动的特殊阶级来从事这些事务;而且这个阶级为了它自己的利益,永远不会错过机会把愈来愈沉重的劳动负担加到劳动群众的肩上"。[②] 总之,阶级的产生,既是生产发展到一定程度的结果,又是生产不发达的结果。既然如此,生产的高度发展必然导致阶段的消灭。因此,阶级也是一个历史范畴,它有一个发生、发展和消亡的过程。本来意义上的阶级关系,是一种对抗性的关系,是统治者与被统治者,压迫者与被迫者,剥削者与被剥削者的关系。可见,在马克思、恩格斯那里,对阶级的划分,基本上是一系列的两分法,例如自由民和奴隶,贵族和平民,领主和农奴,地主和农民,资产阶级和无产阶级等,(这里所说的"两分法"是指马克思、恩格斯对"阶级"这一范畴的定义的严格性上来说的,在"两大对立的阶级"的前提下,他们并未完全否认"中间等级"的存在)他们甚至认为,资产阶级和无产阶级是"两个渐渐并吞所有其他阶级

---

① 马克思:《资本论》第1卷,《马克思恩格斯全集》,人民出版社1979年版,第559页。
② 恩格斯:《反杜林论》,《马克思恩格斯全集》第20卷,人民出版社1979年版,第198页。

的新的阶级"。① 然而从我们所看到的历史上对阶级划分的情况来看，更多的是"三分法"。下面试介绍几个历史上比较有名的"三分法"，从中也许可以看出今天的阶级划分是怎样由过去逐步演变而来的。

（1）柏拉图（约公元前 427—347）在其《理想国》中，把一国之民划分为三大阶级：统治者（或称"卫国者"、"立法者"）、武士和普通人（生产者）。有趣的是，比这更早两个世纪的中国的政治家管仲（约公元前 730—645）也曾把武士作为社会上的一大集团看待（这是"士农工商"中的"士"的本义）。② 更有意思的是，1949 年以后，在一个相当长的时间内，曾把"工、农、兵"作为社会上的三大力量看待，可见"士"（兵士、武士后来转化为"文士"即知识分子）始终是阶级社会的主要组成部分。所不同的是，它们的阶级属性不同，对立面亦不同。

（2）圣西门（1760—1825，法国空想社会主义者）把人类分成三个阶级：第一个阶级：由学者、艺术家和一切有自由思想的人所构成的阶级；第二个阶级：不属于第一个阶级的有财产的人；第三个阶级：为第二个阶级效劳和服务的人，"在平等的口号下联合起来的人们"，除上述人员以外，包括人类的一切其余成员。③ 这一划分法，就像他本人的归属所显示的那样，带有很多合理性，也带有很大的空想性。

（3）魁奈（1694—1744，法国经济学家、重农学派的创始人）把整个社会成员划分为三个阶级：（1）生产阶级，即从事农业的阶级（既包括农业资本家，也包括农业工人）；（2）土地所有者阶级（包括地主及其从属人员、国王、官吏和教会）；（3）不生产阶级，或者叫"不结果实的阶级"，包括工商业中的资本家和工人。由于重农学派把农业视为唯一的生产部门，把农产品视为"纯产品"，所以他们不能正确揭示资本主义社会的阶级结构，他们还不懂得从生产资料的占有形式来划分阶级，结果抹杀了农业资本家、工业资本家与农业劳动者、工商业劳动者之间的本质区别。④

（4）亚当·斯密（1723—1790，英国古典政治经济学家）第一次比较正确地描述了资本主义社会的阶级结构，他认为地主、工人和资本家是"构成文明社会的三大主要和基本的阶级"。但是，他是从分配的角度来分析这三大阶级的。他把工资、利润和地租这三种基本收入作为划分三大阶级的主要依据。对于斯密的三大阶级的划分，马克思是持肯定态度的。他在《资本论》第

---

① 《马克思恩格斯选集》第 1 卷，人民出版社 1972 年版，第 211 页。
② 胡寄窗：《中国经济思想史简编》，中国社会科学出版社 1981 年版，第 35—36 页。
③ 《圣西门选集》第 1 卷，董果良译，商务印书馆 1979 年版。
④ 鲁友章等编著：《资产阶级政治经济学史》，人民出版社 1975 年版，第 35—36 页。

三卷的最后一章写道:"单纯劳动力的所有者、资本的所有者和土地的所有者——他们各自的收入源泉是工资、利润和地租——也就是说,雇佣工人、资本家和土地所有者,形成建立在资本主义生产方式基础上的现代社会三大阶级。"但是他显然不满意亚当·斯密用收入作为划分阶级的依据,他进一步问道:"什么事情形成阶级?……什么事情使雇佣工人、资本家、土地所有者成为社会三大阶级?"紧接着,马克思说:"乍一看来,好像就是收入和收入源泉的同一性",但是这样一来,对社会分工所造成的"利益和地位的无止境的划分"都可以理解成为阶级划分了。① 可惜《资本论》第三卷的手稿到此就中断了,使我们无法详细了解马克思对亚当·斯密阶级划分较完整的意见。

(5) 列宁:"任何资本主义国家,包括俄国在内,基本上有三种根本的主要力量,即资产阶级、小资产阶级和无产阶级。""俄国也像任何一个资本主义国家一样分成三种主要'力量':资产阶级和地主,无产阶级,小资产阶级即小业主,首先是农民。"列宁反对把职业的差别同阶级的差别混淆起来,把生活方式的差别同各阶级在整个社会生产制度中的不同地位混淆起来。"阶级差别的基本标志,就是它们在社会生产中所处的地位,因而也就是它们对生产资料的关系。"②

(6) 毛泽东对近代中国社会各阶级的分析,有其独到之处,而且基本上也是一种"三分法":"敌"、"我"、"友"。具体说来就是:"一切勾结帝国主义的军阀、官僚、买办阶级、大地主阶级以及附属于他们的一部分反动知识界,是我们的敌人。工业无产阶级是我们的革命的领导力量。一切半无产阶级、小资产阶级,是我们最接近的朋友。那动摇不定的中产阶级,其右翼可能是我们的敌人,其左翼可能是我们的朋友。"③

这里有必要指出,毛泽东的阶级划分,从一开始起就是一种政治的划分,一直到"文化大革命",对人的政治分层达到顶点。另外,越到晚年,他越倾向于阶级关系的两分法,不是无产阶级就是资产阶级,小资产阶级已不翼而飞,其理论上的"两分法"思路,早在20世纪50年代提出"两类矛盾"学说时,已露端倪。

(7) 在剥削阶级作为阶级消灭后,对社会主义的社会结构和阶级结构应该怎样看?最早比较系统地回答这个问题的是斯大林。斯大林早在1936年

---

① 马克思:《资本论》第3卷,人民出版社1975年版,第1001页。
② 《列宁全集》第25卷,人民出版社1988年版,第191—192页。
③ 毛泽东:《中国社会各阶级的分析》,《毛泽东选集》第1卷,人民出版社1991年版。

就宣布在苏联"所有的剥削阶级都消灭了"。那么,还剩下哪些阶级呢?"剩下了工人阶级。剩下了农民阶级。剩下了知识分子。"①这是最接近于现在情况的一种"三分法"。

上面我们按照时间顺序,介绍了一些对社会进行阶级划分的简单情况。这里面有些是马克思主义的科学的划分,有些则不是;即使是马克思主义的分析,也有一个时代局限性的问题。例如马克思、恩格斯在《共产党宣言》中讲到"阶级对立简单化","整个社会日益分裂为两大敌对的阵营,分裂为两大相互直接对立的阶级",在讲这些话的同时,也讲到中间等级,即小工业家、小商人、手工业者、农民,不过总的来讲,他们对中间等级的评价是不高的,认为中间等级不是革命的,而是保守的,甚至是反动的。"如果说他们是革命的,那是鉴于他们行将转入无产阶级的队伍。"这一评价,现在看来,就明显带有革命高潮年代的特殊倾向。在中国以王明为代表的"左"倾机会主义者,由于教条主义地照搬"变中间力量为无产阶级"的方针,甚至错误地提出所谓"中间阶级是最危险的敌人"的口号,从而给中国革命带来很大损失。时至今日,怎样看待中间等级,从什么意义上来定义中间等级,仍然是社会分层中十分值得注意的问题,这是以下要着重讨论的。

顺便提一下,与"三分法"相关的一种阶级划分方法是"多元分法",阶级结构的多元化是走向阶层化和一体化的必经阶段。国外有些学者借用心理学上的"多元决定作用"(over detemlined)来说明这一现象,颇有启发性。②

我国阶级结构的特点和现状

阶级结构成为社会科学研究的对象,这是资本主义生产关系确立之后的事。在这之前,阶级划分被等级划分所掩盖,就像我们已知道的,资本主义以前的社会是等级社会。在阶级和等级的关系上,列宁有一个很重要的论点:"社会划分为阶级,这是奴隶社会、封建社会和资产阶级社会共同的现象,但是在前两种社会中存在的是等级的阶级,在后一种社会中则是非等级的阶级。"③列宁的上述论点对分析中国社会的阶级结构有特别重要的意义。由于中国并不是由典型的资本主义社会(即典型的阶级社会)直接过渡到社会主义社会的,而是由半殖民地半封建社会(很多方面就是封建社会)跃入社会主

---

① 斯大林:《列宁主义问题》,人民出版社 1964 年版,第 603 页。
② 尼科斯·波朗查斯:《政治权力与社会阶级》,叶林等译,中国社会科学出版社 1982 年版,第 5 页注。
③ 《列宁全集》第 6 卷,人民出版社 1988 年版,第 93 页。

义社会的,因此它的阶级结构不可能不带有这一特殊国情的印记。我国社会阶级结构的最大特点,在于它不存在像马克思、恩格斯在《共产党宣言》中所表述的那种"两大对抗的阶级"的局面。革命的胜利,更使工人阶级和农民阶级都失掉了自己的对立面(尽管人为的阶级斗争从没有停止过)由此而产生出一系列新的情况,形成一种介于传统与现代之间的复杂的社会结构模式。在一个比较长的时间里,这一结构模式被概括为"两个阶级(工人阶级、农民阶级)一个阶层(知识分子阶层)"的阶级—阶层一体化模式。但是与此同时,在意识形态领域和政治领域,即使在资产阶级作为一个阶级已经被消灭以后,并没有及时放弃"以阶级斗争为纲"的指导思想,反而更加强调所谓"两个阶级、两条道路、两条路线"的斗争,这里的"两个阶级"是指资产阶级和无产阶级。这两种看似相距甚远的阶级划分模式,其实质却是一样的,即同属政治分层。其中特别是知识分子阶层地位的变动,更是政治分层的典型实例。按照历史发展的轨迹,社会分层的演变一般是沿着血统(声望)分层—政治(权力)分层—经济(财富)分层的主线进行的。中国由前资本主义社会直接进入社会主义社会,导致政治分层向经济分层的中断,也意味着社会由等级结构向阶级结构过渡的中断。作为阶级社会主要标志的商品关系既不能存在于封建社会,又不能见容于社会主义社会,于是由商品经济所决定的新的阶层结构和新的社会力量就无缘产生(这种力量本质上是对权力分层的一种否定)。其结果是,封建主义的等级分层和权力分层可以"不战而胜",长驱直入社会主义的腹地。这其实就是1978年中国实行改革开放前的基本社会事实。了解这一点很重要,因为它能够帮助说明一些看上去几乎无法理解的社会现象。例如,为什么在进行了长达数十年之久的阶级斗争实践和阶级斗争教育之后,社会的等级关系和等级观念仍然能够轻易地取代原来占绝对统治地位的阶级关系和阶级观念?又例如,为什么一些史无前例的"新生事物"(如农村人民公社)恰恰可以从中国最古老的社会结构中找到它的来龙去脉?① 这至少提示我们,在具体分析我国现阶段阶级阶层结构的时候,绝不可割断历史与现实、传统与现代的联系。中国现在的社会主义社会结构模式,是中国特有的传统社会结构模式的合乎逻辑的发展的结果。也只有从这一历史的角度看问题,才能真正认识和领会以邓小平为总设计师的中国改革开放历史进程之所以可称之为"中国的第二次革命"的伟大意义。

---

① 费孝通:《学术自述与反思》,三联书店1996年版,第92页。

1. 改革开放前的等级性结构特征

由于财富分层被过早否定和中断,使得先赋性的以"阶级成分"和"家庭出身"为标志的"政治"分层得以不正常的扩展,这又进而导致在我国由"身份阶层"向"职能阶层"的历史性转变迟迟未能实现。政治身份的等级性在于,它一经确定,即不易改变,影响所及,至于全体家庭成员及其子女甚至亲朋好友。

除了直接的政治分层(如对人的"左、中、右"的划分)具有明显的等级性之外,社会分层中的等级特征还突出表现在广泛存在于社会各个领域中的"身份"制现象,以及作为其制度化载体的形形色色的"身份阶层"或地位群体。比较主要的有如下四类:①

(1) 接近于阶级划分的身份系列　这种划分方法可见于农村土地改革时按照占有生产资料的状况、有无剥削行为及剥削程度而划分的地主、富农、中农、贫农、雇农等家庭与个人成分。城市居民则参照此标准划定阶级成分,其中包括:革命干部、革命军人、工人、店员、资产阶级、工商业兼地主、小业主、手工业者、职员、自由职业者、高级职员、城市贫民、摊贩等。

(2) 城乡居民身份系列　突出表现在建立于城乡分割基础上的户籍管理制度(20世纪50年代末逐步定型)。这种制度使城乡居民分割成两种截然不同的身份群体。与之配套的还有生活资料按户定量供应制度、人事及档案制度和劳动用工制度。通过国家对生活资源的垄断和控制,实现对城乡社会流动的控制,从而使城乡社会成为互相隔离的二元结构。

(3) "干部"与"工人"的职业身份系列　主要体现在人事管理制度和劳动用工制度上,使两类人员在所从事的职业和所享受的福利待遇上截然不同,且不能随便更动,形成一种职业上的等级制度。

(4) 所有制身份系列　这是在私营工商业实行社会主义改造之后形成的一种身份系列,主要指集体所有制和全民所有制两种企业的从业人员,他们在工资、劳保福利待遇上都有明显的区别。国家通过控制生活资源的分配,来控制集体所有制职工变为全民所有制职工。所有制身份制主要反映城市社会的社会等级。

上述身份制的形成,缘于社会稀有资源的严重短缺,以及国家对这种

---

① 主要参考了孙立平等撰写的《改革以来中国社会结构的变迁》,《中国社会科学》1994年第2期;另见孙立平:《改革前后中国大陆国家、民间统治精英及民众间互动关系的演变》,载《华人社会之社会阶层研究讨论会论文集》(香港,1993)。

资源的全面垄断。在资源由国家统一分配,而资源本身又严重短缺的情况下,只能将受分配的对象分为三六九等,并以此确定资源配置的优先顺序。

从上述四大身份系列的存在事实中,已足以看出,改革之前的中国社会实在还够不上称为现代意义上的阶级社会,种种迹象表明,它倒更像一个传统的等级社会。有的学者据此得出中国存在"城市贵族"(或称"公有制贵族")群体的结论。具体地说这一群体包括:① 干部群体;② 全民所有制工人;③ 集体所有制工人;④ 除此之外的城市居民及农村中的非农业人口。①他们的共同点在于:他们能享受到不在这一身份系列中的人所享受不到的特殊利益和特殊权利,诸如公费医疗、住房分配、商品粮和副食品配给以及更大自由度的社会流动等等。他们是计划经济下的既得利益者。正因此,他们成为改革初期"被剥夺"感最强烈的一个群体。随着改革的深入,这个群体开始发生深刻的变化。

2. 改革开始后阶级结构的变化

以 1978 年 12 月中共中央召开的十一届三中全会为起点,中国社会开始进入一个全方位的从计划经济转向市场经济的社会转型期的过程中。如用一句话来概括这一社会转型的特点,那就是空前规模的社会分化和社会流动。

关于社会分化,这里想要指出的是,联系到阶级分化的"三分法"的普遍性,以及发达国家的发展趋势,使我们有理由相信,对发展中国家来说,分化的重点在社会的基本阶级,而不在所谓的"中间等级"。正好相反,中间等级(确切地说,中间阶层)是社会基本阶级(在现阶段的中国来说,便是工人阶级和农民阶级)分化的结果。如果中国要走向现代化的话,那么,工人和农民的知识化和中产阶级化,同样是不可避免的。如果中产阶级化永远只属于"个体户"、私营企业主以及所谓的一部分先富起来的人,而把工人、农民排除在外,那就有悖于"共同富裕"的初衷。在两头小、中间大的(极端贫困和极端富裕的人都占极少数,中间阶层占大多数)的前提下,两极分化并不可能;反之,如果两头大、中间小(形不成一个强大的人数众多的中间阶层),那样才真叫两极分化,才真是可怕的。真正意义上的社会结构应该是三层结构而不是两层结构,这已成为相当多的有识之士的共识。同样地,阶级结构如果要走向

---

① 孙立平:《改革前后中国大陆国家、民间统治精英及民众间互动关系的演变》,载《华人社会之社会阶层研究讨论会论文集》(香港,1993)。

阶层结构,而不是倒退到等级结构,也应该从改变以对抗性关系为特征的"两大阶级"的格局开始,并把中间阶级的出现视为社会的一种合理化过程、一种"大趋势"。

关于社会流动,这是社会从等级社会向阶级社会发展的一个最醒目的标志。从理论上说,等级地位是先赋的,是不可改变的,阶级地位是后天的,是可以改变的。这种社会地位的可变性,反映在社会层面上,便是社会流动。社会流动按其性质可分为水平流动和垂直流动;自由流动和结构性流动。就个人来说,还可以分为代际流动和一生中的流动;正向流动(向上流动)和逆向流动(向下流动)等等。转型期的社会流动不仅流动的规模空前大,而且带有某种突发性和无序性,是应该重点加以研究的课题。

下面让我们分别就工人、农民和知识分子的阶层分化和社会流动问题作一简略的分析。

(1)农民的分化　中国的变化,中国新的利益群体的诞生和分化开始于农村,这一点是意味深长的。用"农转非"三个字来概括中国社会的结构性大变化,并作为社会转型期到来的标志,是有充分理由的。"农转非"原来是指将农村户口转为城市户口的意思,这里是借用以表达如下的意思:第一,指由纯农到兼农到纯非农的过程;第二,指传统农民向现代农民、传统农业向现代农业的变革过程。

改革以来,农民的分化首先反映在农村人口结构的变化上。"农民"曾经是一个含意很单纯的字眼,但现在它变得越来越模糊不清了。① 现在至少存在着三种意义上的农民:一种是"身份农民"(或称户籍农民,即户口在农村的居民);一种是职业农民,即以农业生产为生活来源的农民;一种是阶级意义上的农民,亦即相对于地主阶级而言的农民阶级。② 另一种分类方法,是把农民分为广义和狭义两类。广义的农民是指"农村总人口",即指吃非商品粮的持有农村户口的农业人口;狭义的农民则指农业劳动者(含林、牧、副、渔各业)。根据1991年的统计,其数量和所占比例大致如下:③

---

① 现在已知关于农民概念的定义达13种之多,参见林后春:《当代农民阶级、阶层分化研究综述》,转引自李强:《当代中国社会分层与流动》,中国经济出版社1993年版,第71页。
② 李强:《当代中国社会分层与流动》,中国经济出版社1993年版,第70—71页。
③ 朱庆芳:《社会指标的应用》,中国统计出版社1993年版,第215页。其中"最狭义农民"参见注②。

农村总人口：90 525万人（占全国总人口81.2%）
农村劳动力：43 093万人（占全国劳动力73.8%）
农业劳动者：34 186万人（占全社会劳动者59.5%）
最狭义农民：27 148万人（占农村劳动者63%）
（直接农业劳动者）

按照这样的统计数字，我们不妨把现在的农村人口的结构简称之为"九、四、三、二"结构。笼统地讲，中国有9亿农民，实际上直接从事农业生产劳动的，是2亿多人。如果考虑到其中还有近1亿人为剩余劳动力，则真正的"农民"应该是1亿多人。因此这个简化了的结构图式，应该称之为"九、四、三、二、一"。当然，这不是一个静止的模式，它还在发生变化，但"9亿农民"的提法肯定已经过时了。

农民"农转非"的实质，主要反映在职业结构变化以及城乡之间的社会流动上。从这个意义上来说，实际上还存在着对农民的第三种分类的标准，这就是按照职业和产业的性质，分为"纯农"、"兼农"和"非农"。其中"兼农"又可进一步分为以农为主的兼农和以非农为主的兼农。根据20世纪80年代后期我们对江苏省苏南、苏中、苏北三个地区的调查，发现在一个省的范围内农民上述性质的分化也有明显的差异。试看表10-1。

表10-1　江苏省农民职业结构的变化(1986)　　　　单位：%

	苏 北	苏 中	苏 南	总 计
纯农	67.27	50.56	30.98	50.69
以农为主的兼业农民	14.73	11.24	30.26	19.42
以非农为主的兼业农民	7.37	18.20	16.28	12.96
纯非农	10.63	20.20	22.48	16.93
总计	100.00	100.00	100.00	100.00

一个极具可比性的例子是日本。日本从二战后开始，进入了一个专业农户兼业化的过程，而且发展非常迅速。从表10-2的统计数字可以看出，中国较发达地区20世纪80年代的构成比例大致相当于日本20世纪60年代的水平。个别最发达地区（如大城市郊县）则已接近日本20世纪80年代的水平。

表 10-2　日本农村专业农户和兼业农户的构成比(%)①

年　份	1950	1960	1970	1980
专业农户	50.0	34.3	15.6	13.4
以农为主的兼业农户	28.4	33.6	33.7	21.5
以非农为主的兼业农户	21.6	32.1	50.7	65.1

另一个同样发生在江苏省的个案材料，由于费孝通先生的长期不懈的追踪调查得以难得地保存了下来，使我们有可能比较全面地看到那里产业结构上的历史变迁，此即著名的"江村调查"（江村是费孝通为江苏省吴江县庙港乡开弦弓村起的学名）。江村在1936年的时候，农业户占全村家庭户数的76.11%，整个20世纪70年代（1979年前），由于长期片面执行"以粮为纲"的左倾路线，从事农业的人数反而上升到90%左右，变成单一的农业经济。1982年，由于正确执行党的十一届三中全会的路线，农副工三业得到全面发展，工业产值开始跃居第一位，长期居于领先地位的农业总产值退居第二位，产业结构发生了明显的变化。纯农户的户数下降到全村总户数的20.42%，工业兼业户上升至77.94%。1983年，纯农户进一步下降为11.42%，工农兼业户继续上升到86.01%，纯工户亦上升到2.56%。像这样以农工兼业户为主体的农村家庭，在江浙一带已是普遍现象，上海郊县农村情况尤其显著。虽然从全国范围来看，它还远未占据主导地位，但这无疑是一个重要的信息，预示着中国农村即将发生的重大变化：自给自足的小农经济向商品经济的转化；传统的以农为业的农民向亦农亦工和新型工人的转化。这是真正具有中国特色的农村结构的变化和农民阶级的变化，总之，历史上从未有过的新的阶层，正在中国农村中涌现出来。现在农村中的主要矛盾，是现代化农业所要求的科学技术和文化知识与农民文化程度普遍较低之间的矛盾，商品经济所要求的技术水平、管理水平和管理思想与传统的自然经济的管理方式之间的矛盾。很多地方的农民在用从事自给性农业生产的方式来从事商品生产，用使用传统物质手段的方式来使用现代化物质手段。从这里亦可看出，农民要走致富道路，农业要商品化、现代化，离不开工人和城市的支援，离不开知识分子的帮助。它从一个侧面反映出：工人、农民、知识分子的联盟和一体化过程，正在走向一个新的时期、新的

---

① ［日］福武直：《日本社会结构》，陈曾文译，广东人民出版社1982年，第83页。

阶段。

无疑中国农村"农转非"任务还是十分艰巨的,这种艰巨性除了上面提到的生产方式上的差距之外,还可以从农业人口占全国人口的比重中感觉到,特别是当把这一比重跟世界各发达国家农业人口比重相对照时,问题更加明显(见表10-3)。

表 10-3 世界部分国家农业人口占全国人口比重(%)[1]

年 份	1970	1980	1988
英国	2.8	2.1	2
美国	3.7	2.2	3
联邦德国	7.5	4.0	4
加拿大	8.2	5.3	5
澳大利亚	8.1	5.9	6
法国	13.7	9.0	7
日本	19.5	10.8	—
前苏联	25.7	16.4	—
印度	71.4	66.1	—
中国	82.6	80.6	60

农业人口的下降过程(农民的分化过程)和城市化过程是同一社会过程的两个侧面。在讨论城市化问题的时候,我们已经指出由于中国特殊的国情(农村人口庞大是其中的一个主要方面,各地区发展不平衡是其另一方面),中国不可能走多数发达国家所走的那条依靠大城市实现城市化的道路。在降低农业人口比例,实现农村剩余劳动力的转移的问题上,同样是如此,中国必须摸索一条自己的"农转非"道路。这条道路也许可以作这样的概括(见图10-2):

传统农民——兼业农民("离土不离乡")——城镇居民(离土离乡)——现代市民 ｜ 专业农户(不离土不离乡)——现代农民 ｜ 现代社会(新的城乡一体化过程)

图 10-2 中国自己的"农转非"道路概括

---

[1] 《国际经济和社会统计提要》,中国统计出版社1984年版,第12页;1988年的数字引自李强:《中国当代社会分层与流动》,中国经济出版社1993年版,第75页。表中外国农业人口指以农业为生的人口,中国则是指农村总人口(1988年例外,指的是农业就业人口)。

农民从离开土地到又回归土地,这不是简单地走回头路,不是倒退。"农转非"不是目的,目的是既要实现中国式的城市化,又要造就出前所未有的一代新农民。农村改革已取得的成就,"向世界展示出中国在发展经济道路上的一个崭新的特点:中国社会的工业化是在农业的基础上发生和发展的,它又反过来促进了农业的进一步繁荣和发展,推动农业走上现代化道路。"这也许是中国工业化有异于西方工业化的最大特点所在,后者是以牺牲农村为代价的。① 最新的材料表明,城市户口对农民的吸引力已经减弱,土地(宅基地和耕地)开始成为在市场经济中极为重要的稀缺性获利资源,土地的区位优势和资产性质日益突出。1995 年,广东和北京郊区都有相当多农民放弃"农转非"②,这是一个积极的信号,表明在"农转非"的同时,新一代的农民正在寻找自己的位置。但就全国的情况来看,农业劳动力的转移仍然主要是就地转移,就是说,虽然劳动的性质由农业变为非农业,但户籍和身份(包括自我的身份认同)仍未变,仍为吃自产粮、离土不离乡的农业人口。这说明农民主体的分化和流动主要是在本阶级内部进行的,它反映的是符合现阶段发展水平的中国式的城市化情况。③

(2)工人和知识分子的分化　在改革开放以前,工人已有全民、集体和个体之分。但作为一个阶级的整体来说,其内部的各组成部分之间的地位差异,则被解释为劳动分工的不同。例如在全民所有制单位中,无论是一线的操作工还是二线、三线的职能人员和管理干部,都属工人阶级的范畴,在经济上没有出现分化之前,政治地位的平等就足以涵盖一切,事实上不只是工厂,整个社会一度除了农民以外,都是工人阶级的组成部分。据统计,上海市至1991 年初就业人员共 419 万,其中属"工人阶级"范畴的有 411 万,占总就业人数的 98%。这种做法显然大大超前于社会实际的发展阶段。

改革开放以后,亦即由计划经济转轨为市场经济之后,经济地位上的变化明显改变了人们对政治地位的关心,"政治分层"的历史开始成为过去。客观上,大规模的产业结构的调整以及随之而来的大规模的结构性社会流动(包括各地数以百万人计的大规模的"下岗"和待业),使得原来在"大锅饭"体制下获利最多,被称为"城市贵族"的国有企业职工群体,受到了前所未有的冲击。概括起来,工人群体的结构变化主要反映在:

---

① 费孝通:《学术自述与反思》,三联书店 1996 年版,第 292 页。
② 樊平、王晓波:《1995 年农民基本状况》,载《1996 年社会蓝皮书》,中国社会科学出版社 1996 年版,第 287—288 页。
③ 朱庆芳:《社会指标的应用》,中国统计出版社 1993 年版,第 228—229 页。

第一,所有制结构的变化。1978年以来,全民所有制职工比例有所下降;城镇集体所有制职工比例上升,合营、外资等其他所有制职工则从无到有;私营企业的雇工开始重新出现,1991年约160万人,相当于职工人数的1.1%(1952年私营职工比例是23%)。

第二,即使是全民所有制企业,其经营方式亦发生变化,即普遍地实行了承包责任制,这导致企业承包人与职工的关系发生了微妙的变化。

第三,职工群体的年龄构成和文化素质发生显著变化。文化素质的提高,使职工中操作层的比例呈下降趋势,管理层比例呈上升趋势。年龄构成的年轻化则使工人群体在诸如择业观、生活观和总的价值观上较之上一代工人有了显著的不同。

第四,职工内部阶层关系开始发生根本性变化。简言之,即从劳动分工关系走向雇佣关系,从劳动权利关系转向资本权利关系。因此,工人原有的身份特征(等级性身份)有可能转化为名符其实的阶级特征(阶级关系)。

"知识分子"一如工人阶级,有广义、狭义之分。它可以涵盖各阶层的社会成员,也可以特指某些有技术特长、有学历地位和专业职称的人。在历史上,知识分子的社会地位和阶级属性曾几度变易,从小资产阶级到资产阶级到工人阶级。其共同点是,都把知识分子同其所属阶级的关系理解为"毛"与"皮"的关系,"皮之不存,毛将焉附"。这就是已经过去了的那个时代知识分子的命运。以市场经济为标志的社会转型期的到来,单纯的阶级结构为多元化的阶层结构所取代,社会基本阶级的分化为知识分子群体的新的分化和随之而来的新的整合提供了前提和千载难逢的发展良机。当社会从对立的两层结构向一个三层结构转变的时候,知识分子第一次有希望成为新的中间层的重要角色而发挥其相对独立的主体作用。

3. 当代我国阶级结构的变化

当代我国许多阶级结构的研究都将关注点投向了社会分层与和谐社会的契合度上,由社会分层的角度来审视和谐社会的方方面面,并逐步发展出了融合西方经验和我国社会实际的中间阶层研究方法及成果。中国社会科学院社会学研究所当代中国社会结构变迁研究课题组近十年间先后发布了《当代中国社会阶层研究报告》(2002)、《当代中国社会流动》(2004)和《当代中国社会结构》(2010)三份中国社会阶级阶层研究报告。这三个报告为研究进入21世纪以来我国社会结构的现状与特点提供了可靠的实证资料和研究依据。

正如2002年发布的《当代中国社会阶层研究报告》对我国社会阶层发展

状况的分析与概括，如今我国新的社会阶层结构已逐渐显现，以职业为基础的新的社会阶层分化正在逐渐代替以往户籍等的阶层分化方式。这与我国社会经济的发展与变迁密不可分。现阶段我国经济体制转轨中，有部分收入和生活水平较低的人们会处于社会的底层。但从总体上来看，我国已经呈现出了一个现代化的社会阶层结构。一些学者对上海等我国大型城市社会结构的分析表明我国部分发达地区正在向"橄榄形"的现代社会结构转变，产生和发展出庞大的中产阶层。这部分阶层的出现不仅取决于产业结构的调整和升级，还依赖于产业工人素质的提升并获得他们相应的报酬，提高他们的生活水平。(仇立平，2008)2004 年发布的《当代中国社会流动》报告系统地描述了 1949 年以来我国经历的 5 次社会流动，为我们了解中国社会结构的调整与变化提供了许多具有解释力的说明。1992 年以来，新的社会阶层结构在我国初步成型。社会各阶层的职业地位发生了变化，也逐渐形成较为稳定的社会流动形态。

《当代中国社会结构》研究报告显示，21 世纪的前十年里，我国经济的发展伴随着社会结构的深刻变化，已将中国社会带入了社会结构调整的关键时期。家庭经济功能的强化与就业结构的调整对社会经济发展发挥了巨大推动力，社会组织在经济体制改革中也起到了积极的作用，城乡结构的调整体现了资源与机会空间配置的聚焦效应，社会主义市场经济的活力也借助新社会阶层的兴起与发展有了很好的呈现。同时，当前社会结构的变动滞后于经济结构的变化成为我国现今社会结构的主要特征，并由此凸显出许多社会矛盾与问题。我国的社会结构与改革开放初期相比已经发生了深刻的变化。如今解决温饱问题已不是社会发展的主要任务，人们优化生活质量的需求越来越迫切，社会建设方面投入的不足导致社会结构调整跟不上经济发展的步伐，并通过一系列社会问题与矛盾呈现出来。如现今中国城乡结构比例显示，我国 2008 年底的城市化率只达到 45.7%，与已进入工业化发展中期的经济发展水平不相适应。

从总体来说，进入新世纪以来，我国的现代化建设呈现出经济持续高速发展的同时社会问题逐步凸显的现况。中国社会阶层结构调整呈现出协调社会各阶层间利益关系，发展和壮大中产阶级，减少社会底层人群的趋势。我国政府通过建设和完善社会保障体系，增强对社会下层群体的利益维护，协调社会公共资源的公平分配。中产阶级壮大和社会底层人群的缩小是维护社会稳定和谐的重要手段。因此，我国政府通过在医疗、教育等多个方面社会政策的调控，为中产阶级的发展壮大提供助力，并通过各项增加就业的政策措施减少社会失业率,提高最低工资标准保障社会底层群众的生活水平。从我国社会结构的现状出发,联系和谐社会的建设理念,提高公共资源分配的合理性成为我国目前社会建设的重中之重。

三、中产阶级

中产阶级相关理论与研究

"中产阶级"一词源于西方(middle class),没有严格唯一的定义,多指这样一类人,即在社会生活中经济、政治上处于中间层级,占有较多文化与教育资源,较为稳定的消费群体。研究者们通常根据职业或其他主观因素将中产阶级划分为不同的群体进行分析。20世纪70年代,西方社会曾兴起过关于中产阶级的研究,形成了一些理论成果。所谓中产阶级理论是将中产阶级看做社会稳定的基础,由中产阶级作为主体的社会在结构上较为稳定。马克思在《共产党宣言》中就曾指出:"中间等级的瓦解、中间等级的大多数落入到无产者队伍中来,造成社会的两极化,这是导致资本主义的重大社会冲突、社会动荡和社会革命的前提条件之一(马克思,1972,第1卷:259,261—263)"①在马克思的另一部著作《剩余价值理论》中,将中等阶级的不断扩大,看做是资产阶级社会发展的必然进程。A.伯恩斯坦修正了马克思的一些观点和看法。并论述了中产阶级壮大后的社会结构形态。德国社会学家埃米尔·莱德勒(Emil Lederer)所写的《现代经济发展中的私人基础》一书全面论述了他关于中产阶级的认识。他对职员和技术人员这类新的社会阶层进行了调查研究,对比他们与产业工人的异同。1937年出版的《中产阶级》一书是他与别人合作发表的有关中产阶级较为全面的研究型论著。二战之后,米尔斯的《白领:美国中产阶级》、大卫·洛克伍德的《职员》等有关中产阶级的著作不断涌现,极大地丰富了西方社会关于中产阶级这一社会阶层的研究成果。这些论著多采取实证研究的方法,从职位等角度对中产阶级进行分类研究。

中产阶级在社会结构中的位置,其与其他阶级的关系,所具有的社会功能等都是从社会分层角度探究中产阶级问题的主要切入点。吉登斯的"第三条道路"被大家熟知,殊不知他在中产阶级问题上也有很多研究成果。如他在《发达社会的阶层结构》一书中提出以市场能力作为划定中产阶级的标准。与吉登斯将中产阶级明确地划分为一个统一的阶级不同,K.罗伯茨等人认

---

① 摘选自李强:《关于中产阶级的理论与现状》。

为中产阶级是逐渐分化在社会不同阶层中的阶级群体。

纵观东西方各国中产阶级兴起和发展的过程,我们不难发现经济发展过程中产业结构的调整是这一阶级群体得以壮大的沃土。第三产业为主的产业结构提供了大量培育中产阶级的就业岗位。此外,社会保障的发展完善,政府有关收入、资源分配的各项调控政策发挥效应,以及教育事业的发展都是中产阶级的发展壮大的助推器。中产阶级成为如今许多西方国家社会的中坚力量,起到了缓和社会矛盾、稳定社会消费的作用。

中国的中产阶级

如今我们通常以职业和收入作为界定中产阶级的标准,中产阶级在中国作为社会结构调整中发展壮大的阶层,多为受过良好教育,具有较强职业能力的人。拥有社会中等收入水平是中产阶级人群的主要特征。按这一特征来看,中国如今的中产阶级主要包括小规模企业主、部分公务人员、专业技术人员等。

进入21世纪以来,我国中产阶级进入了快速发展期,社会阶层结构与经济发展不相适宜的问题逐步凸显,如何在推动现代化社会结构的发展过程中促进阶层间、区域间的平衡成为建设和谐社会的重要课题。

表10-4 1990年以来我国职业结构的变化趋势(%)

职业	1990年	2000年	2005年	1990年比1982年增长(%)	2000年比1990年增长(%)	2005年比2000年增长(%)
国家机关和党群组织负责人	0.62	0.50	0.50	0.12	-0.12	0.00
企事业单位负责人	1.13	1.19	—	0.07	0.06	—
其中企业负责人	—	1.01	1.02	—	—	0.01
专业技术人员	5.32	5.67	7.60	0.25	0.35	1.93
办事人员	1.74	3.08	3.68	0.44	1.34	0.60
商业服务业人员	5.41	9.22	12.17	1.39	3.81	2.95
农林牧渔水利人员	70.69	64.38	56.95	-1.29	-6.31	-7.43
生产和运输设备操作人员	15.03	15.89	17.85	-0.96	0.86	1.96
不便分类人员	0.05	0.07	0.23	-0.03	0.02	0.16
合计	100	100	—	—	—	—

资料来源:图表选自"当代中国社会结构变迁研究"课题组:《2000—2005年我国职业结构和社会阶层结构变迁统计研究》,2008/02;1990年数据来自国务院人口普查办公室:《我国1990年人口普查资料》(第二册);2000年数据来自2000年人口普查0.95‰抽样数据库;2005年数据来自1%人口抽样数据库。

由表10-4可见,我国的职业结构高级化进程在2000年至2005年间有了较快的发展,特别值得一提的是各类专业技术人员较之其他职业增加显著。但从总体来说,我国的中间阶层规模仍较小。

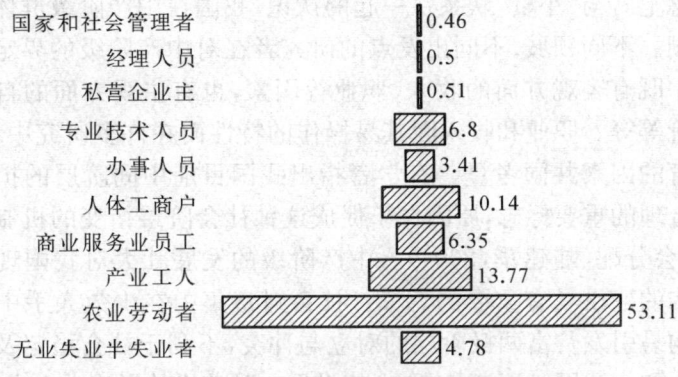

图10-3 当前我国的社会阶层结构图

资料来源:"当代中国社会结构变迁研究"课题组:《2000—2005年我国职业结构和社会阶层结构变迁统计研究》,2008/02。

按我国对中间阶层职业定位的划分,上图中的国家与社会管理者、经理人员、专业技术人员和办事人员,以及私营企业主中的中小私营企业主被划归到中产阶级行列,占11.7%。可见我国目前中间阶层的比例不高,且区域上呈现出发展不平衡的现况。沿海地区在中产阶级的占有上明显高于内陆地区。这与地区经济发展及人员流动紧密相关。(见表10-5)

表10-5 我国四大区域的阶层结构(%)

阶 层	东 部	中 部	西 部	东 北	总 计
国家与社会管理者	0.45	0.53	0.36	0.52	0.46
经理人员	0.69	0.43	0.22	0.54	0.50
私营企业主	0.80	0.41	0.33	0.31	0.54
专业技术人员	6.74	6.97	6.41	7.60	6.80
办事人员	4.07	2.91	2.63	3.99	3.41
个体工商户	11.84	9.94	7.27	10.30	10.14
商业服务业人员	8.42	4.80	4.27	7.26	6.35
产业工人	21.14	9.29	6.75	12.16	13.77
农业劳动者	40.85	60.23	68.08	47.67	53.11
不便分类人员	0.15	0.18	0.11	0.20	0.15
无业失业半失业人员	4.85	4.31	3.58	9.46	4.78
合 计	100.00	100.00	100.00	100.00	100.00

近年来,我国有关中产阶级方面的研究明显增多。调查显示北京、上海等一些大型城市的中产阶级比例已超过 10%。但与发达国家相比或从中国的整体来看,中产阶级群体仍是个新兴的、规模较小的阶层。加之人们对中产阶级观念上常与"小资"联系在一起的认识,我国在中产阶级群体的界限划分还很模糊。不同领域、不同出发点的研究者在对中产阶级的界定上有很多不同。其中既有客观方面的收入、职业等因素,也有主观方面的自我认同与他人的评价等等。职业和收入因其易操作的特性而在许多研究中都被选用,并加入教育的因素共同考量。有学者指出我国目前中间阶层的扩大是社会分配公正合理的重要标志,原因在于促成这种社会阶层衍变的机制的核心内容,就是社会分配(陆建华,2004)。中产阶级的发展壮大对我国现代化的社会阶层结构的建设具有重要的意义。社会财富集中在少数人手中的金字塔形社会结构易引发贫富两极阶层的对立与冲突,不利于社会稳定及社会生产力的发展。如今我国已逐渐从 2008 年世界金融危机的影响中走出来,经济上呈现出良好的发展态势,社会也进入了和谐稳定的发展期。在此期间,党和政府在许多政策方面都表现出了壮大中产阶级的诉求与支持。中国社会科学院社会学研究所于 2006 年进行了"中国社会状况调查",从收入、职业和教育三个方面出发对我国的中产阶级现状进行了较为全面的描述与分析。调查显示我国中产阶级的规模仍较小,同时符合收入、职业和教育三项条件的核心中产阶级仅占 3.2%。同时,研究还区分了客观中产阶级和主观认同中产阶级,对比它们在社会态度一致性上后者明显高于前者,收入是目前大众产生社会中层认同感的主要来源。伴随我国中产阶级群体的不断壮大与发展,相信相关的研究也将越来越多,并对中间阶层的发展和社会稳定发挥积极的作用。

四、一般意义上的社会分层

阶层分析是继阶级分析之后的最重要的社会结构分析。阶层的原意是指阶级内部的进一步划分,这一点前面已有所涉及。现在要说的是不具有或不局限于阶级对抗性质的阶层分析,有关这方面的理论和方法,我们首先会想到的是马克斯·韦伯,以及他和马克思的联系和区别。

首先,韦伯并不拒绝使用"阶级"(Class)这一概念。但与马克思比较,韦伯对阶级的解释很不相同。如果说马克思的阶级理论是一元论的经济因素论的话,那么韦伯的阶级理论则是所谓"多元决定论",具体来说,除了经济利益外,对个人至关重要的还有生活机会和市场条件。生活机会的前提是个人的权利和人身自由,自己有权支配自己的身体和财产。这样也就有可能进入市场,参与竞争。所以韦伯说:"阶级地位说到底是市场地位。"财产并不是决定阶级地位的唯一标准。关键在于财产如何使用,是否进入市场。由于只有资本主义才具有发达的市场,所以他认为阶级只存在于资本主义社会中。

其次,韦伯的分层理论是反映个人社会地位的理论,是与个人的生活机会(财富是这种机会的前提)、声望和权力直接有关的理论,这与马克思的以集团和社会作为行动单位的观点形成鲜明的对照。着眼于个人还是着眼于阶级本身,看来这是区分韦伯和马克思、区分一般意义上的社会不平等和阶级意义上的不平等的重要标志。

韦伯的多元分层理论,本来是针对马克思的一元论的阶级分层理论而发的,是对"阶级论"的一种新的解释。但现在人们在使用他创用的分层三指标(财富、声望、权力)的方法时,阶级的观念已经淡化,完全变成一个区分个人社会地位的工具。当我们今天使用这一分层三指标时,更不会把它和阶级论混为一谈,而只是因为它有用,可以部分地解释转型期社会阶层分化的原因。实际上,根据我国社会的实际情况,韦伯的"三指标"仍嫌不足,有必要再补充两个分析指标,这就是"教育"和"职业":

1. 教育(文化程度)

受教育过去是少数人的特权,现在则已成为社会招工、用人、对人进行评价的一个最基本的依据,以至当代社会被称为"学历社会"。受教育的程度,学历的高低,既是个人社会地位的一种标志,也是社会结构的重要指标,因而这是一种最直观的社会分层。特别是,涉及人口素质的一系列指标,均与文化教育的程度有关。人口素质的高低对社会发展起着决定性的作用,同时它又是社会发展水平的最集中的体现,间接地可以反映出地区之间、群体之间以及个人层面诸多意义上的社会分层的概况。

2. 职业

跟教育一样,职业也是一个综合指标。在现代社会,一个人的职业足以有效反映出这个人的财富(收入或经济地位)、声望(社会地位)和权力(政治地位)的总的水平。正因为如此,所以迄今为止,职业除了是一个功能范畴之外,还是一个等级范畴,是人们评价的对象。从根本上讲,人们对职业的等级偏见来自年代久远的脑力劳动和体力劳动的分离和对立,所谓"劳心者治人,劳力者治于人",因此,它也只能随着劳动分工的性质上的变化(这种变化由于科学技术广泛应用于生产领域而日趋明显)而相应地发生变化。譬如,随着笨重的、单调的、有害于人体健康的重体力劳动的消失,也就会淘汰掉一批与此有联系的职业。社会的变迁对职业的影响是十分巨大的。无论是过去还是现在,职业都在不断经历着结构性的变化:随着剥削阶级的被消灭,一大批为剥削阶级的特殊需要而存在的职业也随之消失了。有些古老的职业依然保留下来,但它的性质和地位发生了变化。比如演员的职业、保姆的职业。圣西门在其《人类科学概论》里谈到他那个时代诗人和模特儿的职业地位的变化,颇值得玩味:"古代的诗人在许多方面都是立法者,而现今的诗人都是一些轻佻浮躁的人,他们只能帮助社会人士消愁解闷,而不再以领导重要事业为己任。""一个有名气的画家和雕刻家,可以在希腊到处选择称心的模特儿供他描绘或塑造人体的任何部分。最高贵的家庭,都以自己的女儿当选上模特为荣。而现今的艺术家,只能到社会的底层去寻找模特儿,而且甚至会遭到道德没有败坏的人的拒绝。"

从当代以自动化和微电子为标志的新的生产力的发展来看,不少社会科学家已经日益确信,人类的职业正在发生根本性变化,它正在从传统的生产部门向非生产部门(比如说服务部门)转移(与此相联系,"劳动"的含义也在发生根本性的变化)。美国未来学家约翰·奈斯比特在其所著《大趋势——改变我们生活的十个新方向》一书中,把一部美国的历史,简单地概括为"从农民到工人,再到职员"。资料表明,20世纪70年代美国新开创的1 900万新工作职位中,只有5%在制造业,整个商品生产部门只占11%,其余大约90%,亦即1 700万个新就业机会不属商品生产部门。奈斯比特引用麻省理工学院的戴维·伯契的话说:"我们正走出产业行业而进入思想行业。"①另一种类似的提法是,美国人在迅速从蓝领向白领转变。20世纪70年代在全部新的就业机会中,大约百分之九十在白领服务部门。到1990年,全美国每四个就业机会中将有三个在服务行业,诸如银行业和保险业。这种大批劳动力从工业部门向服务部门的流动,表明经济结构在发生着深刻变化。需要指出的是职业结构上发生的上述变化,是以大批工人群众的结构性失业的痛苦为代价而逐步实现的。企业自动化程度越高,给社会制造的失业者就越多。在这些失业者中,青年人占的比重最大,情况最严重,由此而带来的社会问题也最多。以法国为例,法国的失业率在近10年中已从2%剧增到将近10%。在18岁至21岁的社会青年中,失业率高达33%。这导致法国青年的政治思想状况从激进转趋保守。生活在现代资本主义社会的青年人,不再关心职业本

---

① [美]约翰·奈斯比特:《大趋势》,梅艳译,中国社会科学出版社1984年版,第13—16页。

身的价值,而只关心能不能有一份像样的工作,能不能赚比较多的钱。

尽管社会制度不同,我国在职业发展的趋势上,也开始出现和西方国家类似的情况:第二产业的就业人数在下降,第三产业的人数在上升。这看来是生产力发展的共同规律。但是,我国还处于发展中国家的较落后的阶段,在大力发展知识密集型产业的同时,还不能完全排除发展劳动密集型的产业;另外,即使是西方学者,也已经意识到,未来的社会发展必须考虑到高技术和高情感的平衡和统一,防止单方面迷信技术,陷入技术决定论的陷阱,为此,就不可对手工劳动抱过分虚无主义的态度。也许有朝一日我们会发现,自动化程度越高,手工劳动的意义反而会显得越重大、越珍贵。总之,我们应该找到符合我国国情和文化传统的职业结构。在职业的选择上,应该摒弃封建主义的愚昧的等级偏见,但这并不妨碍我们去追求美好的有趣味的职业。

最后,在社会主义的社会分层体系中,除了经济分层、政治分层和社会分层外,认真考虑一下思想或道德分层的问题,看来决不是多余的事。当然人们也许会说道德本身是分层的,有统治阶级的道德,有被统治阶级的道德,不同阶级和地位的人对道德标准的观点不会一样,因而道德的社会功能也不会完全一样。但这里指的是以社会主义基本价值观为依照的大多数人的道德。物质需求和精神需求的平衡,物质文明和精神文明的统一,这应该是社会主义的现代化区别于其他任何现代化的最本质之所在,也是社会主义的真正优势之所在。如果这个优势体现不出来,就说明社会主义还没有真正建成。从现实的社会生活出发,应该承认,就像人们经济上的收入不会完全平等一样,人们在精神上的"收入"也不会完全平等。道德分层,古已有之,"君子"、"小人"、"忠臣"、"奸臣"、"清官"、"贪官",这些概念,就是我们的祖先进行道德分层所常用的概念。我们应该建立社会主义的道德分层新概念,社会也应该为那些默默无闻的好人和有道德的人(他们往往是社会弱者,特别是在市场经济体制下)提供一个适合于他们生存和发展的环境,这样就有希望形成一股无形的精神上的社会中坚力量。

这样,关于一般意义上的社会分层,基本上就是这六个方面:收入、权力、声望、教育、职业和道德。它们中的每一个方面都有一个从阶级分层到非阶级的社会分层的发展过程。

五、社会分层的"三阶段律"

在"社会关系的群体层面"一章中,我们曾论述过"血缘、地缘、业缘"在群体分类上的意义。实际上,"三缘"结构也是对迄今为止的社会分层的历史演变过程的一个恰当的小结。曾经被马克斯·韦伯作为社会分层三个基本变量的"财富、权力、声望",如果按照历史的轨迹去观察,也完全符合这一"三缘"过程,不妨称之为社会分层的"三阶段律":

血缘分层

此阶段权力主要来自不可改变的血统地位和相应的先赋权威和声望,这无疑是一种等级分层,由于体现这一等级高下的是社会声望和先赋性权威地位,因此亦可归入声望分层。阶级主要表现为地位群体这一点,在这一阶段是最典型的。我国在漫长的历史时期里,占统治地位的社会结构是以家族为本位的"家国结构",这是一种在小农经济占绝对优势的社会里必然会产生的血统和权力(伦理和政治)高度结合的分层体系,政治的伦理化与伦理的政治化成为这一历史时期的最大特色,并一直延续到后来。

地缘分层

相对来说,这是最接近于政治——权力分层(或简称权力分层)的一个阶段。政治的载体是国家,而国家总是按照地区来划分和管理它的人民的。从另一个角度看,现代国家的权力分层更接近于阶级分层,而不是等级分层。也就是说,现代国家的结构更接近于社会结构(马克思甚至说过"国家就是社会结构"的话)而不是家族结构,虽然在这个问题上东西方社会之间始终存在着明显的区别。具体到像中国这样的国家和社会,前已说过,与其说是一个阶级社会,不如说是一个介于等级和阶级之间的社会。中国的城市工人、农民、知识分子和干部,其身份属性、等级属性更强于其阶级属性。亦因此,阶级分层在这里很容易变成一种政治分层而非经济分层(而且在一个相当长的时期中经济上也无层可分)。这是改革开放前(1979年前)中国社会的基本情况。

业缘分层

这里指的是建立在市场经济基础上的利益分层和财富分层。社会主义引进市场经济,同时把人民致富作为社会主义的一个目标,使长期以来的政治分层有可能真正转移到经济分层上。这一重点转移,成为1979年以来中国社会转型的主要内容之一。它意味着在中国,富裕阶层的出现已指日可待,除少数人会上升为社会上最富裕的一群之外,多数人将成为新出现的社会的中间层。这个中间层的主体部分,除了部分工商业者和有专业特长的知识分子外,应主要来自社会基本群体(农民、工人)中首先富裕起来的那部分人。这进而会使个人层面的阶层分化由被动转入主动,使个人开始有权选择自己的谋生手段和发展道路。社会主义制度下富裕阶层的出现,会使原来的阶级秩序和社会关系发生某种错位和变异,出现某种无序化状态。其突出表现是:① 社会的各个阶层会具有几乎是同一的参照对象,即率先致富者;② 结构要素之间(例如行为、关系、制度之间)会出现性质上和功能上的转移或背离,一些传统的、人们心目中一向认为是比较美好的关系,会异化为某种商品关系或金钱关系;③ 阶层关系紊乱或错位,一个人的财富、权力和声望等级之间严重不一致;④ 阶级地位与社会地位背离;⑤ 前所未有的大规模结构性社会流动和非常规流动。上述情况,大致可以从下面这两种社会流动方式中得到比较和反映,见图10-4、图10-5。

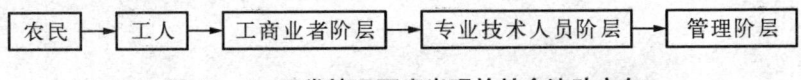

图10-4 正常情况下应出现的社会流动方向

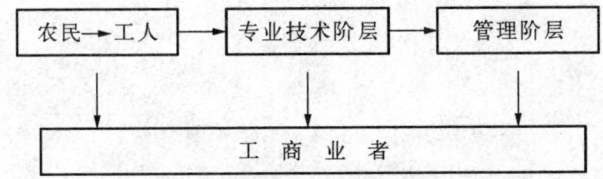

图10-5 一段时期以来的非常规流动

不难看出,图10-4反映的是在正常情况下应该出现的社会流动方向以及转型期中存在的主要社会阶层。其中"工商业者阶层"是一个模糊概念,它既包括个体户,也包括私营企业老板和一般工商企业中的所谓"白领阶层"。图10-5反映的是一段时期以来社会非结构化状态和非常规流动的大致情况。

上述的分化过程,从历史的角度去考察,就是从以国家为本位向以社会为本位的方向的发展。中国悠久的历史传统和对外来文化的强大亲和力和同化作用,使得中国社会结构的变革兼具高度一体化与多元化的双重特征。"家国一体"的社会制度并不排斥科层制与家长制同时并存的局面。改革以来,二元化格局有新的发展。例如邓小平"一国两制"构想的提出及其发展,说明二元化结构(包括意识形态领域的二元化倾向)是中国社会结构变化的常态而非变态,或者退一步讲,在21世纪里,应该使它朝常态的方向发展。

Ⅳ 制度篇

第十一章 制度

概述

在本书的总论部分,我们曾经指出,社会制度是社会学众多研究对象中最具实质意义的研究对象。如果说有所谓"社会学现象"的话,毫无疑问地,社会制度应该是最有资格被冠以这一称号的了。以至不妨说,"社会学现象"就是一种在广泛意义上的制度化现象。这应该是自涂尔干以来社会学上"一以贯之"的一个基本道理。

在本章之前,我们已分别对社会行为和社会关系的有关方面作了一些介绍和评述。严格说来,作上述评述,都是为了最后讲清楚它们和社会制度的关系,把社会的研究最终落实到制度上来,以期明了社会现象、社会结构和社会过程的实质。从方法论的角度来说,把社会学研究的重点放到制度上来,也足以体现社会学这门学科的性质的独特性。社会学既是一门实证科学,又是一门人文学科,而后一种性质及其方法,更适用于社会制度的研究,特别是当我们把制度作为一种文化范畴来研究时。

一、制度的起源与本质

什么是制度

相对于社会学的其他范畴而言,"制度"一词是为数不多的几个不必借助翻译,直接用中文就能表达清楚的极具中国文化特色的概念之一。由于社会学(以及近代意义上的社会科学)诞生于西方,因此它的众多的名词与术语带有浓厚的西方文化色彩,是并不奇怪的。现在这些概念已成为世界各国学者共同使用的学科语言,中国自不能例外。其中有些名词,如"社区"、"人际关系"、"社会控制"等,甚至已成为中国民间和官方普遍认同的流行语。但也因此,如能保留个别源于东方的学术名词,将弥足珍贵。应善待之,不应苛求之。

毋庸讳言,相对于社会学的其他领域来说,制度理论的研究若干年来明显处于滞后状态。无论是制度的定义或对制度起源的认识,仍然主要来源于文化人类学,仍然停留在涂尔干和萨姆纳的阶段。给人的感觉似乎是,西方今天对社会制度的理解并没有超出古代中国在这方面的水平。这也许就是人们常说的中国"文化早熟"的一个例证。下面就让我们来分别看一看西方和东方是怎样给社会制度下定义的。

"制度"相当于英语中的"institution",后者除含有风俗、习惯等内容外,还包括人有意识地设立的规章制度和机构组织等,因此有的学者径直把 institution 称之为"社会设置"。例如郑杭生先生主编的《社会学概论新修》(中国人民大学出版社 1994 年版)即持此说。他给"社会设置"所下定义为:"社会设置是根据一定的社会价值而设立的一整套规范体系及与之相配套的机构与设施。"诚如作者所言,"从这个定义可以看出:社会设置由如下几个部分构成:① 观念原则(或价值目标);② 规范体系;③ 履行规范的群体或组织;④ 配合履行规范的机构与设施。"①本书乐于接受这个很好的定义但并不认为有必要改变社会制度这个名称,理由如下:

郑先生用"设立"说代替了多数人主张的"形成"说。(后一说参见天津人民出版社出版的《社会学概论》(试讲本)和北京大学社会学系编写的《社会学教程》以及郑先生自己主编的《社会学概论新修》。)但是,下面的材料将证明"设立"说并非只是西方的观点,中国古代也有持这一观点的。事实上,西方社会学中对 institution 的解释也并不完全一致。我国社会学界前辈孙本文先生是早期西方社会学理论的热情传播者(应该强调指出的是,他同时也是中国固有的社会学资源的辛勤发掘者和热情宣传者)。他综合各家所得出的有关制度的定义,至今仍不失为一种比较通行的有广泛代表性的提法。他说:"我们若从行为规则的眼光观察,那么,制度就是社会公认的比较复杂而有系统的行为规则。……行为规则即是社会生活的工具,用以满足共同生活的需要,以达共同生活的目标。此是制度的功用,亦就是制度的特性。"②

反观汉语"制度"二字,其内容之丰富,实际并不亚于 institution。这里面有两层意思,一层是"制度"二字本身所包含的意思,一层是用"制度"这个概念所定义的对象。

---

① 郑杭生:《社会学概论新修》,中国人民大学出版社 1994 年版,第 331 页。
② 孙本文:《社会学原理》,商务印书馆 1935 年版,第 421 页。

"制"与"度"是两个相对独立而又密切相关的概念。

"制"有如下一些重要含义：

(1) "成法曰制"，如法制，典制。

(2) "造"的意思，如"制礼作乐"，制造，制订。

(3) "御"的意思，如统制，节制，约制。

(4) "断"的意思，如裁制，断制，裁断。

(5) "止"的意思，如制止，控制，管制，限制。

(6) "规定"的意思，如"因地制宜"。

(7) "制度"的意思，如"先王之制"。

"度"有如下重要含义：

(1) 质的稳定性与量的界限。

(2) 变化的程度和限度。

(3) 对人事的宽容度，如度量，气度，风度。

(4) 法度，制度，节度。①

将"制"、"度"连用，古时并不鲜见。《荀子》中已有"使群臣百姓皆以制度行，则财物积，国家案自富矣"的话（见《荀子·王制》)，又见《汉书·元帝纪》："汉家自有制度，本以霸王道杂之。"在多数场合"制度"直接以"礼"的名义出现。在古代思想中，特别是儒家的思想中，所谓"礼"的意义相当广泛。《左传·隐公十一年》云："礼，经国家，定社稷，序民人，利后嗣者也。"照这个说法，"礼"包括社会组织、政治体制、社会秩序等上层建筑，是毫无疑问的。② "盖凡关于人之行为之规范，皆所谓礼也。"③

综观上述"制"与"度"的定义与解释，它的"人为设立"的一面似乎超过"自发形成"的一面的比重。如果注意到中国古代制度的主体部分——"礼"的性质的话，那么对"人为设置"的印象会更深。论述中国古代制度理论（礼论）的最有名的代表人物是荀子。荀子出于其"性恶"论的基本观点，十分强调"礼"的产生非出于人的天性这一点。他反复指出"礼义法度者，是生于圣人之伪（这里作"人为"解)，非故生于人之性也"。④ 从性恶论出发，荀子对制度的产生得出了令人信服的结论："古者圣王以人之性恶，以为偏险而不正，悖乱而不治，是以为之起礼义、制法度，以矫饰人之情性而正之，以扰化（教

---

① 以上内容分别参见《辞海》，上海辞书出版社1989年版；《辞源》，商务印书馆1983年版。

② 冯友兰：《中国哲学史新编》（第一册），人民出版社1982年第3版，第135页。

③ 冯友兰：《中国哲学史》（上册），商务印书馆1935年再版，第96页。

④ 《荀子·性恶》，上海人民出版社1974年版。

化)人之情性而导之也。"①其实这一观点已接近法家的主张,至少已受法家思想的影响。同样讲"礼",孔子(以及孟子)强调的则是"君子"发自内心的"真性情"。要之,孔子用"仁"来界定"礼",("克己复礼为仁";"人而不仁如礼何")荀子则用"分"来界定"礼"("制礼义以分之")。就对"礼"的社会实质的认识来说,孔子更着眼于精神方面的要求,(所谓"礼节"),荀子则更重视物质方面的要求(所谓"人生而有欲,欲而不得则不能无求")。由此看来,对制度的定义由于各个时代的各个人的着眼点、侧重点不同,其结果是会有所不同的。制度是人为设置的,还是自然形成的?是工具性的,还是目标性的?是精神领域的,还是物质领域的?这种看法上的分歧,特别还将反映在对制度的社会功能的不同理解上。

制度的起源

关于制度的起源,常见的说法有这样几种:

(1) 制度起源于风俗习惯。这一观点的代表人物美国社会学家萨姆纳认为,社会制度首先起源于民俗,由民俗发展到民德,然后再由民德进一步演化成制度。民俗是为大家认同的习惯行为,是一种约定俗成;民德已经成为具有一定的道德评价和约束力的行为准则;民德的结构化、系统化发展就是制度。

(2) 社会制度起源于人的共同意志,或者说起源于人们的需要。

文化人类学中的功能学派代表人物马林诺斯基在《文化论》一书中曾经写道:

"任何社会制度都针对一根本的需要。"②

"制度显然是混合着多种功能的。事实上我们早已见到制度的综合性质,因为文化的迫力,总是彼此相依相连的。生殖现象——特别是关于母性方面——便引到吸乳和抚养等的事实。由这些事实所造成的亲密生活,又势必产生经济合作、家中威权及法律规定。"③

"从研究文化所致力的工作及其所克尽的功能,文化现象便可以加以整理与分类。功能始终是产生于对于文化迫力的反应。我们把这种迫力分为:基本的或生理的、演生的或手段的、完整的或精

---

① 《荀子·性恶》,上海人民出版社1974年版。
②③ [英]马林诺斯基:《文化论》,费孝通译,中国民间文艺出版社1987年版,第1892页。

神的。围绕着基本的需要,便有营养的、生殖的,为保护体系的发展;这最后一项包括许多躯体上的需要,如遮蔽、温度、清洁及安全。从手段的迫力,便有经济的、法律的,和教育的体系的出现;这最后一项包括人类传统的传袭及保存。最后,由完整的需要产生了知识、巫术、宗教和艺术——广义而言,也包括闲暇时的游戏与游艺。"①

上述引文尤其是最后一段,充分表述了马林诺斯基这样一种思想:不同的需要分别产生或形成不同的社会制度,但这并不能作机械的划分,因为需要之间总是相关的。需要的相关性导致制度功能的相互关联。

事实上,萨姆纳也有类似的观点,他认为人类为了满足种种兴趣和要求,或为了适应环境的需要,而创造种种制度。他并且根据需要类型的不同,而把制度分为四大类:① 社会自存制度(包括生产组织、经济组织)以满足谋生的需要;② 社会自续制度(婚姻与家庭组织)以满足爱情的需要;③ 社会自足制度(包括许多不相关联的社会形式)以满足精神及娱乐的需要;④ 宗教制度以满足信仰与恐惧不安的需要。②

(3) 马克思主义认为一定的社会制度是在一定的社会物质资料的生产方式基础上产生的,即社会制度的产生受人类社会生产和再生产发展的制约。马克思曾经指出:"在人们的生产力发展的一定状况下,就会有一定的交换和消费形式。在生产、交换和消费发展的一定阶段上,就会有一定的社会制度,一定的家庭、等级或阶级组织……"③马克思的这番话从本质上阐明了社会制度是一定的社会历史发展的必然产物。

现在回到中国。中国学者对周礼起源的研究,亦足以补充和印证上述的论点。

首先应该提到的是梁漱溟。梁漱溟先生在其《中国文化要义》中得出的制度产生的阶段顺序,与美国人萨姆纳略有不同。梁先生相信人类文化的初期必造端于宗教(即使是极幼稚之迷信、极低等之宗教),然后依次发展出道德、礼俗和法律。但是他同时认为中国在这方面是一个罕有的例外。他认为中国之所以宗教不发达,原因在于它从很早开始就走了一条由道德代替宗教

---

① [英]马林诺斯基:《文化论》,费孝通译,中国民间文艺出版社1987年版,第96页。
② 孙本文:《社会学原理》,商务印书馆1935年版。
③ 《马克思恩格斯选集》第4卷,人民出版社1972年版,第320—321页。

的路子。而以道德代替宗教的结果,便是以伦理(家庭关系)代替社会,把家庭父子兄弟的感情关系(或我们所说的"初级关系")外推到大社会上去,使整个社会关系充满亲情色彩,使整个社会组织变成了一个初级群体,一个巨大的"内群体"。维系这一群体的安全和稳定的既然不是宗教,那就必然是某种强大的世俗的力量,亦即所谓"礼俗"。礼俗是道德的通俗化,相对于宗教来讲,它是一种世俗化的力量,相对于一般风俗来讲,它就是最早的法律。"礼俗"的制度化就是"礼制",就是"礼"。礼的进一步发展(确切地说是礼的破坏,所谓"礼崩乐坏")就进入"礼法"阶段,礼法是礼与刑的结合,它身兼道德和法律两种职能,终至成为维持社会稳定的最重要的法律制度。①

李泽厚对"礼"的起源有比较具体的分析。"礼"是什么?一般公认它是在周初确定的一整套的典章、制度、规矩、仪节。它的一个基本特征,是原始巫术礼仪基础上的晚期氏族统治体系的规范化和系统化。一方面,它有上下等级、尊卑长幼等明确而严格的秩序规定,原始氏族的全民性礼仪已变为被少数贵族所垄断;另一方面,由于经济基础延续着氏族共同体的基本社会结构,从而这套礼仪一定程度上又仍然保存着原始的民主性和人民性。就是在流传到汉代,被称为"礼经"的组成部分的《仪礼》中,也还可以看到这一特征的某些遗迹。例如《仪礼》首篇的《士冠礼》,实际是原始氏族都有的"成丁礼"、"入社礼"的延续和变形……《仪礼》中的"聘礼"、"射礼"等也无不可追溯到氏族社会的各种礼仪巫术。总之,李泽厚认为,"礼"的内容尽管复杂繁多,但其起源和核心则是尊敬和祭祀祖先。② 有的学者更进一步指出:如果说我们确实有过一种意义不甚严格的宗教的话,那么它只能建立在"家"的基础之上,被称为"家"的宗教、"孝"的宗教。殷人的宗教是祖先神崇拜。这意味着孝的宗教同时又是国教。周人将殷人合祖先与神于一体的一元神宗教分解开来,使"祖先的世界与神的世界逐渐分立,成为两个不同的范畴。"由此生出了"天人合一"的观念来。这种"家国一体"导致的"天人合一"的观念,与古希腊、罗马社会建立在家—国对立基础上的"公"、"私"(在道德和法律领域)分离的原则形成了鲜明的对比。③

(4) 社会制度是社会承认的行为模式或行为规范体系

---

① 详见梁漱溟:《中国文化要义》,学林出版社 1987 年版,第六章:"以道德代宗教"。另见梁治平:《寻求自然秩序中的和谐——中国传统法律文化研究》,上海人民出版社 1991 年版,第 14—16 页。
② 李泽厚:《中国古代思想史论》,安徽文艺出版社 1994 年版。
③ 梁治平:《寻求自然秩序中的和谐——中国传统法律文化研究》,上海人民出版社 1991 年版,第 18、19 页。

贝尔认为,社会制度是由民俗、民德、信仰及一些社会功能所组成的整合体,成为制度的行为是合乎规范的、标准的行为。

孙本文认为,社会制度是社会公认的比较复杂而有系统的行为规范。

龙冠海认为,社会制度是维系团体生活与人类关系的法则。它是人类在团体生活中,为了满足或适应某种基本需要所建立的,有系统、有组织、为人民所公认的社会行为模式。

以上观点都不约而同地认为,社会制度不仅是一种行为规范,而且还是一种社会结构,反映一定的社会关系及其模式和规则。

此外,库利从社会心理的角度定义认为,社会制度是明确的、既定的公共心理状态,本质上与公共舆论没有什么区别。

大体来说,对制度的定义无非有以下几种解释:① 制度是人或组织的行为规则;② 制度是组织构造的结构模式;③ 制度是人类主体内在的文化结构模式

无论从什么角度出发对制度定义,一般来说,制度都有以下几个特征:

(1) 时空的普遍性。社会制度不仅普遍地存在于一切国家和民族之中,而且还世代相继,贯穿人类社会数千年的历史。

(2) 变异性。尽管社会制度具有时空上的普遍性,但在不同的历史时期和不同的国家(或民族)乃至同一国家的不同地区中,它的性质和表现形式都会有所不同,并随着社会的发展而变迁。

(3) 相对稳定性。社会制度是社会各种力量交互作用的产物,通常都具有较完整的规范体系、组织体系和工具系统,因此,只要各种社会力量能在一定的时期内保持平衡,社会制度在这一时期内就可以保持稳定。

(4) 强制性。无论任何制度,只要它一经形成,都会产生一定程度强制性,迫使人们使自己的行为合乎规范、遵从制度。

(5) 阶级性。在阶级社会中,社会制度不可避免的、或多或少的受阶级利益和阶级意识的影响。

制度的分类与构成(要素)

1. 分类:本源制度与派生制度

对于制度分类,也有很多种不同的观点,如诺斯认为,制度可以分为三大类,或三个层次,即(1) 宪法秩序;(2) 制度安排;(3) 规范性行为准则。宪法秩序是第一类制度,它规定确立集体选择的条件的基本规则,这些规则是制定规则的规则。它包括"确立生产、交换和分配的基础的一整套政治、社会和法律的基本规则"。这些规则,一经制定,那就要比以它们为根据制定出来的

操作规则更难以更动,因而变化缓慢。这第一类制度的重心在于集体选择的条款和条件。第二类制度是指制度安排,这一类包括诺斯和奥克森的分类中所提到的操作规则。它包括法律、规章、社团和合同。第三类是指规范性行为准则。跟宪法秩序一样,这些行为准则也要比制度安排变化缓慢、难以更动。这一类的准则对于赋予宪法秩序和制度安排以合法来说,是很重要的。实际上,是它们为规范性研究社会提供了基础。规范性行为准则与意识形态和文化背景有关。在上述的三种制度类型中,宪法秩序和规范性行为准则是社会经济运行系统的外生变量。而制度安排则是内生变量,它取决于已有的宪法秩序与规范性行为准则,并且是在现有的知识积累基础上建立起来的,受现有的技术水平的影响、制约与安排。

也有认为组织本身就是一种制度,是制度的产物。制度的实质就是"集体行动控制个体行动"。康芒斯认为,所有的社会活动主体的活动的共有原则或多或少是个体行动受集体行动的控制,这种对一个人行为的控制,其目的和结果总是对其他的个人有益的。

而根据社会结构划分为基础结构和上层建筑的原理,社会制度也可以相应的划分为本源制度和派生制度。本源制度主要包括:① 经济制度。指有关社会一切经济活动包括生产、分配、交换、消费等方面的规定,体现一定的社会的生产关系的总和。② 婚姻家庭制度。指有关婚姻活动、家庭关系。家庭结构和生育等方面的规定。派生制度主要包括:① 政治制度。指有关国家的性质、社会各阶级在国家中的政治地位和国家管理的原则、方式等各方面的规定。② 法律制度。指国家有关宪法,各种法规及其执行和监督机构等方面的规定。③ 文化制度。指有关教育、科研、道德、宗教、文学艺术、宣传等方面的方针、政策、机构、行为规范等方面的规定。

2. 制度要素

无论人们如何对制度进行分类,也无论各种制度间有多大差别,其本质和构成内容都是不变的。前述制度的起源,已经间接地触及制度的要素问题,现在试再作一些归纳:

(1)规则。规则无疑是制度的最基本的要素。凡属制度,总需有一些不可轻易改变的、相对固定的条文,用以规范人的行为,协调人与人、个人与社会之间的关系。制度作为行为和关系的固定化形式,主要就靠行动规则或关系准则来体现。亦因此,规则可划分为不同的范围和层次。例如孔子对"克己复礼"的具体要求就是"非礼勿视,非礼勿听,非礼勿言,非礼勿动"(《论语·颜渊》),这可以理解为行为层次上的规则。又如,封建社会对五种最基本的社会关系——君臣、父子、夫妇、兄弟、朋友——均有极严格的要求,被称为"伦常纲纪"。具体地说,是"父子有亲,君臣有义,夫妇有别,长幼有序,朋友有信"。(《孟子·滕文公上》)更具体的展开则有所谓"父慈、子孝、兄良、弟悌、夫义、妇听、长惠、幼顺、君仁、臣忠"(《礼记·礼运》)的说法。又有所谓"为人君止于仁,为人臣止于敬,为人子止于孝,为人父止于慈,与国人交止于信"(《大学》)的关系准则,足见古代社会的人际关系是一种高度制度化的关系,而且这种制度化关系准则作为文化与社会化内容的基础部分已完全内化为人们的生活方式和思维习惯。一个典型的例子,是"男女无媒不交"之礼,尽管男女双方自小青梅竹马,彼此相知甚深,但要议及婚事,仍需遵照"父母之命,媒妁之言",当事人不能擅作决定。类似情况有些已演化为纯粹象征性、程序性的一种仪式,但又是相关制度的一个不可缺少的组成部分。由此可见,程序亦是制度的一个十分重要的因素。程序能保证制度的功能得到正常发展,但也能阻碍制度功能的实现,甚至变制度的正功能为负功能。

  在社会变迁过程中,制度的规则会发生看上去相当矛盾的变化。一方面原有的规则会朝简化的方向发展,从婚丧嫁娶到社交活动,到公私节日,其规模、内容,特别是其程序、仪式,都在逐渐简化;另一方面,随着社会生活的日新月异,社会问题的不断涌现,又会不断出现许多新的规则。除了在日常生活空间(社会空间)需要有像交通警察这样的角色之外,未来人们还将面临一个崭新的"网络空间",它也需要有"人"管理,需要共同遵守一些公共秩序。因此人们在获得前所未有的自由的同时,也将承担前所未有的"纪律"的约束。在经济生活领域里,一个显著的事实是,现代市场经济较之自然经济和计划经济更多的是以契约形式规定了经营双方或买卖双方在生产、交换、分配、消费、流通、服务等各个环节上的相互关系、权利与义务,以及其他各种行为规则和操作规程。

  规则来自理性选择的命题在社会学家和经济学家中都还没有达成一致。一些社会学家认为存在着促使人们不顾利益而遵守规则的因素,而另一些坚持认为利益总是存在的。社会学家对正式规则和非正式规则之间的关系也有不同的看法。有一种观点认为正式规则总是被有意地描绘成理性地、简单地赋予组织以合法性,而非正式规则更加切合实际,有助于工作任务的完成;另一种观点认为如果组织的正式规则很弱,而非正式规则很强,后者可能演化成障碍规则或所谓"反规则"。可能降低组织效率。

  (2)器物。此既是指制度所必须具有的物质基础或物质条件,也是指制度本身的组成要素。《左传》上说:"国之大事,在祀与戎。"祀是祭祀,戎是打仗。祭祀需要礼器,打仗需要兵器,礼器和兵器是古代社会两种最重要的制度的组成部分。荀子说,"礼者,以财物为用,以贵贱为文,以多少为异,以隆杀为要。"①几乎接近于今天对制度要素的理解。我们知道功能派文化人类学家十分重视包括器物在内的"物质设备"在文化要素(这里,基本上就是制度要素的同义语)中的地位。马林诺斯基在其《文化论》中写道:"人的物质设备,举凡器物、房屋、船只、工具以及武器,都是文化中最易明白、最易捉摸的一方面。它们决定了文化的水准,决定了工作的效率。在一切关于民族'优劣'的争执中,最后的断语就在武器,它是最后的一着。"②对照古代中国文化制度中的器物要素的性质和功能,可以得出许多发人深省的结论。一个突出的区别是,在中国,"器物"并不仅是物质文化的要素,而且常常也是精神文化的要素(例如中国商周时代所制作的青铜宝鼎)。而"制度"则把这两者完满地统一起来。

(3) 标志与象征。当前述"器物"要素逐渐降低其物质的功能,提升其精神的作用的时候,它自身在制度中的地位也就发生变化,由"工具"或武器变成了"礼器"。(例如"宝剑"作为馈赠的礼品)或一"身"而二任,既是工具,又是礼器。如前面已经指出的,制度作为文化的基本单位,除了有实实在在的具体的社会功能外,还有精神意义上的、狭义文化意义上的作用,此即标志作用和象征作用。制度的这方面的重要性,绝不亚于其在物质意义上所起的作用。例如国旗是一个国家的标志,代表一个国家的主权和利益。在特定情况下,捍卫国家的尊严就表现在捍卫国旗的尊严上。制度的象征部分广泛存在于各级各类社会组织之中:学校的校旗、校服;医院的红十字;教堂的圣堂,十字架;家庭的结婚证书,结婚戒指;连队的旗帜和徽章等,分别象征着大小不等的群体和组织的性质、地位和功能。

(4) 组织及人事。马林诺斯基把社会制度定义为"人类活动有组织的体系。"③这一定义强调的是,社会制度作为"文化的真正要素",它具有相当的永久性、普遍性及独立性,符合所谓"有限变异"的原则,只要客观上有一种文化上的需要,就会出现大致相同的"有组织的活动体系"即社会制度。由此看来,组织要素也就是社会要素或社会活动要素。社会性需要—社会活动—社会关系—社会组织—社会制度,这大致就是制度形成的过程,即制度化过程。

---

① 《荀子·礼论》,上海人民出版社 1974 年版。
② [英] 马林诺斯基:《文化论》,费孝通译,中国民间文艺出版社 1987 年版,第 4 页。
③ 同上,第 18 页。

在历史上制度和组织曾经有过一个高度重合的阶段。家庭曾经是唯一的社会组织（家庭成员之间的关系曾经是唯一的社会关系），因而也是唯一的社会制度。现代社会制度与组织的关系日益分化，既有凌驾于组织之上的制度，也有包涵各种制度的社会组织。但一般说来，人们需要通过组织来制订和实施制度，也需要通过制度来保证组织目标的实现。制度作为基本的社会结构，是一种有组织的社会力量。离开组织，制度的作用无从发挥，反之，离开制度，组织的地位亦不复存在。

二、关于制度的理论

经济学家的观点

在经济学说史上，对制度进行专门研究并将其贯穿于经济思想史始终的，是制度主义学派。按照其分析的层次和分析的环境及时间的顺序，制度学派可大致分为老制度主义和新制度主义两大门派。

老制度主义的主要代表人物有：托斯坦·凡勃伦、维斯雷·米歇尔、约翰·R.康芒斯以及克莱伦斯·阿里斯等人。这些人的关于制度及其性质的论述在学说史上还被称为美国制度主义。在其内部，有两个具有重大理论意义的研究纲领。第一个纲领主要是由凡勃伦提出的，并由克莱伦斯·阿里斯进行了发展与修正。该纲领集中考察了新技术对制度安排的影响，考察既定社会惯例和既得利益者阻碍这种变迁的方式。他们的研究往往是与强调大公司政治经济权力的现代经济结构观念结合在一起的。第二个纲领主要出自约翰·R.康芒斯的研究，现代的瓦伦·塞缪尔斯和阿兰·施密德等人对此进行了发展和扩充。该纲领关注法律、产权和组织及其演变，以及演变对法律和经济权力、经济交易和收入分配的影响。这里，制度在很大程度上被视为是正式与非正式冲突解决过程的结果，成功的标准在于制度是否产生了解决冲突的"合理价值"或"切合实际的相互关系"。

新制度经济学将制度化分为三种类型：第一种是宪法秩序；第二种是制度安排，是指约束特定行为模式和关系的一套行为规则，制度安排可能是正规的，也可能是非正规的，它可能是暂时的，也可能是长久的；第三种是规范性行为准则，它主要是来源于人们对现实的理解（意识形态）。新制度主义在发展过程中，由于其代表人物的研究侧重点不同，也可分为几类：第一类，德姆塞茨、阿尔钦和波斯纳等人注重于考察产权和习惯法。新制度主义学派中的第二类，如奥尔森、莫勒尔等人，侧重对公共选择过程的研究，其中包括寻租过程及分配联盟活动的过程。如何在公共生活中做出选择,是新制度主义的一个研究重点,因为,公共选择的方式本身就是一种影响人们思维与行动取向的重要因素,何况由此得出的结论直接影响到各相关人群的福利分配。第三类侧重于考察组织,其中,有简森和麦克林发展起来的代理理论,以及对由科斯于1937年创立并被奥立弗·威廉姆森广泛使用的交易费用所进行的研究。博弈论者分析了其他一些侧面,其中有些人采用博弈论是为了给既定制度条件下的行为建模,而另一些人则更加雄心勃勃地试图用博弈论来解释社会制度本身的演变。

马尔科姆·卢瑟福在综合新老制度主义的观点后认为,制度是行为的规律性或规则,它一般为社会群体的成员所接受,它详细规定具体环境中的行为,它要么自我实施,要么由外部权威来实施。有必要对一般的社会规则(有时称作制度环境)与特定的组织形式(有时称作制度安排)加以区别。尽管组织也可以视为一套一套的规则,但规则只在内部适用。组织有章程,组织是集团行为者,同样也受社会规则的约束。

政治学家的观点

政治学对制度的研究有着悠久的历史。早在古希腊时期,被誉为"政治学之父"的亚里士多德就曾经运用制度分析方法对当时的希腊各城邦进行研究,并把大部分时间放在描述和比较不同的制度上。

在政治学家看来,制度是基于一定规则和程序之上规范个人和团体行为的长期稳定的安排,它体现为各种明确的带有强制性的规则和决策程序,具有正视和合法的特点,通常被视为国家机器的组成部分。

政治制度是规范个人和团体行为的基本准则。在传统的政治共同体中,由于成员数量少,社会分工单一,社会事务简单,因此,人们往往通过种族、宗教、风俗习惯等较为简单的制度规则就可以约束人们的行为,使其生活在一起。但是,在复杂的现代社会,单纯的种族、宗教、风俗习惯和其他社会自然因素已经不足以使人们在一个政治共同体中和平共处,这就需要有新的机制来维持政治共同体的存在,而政治制度就成为最有效的手段。在现代社会生活中,形成了一系列的政治制度,一般包括宪法制度、选举制度、议会制度、官僚制度、司法制度、政党制度等。

而国家对制度有促进其变迁的作用:从制度变迁的需求看,国家的作用表现为:① 国家可以通过改变产品和要素的相对价格比例来促进制度变迁。② 国家可以通过引进或集中开发新技术推动制度变迁。③ 国家可以通过修改宪法促进制度变迁。④ 国家可以通过扩大市场规模引导制度变迁。其次,从制度变迁的供给上看，国家可以凭借自己的优势，降低制度供给的成本，拓宽可供选择的制度范围，以增加制度的供给。具体地说，① 国家可以通过改变宪法秩序促进制度变迁。② 国家可以通过加强知识存量的积累增加制度的供给能力。③ 国家可以利用其强制性和规模经济的优势降低制度变迁的供给成本。④ 国家干预有利于解决制度供给的持续性不足。

人类学家的观点

人类学中的制度含义十分广泛，涉及社会、经济、政治等几个方面。

社会组织方面，包括婚姻、家庭、社群、种族等，涉及继嗣、亲属等制度。当人类学家谈及"社会组织"或"社会结构"时，他们常常指的是以广义的亲属关系为中心的一系列问题。性别、婴儿依赖期和生命周期这些生理事实，在各个时代和各个地方对人类生活构成了广泛的限制。在这个生理框架上，人类社会建立了交配和家族结构的原则，以及出生、嗣承和婚姻的关系，这些原则和关系实际上便是人类学家关心的话题。

经济体系方面，如财产、交换、买卖、生产等。罗宾斯对经济学的经典定义"经济学是研究作为目的和有限手段之间的关系的人类行为的科学，曾被广泛地用来定义经济人类学的适当范围。经济学家所研究的社会，其经济的次级体系是由货币和市场结合而成的，但这并不是问题的全部，人类学家有时候很难从宗教或政治或亲属关系中挑选出经济行为来。经济学的特殊模型往往仅适用于以市场经济为主的经济体系，要解释生产制度和交换制度并非基于市场原则，或市场原则居于次要地位的社会经济体系，必须研究社会经济的核心，对生产制度和分配制度进行合理的分析。

政治组织，政治制度等。政治组织是社会借以维持社会秩序并减少社会失序的手段，它在世界的不同民族中具有不同的形式，但通常可以分为非集权的队群、部落和集权的酋邦和国家。（参见表11-1）摩尔根的《古代社会》从社会进化论观点出发，运用社会实证的方法，详细地考察了人类"政治生活方式"的起源和形成，首次提出了人类社会的"两种政治方式"（twoplansofgovernment）的概念，认为氏族性的政治生活产生于社会（societas），地域性的政治生活发生于国家（civitas）。按时间顺序说，先出现的第一种方式以人身、以纯人身关系为基础，我们可以命之为社会。这种组织的基本单位是氏族；在古代，构成民族（populus）的氏族、胞族、部落以及部落联盟，它们是顺序相承的几个阶段。后来，同一地区的部落组织成为一个民族，从而取代了各自独占一方的几个部落的联合。这就是古代社会从氏族出现以后长期保持的组织形式，它在古代社会中基本上是普遍流行的；在希腊人和罗马人当中,直至文明发展以后,这种组织依然存在。第二种方式以地域和财产为基础,我们可以命之为国家。这种组织的基础或基本单位是用界碑划定范围的乡或区及其所辖之财产,政治社会即由此而产生。

表11-1 政治组织的类型

	队群	部落	酋邦	国家
成员关系				
人口数量	几十人	几百人	几千人	好几万人以上
居住模式	流动	固定:一个或多个村庄	固定:一个或多个村庄	固定:很多村庄和城市
关系基础	亲属	继嗣群体	等级和居住地	阶级和居住地
人种和语言	→	→	→	→或多
政府				
决策、领导	"平等的"	"平等的"或头人	集权化,世袭制	集权化
官僚制	无	无	无,或一或两层	许多层
对武力和信息的垄断	无	无	有	有
冲突的解决	非正式的	非正式的	集权化的	法律,法官
居所的层级系统	无	无	无→重要村庄或城镇	首都
经济				
食物生产	无	无→有	有→多	多
劳动分工	无	无	无→有	有
交换	互惠	互惠	再分配("贡献")	再分配("税收")
对土地的控制	队群	继嗣群体	酋长	各种各样
社会				
分层	无	无	按亲属分等第	有,但不是按亲属划分
奴隶制	无	无	小规模的	大规模的
精英阶层的奢侈品	无	无	有	有
公共建筑	无	无	无→有	有
原住民的识字与否	否	否	否	通常识字

注 箭头说明这一特征在同属那种类型的比较简单和复杂的社会之间有所变化。

社会学家的观点

从社会学领域的分析来把握,我们不难发现在传统社会学理论那里制度的概念比较侧重正式的规则、规范。比如涂尔干认为社会学的研究对象社会事实,更多地强调一种社会形式和存在方式,是力图在客观的层面上把握社会制度(刘少杰,1998：p.67)。社会事实或制度构成了社会秩序,而对行动者的地位忽略了或存而不论。而帕森斯认为制度理论必须把行动者的理性选择行为结合进去,而行动者的选择必须在制度约束中进行。规则和价值观构成了制度,而不是具体的行为。他在强调制度对行动者制约的时候,是从制度对行动者的利益的角度考虑的,这种利益是通过制度内的激励措施来完成的。行动者有目的的行为与社会制度间的互动关系问题在默顿那里得到了部分的解决。默顿倡导的中程理论则认为社会制度对行动者有两重作用：一种是对行为进行约束,二是激励和压制行为。而这种机会的选择是在社会制度所能容许的范围内进行的。其实这两种作用是同一种作用,即制度的约束作用。从涂尔干到帕森斯再到默顿,遵循的是一条功能主义的发展脉络,因而在这一脉络下,侧重制度对行动的制约作用。诺斯认为,功能主义的制度观不能解决搭便车的问题。科尔曼也指出,功能主义的制度观是有问题的,它没有说明正式和非正式制度之间的关联,也没有提供制度变迁的理论。韦伯侧重于从比较制度分析的角度探讨制度和行动者的关联问题。他研究社会行动的类型、根据和规则,实质也是研究社会制度。在韦伯看来,制度的含义是相当广泛的,包括社会规范、法律、习俗、宗教等等,几乎涉及了整个广义的文化领域。韦伯认为应该在特定的社会和历史时期的制度框架范围内,行动者才能进行理性的选择。吉登斯则比较明确得从结构(广义上的制度)和行动互动的角度建立其结构化理论。他把制度定义为社会当中跨越时空的互动系统。这里的制度是和资源联系在一起的,当规则和资源被再生产出来的时候,制度就存在于一个社会之中。这里的规则是狭义上的制度,它有两个层面意义：一是规范性的,体现在组织中;二是解释性的,体现在人们的意义系统。这两个层面上的规则相当于前文所说的正式制度和非正式制度。

在组织社会学中,制度研究的重点放在了制度/组织同型原因的分析,认为制度和行动是一种双向度的互动关系,一方面,制度为行动规定了行动者实现目标的方式或手段,另一方面,行动者是有能动性的,在一定情况下会对制度所提供的方式和手段进行修正,因而在某种程度上,行动者又对制度进行了建构。(周雪光,2003)

综合上述,社会学视野下的制度概念指的是正式规则、程序和规范,同时也包括为个体的行动提供意义解释的文化符号和道德模式。因而制度研究的分析对象不仅是关注正式的规则和规范,也是影响行动者的风俗习惯和道德等非正式的规则和规范;在研究方法上,整体主义的视角必须转向个体主义的视角,在个体和社会、主观和客观的策略性的、丰富性的互动中展开研究,在这种互动中必须考虑不同的行动者对权力和资源的占有状况和这种占有状况对行动的影响;制度的生成和变迁也要在具体分析各种行动者复杂的、策略性的互动中展开。

三、制度的功能

上面所说制度的四个要素,也可以理解为它的四个方面的社会功能。此即:规范的功能、利益的功能、象征的功能和组织的功能。在进一步分析这些功能之间的关系之前,让我们首先看一看社会学上有关制度功能的主要观点和理论。

可以从不同的角度对社会制度的功能进行分析和归类。美国社会学家帕森斯和罗伯特·默顿对制度的正功能与负功能、显功能与潜功能的分析给人留下了深刻的印象。

正功能与负功能

功能主义的观点可以上溯到斯宾塞的社会有机体论和马林诺斯基的制度论(文化论)以及涂尔干的分化和整合的理论。帕森斯则在前人的基础上,对他们说的社会系统的功能(社会系统被帕森斯定义为"制度化了的互动模式",因此把社会系统的功能理解为制度的功能,应是可以允许的)作了全面总结和展开。这集中反映在他有名的"AGIL"功能图式中,A、G、I、L,实际上是四种社会系统的功能,即① 适应(A):能确保从环境获得系统所需资源并进行分配,为此,系统的结构和制度应能适应此种环境;② 目标达成(G):借助系统的资源和能力以实现系统的目标;③ 整合(I):使系统的各部分协调为一个整体,以保持系统的功能;④ 模式维持(L):对潜在的价值观的维持并保持其制度化基本模式不变,以处理行动者内部的紧张关系。

显然,到帕森斯为止,对制度功能的关注主要在其正功能方面,而且几乎无例外地都把制度的整合功能放在最重要的位置。整合既然是社会系统的一种需要,因此满足此种需要就成为制度的压倒一切的功能。

但世界上任何事物都存在两重性,制度也存在负功能,即阻碍社会发展、束缚人们创新、妨碍人们正常需求的消极因素,其产生的原因众多,如制度本身的惰性。如前所述,制度具有一定的稳定性,但社会生活和人类的需要都在不停地变化,因此制度不可能完全适应所有变化。这种不适应发展需求便会成为人类进步的绊脚石,阻碍社会的发展。再如制度内部结构可能出现的混乱。当制度各组成要素间关系不协调或各要素构成一个单独的体系不合理时,会产生制度在运行过程中的某种混乱,从而对社会生活产生不利的影响。此外,人为的一些对制度不合理的运用、操作也会对社会发展产生不利的因素。

显功能与潜功能

继帕森斯之后,对功能理论贡献最大的是默顿(R. K. Merton,1910—2003)。默顿从怀疑功能的统一性和普遍性出发,提醒人们注意"一定社会或文化事项(习俗、信仰、行为方式、惯例)对于不同社会群体及其各个成员所造成的迥然相异的结果"。① 具体地说,"首先,事项也许不仅对于一系统或另一系统的事项具有正功能,而且或是对特定事项,或是对系统整体具有负功能。第二,某些后果,无论是正功能的还是负功能的,都是系统的主体有意造成并认识到的,因而是显在的;而其他一些后果则不是有意造成并被认识的,因而是潜在的"。② 这样,对社会文化事项造成的多种结果的分析,就应该既注意到正功能和负功能,也注意到显功能和潜功能。

凡制度皆有(正)功能,这本来是一个能够接受的假设,现在默顿把它转换为,一制度若不具有显功能,则必具有潜功能。正功能与负功能的区别是看社会结构要素及其关系对于社会调整与社会适应是起帮助作用还是削弱作用;显功能是指人们能观察到或者能预期其效果的功能,潜功能是指既不能认识也不能预期其效果的功能。常见的例子有:小学校作为传授知识的场所,是其显功能;但小学校也是保护儿童安全不受侵犯的地方,则是其潜功能。购买高档商品(如名牌汽车)固然为出行方便,此其显功能;但名牌汽车还能显示一个人的社会地位,则是其潜功能。由此可见,对制度的潜功能的分析,社会学家可以不再为个人行动寻找原因,而是超越个人去为风俗和制度的存在寻找理由。制度的这一功能分析,得以消除某些质朴的道德判断,而真正显示社会学分析的不可替代的作用。③

默顿除了提出"显功能"、"潜功能"的分析概念外,还有一个有关制度功能的概念值得一提,即"功能替代"(或"功能选择")的概念,此观点对现存制度的不可缺少性提出质疑,诸如宗教制度,教育制度均有另一种可替代的功能。它提示,极不相同的制度可以发挥相同的功能,从而在一定程度上改变

---

① [美]罗伯特·默顿:《社会理论与社会结构》,转引自[美] H. 特纳:《社会学理论的结构》,吴曲辉等译,浙江人民出版社 1987 年版,第 109—110 页。
② [美] H. 特纳:《社会学理论的结构》,吴曲辉等译,浙江人民出版社 1987 年版,第 110—111 页。
③ 景熙编著:《欧美现代社会学说新编》,四川大学出版社 1992 年版,第 362—365 页。

人们对制度的保守性的看法。①

整合功能与区分功能

制度的整合功能即前述其主要的正功能。整合功能亦最明显地反映出制度着重在对人类需要的满足这一基本点上。而制度的区分功能则着眼于对需要的限制。

制度的区分功能,可以说是中国固有文化对社会学制度理论的一点贡献。固然,西方涂尔干的分工理论,也涉及这一方面,(在涂尔干那里,分化是整合的前提,两者同样重要)但制度的区分理论仍具有浓厚的东方文化色彩,这主要见于荀子的论述,后面我们将会着重讨论到这个问题。

导向功能与传递功能

制度的导向功能犹如文化的导向功能,它使人们的行为能比较顺利地走上原先"预设"的轨道,并以此轨迹为基准来评判人的行为的偏差、偏差程度以及采取相应的校准措施。现代经济生活中通行的各种经济法,如合同法、商标法、知识产权法等等,无疑就是把人们的经济行为导入各种法律所规定的范围之内进行运行和操作。当然,这种轨迹并非一成不变,而是随着社会生产力水平的提高和人的需要的演进发展的。

社会制度不仅使人的行为有规矩可循,而且还使人的行为有榜样可以参照。通过理想行为模式的倡导能够使众多的个人或团体、组织的行为具有瞄准的对象,从而促进社会行为有序化和推动社会的进步。社会制度的导向功能是使个人顺利完成社会化过程的必要条件,也是使社会生活的秩序得以维持和发展的制度性保障。

传递功能。人类社会之所以能够一代又一代地延续下去而不至于湮没或毁灭,其中主要的是由于人类文化的存在,尤其是各种制度性文化不断地把人类文化、文明的结晶传递下去并加以发扬、创新。在这一点上,家庭制度、教育制度、科学制度、艺术和宗教等制度在传递人类文化的作用上尤见显著。近年来,成年礼的仪式在中国渐渐地流行起来,有迹象表明,它可能会成为中国现行中学教育的一个有益的环节。其实,世界上许多民族在历史上都曾经有过"成丁礼"这种风俗。这些复杂而漫长的仪式所表达的内容主要是:

(1) 以成丁礼的形式,向世人宣告,这个男孩已进入青春期,可以加入成年的行列了。其标志是割礼或其他方式。

(2) 虽然成丁礼的目的是离开妇女,加入男人的行列,但是妇女仍然可以

---

① 景熙编著:《欧美现代社会学说新编》,四川大学出版社1992年版,第362—365页。

参加仪式,并帮助其成年,尤其在性知识方面,让他们接受必要的知识。

(3) 作为一个男人必须具备的智慧和素质,在成丁礼中,以速成的方式、神秘地加以传授。

(4) 成丁礼必须是一个痛苦的过程。男人如果不经受种种痛苦的考验,就不可能成为真正的男人。①

现代意义上的"成年礼"当然已经不可能完全重复人类早期成年礼的内容、形式和功能,但是作为一种"预先社会化"的活动,确实应该起到一种传递人类文明的接力棒的作用。通过它,年青一代从上一代接受相应的知识、技艺、传统、习俗,并承担起相应的责任和义务,由此,人类和社会也就世代承继和延续下去。

如上文所述,制度给人们提供一整套行为模式,尽管如此,由于个人或社会的原因总会有一些社会成员不遵守这种行为模式,偏离制度所规定的程序或范围行事,从而使社会生活秩序出现混乱。在这种情况下,制度会加以干预,根据那些社会成员偏离规范的程度给予惩戒。如法律制度对于犯罪行为的制裁。

而绝大多数社会成员都在制度的引导下通过社会化逐渐地从"自然人"成长为"社会人"。社会化是个人学习知识、技能和规范及社会向个人灌输知识、技能和规范的相互过程;而制度则是包含了人们生活的知识和经验、生活目标、角色模式等等内容的一套行为规范体系,个人社会化的基本内容在社会制度中几乎得到全部反映。因此,社会制度实际上也给个人的社会化提供了一个大体的模式,如教育制度给培养人才提供了基本的模式。

"需要"悖论

制度起源于人的需要,这已是不争的事实。但在怎样看待制度与需要的关系上,东西方之间似乎存在着微妙而深刻的分歧。分歧的实质在于:制度的制定及其继续存在,到底是为了满足人的需要,还是为了限制人的需要?对此,我们当然可以作一些超越分歧的回答:制度的功能既是为了满足,也是为了限制人的需要,有时限制正是为了满足,有时限制这一种需要是为了满足另一种需要等。但是这样的回答并不能取消历史上和现实生活中实际存在的分歧。因为在这种分歧的背后,隐藏着深刻的社会的和文化的原因。

前面在介绍制度的起源和类别的时候,我们提到过萨姆纳关于制度的分类。他根据人类的需要而把制度分为四大类:社会自存制度、社会自续制度、

---

① 曹峰:《太平洋岛的智慧:神秘的激情体验》,浙江人民出版社1994年版,第113—114页。

社会自足制度和宗教制度。这明显的是着眼于对需要的满足而提出的一种观点。对一位西方学者来说,这样的提出问题和回答问题,这样的思想方法,是很自然的,而且几乎是别无选择的。

反观东方,以荀子为代表的制度论者,则从一个完全不同的角度来谈论这个问题。他承认"人生而有欲(需要)",但他更关心的是"欲而不得则不能无求,求而无度量分界,则不能不争,争则乱,乱则穷"。结论是:必须"制礼义以分之"。① "分"即区分、限制的意思。关于此一"分"的思想,在《荀子·王制》篇中,有最精采的论述:

"分均则不偏,势齐则不壹,众齐则不使。有天有地而上下有差,明王始立而处国有制。夫两贵之不能相事,两贱之不能相使,是天数也。势位齐,而欲恶同,物不能澹(赡)则必争,争则必乱,乱则穷矣。先王恶其乱也,故制礼义以分之,使有贫富贵贱之等,足以相兼临者,是养天下之本也。《书》曰:'维齐非齐。此之谓也。'"②(重点号为引者所加)

上述荀子的基本思想,核心内容是想把一个人的地位和享受、"富"与"贵"一致起来。这样一来,物质享受就转而变成一种特权,一种待遇,一种特定的身份。此种社会生活中的等级名分制度,即是礼的主要内容。荀子再三强调"制礼义以分之",这种"分"的广泛性和彻底性,已经到了令人吃惊的程度。以致有人把"礼"的实质就归结为一个"异"字。从"高下异"开始,"则名号异,则权力异,则事势异,则旗章异,则符瑞异,则礼宠异,则秩禄异,则冠履异,则衣带异,则环佩异,则车马异,则妻妾异,则泽厚异,则宫室异,则床第异,则器皿异,则饮食异,则祭祀异,则死丧异。"③这一系列的差异,就是一系列的限制。因为身份不同,则一切都表现出差别。应该看到,在诸多的差别中,贵贱、高下、名号的差别是首要的,其他则是派生的。所谓"富贵合一",实际是以贵统富,贵至富随,它表明了一种政治—伦理本位的原则,"一种政治特权对于财富的压倒优势,以及一整套围绕着贵贱、义利、君子小人建立起来的价值观念。中国历史上没有能产生出平民阶级,没有出现富对于贵的真正

---

① 《荀子·礼论》,上海人民出版社1974年版。
② 《荀子·王制》,上海人民出版社1974年版。
③ 瞿同祖:《中国法律与中国政治》,中华书局1981年版,第137页。梁治平:《寻求自然秩序中的和谐——中国传统法律文化研究》,上海人民出版社1991年版,第21—22页。

有力的挑战,这是原因之一。而中国历史的进程之所以不同于西方,在很大程度上也是因为这个缘故"。① 应该说这一解释也完全适用于对制度功能(满足与限制)的理解上所产生的分歧。

相对而言,西方社会学家则比较重视从文化的角度,从民俗学的角度,从整体社会和社会整合的角度,来看待制度的性质和功能。似乎社会的每一个成员都能从社会制度中获得同样大小的一份好处。一"分"一"合"两相比较,不能简单地作出高下的判断和评价。如果说,社会整合是制度的最高目标,那么,社会区分就是达到此目标的手段。整合意味着对社会需要的满足,区分意味着对个人需要的限制。制度的根本功能就在于协调这两种需要的关系。由此看来,制度不仅是为了调整人们的社会行为,尤其重要的是要调整并固定人们的社会关系以及个人与社会的关系,这才是制度的实质所在。

四、制度生命周期与制度功能失调

任何一种社会制度都不是永恒的,不是从一诞生就成熟的,不是一成不变的,而有一个产生、发展、成熟、消失,最后被新的制度替代的过程,这个过程被称为制度的生命周期。

制度的生命周期一般由四个阶段构成:

(1) 形成阶段。在这个阶段,制度尚处于萌芽状态,或者很不完备,但是只要它代表了社会发展的方向,符合当时环境下人们协调相互之间的关系和行为的需要,就有无限的生命力和勃勃生机。

(2) 成熟阶段。又称效能阶段。在这个阶段,制度日趋完善,其整合功能,导向功能和传递功能能够充分地发挥出来,组织运转良好,人们的行为和关系正常,显然,这是社会制度生命力的顶峰时期。

(3) 形式主义阶段。在这个阶段,制度的各个构成要素和它原来设定的社会作用已经逐渐脱节,一些要素越来越流于形式而不起实际作用,与其相依存的组织,其工作效益日渐降低,人们的行为与关系的固定化作用渐渐消失,简言之,制度正功能逐渐失调的迹象开始显露,相反,制度的负效能则日益增长起来。

(4) 瓦解阶段。制度进入这个阶段,已经完全失去它原有的功能。当制

---

① 梁治平:《寻求自然秩序中的和谐——中国传统法律文化研究》,上海人民出版社1991年版,第22页。

度不能调整人们之间关系,不能规范人们的行为,不能满足人们的需要,最终阻碍社会发展的时候,意味着它已面临瓦解,行将被新的制度所取代。

制度变迁

人们的交易行为,是在一定的制度安排、组织约束下进行的,不同的制度安排和制度结构,对经济主体的经济行为的影响是不同的,从而对于经济绩效的影响也是不同的。既然经济效率与不同的制度安排相关,要提高效率必然涉及制度安排的改变,即制度安排的变迁问题。制度变迁是对构成制度框架的规则、准则和实施机制的结合所作的边际调整,是一个用效率较高的制度安排来替代效率较低的制度安排。

制度变迁的动力是个人期望在现存制度下获取最大的潜在的外部利润。诺斯在《制度变迁与美国经济增长》一书中提出的制度变迁理论模型便是建立在经济人对"成本—收益进行比较计算"的基础上的。制度创新的动力是个人期望在现存制度下获取最大的潜在利润。潜在的外部利润的来源有三个方面:外部性的内在化、风险的分担和不完善市场的发展。

制度变迁是由正式规则和非正式规则的变迁构成的,是对构成制度框架的规则、准则的实施的结合所作的边际调整。制度变迁能否成功,或者说制度变迁会走什么样的道路取决于两个因素的共同制约:一是复杂的,信息不完全的市场;二是制度在社会生活中给人们带来的报酬递增。制度变迁的过程实际上是具有不同偏好、利益和政治力量的制度变迁主体之间的政治谈判过程。

制度改善

制度是作为前提条件规定了经济运行与社会交互关系的特征的,较技术而言,制度所决定的社会的基本权利结构与选择取向对经纪人所追求的稳定的均衡更能产生实质性的影响。当然,制度不是僵化的、静止的,随着技术的进步,制度也会发生渐进式的进化,之所以制度的进化是渐进式的,其原有的制度包含了一整套人类社会的运行规则,局部的进化不可能在丝毫不动摇整体性质的条件下展开,只有整体性的调整或改善方能满足某一方面要求改善的目的,整体与局部的互动式制度变迁或进化的不备条件。因此,任何方面的制度改善都必然要考虑制度的整体性特征方能奏效。由于所有的经济主体都是在特定的社会中展开他们的交互活动的,因此,特定的社会权力结构与利益分配格局就决定了他们各自行动的动机与目的。无论他们各自所处的集体规定了怎样的行为规范,效用最大化在任何时候都是他们的追求,但是,这种追求对有立志的经济主体而言,是受其所依存的制度的约束的。他们会在制度所许可的约束范围内进行选择,当制度的约束不太严厉时,有限理性使"败德行为"与"搭便车行为"有可能成为普遍现象,经济秩序混乱就出现了,混乱的秩序本身也是一种制度,在此制度的许可下,机会主义将会盛行,经济增长的质量难以得到保证,要改变经济发展缺乏活力与后劲的局面,就必须从制度的层面开展改革。因为,为了把有限理性的约束作用降低到最小,同时保护交易免于机会主义风险的影响,经济主体就会寻求非市场形式的组织安排,合理的组织所内含的制度安排可以保证经济主体按照构建有序的社会的原则行事,如此,社会进步、经济总量不断扩展的目标方能实现。

具体而言,社会制度功能的失调表现为制度原有的意义与价值变得模糊不清,失去了行为导向的作用;表现为制度结构内部出现某种程度的混乱,使行为与规范、角色与地位、组织与个人种种关系脱节,制度的整合效用难以发挥;还表现为制度的程序流于形式,对人们失去约束力,也使团体和组织效率降低。所有这一些都使社会制度脱离社会,反而起到阻碍人们行为、关系正常运行的作用,这种现象,反映出社会制度已由正功能向负功能或反功能转化。

造成制度功能转化的原因主要有:

第一,自然环境和社会环境的变化导致原有的社会制度与人们的行为、关系不相适应。

第二,社会结构的变迁导致原有的社会制度与现行人们的行为与关系相冲突。

第三,任何社会关系、社会行为都处在不断的变化和发展过程之中,而作为关系和行为固定化形式的制度却具有相对稳定性和滞后性。当社会发展到一定阶段时,制度的制约性就表现为保守性和惰性。制度的惰性在社会的变革时期表现得尤为明显,它对社会发展具有阻碍作用。

在对制度生命周期分析的过程中,很容易令人联想起中国社会主义初级阶段时期社会制度的改革问题。20世纪50年代初逐渐形成的高度统一的计划经济制度和高度集权的政治制度越来越难以适应社会现代化发展的需要,社会主义市场经济制度的实行表明旧的计划经济制度的终结。经济制度如此,其他社会制度也是如此。因此,改革不合理的制度,完善新制度以建立真正有效的社会控制模式,就成为和经济建设同等重要的大事。

五、制度之间的关系

经济制度和政治制度

企业与市场是经济社会学的重要议题,因此有必要对这个领域进行一番论述。然而,还存在着一些非经济制度,没有这些制度,任何现代经济都不可能存在,其中最重要的就是政治权威与法律系统。任何现代经济行动者与经济组织都事先假设:冲突事件都已经解决并且被排除在经济领域之外;即使出现冲突与会有解决的办法,并且解决冲突的能力也在不断增强;社会中经济与非经济活动所扮演的角色可以看成是一个整体。所以有这些因素都与独立的政治权威的存在有关,也与影响这些权威的政治活动有关。

亚当·斯密在《富国论》中提出了他的著名论断:"国家的三项职责"。这些观点对19世纪的公共财政具有重大影响。三项职责包括:国防,公正,维护包括教育在内的公共事业、基础设施建设。

迪尔凯姆不像马克思、韦伯那样关注国家在经济生活中的作用,然而他从一个独特的角度来认识这些问题,因此他的观点十分突出。迪尔凯姆认为,现代工业社会发展如此之快以至于还没来得及形成一个稳固的社会结构。其结果时,一方面是强有力的国家,另一方面是大量的单独个体。这种情况下缺少的是一个经济组织的中间层,迪尔凯姆称之为"真正的社会学畸形"。

在所有这些社会学家中,韦伯在现代社会学家分析国家在经济中的作用帮助最大。韦伯既不承认经济决定社会(马克思),也不承认社会高于经济(迪尔凯姆)。韦伯以更为冷静的目光来审视国家与经济,试图找出其中的基本的机制。他认为国家代表了一种"(占统治地位的)政治组织"的特殊类型,其特征是:"它控制着领土;它不是一般的经济组织;为了保护领土,它可能使用武力,或者以武力相威胁。"国家与其他统治政治组织的不同在于最后一条,因为它不仅控制着领土,而且还拥有通过立法使用武力的权力。占统治地位的政治组织比经济具有更大的意义这一观点也是韦伯对政治社会学所作的重大贡献:对三种合法统治类型的分析:传统型、个人魅力型和法理型。这三种类型在本质上是政治性的并且从根本上保证了国家的延续。没有这些类型,现有的财产结构将会受到威胁。合法统治对于经济领域具有普遍的重要性。

20世纪70年代,新马克思主义中开始流行这样一种观点,即国家不仅仅是资本主义的工具,同时也是具有自身利益的行动者。弗雷德·布洛克设图通过将"商业氛围"这一概念引入到分析中从而将社会学运用到这一命题中来。布洛克认为,"国家管理者"的主要任务就是保持一个良好的"商业氛围",也就是为资本主义的利益服务。他还补充,为了使商人们心情愉快,国家管理者将承认错误并且向工人们妥协,就像他们"在现有的政治体制下尽可能地摸索有效的管理方式"一样。

对于新制度的需求者来说,如果新制度安排能够给他带来更多的预期收益时,对新制度安排的需求就会变得强烈起来。但是,这种需求能否实现,还取决于不同群体经济主体在社会宏观层面上博弈能力的强弱对比。因为这一博弈能力可以决定对宪法秩序进行重新修正或解释的可能性,而新制度安排的可行性往往是需要获得宪法秩序的支持的。所以,按照戴维·菲尼的观点,宪法秩序的变化,即政权的基本规则的变化,能够深刻影响创立新的制度安排的预期成本和利益,因而也就会深刻影响对新的制度安排的影响。

政治制度和社会制度

从古希腊的亚里士多德第一个提出和系统论述了"社会团体"和"政治团体"的概念,并把实施统治和被统治的"城邦政治"称为"政治团体"开始,到卢梭以"社会契约"理论假设,说明资产阶级共和国的历史合理性和永恒性,把国家同社会完全混同了起来。使后来的西方思想家们把有国家存在的社会看做是一个亘古的"政治社会"。19世纪初,孔德、斯宾塞虽然提出用实证主义、社会有机体等社会学的方法来研究政治现象,但仍然停留在"政治社会"的范围内。摩尔根把整个原始社会的政治生活叫社会的政治方式,把产生国家后的政治生活方式,称为"政治社会"。恩格斯就是以摩尔根提供的材料为依据,在《家庭、私有制和国家的起源》一书中,对原始社会中的"government",即无阶级社会的政治,首次作出了历史唯物主义的科学诠释。从霍布斯到卢梭,再到边沁,经历了17世纪的"自然的社会结构论"、18世纪的"市民社会论"的演进,其间相隔的一个多世纪里,西方思想家关于政治与社会关系的思想,也发生了重要的演变,到19世纪及以后的政治学家、社会学家就逐渐开始认识到资产阶级现代社会"是一种以国家和市民社会分离的社会",开始在一定意义上把政治(国家)与社会(市民社会)作为相对独立的两大领域来对待。

政治制度随着历史时期与经济结构的不同而变化,人类社会经历了奴隶制、种姓制度、等级制以及阶级制度,每一种类型都带有主要社会群体间不同的经济关系的特点。比如奴隶制的本质特征是一种经济关系:一些人占有另一些人,最适合于生产方式相当原始并且需要大量劳动力的经济形态。而种族制度作为一种不平等的分层体系,其地位由出生所决定,任命一般不能改变他们的社会位置。等级制度与一种叫做封建主义的社会经济制度联系在一起。随着工业经济制度的发展,社会阶级成为社会的主要形式。这是一种主要以经济地位为基础的相对开放的社会形态,允许相对而言比较高程度的社会流动,但仍然包含广泛的群体不平等。对于资本主义存在的问题,马克思从上层阶级(资产阶级)拥有并控制着生产资料,剥削下层阶级(无产阶级)的劳动的角度提出了批评。而韦伯则认为权力与声望与经济是相对独立的,阶级冲突并不存在。英国经济学家凯恩斯的观点为20世纪资本主义制度带来了重要改变,但也导致了财政赤字或政府开支超出税收的倾向。社会主义制度被认为是与资本主义制度相对立的,社会生产和分配方式是集体所有而非私人所有,国家是典型的集体所有者。无论如何,在现实世界中,并不存在纯粹的资本主义或社会主义,相反,几乎所有实际存在的社会都是两种制度原理的结合体。

和平与发展已成为当今人类社会的主题,快速发展主要包括经济发展和文化发展,其实还有政治的发展。政治本身就是社会体制和机制,政治要为经济和文化的发展服务,只有政治不断进步,经济文化才能快速向前发展。

社会制度和经济制度

任何一项制度的有效供给都必须有相应的社会要求,无论是由供给自行创造的需求,还是需求在先,为适应需求而提供了供给,都是如此。一般而言,对新制度的需求都起源于对现有制度安排下无法获得自身利益的更大规模的增加而产生的,对提高自身利益的强烈要求会驱使某一群体的社会成员去改变现有的制度安排,当该群体有能力在其活动范围内实现游戏规则的更新时,新的制度就会诞生并固定下来。从制度的本义来讲,新制度的确立,应该是提供社会成员更多的生产性机会,并借此来提高生产效率,可以为自己(和社会)创造出更多的财富。这种类型的对新制度的需求是建立在做大社会财富"总蛋糕"的基础上的,因而能在全社会范围内得到绝大多数人的赞成。但是,因为在短期内,社会总财富的增长受制于总共投入的要素的供给和技术提高的可能性的大小,因此,新的制度安排往往会使社会财富改变其原有的分配格局,即使一部分人利益增加的同时,会是另一部分人的利益受损。

而文化与经济是相辅相成的。社会关系的实质是交换关系,它是由物质要素和精神要素两方面组成的。作为社会关系精神要素的文化是人类对于人与环境之间的交换关系的思考的思维。而作为社会关系物质要素的经济则是人与人之间的交换关系。这两者的结合构成了完整的社会关系结构体系。基于这种关系,一般而言,两者之间是同步发展的。发达的经济与先进的文化(社会心理)相匹配,落后的文化必有落后的经济相伴随,落后的经济基础产生不了先进的文化意识(社会心理),落后的文化(社会心理)也不可能触发先进的经济关系。但是,由于文化属于精神的范畴,需借助思维来完成,因而为文化与经济的发展不同步性提供了可能。但这种不同步性不可能是一种永恒态。

在社会系统结构中,经济与文化(社会心理)的共生互动关系是一种动态的关系,两者之间是相互交叉渗透、相互包容的,在文化(社会心理)的演进中有经济的因素构成其内容,并规范着经济的格局。文化作为一个社会共同体内各利益主体交往方面所共享的一套价值和规则体系,反映了社会活动各方面的要素的具体特征。有些要素所显示的特征内容是明确的;但是,更多的时候,文化的特征性规则是以隐形的、非正式的形式起作用的;许多规则需要依靠某种特殊的符号来支持。文化的演进一般有两种方式,一种是共同体内某些社会成员进行的有意识的新的创见性尝试;另一种则是大多数成员在遵循已熟悉的、经过了时间考验的制度性传统的同时,根据需要而做的、微小的、适应性变革,这些微小的适应性变化长期积累可以在经济的长周期中发现其变化的轨迹和边界线。人类社会的历史表明,文化作为特定社会共同体的宝贵财富和资本,是一种无形的生产性资产,它可能非常有助于提高一个社会共同体的整体物质福祉,但也有可能会成为社会共同体发展的包袱和负债。

S.M.李普塞特的许多研究吸收了韦伯的"价值分析",并应用到对美国、拉美、加拿大的经济文化分析中,他认为区分社会的文化价值和社会结构是重要的,价值在社会整体也包括经济中起重要的和独立的作用,它基本上决定了是否采取某种蕴意已久的行为。托克维尔则以横跨大西洋为例证明美国人比欧洲人更有经商的天分,在像美国这样的平等社会里生活也会影响人们对待和评估利益的方式。托克维尔认为在古代社会,利益是庸俗的,是和无私、道德高尚相对立的。追求生活方便的愿望是普遍的——这是人们最基本的梦想。中产阶级热爱方便,富人拥有它但又一直担心失去它。但是托克维尔说真正达到这些目标未必就幸福快乐,你的欲望会越来越多,不断渴望新的满足。追求小目标的人不会贪污腐败或者丧失道德。尽管如此,重视舒适和消费容易磨钝心灵和悄无声息地释放其行动的动机。至于消费,托克维尔说美国人追求健康和身心愉悦。他们不像贵族统治者那样喜好宫殿和铺张浪费,而是以实用为原则——"增加田地,种植果树,扩大居住地使生活更加舒适和方便,避免麻烦,甚至全身心的投入只为了得到小小的满足。"在美国,追求利益比欧洲更隐讳,因为他有道德界限,主要是宗教在起作用,自利原则支配着美国人,在道德的约束下他们会自律。"道德是有用的"不能代表人类道德的顶峰,但是与商业社会非常协调。托克维尔说:"我看肯定在所有的哲学理论中自利原则是能解释我们这个时代人们的需求,它是他们主要的安全保障。"

六、社会的制度化过程

制度化过程是社会过程的核心

社会是一个过程。社会学上有许多描述社会过程的概念:阶层化、科层化、城市化、现代化……它们各从不同的角度对社会过程进行了概括。社会学对社会现象的考察,从根本上说,无非是从这样两个方面去进行:结构和过程。这是因为一切社会现象差不多都具备这样两个方面。回顾一下我们已经讲过的问题,使我们不能不得出这样一个结论:"社会过程"并不是什么抽象的东西,它也远不是由一两个"进化"的模式所可能概括得了的。社会过程是一些十分具体的生动的事物的变化过程。现在要问的是,它们之间有没有共同点?它们的发展最后会统一到什么上面去?回答是:有,这个共同的东西是制度,它们本身都在经历一个制度化的过程。整个人类社会的发展离不开制度。社会发展的过程,是新旧制度交替产生和灭亡的过程。一句话:社会过程即制度化过程。

在这之前,我们比较强调制度作为社会关系的固定化形式的意义。然而如果仅仅只看到这一点那就会陷入形而上学的泥坑。世界上并不存在这样的"制度",对制度也必须坚持用"过程"的眼光去进行分析,这样,我们就会发现"制度化过程"是社会过程的核心。并且,制度化是一个涉及从个人到社会方方面面的复杂过程,从这个角度说,如果要对制度进行最基本评价的话,那么笔者认为至少应当包含以下几个方面的标准:尽可能满足人的需求、快速的发展、公平性、人的价值得到充分实现。

组织与制度化

群体和组织的社会生活从特殊的、不固定的方式向被普遍认可的固定化模式的转化过程。制度化是群体与组织发展和成熟的过程,也是整个社会生活规范化、有序化的变迁过程。有的社会学家在组织领域研究制度化,把它作为组织变迁的一种方式;有的则侧重制度体系的完备。其过程表现为社会组织由非正式系统发展到正式系统、社会制度从不健全到健全的过程。制度化的具体过程可概括为:① 确立共同的价值观念。通过宣传教育,促使群体与组织的成员认清其利益,树立一致的价值取向,建立规范体系,加强个人对组织的认同,并将其人格融合于组织之中,以增强群体的凝聚力。② 制定规范。共同的价值观需要有规范来支持。根据共同的价值需要而制定的规范,把人们的行为纳入相同的固定模式之中,它注重的是标准的普遍性而不是特殊性。③ 建立机构。规范的实施要由组织机构保证,制度化过程也是组织机构建立和健全的过程。

因此,组织是在现存制度允许的范围内产生和发展的,它实现着制度的功能,组织的产生反映的是制度框架提供的某些机会,创新者用它来使收入、财富或者其他目标最大化。并且在追逐这些目标的过程中,组织又会影响制度变迁的方向及其进程。它既可以成为阻止制度变迁的巨大障碍,又可成为促进制度变迁的重要力量。因为组织不仅是制度约束,而且也是其他约束(如技术、收入与偏好)的函数。

在实施制度的各个组织(包括自我实施)在相对价格或偏好变化的情况下,为谋取自身的利益最大化而重新谈判,达成更高层次的契约,改变旧的规则,最终建立新的规则的全部过程中,当各个组织的谈判力量及构成经济交换总体的一系列契约的谈判给定时,如果没有一个组织能够从对重建契约的资源投入中有利可图,这时制度才会稳定下来,即形成均衡的制度,所经历的具体步骤包括:(1)形成初级行动团体,新制度经济学认为,初级行动团体实质上是熊彼特意义上的企业家的集合体,一旦他们发现制度变迁的预期收益大于制度变迁的成本,他们就会竭力推动制度变迁。(2)初级行动团体设计出各种可供选择的制度创新方案。其中有个人的制度安排、个人之间自愿组成的制度安排和政府的安排。(3)初级行动团体根据利益最大化原则选出一种能满足本团体利益的制度创新方案。(4)形成次级行动团体(为帮助"初级行动团体"获得预期纯收益而建立的决策单位)。

然而,当一项制度安排的变迁无论如何不能给创新者带来好处时,或者说:① 如果一项新的制度安排的建立已经获得所有潜在的外部利润;② 如果建立新的制度安排的成本超过了所有的潜在收益,或者③ 如果不对制度环境作适当的修改,就没有可能实现收入的重新分配。也就是说,在所有的制度安排创新的机会都被利用了以后,现存的制度结构就处于制度均衡状态。但是,由于非正式规则和正式规则的变迁方式不同,所谓均衡的制度只是一种局部均衡。因为均衡是局部的,所以制度总是要变迁的;因为局部是均衡的,所以制度变迁又总是渐进的。

两种意义上的"社会化"

在前面的章节里,我们讨论了个人的社会化问题。我们主要是从社会结构的角度,对"地位—角色—社会化"作了一些分析,个人社会化的目的,是为了引导一个人练习承担自己的角色所赋予的任务,熟悉个人应遵循的行为规范,确立个人在社会上的地位。这里,拟着重从社会过程的角度,进一步作些分析。通过这一分析,应能看出社会行为规范本身的来龙去脉。

角色规范本身有一个形成过程,这可以理解为一种更高层次上的社会化过程。我们把这一高层次的社会化过程叫做"制度化过程"。它的全过程,就是贯穿本书始终的那个公式:"行为—关系—制度"。仔细对照,不难发现,这个公式正是个人社会化过程的放大:"角色"是地位的动态表现,是一种行为;"地位"表示一种关系,包括人的社会活动所形成的时间关系和空间关系;"社会化"("教化")包括实现上述角色和地位的途径和手段,亦即由制度固定化了的行为规范,以及作为行为规范的最终结果的制度本身。"社会化"和"制度化"的特殊联系还表现在社会化离不开具体的实施单位和机构,诸如家庭、幼儿园、学校、工作单位以及其他社会团体组织,而这一切都不过是制度的各种表现形态而已。

"角色—地位—社会化"同"行为—关系—制度"两者既是一种结构均衡模式,又是一种过程发展模式。作为前者,它们是"三位一体",不可分割的;作为后者,则有可能从它们各自的组成部分中找到一种相对意义上的先后顺序。

个人的社会化过程同社会的制度化过程相结合,构成一个完整的社会过程。但是由于个人的社会化又以人的个性的发展为目标,因此不可避免地要和社会的制度化进程发生矛盾。更何况,制度的正功能里面已潜伏着它的反功能,(制度的整合功能是以它的区分功能为前提的。)它为个人的发展提供保证,又为个性的发展设置障碍。这提示我们,个人的发展同社会的发展,并不完全是同一的过程,尤其不可能是同步的过程。因而,研究社会的发展过程并不能完全取代对个人发展过程的研究。

第十二章 文化与制度

社会现象最耀眼的部分，无疑是人类活动的结晶——文化现象。如果说，社会是人与自然的统一的话，那么这种统一的过程便是文化形成的过程，这种统一的果实便是文化本身。

文化的核心部分，即制度性文化。文化作为一种复合体，是由两种极端相反的性格奇妙地组合而成的。它有极其活泼、极其自由的一面，人类的一切智慧、情感、不可思议的想象力和创造力，它都能容纳；另一方面，它又有极其稳定的一面，在悠久的岁月里起作用的风俗习惯、宗教信仰，深奥莫测的"民族性"和"国民性"，给人以"永恒"感觉的一切社会现象，都是在它的熏陶下形成的。文化的稳定面的最高表现，便是制度。因此，文化与制度实际上就是一种紧密的耦合关系，可以这样说，广义的文化过程，理应包括制度化过程，故而本章叙述的重点也落在制度性文化上面。

一、文化综述

文化是一个普遍的社会现象。自从有了人类，也就有了文化。从原始人的石斧、石磙到现代社会高智商的机器人，从兰州街头的拉面馆到美国的麦当劳快餐连锁店，从古代的编钟到响彻大街小巷的MTV，从神秘莫测的北美印第安人巫术仪式到令人疯狂激动的欧洲足球杯赛，这一切不管相距多么遥远，但都可以用一个名字来称呼，那就是"文化"。

文化的性质界定

文化历来是哲学、历史学、人类学、社会学甚至是心理学、民俗学等众多学科所共同感兴趣的内容和研究对象，尤其是在社会学和人类学著作当中，

"文化"这一术语出现的频率仅次于"社会"一词。因此,关于文化的定义,各个学科历来是众说纷纭,莫衷一是。

按照我们祖先的解释,"文化"不妨理解为"文"化。"文"的反面是"野",因此,文化是一个过程,是由"野"变"文"的过程,亦即由自然状态走向社会状态的过程。

汉字"文"与"纹"义相通,《说文解字》对"文"的解释是"错画也",意即交错画成的线条。这是最原始的花纹,亦即是最早的艺术,同时,也是文字的起源。博物馆里的陶器等陈列品上,常常能看到这种花纹;从这个"文"的本义,充分说明精神文化和物质文化自始就紧紧相连,并且也是和社会生活紧紧相连的。从某种意义上说,文化是社会各种要素的总的体现。

首先,文化是人所特有的社会属性的体现。人是文化的生产者,又是文化的消费者。人创造文化,文化也创造人,人是文化的产物。人创造文化,主要通过两个途径:一通过劳动,一通过交往。在最早的时候,劳动和交往是两者合一的活动,非劳动的交往,是后来的事。

其次,如果进一步考察人类的活动与劳动,可以看出,它们都来自人类适应和改造环境的努力。人类从屈服于环境,固定在一地生活,到冲破特定环境(如特定的气候条件)的束缚,走向世界,对文化的发展和传播,具有特殊的意义。在文化的发展史上,与食物有关的文化,居于首要地位。英文"culture"一词,来自拉丁文 cultus,有耕作的意思,也有为拜神而劳作的意思,这一点是意味深长的。在古代农业社会里,一般人类的日常生活,都不外乎拜神与耕作这两件事,后来才发展出现代意义的文化和知识。① 可见,文化既是人类适应环境的手段,也是人类适应环境的结果。

第三,在一定人口和环境的前提下,劳动对文化的创造具有决定性意义。凡是人类劳动所创造的一切,都可以称之为文化。因此,把文化的主体部分定义为人类在历史过程中所创造的物质财富和精神财富的总和是十分恰当的。文化是劳动的结晶,是价值、是财富,如果单纯强调环境因素,而忽视劳动的作用,那么文化的价值就会发生问题。因为,就"适应环境"而论,动物在这方面的本领绝不比人类差,然而动物不可能产生文化,就因为它们仅仅是一种消极的"适应"而已。还应看到,物种的进化和繁衍,固然是对环境的适应。物种的退化和减少以至灭绝,也是一种适应。今日的熊猫,比起它的祖先来,应该说是一种退化而不是进化,而这完全是适应环境的结果。

---

① [英] 马林诺斯基:《文化论》,费孝通译,商务印书馆 1944 年版,第 109—110 页。

上述关于文化的界定,看上去似乎局限于物质文化方面,其实,环境与劳动不仅是物质文化的源泉,也是精神文化的源泉。如前所述,由于劳动,人们不仅是消极地适应环境,还创造环境或改造环境。由劳动而来的社会分工,使专门从事精神活动的人得以产生,亦使精神文化得以产生。早期的精神文化,或者是来自对自然力的恐惧,或者是来自对自然力(包括人的体力)的赞美,而更多的是恐惧与赞美兼而有之。至今人们在表达对故人感情的时候,总难免要联系到对故土的感情,表达对人的力量的赞美和(无论是用绘画的形式、诗歌的形式、雕塑的形式或者是音乐的形式)总脱离不开大自然的力量的衬托,即是明证。

有许多种关于文化概念的解释,下述几种说法较具代表性:

英国人类学家爱德华·B.泰勒(Edward B. Tylor)认为,文化是一个复合的整体,其中包括知识、信仰、艺术、道德、法律、风俗以及人作为社会成员而获得的任何其他的能力和习惯。在泰勒看来,所谓文化,是人后天获得的广义生活方式的总和,而非天赋本能的东西,同时也含有精神、理念性的价值。它遍及人类行为所及的一切领域。①

英国著名的文化人类学家马林诺斯基(B. K. Malinowski)基本上接受了这个经典定义,也把文化看成是一个综合性整体。他的基本概念是:社会(结构),是文化的物质性装置与常规体系的综合体;物质文化是通过人类的技术开发而出现的;技术又以知识为前提,知识的形成又与思想和语言有关。因而语言、思想与物质文化所形成的有机综合体的定义,就构成了马林诺斯基的文化理论的核心。② 和泰勒的定义相比,文化内容中多了物质的那一部分。

美国哈佛大学的人类学和社会学教授克莱德·克鲁克洪(Clyd Kluckhohn)曾对文化作过简要的定义:"文化是历史上所创造的生存式样的系统,既包含显性式样又包含隐性式样,它具有为整个群体共享的倾向,或是在一定时期中为群体的指定部分所共享。"③对于上述定义,他的进一步解释是,人的机体为着生存必须在最低限度上随着自然环境而做出一定的调节。人类的生态和自然环境为文化的形成提供物质基础,文化正是这一过程的历史凝聚。这个历史过程导致选择性的产生,而选择性本身正来自人类本性和

---

① [日]北川隆吉主编:《现代社会学——基本内容及评析》,沙莲香等译,中国人民大学出版社1991年版,第236页。
② [日]北川隆吉主编:《现代社会学——基本内容及评析》,沙莲香等译,中国人民大学出版社1991年版,第238页。
③ [美]克莱德·克鲁克洪等:《文化与个人》,高佳译,浙江人民出版社1986年版,第6页。

自然环境的内蕴潜力,并受到生物学和自然性质的限制。

著名美国社会学家奥格本(W. F. Ogburn)认为,社会环境是由文化性和社会性因素形成的,并仰仗所构成的一切事物而成立。促进社会环境发生变化的因素,有发明、累积、传播、适应。发明是基于人的欲求和建立在文化基础上的有文化要素的重新组合,有用的发明就被积累起来,并不断地由这一领域向别的领域扩散;而适应,则意味着由于新的文化要素(即发明的东西)的渗入所发生的变化。

显然,泰勒更多的是把文化视作信仰、价值、艺术等精神性的东西,克鲁克洪虽然把文化的定义扩展到"生存式样的系统"这一层面,但是其中偏重于精神性因素的倾向也十分显而易见。我们比较倾向于马林诺斯基和奥格本的文化观点,文化是与自然相对的概念,指人类在实践活动中所创造的一切成果或在生活中所形成的一切结果。它可以分成表现为衣饰食物、建筑、生产工具、生活器具等物质形态的文化和表现为语言、价值、习俗、道德、规范、法律等非物质形态的文化,以及既含有物质形态,又含有非物质形态的我们姑且称之为过渡性质的文化。当然,从狭义上说的文化,主要就是指非物质文化,我们所需要重点阐述的制度性文化,更多的也包括在这一类里面。

文化与社会

在对文化定义的时候先要划清文化与社会的界限。就狭义的文化而言,问题不大,但要划清广义的文化与社会的界限,确实有一定困难。因为从本质上讲,社会和文化都是相对于自然界而言的。当然,社会不仅有文化,还有创造文化的人。但是,前面已经提到,人本身在一定意义上也是文化的产物。人的行为,人与人之间的关系以及由这种关系所制约又反过来制约人的行为和关系的社会制度无不具有文化的属性,无不是一种文化现象(在这里,文化和社会化基本上是一个意思)。在社会领域里,只有文化程度和文化性质上的差别,而没有文化有无的差别,文化与非文化,只存在于社会与自然界之间。

需要指出的是,在文化与非文化的关系上,包含着极其深刻的辩证性质。常常是,我们只看到人类的文化业绩,人类在自然面前所取得的胜利,而忽视这一创造文化的过程本身所包含的严重的非预期效果。今天的许多不毛之地,很多都是过去的光辉灿烂的文化中心。从宏观的范围讲,文化与反文化是相反相成的。"有机物发展中的每一进化同时又是退化,因为它巩固一个方面的发展,排除其许多方面的发展的可能性……这是一个基本规律。"①在

---

① 恩格斯:《自然辩证法》,载《马克思恩格斯选集》第3卷,人民出版社1972年版,第571页。

文化发展史上,这条规律也是起作用的。可以这样说,今天许多不文明现象是过去的文明所造成的,社会不停地前进,又把过去时代引以为自豪的文明变成了野蛮。还应看到,传统的力量,传统的观念常常借助于传统文化而和革命的力量、现代的观念相抗衡,形成一种所谓"文化堕距"(Culture lag),因而物质文化的发展,并不一定意味着人的精神文明程度的同步提高。虽然我们不能同意卢梭(以及我国古代思想家老子)的主张,把文化和文明截然对立起来,但也不能不看到两者经常的不一致,并充分估计建设社会主义精神文明的艰巨性和必要性。

如果把物质文化的内容统统归入"社会"这个大概念之中去,那么,剩下来的非物质文化同社会的关系则可以作如下概括:

(1) 文化是社会的象征和社会的"旗帜"。这主要指有形的文化(它往往是物质文化和精神文化的高度统一,两者很难截然分开)。比如大的图书馆、博物馆、大剧院、展览中心以及其他大型的文化体育娱乐设施。世界上几乎每一个国家、每一个民族,甚至每一个城市都有自己文化上的标记。

(2) 文化是社会的核心和社会的"灵魂"。这主要指无形的文化,文化中的意识形态部分。这一部分形成重要的"社会背景"。在历史上,中国的儒家思想就曾经长期充当这样的角色。很多看上去无法解释的社会现象,往往可以从它的背景上找到答案。

(3) 文化是社会文明的标尺、进步的程度和变迁的"脉搏"。社会变迁的原因,深深扎根在社会内在的矛盾之中,但是它的表现形式,却是看得见、摸得着的。从人们的衣食住行到人们的价值选择,社会的发展就是这样通过文化的变迁反映出来的。

文化的分类

现在我们可以从总体上对文化的内容和分类作一个概括。

诚如上所述,最常见的做法,是把文化分为物质的和精神的(或非物质的)两大类。其他三分法、四分法无非是这一两分法的演化而已。中国前辈社会学家孙本文受美国社会学的影响,将文化作如下划分(见图12-1):

```
           ┌ 物质文化──如衣服、宫室、舟车、桥梁、机械、器具等。
           │ (具体的实物)
文化 ┤
           │                  ┌ 调适于自然环境而产生的──如宗教、哲学、科学、艺术等。
           └ 非物质文化 ┤ 调适于物质文化而产生的──如使用器械、器具的方法等。
             (抽象的事项) └ 调适于社会环境而产生的──如语言、风俗、道德、法律等。
```

图 12-1 文化的分类

20世纪80年代初出版的一本美国社会学教科书,对文化的分类,颇能代表当前西方学者的观点(见图12-2):①

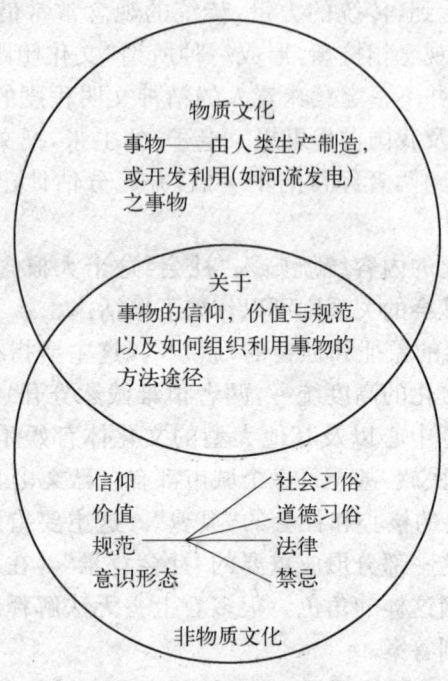

图 12-2 文化的分类示意图

这个划分的特点是,它有一个介于物质文化和非物质文化之间的中间领域(或者说交叉地带),解决了从物质文化向非物质文化的过渡问题。

在这里,不难看出,物质文化首先指的是与生产有关的文化,至于消费领域的物质文化,其与精神文化的界限则不易划清。例如电视文化、服饰文化等。看来,把物质文化和精神文化完全割裂开来甚至对立起来的观念,已经过时了。

从宏观的角度来考察物质文化与精神文化的关系,一方面固然要看到,物质文化是精神文化赖以发展的基础,在这基础上,两者的发展趋于一致;任何时候都不可能有脱离物质文化而独立存在的精神文化;然而另一方面,物质文化如何发展,发展到什么程度,则又要受精神文化(特别是传统的精神文化)的制约。有资料表明,产品设计与国民性格有某种内在的联系。一篇报

---

① Richard L. Benkin: Sociology: A Way of Seeing, 1981, p. 76.

道指出:"令人最感兴趣的乃是消费工艺品与国民气质息息相关。诸如:英国的一接头皮鞋,体现出英国人的庄重。风行美国的汉堡包,可看出美国人快捷与简单的性格。日本则利用结合他国技术及小型化的性格,将产品创新打进国际消费市场。而德国产品的干净,功能性强,与德国人的务实精神很有关系。法国的花俏、瑞典的明快质朴、意大利的活泼多变,也影响到产品的设计。"作者最后指出:"中国的传统工艺品有中国民族气质,所以受人欢迎。可是,不少工业产品却只能在西方市场上贱卖,也许是因为产品设计时始终没有把自己放进去……"①

有关"国民气质"或"国民性"的问题,是一个长期争论不休的话题。其实,这不是一个经济概念,也不是一个政治概念,而是一个文化概念,它特别同组成文化重要内容的所谓"价值取向"相关,属于精神文化的范畴。

还有一些有关文化的分类值得提出来以供参考,克莱德·克鲁克洪提出了"显性文化"和"隐性文化"的区分。所谓显性文化包含群体生存式样所有这样的性质,它们可以由该文化的局内人员向局外人描述。它还包括思想和感情的种种表现形式。显性文化构成了文化的内容和文化的形式。后者可以很容易地细分为:行为模式、规范模式、倾向性、文化范畴以及文化公设。至于隐性文化,克鲁克洪认为它就是显性文化之后的"背景现象"或隐含意义,打个比方,隐性文化的形式更类似于建筑师心理的构想,它关注是建筑师所希望达到的总体通盘的效果。②

美国社会学家W.F.奥格本则观察了新大陆独特文化形成过程中移植欧洲文化的变化情况,也观察了人种之间不同文化接触的结果,还观察了强大文化和弱小文化相互抗衡所造成的种种变化,然后在物质文化和非物质文化之外还区分了一种适应文化。③ 他认为,物质文化和非物质文化的区别大体上和文明与文化的区别相对应。物质文化的变化、进步,在其性格上表现得尤为显著;发明创造虽然主要属于文化领域,但新的发明创造屡屡对旧文化以很大影响,并被累积起来,同时还要传播出去。容易向不同的文化圈进行扩散、渗透、移植的,正是物质文化方面的发明创造。如同旧文化受到影响那样,当另一种文化侵入时,就会强制这一种文化发生变化。当招致这种变化

---

① 《设计中的国民气质》,载1985年7月8日《世界经济导报》。
② [美]克莱德·克鲁克洪等:《文化与个人》,高佳译,浙江人民出版社1986年版,第20页,第26—28页。
③ [日]北川隆吉主编:《现代社会学——基本内容及评析》,沙莲香等译,中国人民大学出版社1991年版,第244页。

时，又不仅限于物质文化，人自身也会被迫去适应这种变化。因此，奥格本就把由于移植异质文化而引起的适应性变化及其结果定义为适应文化。

由于文化是多学科研究的对象，不同学科着眼点不同，因而对文化特征的表述、分类和定义亦不同。需要着重指出的是社会学受人类学影响，偏重于对文化的结构及其社会功能的分析，功能主义的文化观在社会学上占有突出地位。B. K. 马林诺斯基在其《文化论》中对文化的分类值得注意。他认为构成文化的有三个"因子"：物质的、社会的和精神的。他从经验调查的角度来考察这三个方面，认为物质部分可由器物入手去进行研究，社会部分由制度入手进行研究，精神部分由语言入手进行研究，这三个部分是文化的结构，从中又产生出八个方面的功能：① 经济；② 教育；③ 政治；④ 法律与秩序；⑤ 知识；⑥ 巫术与宗教；⑦ 艺术；⑧ 娱乐。结构是形式，功能是内容。研究文化的功能，意在着重从动态方面去考察文化，而且仅仅把文化看做是一种手段，是"人类用以满足需要的人为工具"。① 功能学派强调的是文化的共性，作为满足人类多种基本需要的手段的文化的永久性、普遍性和独立性；认为文化的实质是人类活动的有组织的体系，即社会制度。显然，这样的观点不是所有的人都能够接受的。人类固然靠文化联结在一起，但也靠文化相互区别；文化不仅有共性，还有个性（包括民族性和阶级性）；文化也不仅仅是手段，还是我们追求和向往的目标，毕竟一切美好的东西都跟文化有关（虽然在文化中也有落后、丑恶的东西）。因此，文化不仅是作为"手段性现实"的社会制度，而且还是作为"目的性现实"的社会价值体系。前者为满足（其实还应该包括限制）人的基本需要提供保证；后者则使人们可能在各种需要之间作出选择。

文化的特征和结构

可以从不同的侧面来对文化进行描述，比如，美国人类学家赫斯科维滋（Melville J. Herskovits）认为文化有如下特长：第一，文化是学而知之的；第二，文化是由构成人类存在的生物学成分、环境科学成分、心理学成分以及历史学成分衍生而来的；第三，文化具有结构；第四，文化分为各个方面；第五，文化是动态的；第六，文化是可变的；第七，文化显示出规模性，它可借助科学方法加以分析；第八，文化是个人适应其整个环境的工具，是表达其创造性的手段。②

---

① 费孝通：《生育制度》，天津人民出版社1981年版，第8页。
② ［美］克莱德·克鲁克洪等：《文化与个人》，高佳译，浙江人民出版社1986年版，第6、20页。

马林诺斯基对文化特征的看法尤其值得注意。根据费孝通先生的概括，主要有如下几点：第一，文化是人为的，它使人文世界有别于自然世界；第二，人为了生活和生活得更好才创造文化，文化是生活得以运行的手段；第三，文化是人作为社会成员创造的，亦即只有在跟别人交往中才能继承和创造文化；第四，文化是对自然的加工；第五，人文世界的各个组成部分并不独立，它们在相互联系、配合、互动中构成一个体系的整体。①

下面试从文化的结构和功能上对文化的特征来作一分析和透视，也许能进一步把握文化与社会生活的关系。

1. 文化的纵向结构（时间结构）

传统的看法，认为文化是一种历史现象（此时，"文化"和"文明"义相近），因此将文化定义为"社会遗产"。作为一种"社会遗产"，文化具有累积性。文化的累积犹如地层的构造，是可以按照时间顺序去加以发现和整理的。我国近代思想家梁启超曾把文化譬喻为一把老宜兴茶壶内壁上日积月累而形成的洗不掉的"茶渍"，用以说明文化的累积性，颇有启发。历史上的文化现象和文化成果，全是人的社会活动的结果；而重新发现和评价这一"社会遗产"也离不开人的活动。时间的一维性决定了现代人不可能再回到古代去，但是由于科学技术的不断发展，有可能使当代人重睹我们祖先的生活情景，录音、录像设备的改进和完善使这种可能性无限的增大了，有可能看到连古代人自己都无法看到的某些情景，如像历代帝王的地上和地下的宫殿，集中反映在今天世界各国各类历史博物馆和艺术博物馆中的过去时代的日常生活用品和稀世珍品。文化累积的更重要的内容，还应包括许多无形的，诸如与人的行为的价值、规范有关的内容，而这一切，应该归功于人类所特有的能力——文化的创造、继承和积累能力。

在理解文化的累积性时，应该像无产阶级革命导师那样，具有全世界和全人类的眼光和胸怀。列宁在论述无产阶级文化时，曾经指出："马克思主义这一革命无产阶级的思想体系赢得世界历史性的意义，是因为它并没有抛弃资产阶级时代最宝贵的成就，相反的却吸收和改造了两千多年来人类思想和文化发展中一切有价值的东西。"②"无产阶级文化并不是从天上掉下来的，也不是那些自命为无产阶级文化专家的人杜撰出来的……无产阶级文化应当是人类在资本主义、地主社会和官僚社会压迫下创造出来的全部知识合乎规

---

① 费孝通：《学术自述与反思》，三联书店1996年版，第330页。
② 列宁：《论无产阶级文化》，《列宁选集》第4卷，人民出版社1972年版，第362页。

律的发展。"①就当代社会来说，人们面临的不仅是他们自己的文化遗产，还有世界各国的文化遗产和文化现实，以及日新月异的文化变迁。文化上的闭关锁国已不可能，随着开放政策的推行，随着文化交流而来的文化冲突和文化失调势必在或大或小的范围内出现，对此应该有足够的估计。

从文化的纵向结构，可以把文化区分为传统文化和现代文化。这里包括不同社会发展阶段上特有的典型文化：原始社会晚期的细石器文化，奴隶制时代的青铜器文化，封建时代的铁器文化，以及当代的资本主义文化和社会主义文化，还可以区分为乡土文化和城市文化；农业文化和工业文化等等。值得注意的是，历史上所谓"东西方文化"之争，正如有些学者已经指出的，它并不单纯是两种地区的文化之争，而且还是两个时代的文化之争。所谓"东方文化"实即封建主义文化；所谓"西方文化"实即资本主义文化。在社会主义制度已经建立的东方国家，它与西方国家在文化上的关系呈现出复杂的局面。但不管怎样，单纯从地域上去进行分析，是不可能得出正确结论的。

2. 文化的横向结构（空间结构或区域结构）

从文化的分布状态看，大至一个国家，一个民族，小至一个城市的不同的小区，都可以找到它们区域上的特征，对文化进行区域分析，首先需要确定它的发源地或文化中心；其次需要确定它的范围即"文化区域"；第三需要研究它和其他文化的相互影响和相互接触的地区即"文化边际"。这种文化的区域结构，早期接近于自然区域，而有别于行政区域。比如著名的"河流文化"（黄河流域的文化有异于印度河流域、尼罗河流域和两河流域的文化）以及因气候、地理条件不同而文化迥异的"爱斯基摩文化"和"印第安文化"等等。大的文化区域又叫"文化圈"，如阿拉伯文化圈、欧洲文化圈、中国文化圈等。同一行政区内，文化截然不同的情况亦并不少见，如我国江苏省的苏南与苏北，福建省的闽南与闽北。一般说来，一个农村地区的文化是一种同质的、单一的文化，而一个城市地区的文化则往往是多种复杂的、异质的、多中心的文化荟萃之所。以上海为例，由于它曾经是各个帝国主义国家的租界所在地，因而在一相当长的时期中，从居民成分、生活水平、社会习俗以至建筑风格等方面，都能清晰地显示出不同类型的文化特点来。今天随着大规模的有计划的社会主义经济和文化建设的不断发展，过去那种自发形成的畸形发展的文化区域，正日益为自觉的精心规划的文化布局所代替。应该看到，在现代化的过程中，不但有一个经济结构上和生态结构上的平衡问题，还有一

---

① 列宁：《青年团的任务》，《列宁选集》第4卷，人民出版社1972年版，第348页。

个文化结构上的平衡问题,当然这种平衡需要在社会变动之中不断得到调整。

3. 文化的内在结构(性质构成)

上面所讲的文化在时间和空间上的分布,仅仅是文化的一种外部结构,然而,对社会学来说,更重要的是要研究文化的内部结构,即它自身诸要素之间的关系及其变化规律。

在作这样的分析的时候,首先碰到的一个问题,即究竟怎样确定文化的基本单位(单元、要素)的问题。常见的做法不外乎两种:一种是对文化本身作静态的描述,把每一种文化现象理解为内中包含有许多"文化特质"的文化复合体,或叫"文化丛"(Culture Complex)。这样"文化特质"就成了文化的基本单位。例如,围绕中国人的饮食习惯,已经形成了一个独特的"文化丛",它是由一系列只有在中国式的饮食过程中才会存在的"文化特质"构成的(例如中国人用的筷子,中国北方水饺的包法与吃法等等),事实上,散布世界各地的人民在衣食住行各方面,都有其文化上独特之处,确实能发现很多极富典型意义的文化要素、"文化丛"和以它为核心而形成的文化模式(这种文化模式集中反映在人们常说的"生活方式"之中)。对此,"文化模式"理论的创始人,美国现代著名的文化人类学家本尼迪克特(R. F. Benedict),在其颇具盛名的《文化模式》一书中,有比较精彩和集中的阐述。

另一种对文化单位的理解,是前面提到过的功能主义的理解。功能学派反对从纯粹形式的方面去分析文化,而主张从动态的作用过程中去看待文化。既然文化是一个经验性的概念,既然不同的文化旨在满足人类的不同方面的基本需要,而这种需要的满足又必须靠相应的制度来保证,以至可以说,有多少人类的需要就有多少社会制度和制度性文化(这里还应考虑到每一社会制度都是一个多功能的体系,它不仅只是专对某一种需要),因而文化的真正的单位就应该是社会制度,而不应该是其他。文化的内在结构和内在联系应该表现在各个制度之间的有机联系,而不应该仅仅满足于对文化作主观上、形式上的划分。比如,满足人类传宗接代需要的生育制度,在其发展过程中,就曾经和亲属制度、宗教制度,以至经济制度和法律制度发生过关系。总之,"文化历程以及文化要素间的关系,是遵守着功能关系定律的"。[①] 应该承认从这样的角度去了解文化,要比从形式上照搬"文化特质——文化丛——

---

① [英]马林诺斯基:《文化论》,费孝通译,中国民间文艺出版社1987年版,第97页。

文化模式"的模式,有意义得多。下面,就文化内部的几个重要方面的关系,作一简单的介绍。

主文化与副文化

这是文化内在结构中最值得注意的一种划分。这一划分最足以说明文化的结构受社会功能制约这一原理。之所以在主文化之外,还容许有副文化(甚至反文化)的存在,就是因为社会的某些部分需要这种文化,这种文化有不可替代的特殊的社会功能。

所谓主文化,不妨理解为一个社会的文化的主体部分。它在社会上占主导地位,属于社会中绝大多数人所有的那部分文化,即是主文化。任何一个社会,如果存在种族、阶级、阶层、职业,或者是地域、年龄、性别等等的差异,这些差异就会形成众多的小群体,它们一方面属于主体文化所代表的那个大群体,同时,又具有不同于主体,单属于自己所有的观念、行为方式和利益。这些小群体的文化就叫做"副文化"(或称"亚文化")。按照差别的具体内容,可以派生出种族副文化(如美国黑人文化)、职业副文化(如音乐家和卡车司机文化)、年龄副文化(如青年副文化或退休老人的副文化)。其他如军人副文化、妇女副文化、宗教副文化、特定的社区文化和新传入的外来文化等等,都是副文化的具体表现。一种极端的看法则认为,不存在什么单独的主文化(尤其是像由移民文化组成的"美国文化"),主文化只是各种不同的副文化的一种集合体。

反文化

反文化,顾名思义是一种对现有文化的背离或否定。当某一副文化所体现的观念、行为方式和规范同它所从属的那个主文化发生冲突、抵触时,就被称为"反文化"。从这个意义上说,"反文化"是一种特殊的"副文化",即反文化本身也是一种文化现象,它的含义仅在于它与主文化的冲突。但是由于"反文化"论者的立场不同,这种冲突又呈现出复杂的形态:

众所周知的美国 20 世纪 60 年代后期出现的"嬉皮士"(hippies)运动就是反文化的一个实例。他们出于对美国现实社会的不满,最后发展到蔑视一切现有社会准则——从服装、发式到性关系。他们不仅反对资产阶级的正统文化,而且反对一切文化,想回到文化前的"自然状态"去。然而,从总体上看,它仍然是现代资产阶级文化的一个补充部分。

反文化的另一种典型,是青少年犯罪团伙所遵从的那一套生活方式和行为规范(包括语言)。有种说法认为,青少年犯罪的副文化是两面夹攻下的产物:一方面它受到社会主义文化的排斥和拒绝(在资本主义社会里受到上流社会的排斥和拒绝);另一方面是犯罪青少年自身内在自尊心的反抗。① 在社会主义制度下,这种反文化现象主要来自西方文化的传播和影响。青年人过多的好奇心和过少的分析辨别能力,加上一定的客观条件,会使这种外来"文化"的影响成倍增加,因而不能不引起人们的严重关切。

有一种看上去似乎是在真的反对文化本身的"反文化"思想,其实也是一种文化现象。我国古代哲学家老子所代表的思想,可以说就是属于这样两种"反文化"的思想。他的理想社会是:"小国寡民,使有什百之器而不用,使民重死而不远徙。虽有舟舆,无所乘之;虽有甲兵,无所陈之,使人复结绳而用之。"老子特别反对知识,提出"绝圣弃智,民利百倍;绝仁弃义,民复孝慈;绝巧弃利,盗贼无存"的命题,完全把物质文明同精神文明、文化与文明对立了起来。历代反动统治者对百姓实行愚民政策,是一种自上而下的"反文化"运动。有了自上而下的反文化,才会有自下而上的针对统治阶级的反文化。正因此,在对抗阶级社会里,"反文化"有可能具有某种进步意义,可能代表一种反传统观念的文化,可能代表一种新的社会文化,特别是在历史的转折关头。

把上述的意见作一概括,我们已经谈及文化的一些主要特征,如文化的累积性、继承性、结构性、区域性以及伴随着区域文化而产生的民族性和社会性。当然,文化还具有复合性、象征性、适应性、特殊性和普遍性等特征,其中,文化的特殊性和普遍性问题,我们需要略作分析。

文化的特殊性和普遍性

表面上看,许多文化现象,比如,喜怒哀乐及其原因,在一切文化圈里都是大同小异的,若将两种文化圈略作比较,并不困难地可以找出它们在结构要素上的共同点。所以,应该认为,作为同属的人类,必定有相通的东西。然而,人与人之间有时又会实实在在感觉到坚厚的文化隔阂,痛感到文化人类学者所指的异文化的异样,特别在国际交往中间,交流和沟通常常会遭遇重重障碍。语言的不同,日常生活中礼节的差别,表现喜怒哀乐的形式差异,对自然、事物、事态意义的不同理解等,最终都不能不归结到文化的差异上来。不言而喻,文化具有区域特性,而使文化结构产生差别的主要因素是语言和价值观念。文化结构在地区上的差异性会产生一种"文化相对主义"。作为一种方法论,它十分强调文化的地域性和个性,反对以某一种文化作为衡量其他文化的标准。

正因为文化特殊性的存在,于是当两种不同的文化相遇时就可能会产生

---

① 《中国共产党第十二次全国人民代表大会文件汇编》,人民出版社 1982 年版,第 28—32 页。

文化震荡。典型表现就是人们来到一个与其原来长期生活的社会环境有很大文化差异的新环境时,从心理上和生活上会出现强烈的不适应状况。造成文化震荡的因素可能包括异文化的各个方面,如生活的风俗习惯、不同的观念和规范、新的饮食方式、听不懂的语言以及把握不住的外界反应等。其中,因不同的思维及行为方式而给自己带来出乎预料的结果,特别容易造成强烈的文化震荡。个人投身于一个全新的文化环境中而引起的震荡,在我们这个变化剧烈的社会中并不少见,尤其是在城市化的过程中,大量的农村人口涌进大城市或特大城市,原先传统农村的生活观念或文化背景一下子难以和城市的文化环境相合拍,于是不适应的状况产生在所难免。当然,其中大部分人会逐渐融入城市文化之中,逐渐适应在城市环境中生活,然而也有一部分人会始终处于不适应状态,外来人口犯罪恐怕就是这种文化震荡下的产物。有一段时期"出国潮"而引起的文化震荡也是一个相类似的例子,不过,这是一种比农民来到城市生活更加剧烈的文化震荡过程,因为相互碰撞的是两种不同性质的文化。从宏观上考察,我国20世纪70年代末实行对外开放以后,外来文化和中华民族本土文化也曾有过比较激烈的冲突,一个时期出现的抗拒以及后来出现的局部失范状态,恐怕就是这种文化震荡的结果。

因此,在对外开放不断扩大和社会流动人口不断增加的背景下,如何减缓文化冲突带来的震荡以及破坏,这不仅是社会学所要加以认真研究的,也是政府各个主管部门需要重视和思考的问题。

在关注文化的特殊性同时,不能忽视文化的普遍性问题。经常出现这种事情,我们会在某种程度上被外国的音乐、文学、电影等作品所感动或引起共鸣;很多科学、技术体系,本来是和产生它的文化圈中的文化结构有机地结合在一起,但后来也得到其他文化圈的承认而发挥它的有效性。所以,感动或共鸣的本质在于人类文化上的同一性。在科学、技术体系的移植过程中,也经常发生若干的修正和重新组合,但是经过一定时期,这些科学技术以及作品就会纳入对方的文化结构中。"音乐是没有国界的","愈是民族的就愈是世界的"。这些话恐怕是集中地反映了确实存在着文化的普遍性这一特性。

归根结底,文化的本性是其共同性和整体性。沉溺于某种文化之中的人,恐怕不太容易看到文化的这一特性。"不识庐山真面目,只缘身在此山中"讲的就是这个道理。我们只有在接触到异文化的结构并对它有所认识时,才能了解自身的文化。由此,人们提出文化比较或比较文化的观点和方法。通过这种方法所产生的认识,不仅成为我们提供文化接触的必要的实用知识,还能提供确认自身文明、文化的普遍性和独特性的线索,同时也能引导我们去进一步深刻认识有关文化结构的相对性问题。

二、制度性文化：人类文明的最高体现

文化有各种各样的表现形式，也可以将文化的构成要素作各种各样的划分，但是，本书所关注和讨论的是制度性文化。因为只有制度性文化，才是人类脱离动物界的主要标志，才是社会进步的集中表现，才是区分人类不同社会形态和不同社会发展阶段的重要标尺。

文化的核心要素

前面已经提及，可以把文化合成若干个细小单位，如"文化特质"等，但是，这在功能学派看来并不那么重要。文化人类学中功能学派的重要代表人物马林诺斯基在《文化论》一书中对此有比较详尽的分析。他认为一种器物的同一性并不在于它的特有形式而在于它的功能，一个观念或风俗的同一性也是如此，而功能则是它在人类活动体系中所处的地位。这个结论的重要性是指出了在人类活动的体系中，包括对于物质文化的应用，并不是偶然堆积而成的，恰恰相反，而是有组织的、完善配置的及永久的。换言之，同样的体系可以见于全球各地不同的文化之中。马林诺斯基进一步举例说明，例如，掘地木杖所处的文化布局，或者农业活动的体系，在很多简单的文化中都可以见到（这一点又涉及前文所讲的文化的普遍性特征问题）。每一个体系都有下列的几个部分。一块土地，依他们的土地法分配给一个集团的人民并给他们使用。一套利用土地的风俗决定他们耕种的方法。种种技术上的规则、仪式上的规矩，规定着种何种植物，地面如何清理，如何播撒肥料，什么时候及什么地方该举行巫术及宗教的仪式。最后，谁是土地和收获的主人，谁将享用工作的结果，这些都有一定的规定。因此，他始终认为，器物的形式始终是为人类行动所决定、所关联或为人类观念所启发。信仰、思想和意见也是始终表现于被改造的环境中，要认识文化的现实，只有从此着眼。① 还是上述农业活动的例子。这种活动以及一系列的仪式和准则等规定了耕种制度的意义。凡是环境允许以及人民程度能够达到时，任何地方都可以见到这种制度。各地所有的这种有组织的活动体系根本上是相同的，最重要的是因为它是建筑在满足人类基本的需要之上，即不断地提供植物性的主要食物的需要。由农业来满足这种需要比任何其他方法高明，因此，在任何可以发生农

---

① ［英］马林诺斯基：《文化论》，费孝通译，中国民间文艺出版社1987年版，第95—96页。

业的地方,这种制度自然极其容易传播或独自发展。由此,马林诺斯基得出结论:文化的真正要素有它相当的永久性、普遍性及独立性,是人类活动有组织的体系,也就是我们所说的"社会制度"。而任何社会制度都针对一个基本的需要;在一个合作的事务上和永久集合着的一个团体当中,有它特定的一套规律及技术。任何社会制度亦都是建筑在一套物质的基础上,包括环境的一部分及种种文化的设备。这种以人类活动有组织的体系为基本内容的"社会制度"就构成文化的最重要的组合成分,构成文化的本质。

制度性文化的功能

制度性文化是人的创造物,但是,它一经诞生和逐渐完善,就会形成一种超乎个人之上的力量而对人类活动产生影响,并会在社会生活中发挥其不可取代的功能。

1. 制度性文化是区分不同社会的标尺

众所周知,一定社会的制度性文化是历史长期发展的结果,是既定社会关系和生产力长期矛盾运动的反映。不同的社会必然具有不同的制度性文化,由此我们可以用来识别各种社会。从共时性角度讲,现存的各个社会都具有不同的制度性文化特征,如个人主义价值观和伦理规范是美国社会的重要特征,而集团主义则是日本社会的重要特征。从历时性角度讲,我们可以用文化作为标尺来衡量处于不同发展阶段的社会,如我们通常把群婚制的社会称为原始社会或氏族社会,而把一夫一妻的婚姻制度的施行,看做是文明社会的标志。

2. 制度性文化是满足人类社会需要的工具和手段

人类是出于各种需要并在劳动当中创造各种制度性文化的,但与此同时人类又不得不依靠这些制度性文化而生存和发展。婚姻制度是为了满足人类后代繁衍和性的需要;经济制度成为满足人类生产、分配、流通和消费需要的工具;而宗教制度则作为人类首先是祈求心灵宁静而后发展成增强社会凝聚力和减少个人飘零度等多种作用的一个重要手段等,不一而足。总之,制度性文化当中的物质类文化,能满足人类生活最基本的生理需要;宗教、艺术、娱乐、教育等,能满足人类精神生活的需要;语言、习俗、道德、法律等制度性文化,则能满足人类进行共同活动的需要,为人类的交往和有序化的互动提供准则或模式。

3. 制度性文化具有重要的个人控制和社会整合的作用

任何社会其构成要素不仅仅只需人口、环境以及劳动过程,还需要依靠文化,尤其是制度性文化将上述各个部分有机地联系和结合起来,将个人、群体和社会协调起来。而制度性文化对个人施加影响或者说予以有效控制的手段,就是各种社会规范。广义的社会规范,是构成文化的主要因素,一般包括三大部分:第一,政权、法律和纪律等规范形式,它们具有刚性的控制效应,在社会控制中发挥主导作用;第二,风俗、道德和宗教构成社会规范的软性控制体系,它们主要是从观念上对社会实行控制,对个人和群体的社会行为产生不同程度的约束力;第三,社会舆论、社会心理以及大众传播的导向所产生的影响是一种渗透性质的社会规范,因为它们的共同特点是利用社会群体的无形压力来达到潜移默化地控制和改变人们的社会行为的目的。

  无论何种社会规范,对个人而言,它的作用总是包括对良好行动的期待和对偏离行为的制裁这样两个方面。给行动赋予某种形式,意味着对应有的行为方式给予肯定,并暗示要去除其他的行为方式。共同的文化意识,还给共同社会的成员造成某种相互联系或一体感,这种感觉又往往制造出针对外部集团的对抗意识。因此,对文化总体特别是对规范等制度性文化的承认和共有,就提高了集团的凝聚性,对集团成员发挥了统一控制的功能。它既有维持秩序的一面(依靠外力强制力的统治),又有启发集团成员共同意识的一面,以此为杠杆,维持秩序和共同意识,又内化为多数成员的意识,培养他们对共同体的自发效忠(即对统治的内在配合),从而推进和巩固了整个社会的团结。因此,在统一控制这一点上,制度性文化的功能是极其重要的,也是多方面的。制度性文化对个人的控制和对社会的整合功能,也表现在艺术、科学方面,但在思想、意识形态和宗教领域里则表现得尤为明显。在对正与邪、真与伪、善与恶、美与丑等采取一元论文化结构的社会里,对异端常常予以严厉排除,坚持"日心说"的布鲁诺被处于极刑就是一个典型的例子。类似的事情今后很难说就会完全避免。当然,在科学和社会不断进步的今天,许多国家和社会对于艺术、科学等领域的控制相对比较宽容。所以,新的制度性文化的创造,往往是后者由萌芽、发展,然后再波及其他领域。一般来说,在文化的再创期,社会结构和秩序是流动的,易于接受变革的,而到文化的完成期,社会就趋于保守。这种情况就制度性文化而言,也是如此。总之,制度性文化的控制、整合功能,都和文化、社会的流动、创造这种动态过程密切相关。

  4. 制度性文化为个人成长和成为合格的社会成员提供社会化的模式

  我们知道,每一个人一出生就已经生活在社会之内,生活在这个社会所规定的某个"框子"里,这个"框子"的所有属性主要就是由该社会的制度性文化所规定的。所以,个人要在这个"框子"里成长,就必须遵循制度性文化所规定的途径和方法去学习和掌握相应的价值观、规范、行为模式,以及相应的生活和工作技能,并且,随着文化的变迁适时调整自己的行为和观念,由此才能逐渐成为一个合格的社会成员。

从以上的阐述我们可以看到,现代社会生活须臾不能离开制度性文化。人类在漫长的进化和发展的历史长河中,每一个进步都可以看到制度性文化所发挥的巨大功能。婚姻制度是对人类夫妻关系的肯定和性关系的限定,人的性活动方式取决于文化类型,并在社会结构中被"制度化"。由此,人类的性活动被纳入正常的轨道。同样,经济制度是人类经过长期摸索以后逐渐固定下来的对经济活动的规定、准则和指导;法律制度则是利用教育、惩罚、威慑、限定等手段和形式对人们生活的各个侧面予以认同或者制约,从而保证整个社会处于有序状态;教育制度则规定了人们应该享有的教育权利以及应尽的义务。无须说明,宗教、政治制度都各自具有相应的作用。由此,我们可以说,制度性文化是人类文明的结晶,是人类长期在黑暗中摸索后点燃的光明,是人类从蒙昧、野蛮迈向开化的路标,是人类文明的最高体现。

三、文化过程

在给文化进行分类的时候,我们常常会使用诸如"新文化"、"旧文化";"现代文化"、"传统文化";"都市文化"、"乡土文化";"社会主义文化"、"资本主义文化"等。这样一些字眼表明,新陈代谢既是社会的规律,也是文化发展的规律。社会过程本质上是一个文化过程。考察文化过程,实际上是从文化的角度考察社会过程。

文化的三种过程

文化是一个复杂的整体,这一点在前面讲文化的结构时,已有所了解。因此,把文化作为一个过程来理解,人们的视线自然就集中到文化内部的结构性变化这个焦点上。

根据文化结构的特点,我们可以看出,在文化的发展过程中,会发生三种情况,或者可以称之为三种过程:① 同步过程;② 同向异步过程;③ 反向过程。

所谓"同步过程",指的是两种彼此对立的文化同步发展的过程。文化的对立性,是一个很值得注意的现象:有正文化,就有反文化;有世俗文化,就有宗教文化;有儒家文化,就有法家文化等。具体的表现形式可能多种多样,或此起彼伏,或轮流坐庄,或同归于尽,或竞相增长,但从总体上看,总离不开相反相成的局面。对立面的相互作用,是宇宙的根本法则,也是社会和文化发展的根本法则。进步的同时,伴随着某种退步,这在文化发展过程中,表现得最明显。俗话所说的"魔高一尺,道高一丈",也就是这意思。

所谓"同向异步过程",是指物质文化和精神文化两者的关系而言。大量历史事实证明,物质文化的发展大大快于精神文化的发展,那些"日新月异"、"瞬息万变"的东西无疑都是属于物质文化的范围。精神文化的建设则要缓慢得多。虽然有时也会有"观念更新"速度很快的感觉,但观念的"新"与"旧"还要经受时间的检验,不是自我标榜为新就真的是新的。真正能经受得起时间检验的新思想,并不多见。

物质文化与精神文化发展的不同步性主要有两种情况值得注意:一种是"滞后",一种是"超前"。即相对物质文化来说,精神文化有时落后物质文化的发展,有时超前于物质文化的发展。两者相较,应该说,前一种情况更为常见。社会学上关于"文化滞后"(或叫"文化堕距")的问题,研究的人颇多。相对说来,对"文化超前"(特别是"思想超前"、"行为超前",如当前消费观念、消费行为的超前)现象的研究,显得很贫乏。"超前"的概念如何界定?"超前现象"是一种正常现象,还是一种非常现象?是一种真实现象,还是虚假现象?很值得我们认真加以研究。就精神文化内部的关系而言,所谓"滞后"的文化,主要指那些制度性文化,而所谓"超前"的文化,多属于行为层次和观念层次的文化。有时,精神文化内部的不同步现象,远较精神文化与物质文化之间的不同步程度更严重。例如,在个人主义的时代提倡集体主义,在私有制时代提倡公有制,在专制时代提倡民主,在神学时代提倡科学等。著名的空想社会主义,就是思想超前的一个典型的例子。我国解放以后所进行的历次政治运动,亦不乏思想超前的实例。评价这类超前现象,要具体分析,不能一概否定,或一概肯定。总之,不同步现象,不管是滞后,还是超前,它们基本上还是围绕着生产力的发展水平上下摆动的,它们是顺着生产力发展的方向向前发展的。因此是一种同向运动。

所谓文化的"反向过程",指的是作为一种自然历史过程的文化的自我否定过程,或可称之为"文化转化过程"。考察这一性质的文化过程,有助于深化对社会过程的认识。

从理论上讲,物质文化的发达程度与精神文化的发达程度应该是成正比的。一定的精神文化,是在一定的物质文化基础上的精神文化。但是在实际社会生活中,情况远没有这样简单。社会上不仅有经济上的两极分化现象,也有文化上的两极分化现象。当物质与精神两方面均处于贫困状态的时候,感觉不到两者之间的矛盾;但是,当其中的任何一方取得明显优势的时候,另外一方则会因受到轻视而日趋萎缩。在日常生活中,物质生活十分富裕而精神生活十分空虚和贫乏的现象,是普遍存在的。在文化这个复杂的整体中,最深层的部分,是有关价值的选择和取舍的部分。人们的价值观绝不是固定不变的。有取舍,就有肯定和否定。当这种价值观上的变化由个人层面上升为社会层面的高度时,文化上的反向运动就会发生。社会的进步是一个血与火的历程,也是人们素所尊奉、一向珍视的价值被否定、被抛弃的过程。而这一切变化,意味着原来正面意义上的文化,走向了反面,成了反面意义上的文化,遵从的对象成了批判的对象。从过程的角度看待文化,任何主文化都会转化为副文化,并进而转化为反文化;反之,也一样,原来是反文化的东西在一定条件下,会渐渐取得副文化的地位,并进而上升为主文化。这一基本观点,也同样适用于分析文化的空间结构(地域结构),例如,东西方文化的关系。

文化的反向运动,在我们考察文化与文明的关系时,会得到更清晰的认识。

文化与文明

文化虽然是人类的骄傲,但也可能是人类的耻辱,全要看它有助于文明和进步,还是有害于文明和进步。卢梭把物质文化看成是"使人文明起来并使人类没落下去的东西"。这话虽然说得有点尖刻,但确实含着一定成分的真理。

文明的含义因范围和场合而异。首先在相当多的场合,文明这一概念相当于文化,可与文化(广义的文化)通用。其次,文明有时特指人类社会的某一发展阶段,比如恩格斯在《家庭、私有制和国家的起源》中所说的:蒙昧时代是以采集现成的天然产物为主的时期;野蛮时代是学会经营畜牧业和农业的时期;文明时代是学会对天然产物进一步加工的时期,是真正的工业和艺术产生的时期。而所有上述这三个阶段,都可以概括称之为人类社会发展的各个文化阶段。在这里,"文化"概念显然大于"文明"这一概念。第三种情况是,当把文化作狭义理解时,它又成为文明(而且是精神文明)的一个组成部分。看来没有必要,也不可能把文化和文明的关系固定在某一种提法上,每一种提法都有它存在的特殊的理由。值得注意的是这样一个观点:"社会主义精神文明是。社会主义的重要特征,是社会主义制度优越性的重要表现。"①这是通过社会主义建设的长期实践所得出的一个极其重要的结论。这个结论表明:历史上由各种剥削阶级建立和进行管理的国家和社会,事实上

---

① 《中国共产党第十二次全国代表大会文件汇编》,人民出版社 1982 年版,第 28—32 页。

都未能很好解决物质文明建设和精神文明建设(某种意义上也就是社会的文化发展和社会成员的文明程度)之间的矛盾问题。正因为如此,长期以来,也就不能扭转社会上存在的两极分化现象——物质上愈富有和精神上愈空虚的事实,以至出现物质生活水平和自杀率、犯罪率同步增长的怪现象。美国学者威廉·福格特(William Vogt)在其所著《生存之路》一书中,散布了许多可怕的悲观主义的论调,然而他却如实地描绘了资本主义发达国家在物质文化和精神文明之间的尖锐冲突。他指出,生活水平的不断提高,即所谓物质文明的进步,几乎普遍被认为有利于人类。然而人的神经系统却为此而付出了高昂的代价,美国的精神病率达到了世界最高水平。就像雨水和尘暴正在扫荡肥沃的土壤一样,人们的心灵也正在遭受严重的侵蚀,海淫海盗的刺激在吹去人的精神上的敏感的表土,结果人们变得精神空虚、歇斯底里、轻浮浅薄。他承认"盲目的拜物心理已经深深地在美国人的心中扎下了根"。他发出哀叹:"难道伐尽世界上所有的森林制造纸张,就是为了印刷出版那些黄色的爱情故事,无聊的侦探小说和毫无意义的连环漫画吗?"①社会主义制度的优越性,不仅应表现在高度发达的生产力和比资本主义更高的劳动生产率方面,还应表现在它拥有以共产主义思想为核心的社会主义精神文明方面。只有熟悉人类社会发展史的人,才会真正深刻地认识到"两个文明一起抓"的任务的艰巨性、复杂性和重要性。

就当前来看,由于对外开放和对内搞活的政策的执行,对传统文化结构的冲击是十分明显的。这里面包括现代人的价值观念(这始终是文化的核心部分)对传统价值观的冲击;西方文化(特别是西方所谓的"大众文化")对社会主义文化的冲击;港台文化对大陆文化的冲击等。另外,与文化冲突相联系的文化失调现象也比较普遍,它突出表现一个家庭、一个部门甚至一个人身上同时存在着两种截然相反的东西;最时髦的东西和最陈旧的东西。这是两种性质不同的文化尚处在交流、冲突和融合阶段的标志,远没有达到历史上曾经达到过的同化阶段。在相互隔绝的时代里,中华文化曾以其有对外来文化的不可抗拒的同化和吸收能力而感到自豪;在今天世界各国愈来愈成为一个大家庭的成员关系并开展频繁互动的形势下,中华文化的这一特殊能力是否仍能一如既往,"东方文明"是否能再度崛起,再度复兴,是今天建设社会主义精神文明不能不考虑的问题。另一方面,商品经济进入社会主义,究竟意味着什么,在带来巨大的物质利益的同时,是否也会带来精神领域的变化?

---

① [美]威廉·福格特:《生存之路》,张子美译,商务印书馆1981年版,第41—44页及其注释。

这是我们面对的一个严峻课题。

  长期以来，人们认为东方文明是一种精神文明，西方文明是一种物质文明，这样表述，至少不够全面。完整地理解"文明"，应该把它看做是物质文化与精神文化高度的统一。根据文化的"同步运动"与"反向运动"的规律（如果可以把它作为一种规律来看的话），新的现代化的物质文化，应该有新的现代化精神文化与之配套，指望用传统的精神文化来适应现代的物质文化，是一种充满风险的设想。而且在新的精神文化汹涌而来的时候，它使我们不得不面对一种难以回避的选择，甚至无暇作出选择。

第十三章 制度

分论

根据社会的需要和制度的功能，可以对制度进行分类研究。广义的"社会制度"实际上指的是社会结构，如"资本主义制度"、"社会主义制度"、"公有制"、"私有制"或多种所有制形式；本章所要讨论的是狭义的制度，即与"行为"、"关系"的固定化、规范化、标准化形式直接有关的"制"与"度"。这样的制度，比较重要的有经济、政治、婚姻和家庭、宗教与法律、教育与娱乐等几大类，它们在人类日常生活中须臾不可缺少。

一、经济—社会制度

人类的谋生活动最初反映的是人与自然的关系，即人们通过生产活动从自然界中获取、制造生存所必需的物质财富。谋生活动一开始就是有组织的社会行为，在这种行为中结成了人与人之间的关系——生产关系，并产生了与这种生产关系相适应的交换关系、分配关系和消费关系。这些关系通过一定形式加以固定化，以此来规范人们在经济活动中的各种行为，就形成了相应的经济制度。因此，所谓经济制度就是规范人类物质生产活动即经济行为和相应关系的体系。

经济制度规范的内容

经济制度作为一整套规范体系，它的主要功能具体来说就是要对社会生活中下列几个方面予以固定化、规范化和标准化。

1. 对财产所有权的规定

它通过相应的经济利益和权利，来规范所有者对财产拥有权以及这种权力的具体运用，并由此确定社会生产活动中人与人关系的基本性质和一般的行为取向。随着生产活动的复杂化和经济组织的集中化，经济制度中对财产所有权的规范由直接的、单一的形式逐渐向间接性和多元化方向发展，当今西方工业社会中普遍出现的所有权与经营权相分离的现象，就是这种经济制度发展的结果。

2. 对社会经济活动中劳动分工的规定

如果说，把人和动物区分开来的是劳动，那么，把人和人区分开来的则是劳动的社会分工。分工最初是自发的、自然的分工，如性别以及天赋（体力）、需要、偶然性等因素而产生的分工，但其中已经包含有效地组织集体经济活动以便达到最初目标的人为抉择成分。随着经济活动的复杂化，对经济活动的整体效率要求越来越高，于是分工越来越细，并最终通过经济制度被固定下来，人们的经济活动由此被越来越紧密地联合成一体，并从中产生深刻的社会后果，如分工可以作为财富或权力占有的标志。

3. 对社会经济运行中交换活动的规定

交换促使分工产生，分工的发达又大大推进交换的成长，交换的形式和性质方面差异足以构成经济制度之间的类型差别，因此，交换是经济制度规范的重要对象。经济运行中的交换活动包括人力、资源、资金、产品等各个方面的交换，核心是价值的交换。在这个过程中，对于交换原则、交换程序、交换媒介、交换手段等各个环节的固定化、标准化，是经济制度对交换的规范和保障的集中表现。通过这种规范，经济活动就有了基本的价值评判和目标取向，并由此促进人们把一系列分散的经济活动联结成一种统一的经济行动。

4. 对实现经济行动目标和价值的场所——市场的规定

市场的孕育和成熟，是经济运行的发展和复杂化，尤其是交换活动逐渐发达的结果。愈是开放的社会，市场的地位和作用对社会经济生产的影响就愈加重要，对国家经济态势和运行状况的调节力量就愈加显著，因此，对市场的组织、市场的运行规则、市场的操作程序、市场活动的协调等等，无疑就成为经济制度对市场规范的重要内容。更进一步而言，对市场的作用和地位的规范深刻地反映了某种经济制度的特性，因为在高度开放的社会里，市场甚至成为人们的经济活动继续和发展的主要依据。

5. 对经济活动中相互承诺的规定

人们为了达到共同的经济行为目标，就必须建立相互之间的正式保证，这是无论在分工合作还是在交换活动中都应该予以施行的程序。因此经济合同和契约就成了经济制度对人们顺利地开展各项经济活动的重要保证，它体现对经济行为的规范性质，是对那些损害既定目标实现的行为的禁止，也是予以惩罚的依据。没有经济契约，人们的各类经济行为的关系无法固定化、规范化和正式化，必要的经济秩序也就难以维持。

很显然，经济制度作为人类所有经济活动的一种规范体系，它涉及经济原则、规章制度、程序保证、组织运行等经济领域的众多方面，并构成整个社会生活的秩序维持和发展的基础。

经济制度和社会制度

经济制度是人类赖以生存的基本制度，它决定了一个社会的根本制度，换言之，一个社会的基本结构、社会形态乃至各种管理制度都由该社会的生产资料所有制形式、各种不同社会集团在生产中的地位和相互关系，以及产品的分配形式等根本的经济制度所决定。显然，生产资料公有制、在生产过程中逐渐建立起人与人平等、互助和合作的关系，社会产品主要依据"各尽所能、按劳分配"的原则进行，这些经济制度的基本特征和准则，决定了社会主义社会的基本形态、社会结构，其他更多的社会管理制度也都依据这些特征和原则而构筑起来。同样，生产资料私有制、生产的高度社会化和专门化以及资本的高度垄断，决定了资本主义社会是资本家剥削雇佣劳动者并由资产阶级掌握国家政权的社会。而在这个社会形态和社会结构中，一切社会制度的订立和实施，实质上都是为资产阶级利益服务的。

当然，值得注意的是，在宏观经济制度（实质上也是根本的社会制度）和微观经济制度之间存在着一些远非那么单纯的、相互渗透的关系。比如，资本主义制度和社会主义制度之间虽然有本质的区别，但由于都建立在社会化大生产的基础上，它们在微观层次上（如经营管理的方法和手段上等），却可能有相似之处；反之，在同一社会形态的国家和地区之间，由于文化传统、社会心理、价值观念、风俗习惯等方面的不同，其微观经济制度又可能有很大的差异。

经济制度是其他制度的基础，其他制度是在经济制度中衍生出来的。因为人类最初的社会活动都可以被看成是经济活动，最初的制度也可以被看成是经济制度。随着人类社会需要的不断分化和发展，相应的制度创生于是有了基本前提。这些制度都可以从经济制度中找到它们的痕迹。比如宗教制度的许多准则、仪式最初源于人类经济活动的需要或人类在生产中处理与自然界的关系，如图腾崇拜、祈雨等。娱乐制度也是如此，许多艺术样式都是在生产劳动中逐渐形成和发展起来的。在家庭制度中，经济功能起初是它的重要内容，但随着经济活动的专门化，家庭无法再承担这一功能，它也就不再成为经济制度的主要组织形式，家庭制度由此而产生历史性变革。

经济制度的发展还成为其他制度演进和变革的巨大动力。17世纪英国工业革命的兴起,推动了欧美资本主义经济制度的发展直至确立。在这个过程中,经济制度中的功利主义、个人主义和自由主义原则对资本主义的民主制、议会制和一系列政治过程产生重要影响。在宗教制度方面,世俗化——从隔离的或神圣的社会组织转变到容易相处的世俗社会的行为的过程——倾向越来越明显,直到以世俗职业活动作为供奉上帝的天职。在教育制度上,"高度的普遍成就取向",成为和资本主义经济制度、经济原则相吻合的教育核心。同样,大量的事实证明,这种影响还涉及社会的科学制度、家庭制度、婚姻制度等。可以说,经济制度及其变革具有更广泛、更深刻的社会后果。

当前中国经济体制改革

中华人民共和国成立初始,为了适应全国财政统一,对农业、手工业和资本主义工商业进行社会主义改造并集中力量进行初步工业化建设的需要,逐步建立起全国集中统一的计划经济体制。在当时的条件下,这种经济制度自有其合理性和存在的必要性,并且也起过重要作用。但是,随着经济规模不断扩大,经济联系日益复杂,这一体制无视商品生产中的价值规律,统得过多过死、政府行为和企业行为不分等弊端逐渐显露出来并且随着经济发展而表现得越来越严重,从而扼杀了本来应该生机盎然的社会主义经济的蓬勃活力,使众多的生产单位(包括农村和城市)陷入困境,国家也背上了极其沉重的包袱。正是在这种情形下,党和政府逐渐认识了这样一个事实:市场在资源配置中起的基础性作用的市场经济,是社会化大生产所必需。为此,竭尽全力推进经济制度从计划经济向社会主义市场经济转变,是党和政府在20世纪70年代末80年代初起所积极从事的一项根本性的重大任务。党的十四大明确确定把建立社会主义市场经济体制作为经济体制改革的目标。这个过程,表明了人们终于战胜了陈腐的旧观念,重新认识了社会主义社会性质,认识了经济规律在经济运作中的重要地位。

当然,社会主义市场经济虽不同于过去的社会主义计划经济,但也不同于资本主义市场经济。我们推行和实施的这一新经济体制,就是要使市场在社会主义国家宏观调控下对资源配置起基础性作用,使经济活动遵循价值规律的要求,适应供求关系的变化,通过价格杠杆和竞争机制的功能,把资源配置到效益较好的环节中去,并给企业以压力和动力,实现优胜劣汰;运用市场对各种经济信号反应比较灵敏的优点,促进生产和需求的及时协调。在这个过程中同时加强国家对经济的宏观调控任务,即:保持经济总量的基本平衡,促进经济结构的优化,引导国民经济持续、快速、健康发展,推动社会全面进步。

中国经济体制改革的第一步是从农村开始的。1978年以后中国广大农村推行家庭联产承包责任制,掀开了中国经济体制改革的第一页,承包制的实施改变了长期以来以产品经济为基础,以计划经济为先导,以行政手段为保证的三位一体的农业生产模式,从而大大解放了中国农村的生产力,并推动了乡镇企业的兴起和发展,促使农村富余劳动力的转移,由此加速了农村经济市场化的进程。时至今日,农村经济体制改革正向纵深发展,建立以家庭联产承包责任制为基础的农业双层经营体制(一是家庭分散经营层次,一是集体统一经营层次),是农村集体经济新的表现形式,并已经逐渐成为中国农村长期稳定不变的基本经营制度。与此同时,京津沪郊区在中央有关部门的直接指导下推行以家庭农场或合作农场为主要形式的农业适度规模经营。这种新的农业经济制度和经营方式,是中国农村经济体制改革的进一步发展,是中国农业专业化、商品化、市场化和现代化的根本出路和发展方向。

中国农村经济体制改革的成功为城市经济体制改革提供了宝贵的经验。随着企业自主权的逐步扩大和经营机制的逐步转换,多种经济成分参与的流通体制的逐步形成,促进了物资、劳力、资金、技术、信息在城乡市场的流动,初步显示了市场的作用和活力。但是,我们不能不看到,城市经济改革尤其是城市工业企业改革,远比农村经济改革要困难得多、复杂得多。从对工业企业的"放权让利"到"企业承包制",从"利改税"到"企业股份制",每一步发展和改革无不充满了艰难,但惟其如此,才能推进社会主义市场经济的成长和成熟,才能与国际大市场接轨,中国才可能有更大的希望。工业企业进一步改革,现代企业制度的推行,充分地昭示了这一点。

党的十五大进一步为我国经济体制改革制定了原则和方向,这就是在社会主义条件下发展市场经济、不断解放和发展生产力,从而建设有中国特色的社会主义的经济。而要建成这个目标,就是要在中国经济体制改革当中,坚持和完善社会主义公有制为主体、多种所有制经济共同发展的基本经济制度;坚持和完善社会主义市场经济体制,使市场在国家宏观调控下对资源配置起基础性作用;坚持和完善按劳分配为主体的多种分配方式,允许一部分地区、一部分人先富起来,带动和帮助后富,逐步走向共同富裕;坚持和完善对外开放,积极参与国际经济合作和竞争,保持国民经济持续、快速、健康发展,人民共享经济繁荣成果。

二、政治制度

这是与经济制度互为表里的重要制度。可以这么说，任何一种政治制度的诞生以及变革，都可以从相应的经济制度的变动中寻找到终极原因。追根溯源，这两种制度在最初的时候其实是一种制度，未来仍将合二为一，只是在阶级社会中，政治制度才取得了似乎是独立存在的地位，似乎是政治活动在决定经济活动，政治关系在决定经济关系。这也充分说明，在当今社会，政治制度在整个社会制度体系中占据着多么重要的位置。

政治制度规范的内容

政治制度作为基本的社会制度，随着人类社会生活领域的不断拓展，它的两大主要功能越来越凸显出来：

1. 对社会秩序的维持

人类社会行为的复杂性，社会关系的多样化以及利益的多极化使各个利益群体之间的冲突成为可能和现实，这种冲突对社会的稳定和团结、生产活动和社会经济的有序化带来威胁，甚至使社会重新面临着内部瓦解的危险。这时候，政治制度就成为一种对社会群体行动实行协调、监督、控制的独立力量，尤其是对各个社会群体在社会权力体系中的位置及相互之间的关系予以有效的维持，从而保证社会运行的正常状况和社会秩序的有条不紊。

2. 对公共事务的管理

社会规模的日益扩大使得公共事务不得不从其他社会活动中分离出来而成为独立的社会行动领域。权力产生及其分配方式、行使权力的合法原则和程序，对违背政治共同利益的确认及其制裁，对外关系原则、方式以及实施途径等等，所有这一切都需要政治制度予以保证，并执行管理和协调的职责。这是政治制度最独特的功能。

当前中国政治体制改革

中国的经济改革以及所取得的巨大成就，无疑成为中国政治体制改革的重要动因。在中国，以前与政治活动相联系的似乎是"统治"，与经济活动相联系的是"管理"；统治的对象是人，管理的对象是物。那么，当前的中国政治体制改革，由对人的统治向对物的管理阶段的过渡，已经日趋明显。这一转变的第一步，首先是改变以简单的行政手段去干预经济活动，其改革的接触点和启动点就是转变在国家政治体制中居重要位置的政府它所具有的各种功能。

在社会主义市场经济中,政府职能至少包括三个方面:

1. 政府的社会行政职能

包括国家安全、对外关系、社会治安、民政、工商行政管理、城市管理、教育、文化艺术等。

2. 政府的宏观经济调控和经济活动组织管理职能

在宏观调控职能方面,如制定国家社会、经济、科技等发展战略;编制国民经济、社会、科技中长期计划和年度计划(以校正实现中长期目标的偏差);运用经济杠杆规范市场运行、调整市场配置资源中的偏差;运用计划机制直接配置资源,以解决国民经济发展中难以采用市场机制解决的经济发展的重大问题;制定社会政策、经济政策、科技政策等。

在经济活动组织管理方面的职能,主要是运用市场和市场机制,计划和计划机制,使农业、工业、能源、交通运输、国内外贸易、科学技术、邮电通信、财政税收、金融、劳动与专业人才、工资等国民经济各子系统均衡发展。

3. 人民代表大会授权政府作为全民所有权总代表,承担国家层次国有资产管理的职能

它们包括指导全民所有制单位依据国民经济、社会、科技发展计划目标,制定自己的发展战略、经营战略和计划;制定推动全民所有制单位的发展目标、经营目标同国家的社会、经济、科技发展目标相协调的产业政策、科技政策、投资政策、信贷政策、税收政策;对国民经济各子系统的全民所有制资产实行资产管理,对其经营情况实行审计、监督,并对企业层次全民所有权的法定代表机构和代表人物施行考核、审批、任免;确定国家和企业之间的分配以及规定全社会的和全民所有制单位的分配原则;规范全民所有制单位劳动、人事制度和全社会的劳动、人事、职业培训与流动制度。

当前,中国政治体制改革中的政府职能正是努力向上述三个方面转变,政府机构的重组和设置也不断地向转变中的政府职能上靠拢。但是,这种转变乃至整个政治体制的改革应有领导、有步骤、有组织地进行,因为,它不可分割地联系着国家经济制度的改革,全民所有制产权实现形式的改革,以及与此相关的法律制度的修改甚至重建。整个政治体制的改革过程是一个为社会主义生产关系完善、发展服务的上层建筑的改革过程,因此,尤其需要同国家的经济发展、经济改革保持一种适度的和协调的关系。为此,党的十五大政治报告明确指出:推进政治体制改革,必须有利于增强党和国家的活力,保持和发挥社会主义制度的特点和优势,维护国家统一、民族团结和社会稳定,充分发挥人民群众的积极性,促进生产力发展和社会进步。当前和今后

一段时间,政治体制改革的主要任务是:发展民主,加强法制,实行政企分开,精简机构,完善民主监督制度,维护安定团结。

三、家庭制度(婚姻制度)

家庭制度(实际包括一切与两性关系制度化有关的各个方面)是上述经济和政治两大制度的集中而微观的表现。我们已经知道家庭在历史上曾经是唯一的社会关系,它曾经既是经济单位,又是政治组织。"家法"在法律制度不健全的年代,曾经起过很大的社会控制作用。"家教"在教育制度不发达的年代,曾经发挥过很重要的社会化和教化的职能。直到今天,作为社会制度的上述各项功能在家庭中仍然并未完全消失,在一定程度上,家庭仍然是个"小社会"甚至"小国家"。当然,必须看到的是,在经济发展的推动下,家庭、家庭制度以及家庭功能正在逐渐变化之中,倘若追溯到人类家庭的起源之初,我们不难发现现在家庭制度及其功能已经发生了多么大的变化。

家庭制度的演变

美国人类学家摩尔根(Lewis Henry Morgan)经过大量研究认为,家庭是从杂乱性交关系的原始状态中发展出来的。对此,恩格斯曾经指出:人类可以追溯到一个同从动物状态向人类状态的过渡相适应的杂乱的性交关系时期。[①] 现在的许多科学家根据对后来出现的各种家庭形态的研究发现:历史越到后来,婚姻关系的限制就越大,而婚姻范围亦越大,因此,人类必然存在过一个无限制的杂交状态。

1. 血缘家庭

这是家庭发展的第一个阶段。在此阶段实行的是同辈份的男女互为夫妻而没有近亲限制的群婚制。在这种原始的家庭范围内,同胞兄弟姐妹间相互发生性关系,不分亲疏远近,凡是兄弟姐妹的子女,都是他们共同的子女而称作儿女。对上一辈的男女则都叫做父母。这种家庭制度唯一的进步就是在于排除了父母和子女之间的性交关系。

2. 普那路亚家庭

普那路亚系夏威夷语,意即"亲密的伙伴"。处在这一发展阶段上的家庭虽然仍是同辈群婚,但已经禁止近亲兄弟姊妹之间的性关系,并最后逐步发

---

① 恩格斯:《家庭、私有制和国家的起源》,载《马克思恩格斯选集》第4卷,人民出版社1972年版,第30页。

展到禁止旁系兄弟姊妹间的通婚。普那路亚家庭和婚姻制度的主要特征是同族不婚、两个氏族间的群婚,婚姻由族内发展到族外。这一进步在客观上避免人类因近亲交配带来的人种退化和后代畸形的恶果,同时也可以进一步作为"自然选择原则是怎样发生作用的最好例证"。①

3. 对偶家庭

这是从群婚制向一夫一妻家庭过渡的一个重要的家庭形式。这种家庭制度的主要特点是:第一,开始摆脱群婚状态;第二,一个比较固定的男子和一个比较的固定女子共同生活,但还不是独占同居,男女双方随时可以离异。总之,在这个阶段,人类社会开始形成比较稳定的有关家庭的习俗、禁忌等等。

4. 一夫一妻制家庭

这种家庭制度形成于野蛮时代的中、后阶段的交替时期。它和在它之前的家庭制度不同的地方是:它是伴随着私有财产的出现而出现的一种一直继续到现在的家庭制度。历史上的一夫一妻制家庭又是与父家长制同时到来的一种重要的社会制度,在这种制度下,女性第一次成为男性的统治对象和最重要的私有财产。恩格斯曾经指出:"一夫一妻制是不以自然条件为基础,而以经济条件为基础,即以私有制对原始的自然长成的公有制的胜利为基础的第一个家庭形式。"②这种建立在私有经济基础上的家庭制度,比以往任何一种家庭制度都要稳固。

纵观家庭、婚姻制度的变迁,可以看到有两个极具划时代意义的时刻。乱伦禁忌是人类婚姻制度确立和完善的一个飞跃。对此,马林诺斯基认为,实行乱伦禁忌的最重要功能就是防止核心家庭文化绵延的中断。因为,儿童进入青春期后,性冲动日益强烈,很自然地在与自己感情最紧密的群体(即家庭)内寻找满足性要求的对象。如果发生这种事情,家庭成员的矛盾冲突自然就会加剧,各个角色的固有关系也会随之中断,家庭将失去团结、和谐的气氛,文化价值的传承在家庭范围内将无法继续下去。

外婚制是人类婚姻制度完善的又一个里程碑。它的施行使同一社会内部不同家族之间结成联盟。从人种学上看,它使人类个体更加聪明、强健,更加走向文明。婚外性关系的限制和排除,这是人类婚姻关系走向制度化的又一步,一夫一妻制的婚姻关系在全世界各地区得到普遍肯定的事实表明,这

---

① 恩格斯:《家庭、私有制和国家的起源》,载《马克思恩格斯选集》第4卷,人民出版社1972年版,第33页。
② 恩格斯:《家庭、私有制和国家的起源》,载《马克斯恩格斯选集》第4卷,人民出版社1972年版,第60页。

是解决人类社会面临的三个基本问题：两性关系的规则化、男女分工和育儿分工的最为有效可行的措施和制度。家庭是人类社会发展到一定历史阶段的产物，一夫一妻制家庭尤其是如此。问题是，当人类社会进一步发展时，家庭制度会发生什么样的变化呢？尤其是一夫一妻制又会怎样发展呢？对此，我们有必要来分析一下家庭制度的功能及其演变。

家庭制度的功能发展趋向

家庭作为一种制度（在这之前我们曾经对家庭作为社会的基本单位作过一些评价），具有它独有的区别于其他任何制度的社会功能，这一点使得它在重要性上可以和经济制度并驾齐驱。这就是被恩格斯恰当地称为"两种生产"的制度：经济制度满足物质生产的需要，家庭制度满足人口自身生产（即种的繁衍）的需要，这是对社会而言；对个人来说，经济制度满足人们的衣、食、住的需要，而家庭制度则满足人的性与感情的需要。

在家庭制度的本质和功能问题上，历来存在着不同的看法，有的社会学家把家庭的功能概括为六个方面：经济、生育、赡养、性、社会化以及协调感情；有的社会学家则把家庭的功能归纳为三个方面：经济、生育、性，这三个方面随时代的发展而发生位置上的变换；有的社会学家只承认家庭的一种功能，那就是生育功能，或者"生"和"育"两种功能；也有专家仅仅把家庭和性连在一起，认为家庭是满足人的性的需要的单位。当经济因素逐步退出家庭圈子之外后，当家庭不再成为教育单位和生产单位之后（这是一种预期，但它的发展也可能是非预期的），家庭好像只剩下"性"了。

然而，性跟家庭原本不存在必然的联系，就像爱情与婚姻原本不存在必然的联系一样。在这个问题上，我们常常容易上常识的当。严格说来，"性"成为一种社会问题，是在家庭（这里指一夫一妻制家庭）成立之后而非在这之前。家庭的本质是生产（物的生产和人自身的生产）而不是性。一个十分简单的事实是，性的需要原不必依靠婚姻和家庭来解决，而且这也有悖于婚姻制度和家庭制度建立的初衷。只要回顾一下古人给婚礼所下的定义就足够说明问题。在古代典籍《礼记》里，是这样给婚礼下定义的："昏礼者，将合二姓之好，上以事宗庙，下以继后世也。""合二姓之好"，而不是合两性之好，一字之差而婚姻制度的实质已昭然若揭。事实上，人类经历了上百万年的痛苦"尝试"之后，发现只有限制人类的性行为和性关系，才能有利于种的繁衍和物质生产的发展，以及由此而来的私有财产的继承。为此，最好的解决办法就是成立一个"家"。可见家庭作为一种制度，与其说是为了满足人类性的需要，不如说是为了限制这种需要；与其说是为了获得爱情与感情，不如说是为了限制这种感情。关键在于,这种限制对个人来说虽然可能是一种损失,但对社会来说,却是绝对必要的。不过,同时这也就给家庭的存在和发展带来了巨大的压力和潜在的危机。因为人类不像动物,随着科学技术的发展和普及,人类早已有能力跳出"性爱—生殖—抚育"的连环,果真如此,人类的种族绵延就失去了自然的保障,人类就有被毁灭的危险。因此,未来家庭的稳固程度以至是否能够存在下去,全要看能否找到一种有效的手段,使历史上曾经有效发挥过作用的家庭制度,能够适应新世纪的需要,跟上社会变迁的速度,否则它就有可能被时代所抛弃和淘汰,并被新的社会组合所取代。值得注意的是,家庭的变迁和社会的变迁是相互作用的,家庭的变迁是社会变迁的一个缩影,社会变迁还给家庭变迁以巨大的压力和冲击,如果个人又力图摆脱性的限制的话,其结果就会形成这样一种"压力"局面:

社会→家庭←个人

而当家庭承受不起来自两方面夹攻的压力的时候,就可能出现个人和社会直接发生冲突的局面:

社会→←个人

此时,家庭名存实亡,社会陷入混乱,个人亦因此而遭受痛苦。这种情况在西方世界已部分地成为事实,而在中国经济发达地区,我们也不能不忧虑地看到离婚率在不断地上升,性病开始泛滥,一些家庭的解体对社会稳定带来的种种隐患。可见无论过去、现在或可以预见的未来,维护家庭的稳定和安全,都是至关重要的,因为它的安全牵涉到两个方面:个人的安全和社会的安全。而这靠动物的本能是完全办不到的,只能依靠人类自己的高度的理智和责任感,依靠人类的祖先所无法想象的物质文明和精神文明的高度的结合所产生出来的力量。总之,在我们对未来的家庭形式能够作出肯定的结论之前,我们只能对现存的家庭形式持肯定的态度。除此以外,别无选择。

四、宗教制度

虽然已经没有文字的确切记载,但是,可以肯定宗教的起始时间不会亚于人类家庭诞生的时间,并且,随着人类与自然、人与人之间关系的不断变化,宗教日益完善,发展到今天已经成为一整套体系周全的制度形式。从世界范围来观察,在今天的一些国家中,宗教制度已经在社会制度体系当中成为不可缺少的一环,宗教势力已经在整个社会力量当中占据举足轻重的位置。

很多科学家承认(包括人类学家、心理学家、哲学家、历史学家、社会学家等等,但神学家除外),宗教的起源和早期人类难以解释生活环境中许多自然现象具有密切的关系。比如,人类学家相信宗教是以某种方式来回答人们对自己生活于其中的世界的经验。当史前文字时代的人们遇到神奇而可怕的事件——闪电、地震、涨潮、洪水、病痛、生死——时,他们便感到需要知道其原因。因此,宗教体系是从人们企图将所谓自然现象和其他反复发生的经验归于某些原因的需要中逐渐产生出来的。心理学家对此也持有相似的看法,不过,他们更强调人们在情感上对解释和适应神秘与灾难性的东西的需要。按照这种观点,人们在面对危险、不安定、精神混乱,特别是遇到痛苦、死亡时,总是要寻找维持情绪的平衡,这就导致向神求助的一系列仪式和规范的逐渐产生。这也是许多原始社会实行"图腾崇拜",把一种客体或一种生物,如一种鸟、一种野兽、一种植物加以特别的关怀、崇拜和尊敬的原因(其实在今天一些未开化的地区,仍然可以看到这种原始的"图腾崇拜"的痕迹)。因此,宗教发展至今,虽然有许多种定义,但其核心都与神圣物、超自然等概念密切相关。从社会学来看,关于宗教的一个比较通用的定义是:宗教是一群人对他们所认为的超自然的神圣的东西作出解释和反应的信仰的实践体系。

从这个定义出发,我们知道作为一种宗教可以概括出如下一些基本特征:

(1) 宗教是一种群体现象;
(2) 宗教同神圣和超自然的事物有关;
(3) 宗教包含着一套信仰体系;
(4) 宗教包含着一套实践活动;
(5) 宗教包括道德的规定。

在上述五大特征中,"宗教包含着一套信仰体系"是其核心,这个特征是直接由对神圣之物和超自然之物的思考所产生的。每种主要的宗教都有着决定这个群体所持信仰的"圣书",例如《圣经》、《古兰经》、《摩门经》、《薄伽梵歌》等。此外,各种主要的宗教还有一些补充这些"官方的"或基本的经典的信仰——如各宗教创立者中的少数先知和其他继承者的解释和补充,它可能已经成为文字,但也有些以神话、英雄传奇和寓言的形式,口头传给下一代。关于宗教的信仰体系,美国学者波尔赫克(James Borhek)和柯蒂斯(Rickard F. Curtis)曾经描绘到:第一,它具有规定善恶的价值;第二,它具有用以判断所观察到的东西和新信息的"评价标准";第三,它具有把这个信仰体系中的实体因素与其他因素联系起来的"逻辑";第四,它具有某种决定这个群体如何与别的群体和世界观发生关系的观点;第五,它具有诸如"耶稣将再来世间统治一千年"之类的重要信念;第六,它具有有关行为的规定与禁忌;第七,它有一些由达到价值的目标的手段和技能所构成的技术。①

从上述描绘中不难看到宗教对社会的价值所在,这也是宗教作为一种社会制度而令我们感兴趣的地方。国内外大量的研究揭示,宗教制度对一个社会至少具有以下几方面的作用:

(1) 为人类生活提供支持和安慰,给人类的生存赋予意义和目的,并且通过宗教活动使人们产生认同感。

(2) 为人们提供超越现世日常生活的机会,并且缓和通过生命的关键时期(如:出生、青春期、结婚和死亡等)的焦虑和痛苦。

(3) 有助于家庭的稳固和婚姻的维系。

宗教很可能是作为一种家庭活动开始的,因此,宗教制度对社会稳定性的促进作用在家庭中尤为显著。在许多宗教中,家庭是个神圣的场所。因为两者之间关系密切,宗教的衰落总是与家庭稳定性的下降紧密相连的。宗教对家庭的影响始于婚姻。通过执行贞洁的规范和谴责婚外的性活动,宗教提倡婚姻的神圣和不可侵犯性。国外一些研究结果表明,宗教关系在某种程度上与婚姻稳定性和低离婚率有关。人们已经提出几种理论来解释这一点。一种观点指出,可能这是因为参加一种宗教就会使人们符合社会期望。因此,宗教可能使得他们更加墨守婚姻的社会理想。另一种观点认为信教的夫妻具有共同的规范和伦理观念,即一种有助于稳定他们的联合的共性。同样,通过阻止,甚至禁止离婚,宗教群体可以帮助他们的成员保持婚姻的完整性。

(4) 为社会稳定提供强大的力量,但同时也是社会变革或分裂的强有力的工具。

通过礼拜仪式和奉行神圣的权力,宗教把整个社会结合在一起,对此,埃米尔·迪尔凯姆认为所有形式的礼拜实际上是对社会的礼拜方式,这个礼拜的对象(包括各种图腾)实际上就是社会权力的象征。宗教使得社会规范和价值观更重要,并且更能为人们所接受。通过赋予所有社会组织赖以存在的基础的基本规范和价值观以道德意义,通过使其中一些规范和价值观成为神圣的信条,宗教使人们在个人意愿和社会需要发生冲突时,对个人所必须做出的牺牲感到宽慰。宗教通过超自然惩罚的威胁来控制越轨行为,并加强社会控制的社会体系。宗教还使人们甘心接受社会的苦难和不平等,用各种形式来帮助减轻社会最低层阶级的不满和敌视情绪。因此,宗教显然是一种有

---

① [美] 罗纳德·L. 约翰斯通:《社会中的宗教》,张蕾、尹今黎译,四川人民出版社 1991 年版。

效的社会凝固剂,因而,马克思从另外一个角度分析宗教是群众的麻醉剂,是现存社会秩序的积极助手。

然而,我们也不能不看到宗教制度另外一方面的功能,即是社会变革或社会分裂的巨大力量。宗教对社会变革的最好例子之一就是"宗教革命"。它是以罗马天主教义的纯粹的神学改革开始的,但是它却导致了具有深远意义的社会变化。经典社会学家马克斯·韦伯的《新教伦理和资本主义精神》以及有关著作,对此有十分精辟的论述。20世纪伊朗君主政体的垮台和一个新的政府甚至是一个新的社会的建立,更是宗教作为一个强大的社会力量崛起的新例证。在这次事件中,革命运动与这个国家的宗教联合了起来,什叶派教义——伊朗国教伊斯兰教的一个分支,成为革命的媒介物。而当今中、西亚有些国家以及前南斯拉夫地区连年内战不息,社会分崩离析,从中都能看到宗教作为一种社会力量所起的作用。

随着制度的不断变迁(当然,首先是现实的经济生活以及伴随的经济制度的变化),宗教规范和价值观在现代世界中也失去了昔日的光辉,超自然性正在从宗教的礼仪中消失,天堂和地狱、罪恶和拯救的象征也已失去了它们的许多意义。原来一度为宗教法令所强制的关于信仰不同的人之间的婚姻、离婚,以及性生活方面的道德准则已经大大松弛,总之,社会和文化生活的很大领域已变得日益与宗教精神影响分离开了,这种世俗化倾向是否最终会影响到宗教作为一种制度的存在?是否会削弱宗教制度对社会的整合作用?所有这一切,在许多国家尤其是发达国家已经成为一个争论的主题。

五、法律制度

在社会开放和国家现代化建设过程中,法律制度的重要性日益凸显出来,至少在整个制度体系中,法律制度对经济制度、政治制度、家庭制度等等的实施起着保护作用。社会秩序的维护、社会控制的增强、群体利益的固定化、社会行为的规范、社会关系的调整、文化的传递和变革等等,无处不显示法律制度的功能。

社会控制和法律制度

社会控制是社会保证其成员一般以所期望和同意的方式行为的机制和过程。社会通过附加条款即奖惩措施执行它的规范,对服从加以奖励,对违规加以制裁。这是社会控制的两种基本形式。由此,宗教、法律、道德、习惯、纪律等等,都是社会控制的种类,但是,相对于开放国家和迈入现代化进程的社会而言,法律恐怕是一种越来越重要的社会控制手段。从经济日益发展的今天中国来看,各种法律和相应的条例不断被制定出来并予以实施,足以证明法律制度在社会发展中的需求。因为整个法律制度在社会控制过程中至少起到四个方面的作用:第一,教育广大民众遵纪守法;第二,对图谋不轨者起着监督和威慑效果;第三,惩罚那些越轨者和各类犯罪分子;第四,对组织和政府行为予以限制。由于法律制度对社会控制的作用日益增长,所以,有的学者认为,在法律制度与其他社会控制手段之间存在着一种此消彼长的关系,或"反比"关系。在其他社会控制强大的地方,法律制度作用较小;反之,在法律制度作用较强的地方,其他社会控制的作用则减弱。在现代化发展进程中,社会控制的各种形式和各种手段之间关系发展的总趋势是法律制度的作用的增强和其他社会控制,尤其是家庭控制的减弱。这种关系的变化以及伴随而来的一系列问题,是值得我们高度重视的一个课题。

社会关系和法律制度

法律制度是对群体利益固定化的手段,是对社会关系的一种调整,对此,从伴随着经济、社会发展的法律制度的进化可以清晰地看到。

经典社会学家马克斯·韦伯在《经济与社会》一书中,把法律制度分为四种主要的类型,同时它们也是法律制度发展的四个阶段。

第一种类型,形式的不合理性,包括以巫术为基础的法律程序。因为要求严格遵循巫术的程序,并且任何人都不能理解和明白为什么这种程序起作用,所以,它们是形式的和不合理的。

第二种类型,实质的不合理性,法律由受尊敬的宗教首领执行,根据他们自己的神的启示和一般的道德原则决定案件。

第三种类型,实质的合理性,这种法律的目的在于把成文的规则与每个案件的特殊情况结合起来,以便产生一种公正的决定。其程序是合理的,因为规则的制定通过系统地分析信息,而信息是在追求逻辑上可说明的目标的过程中搜集的。它又是实质的,因为程序允许法官修改规则保证结果的公正。

第四种类型,形式的合理性。这是最发达的法的形式。这里不允许个别案件的特殊性干预规则的适用,规则以理性为基础。规则与法律原则相互交织,形成一个"无缝的网",从而能处理一切争端和问题。

上述四种类型中的每一种都是一个"理想类型",但是法律制度的历史发展趋势是从不合理性向合理性、从实质向形式的方向发展。

美国加州大学伯克利分校著名教授诺尼特(P. Nonet)和塞尔兹尼克(P. Selznick)在《转变中的法和社会——走向适应性法》一书中提出当代西方法律制度的发展趋势。他们把"社会中的法"分为三种基本类型或法律发展的三个阶段：① 压制性法，即法律屈从于统治权力的意志，是一种压制工具；② 自主性法，即能够使压制变得温和并保持其自身统一的法；③ 适应性法，即作为适应社会需要和要求的推进器的法。

上述理论当然是西方学者对不同历史阶段资本主义法律制度的概括，不过其中也包含着人类社会发展过程中所遇到的某些具有普遍性的东西，至少它让我们看到了每一种法律制度变迁背后的社会关系的变迁，以及两者之间的相互关系，因为这一点在当今中国已经越来越明显地表现了出来。自改革开放以来，我国已经制定了宪法、刑法、刑事诉讼法、民事诉讼法、民法通则、行政诉讼法等一批在一个国家法律生活中起着骨干作用的法典。专门从事法律工作的法官、检察官、律师以及法学教育的规模都有了长足的发展，所有这些都标志着我国的法律制度似乎正在走向马克斯·韦伯所说的"形式合理性"。为此，有学者把我国现阶段的法律制度建设的发展途径概括为"从身份到契约"，"从义务本位到权利本位"，"从公法重心到私法重心"，"从以刑法为主转到以民商法为主"等等，所有这一切无疑都是社会关系的变化在法律制度上的反映。换言之，是法律制度通过不断地调整来适应社会变动、整合各种社会关系以及把各社会群体的利益相对地稳定下来。问题是，随着经济体制改革从计划经济向市场经济的发展，"减少国家干预"，"小政府、大社会"的改革目标以及其他更大的、经常性的社会变动的出现，那么，法律制度又怎样来适时地适应社会变动和随时调整伴生的社会关系的变动？这不仅仅是使我国的法律制度朝着"形式合理性"的方向发展，而且还涉及我国的法律制度怎样更具有灵活性、针对性，也即"适应性法"的建设问题，并且，这种适应或者变动，绝不应当导致"法治危机"的产生。因此，在当前的背景下，我们不能不清醒地认识到，社会环境和社会关系的剧变与重组对法律制度本身所提出的严重挑战。

社会组织和法律制度

社会组织和法律制度关系密切，前者是后者形成和发展的一个重要因素，而后者是前者正常运行与有效性的保证。恩格斯在有关著作中就曾论述了社会组织的壮大等因素在国家与法的形成过程中所起的重要作用。前面所提及诺尼特和塞尔兹尼克两位教授在《转变中的法和社会——走向适应性法》一书中，也专门研究了组织科层制的发展过程与不同的法律制度形态之间的对应关系。如前所述,他们将法律制度的发展分为压制性法、自主性法和适应性法三个阶段,与此相适应,社会组织也分为前科层制、科层制和后科层制三种类型。前科层制组织形成一种不受控制的权力,主张"主权豁免论",使权力不受批评和挑战,主权者和执法者都有很大的自由裁量权,反对严格规则的原则。科层制具有强烈的形式主义特征,它对于防止在前科层制中盛行的亲缘关系、裙带风、腐化和非法干预有重要意义,它提倡严格规则的原则,缩小官员的自由裁量权,反对任意的制定决定。后科层制是在克服自主性法——科层制的僵化,尤其是严格规则原则的僵化基础上产生的,在合理的目的下克服严格规则的局限性,重新扩大了官员的自由裁量权。

这无疑是西方学者对组织与法律制度之间的关系以及相互发展的一种概括,它对我们的一个重要启示是,法律制度的存在以及变迁,相对于社会组织而言,是为了促进组织更合理、更高效地运行,是固定和保证组织的正式结构的工具。然而,我们也不能不看到,当组织内部衍生出非正式结构并且危及组织的运行和效率时,法律对此有时往往无能为力;此外,"法不责众"的现象在有些社会当中时有发生,当组织成员集体反抗或违规时,法律的制裁力度和标准都会大打折扣,至此,组织的效率和法律制度的保证作用都有值得怀疑的地方了。

六、教育制度

教育,作为对学习经历的正式指导,是最古老的社会制度之一。它一般由三个部分构成:概念以及教育思想和教育理论;有关教育的各种规范,如教育方针、教育法规、学校规章制度等;教育组织机构,如各级各类学校、社会教育机构等等。

教育制度服务于某些基本的社会目的。据美国社会学教授戴维·波普诺(David Popenoe)在《社会学》一书中认为,第一个目的就是社会化,而人们最熟知的教育的社会化功能则是传授知识和技能。最狭义讲,它可以指职业训练。不过在许多发达社会以及日益腾飞的发展中国家里,每一代新人都必须学习远远超出职业训练范围的大量知识和技能,这样才可能在以众多的受过高等教育的专家为支柱的社会中存身立足。而这种知识又是如此广泛和复杂,所以正式教育需要很多年才能完成,又由于这种知识的内容不断发生变化,因此由父辈把它传授给子女是困难的,所以就需要专门的人员以及专门的教育组织来传播和发展这种知识。第二个目的是社会控制,它同样是通过社会化的过程来实现的。各级教育机构和教育设施在社会化进程中,通过各种手段向受教育者灌输对权威的忠诚和遵奉、同事或同学之间互相谦让的态度、民主、法制、道德等一系列理念、原则,并利用褒扬、批评等不同的评价使他们相信有必要按照这些社会公认的理念或原则行为处事。社会控制还体现在各级学校对一个国家的青少年起着管理机构的作用上。学校使他们在每年和每天的多数时间在校园里生活和学习而不至于在街上游荡,并且,学校还力图把青少年引导到社会所认可的健康有益的活动的轨道上去。第三个目的是选择和分配专业人员,通过帮助人们选择和学习社会角色,教育制度企图保证提供足够的受过训练的人,以满足所需要的职业。一个显著的例子是,为了努力使人们的智慧和能力与特殊化的职业角色相匹配,一些国家的小学、中学往往把儿童们置于截然不同的学习水平上,而大多数国家的高等院校更是把学生们放入各种不同学习领域。第四个目的是革新和变革。教育为社会变革作贡献的最主要途径是产生新的知识、价值观和信仰。大学里广泛地进行有关技术、经济和社会进步的研究,一旦研究结束,所得到的知识就通过各种媒介传播开来,从而推动整个社会的发展。爱因斯坦的相对论的研究成果,就为人类社会的进步作出了巨大贡献。除新知识外,教育组织还产生和传播新的价值观和信仰。例如,科学就是一个主要通过学校来传播的信仰系统。1925年在美国田纳西州戴顿法庭上,由一些企图阻止向他们的子女教授达尔文进化论的原教旨主义者所引起的著名的"猴案",就生动地说明教育能够通过产生和传播新的社会价值观和信仰而带来社会变革。①

　　教育制度虽然历史已十分悠久,但它基本上是一种属于未来时代的制度。有史以来,或者说有教育史以来,真正和教育发生关系的人,在一个很长的时间里始终占少数。受教育是少数人拥有的特权,这在我国还是不久之前的事,在其他不发达国家,至今仍然是社会的主要现实。从客观上看,人需要受教育才能工作,才能生活,也只是新近的发展。因此教育制度在人们生活中所占据的位置,远不像其他制度那样重要。但是完全可以预期,教育制度在未来的年代将会变成最最重要的社会制度。教育制度的社会功能过去是,今后将更加会超过教育领域,越过学校的围墙,成为全社会的事业。教育的途径和手段将发生巨大的变化,教育的内容将从片面的割裂的以至宗教迷信

---

① [美]戴维·波普诺:《社会学》(下),刘立德、王戈译,辽宁人民出版社1987年版,第299页。

的状态向理论和实践紧密结合的真正科学的水平发展,包括广泛的文化内容的广义的教育,将代替狭义的书本教育,不但每个人都将受教育,而且每个人的一生都将在受教育的过程中度过。当然,和其他一切制度一样,教育制度也会有它的反功能,从当前现实的情况看,教育上的过分形式化倾向已经产生了有害的社会后果:过分注重学历,过分强调正规化教育,可能使教育走向反面,变成一种社会问题。

第十四章 社会问题与社会控制

干预社会生活,参与分析和解决社会问题,是社会学的主要社会功能之一。个人或集团的行为失范都可能造成人与人之间关系的失调,而社会关系的失调又会导致某项社会制度的失效。这三者中任何一个环节失控都会带来社会问题。而社会问题与社会本身一样,呈现为某种过程性和动态性。在一定的历史条件下,某种社会现象、某种社会行为违背了当时的社会规范,就会影响正常的社会运行和社会生活,就会成为社会问题。于是人们发明某种制度,用制度去对社会问题进行防范和控制。社会在平衡与失衡两种交替状态中向前发展。

本章在阐述社会问题的一般概念和观点的基础上,将要讨论在社会转型时期主要的社会问题及其对策。

一、社会问题的界定

社会问题的要件

社会问题与个人问题及其他特殊领域的问题的区别不在于"问题"本身,而在于研究问题的着眼点不同。比如生儿育女问题。第二次世界大战结束后,前线士兵返回家园,夫妻团圆,生儿育女。对一个家庭而言,这是合乎情理的事情。殊不料,对社会而言,却引发了一场"婴儿爆炸",改变了该社会的人口年龄结构,带来了人口激增问题。

社会问题(social problem)与社会的问题(societal problem)亦有所不同。社会的问题内涵比较宽泛,凡是社会中的一切问题均可称为社会的问题。我们经常在报刊、电视等大众传播媒介中看到的,诸如偷盗、凶杀、吸毒、卖淫、行贿、贪污、贫困、自杀等问题,都是社会的问题。但社会的问题,并非都是社会问题。社会学界对社会问题的定义是不一致的。德国早期社会学家韦伯(Max Weber)把社会问题理解为劳工问题。美国20世纪40年代社会学家富勒(Richard C. Fuler)和迈尔斯(Richard R. Mgers)把社会问题定义为被大多数人所承认的偏离他们某些社会规范的社会状况。我国20世纪40年代的社会学家孙本文认为社会问题就是社会全体或一部分人的共同生活或社会进步发生障碍的问题。美国20世纪60年代的社会学家默顿(R. K. Merton)和尼斯比(R. Nisbet)在他们所著的《当代社会问题》中则强调,社会问题既是一种客观行为——违背社会规范的行为,又含有较强的主观意识——为大多数社会成员视为违背社会规范的行为。否则,一种行为即使为某些人或某一团体所深恶痛绝,也未必构成社会问题。

虽说对何谓社会问题至今在表述上尚不一致,但有一点看法是比较一致的,即一种社会现象要能成为社会问题,必须具备若干条件。其一,它必须是对社会相当多成员产生影响的社会现象;其二,它必须是被该社会相当多数成员认为是违背其价值观念的社会现象;其三,它必须是经社会成员的努力可以得到控制或改进的社会现象;其四,它必须是要依靠集体力量才能得以改观的社会现象。

社会问题的特征

形形色色的社会问题,就其一般特征而言,至少应具备以下特点:

1. 普遍性

事物的普遍性是与事物的特殊性相对而言的。社会问题的普遍性特征表现为两个层次。一是指社会问题与人类社会并存。无论是古代社会还是现代社会,无论是资本主义社会还是社会主义社会,都存在社会问题。社会问题现象不仅普遍地存在于各国、各民族、各地区,还存在于社会生活各领域、各方面。但是不同的社会阶段、不同的社会制度和不同的社会领域,所产生的社会问题的种类及其严重程度各有差别。另一个层次是指社会问题影响的普遍性。首先是受社会问题影响的社会成员是普遍的,而仅个别社会成员或个别社会团体感受到的问题不构成社会问题。其次是受社会问题影响的范围和领域是普遍的。往往某一具体的社会问题,其影响要波及失调现象所属范围以外更广泛的领域。

2. 时间性

时间是运动着的事物存在的一种形式。社会问题的时间性特征也包含两层意思。一层意思是指特定的社会问题是特定的社会历史条件的产物,有些社会现象此时成为社会问题,彼时就不一定成为社会问题。比如,人口问题是当今世界性的社会问题,但在古代就不成问题。另一层意思是指同一类问题,在不同的历史条件下会有不同形态的表现。而人们对社会问题的认识程度亦会随着时间的推移而发生变化。比如我国的人口问题在20世纪70年代以来表现为人口膨胀,到20世纪末则表现为人口老化。对人口问题认识的深化将有利于制定积极有效的社会政策,妥善地解决该社会问题。

3. 空间性

空间是运动着的事物存在的另一种形式。社会问题的空间性特征表现之一:虽然每个社会都存在社会问题,但各社会的问题不尽相同。甲社会比较严重的社会问题是能源紧缺问题,乙社会比较严重的社会问题是种族问题。表现之二:有些社会问题是全局性的,甚至是世界性的问题,有些社会问题则是局部性的、地区性的。交通拥挤问题在上海市可算得上比较严重的社会问题,但就全国范围而言,交通拥挤问题并非是各城市首当其冲的社会问题。表现之三:同类型的问题,在不同社会可能有不同的意义。农业问题在经济欠发达地区突出的矛盾是工农业产品价格逆差造成的农民务农积极性挫伤,在经济发达地区则是适度发展规模经营和高新技术高农业的问题。

4. 复杂性

事物的复杂性是与事物产生的多因性相联系的。社会问题的复杂性特征体现在任何一个社会问题都不是孤立存在的,必与多种社会因素相关连,才会产生多种结果,亦即社会问题的多元性。犯罪问题就其产生原因而言,有个人品质方面的因素,有家庭背景方面的因素,有社会环境方面的因素,又有法制健全方面的因素。就其结果而言,可以改变一个人的人生道路,可以致使家庭破裂,也可以影响社会安定,给群众带来不安全感。因而必须综合治理才能解决问题。由于社会问题的多元性,如果以孤立、片面的观点来对待之,非但不能解决问题,还会引起恶性循环,加剧社会问题的严重性。

社会问题的研究视角

不仅是社会学研究社会问题,艺术、新闻、法律、宗教亦研究社会问题。但各自的研究途径和研究目的不尽相同。

绘画、音乐、戏剧、诗歌、小说等艺术作品以形形色色的社会问题为主题,展开丰富的想象力,为读者和观众作生动真切的描述,其目的在于带给人民大众身临其境的感受,激起人们的同情心。

报刊、杂志、电台、电视台等新闻媒介以敏锐的触角对隐蔽在阴暗角落里的社会问题进行曝光,目的是唤起老百姓对社会丑恶现象的警觉,敦促政府部门对这些问题采取必要的制裁措施。

宗教以是非善恶作为评判标准对社会问题进行谴责,将违背了上帝戒条的谋杀、偷窃、酗酒、通奸等行为视为人类邪恶原罪。其目的在于劝导人们用祈祷、忏悔等方式来赎罪。

法律的聚焦点是属于违法犯法行为的社会问题,认为这些行为是对社会秩序的破坏。目的在于以处罚、判刑、监禁等方式来惩治罪犯,以维护社会正常运行。

社会学是一门分析性的学科,它研究社会问题与艺术表现、新闻揭露、宗教谴责、法律制裁不同。社会学从社会结构、社会关系、社会变迁等视角分析说明社会问题的性质,社会问题是在什么条件下产生的?造成社会问题的直接原因是什么?有哪些相关因素?会带来什么后果?同时谋求如何解决社会问题的对策,以协调社会关系,完善社会结构,促进社会发展。

不论是农业社会还是工业社会抑或后工业社会,不论是封建社会还是资本主义社会抑或社会主义社会,不论是"不发达"社会还是"发展中"社会抑或"发达"社会都不同程度存在社会问题。社会问题既是早期社会学家所研究的重要领域,又为现代社会学家所关注。迄今仍被视为社会学经典著作的涂尔干的《自杀论》、汤姆士和齐南尼基的《波兰农夫》,均以社会问题为出发点,通过探讨社会问题与社会秩序、社会互动、社会规范以及社会价值观念的关系,来说明社会问题的性质,提出解决问题的方法,同时亦丰富了社会解组和社会组织理论。而现代社会学则借助理论与方法体系,对社会问题作更深入更广泛的研究,从而提出更富实效的社会行动和社会政策建议。

二、社会问题的研究观点

毋庸置疑,马克思主义的矛盾论、二分法以及社会革命论等等原理和方法,是我们研究社会问题的理论指导。在研究具体社会问题时,我们除了需要掌握马克思主义的一般原理和方法外,还需要运用社会学的特殊的研究观点和方法。在社会学的发展历史中,对社会问题的研究曾盛行过五种主要的观点,它们是:

社会病理学观点

社会病理学观点(Theory of Social Pathology)是20世纪初美国的一些社会学家所持的观点。在美国早期社会学的教科书里,较常见的社会病理学的基点是:社会是由个人组成的,个人以社会关系加以联系。社会病态是指社会关系中不协调的现象。包括个人违背了社会道德的期望，无法适应社会生活，无法以独立自给的姿态奉献社会，并促进社会平稳持续进展；同时包括社会结构方面缺乏相应制度等的协调机制，以致无法促使个人社会化顺利进行。

早期社会病理学观点萌芽于第一次世界大战之前。于1890—1910年间进入全盛期。查理士·汉德森(Charles Henderson)和萨姆尔·史密斯(Samuel Smith)是此观点的典型代表者。起先研究者自诩为社会卫生员(Social hygienists)。社会问题就好像是环境中的污点,需社会卫生员去清除。当医学技术进步,病理学知识逐渐普及之后,这些研究者又把自己改称为社会病理学家(Social pathologists),认为社会问题就像有害菌体侵袭人类健康一样影响人类社会,必须加以清除。社会病理学的理论基础是赫伯特·斯宾塞的有机体类比法：把社会看成是一个结构复杂的有机体,政府是有机体的头脑,邮政服务是有机体的神经系统,警察是有机体的长手臂。各部门相互依赖,凡妨碍有机体正常运行的人们或情况皆可视为社会问题。到一次大战之后,社会病理学理论的发展趋于缓慢,逐渐衰退。至20世纪60年代,由于受文化相对论观念的影响,社会病理学的观点遭受到挑战。一些社会学家再度撰写社会病态方面的著作,对该学派的观点作了修正：① 判断某社会现象是常态还是病态,必须相对特定的社会结构而言。适合于该社会结构为其接纳的就是常态,反之即病态；② 在社会变迁中,某些被视为"不正常"的现象,不排除具有"正"功能而非完全是"负"功能。早期社会学者把优生学运动看做是一个解决社会问题的办法,晚期社会学者则认为治疗有毛病的制度才可以改变人们的价值观念。如果说早期的社会病理学家在研究方面和立论方面较为保守的话,那么晚期的社会病理学家则显得比较自由和激进。不过,早期的或晚期的社会病理学家都将社会道德标准看成是判断社会问题的尺度。

社会解组观点

社会解组观点(Theory of Social Disorganization)是1918—1935年间盛行的一种社会学观点。当时正值社会组织理论萌芽发展之际。社会组织理论强调社会是一个复杂而充满活力的系统,是一种有组织的情境。在这个社会系统中,各个部分是相互联系,相互协调的。一旦出现某事件改变了某部分功能,其他部分必须重新协调,来适应这种变化。否则会使各部分彼此间脱节,丧失其效用。各部分之间缺乏适应或适应不良就会产生社会解组现象,逐渐造成社会问题。由此可见,社会解组观点偏重于以社会结构角度来解释社会问题。它与社会病理学观点不同的是，所注重的不是个人而是社会规则。社会中有种类繁多的规范和准则，使社会成员的行为有章可循，社会秩序井然。在以下三种情况下会出现社会解组：其一，缺乏足够的规则来引导人们行为；其二，各项规则相互矛盾使人们无所适从；其三，传统崩溃使社会失去控制力。造成社会解组的根本原因是社会的快速变迁。人口的迁移、都市化的加速，科学技术的发展都可能破坏原社会的有组织的情境，而在社会系统内部各部门速度不一的变化造成文化堕距，从而产生一系列的社会问题。就个人而言，社会解组带来紧张和压力，造成个人解组。比如患上心理疾病或酒精中毒等等。就系统而言，社会解组带来三种后果：第一是系统内部调整，重回平衡局面；第二是虽有部分解组存在，但整个系统仍持续运作；第三是造成极度混乱致使整个系统遭到毁灭。社会问题的产生是社会解组引起的，对社会问题最有效的解决方法是尽快重建社会秩序，完善社会体系。

社会解组观点大部分源自查理士恽利（Charles H. Cooley）、托马斯（W. L. Thomas）、威廉·奥格本（William F. Ogburn）的著述。

库利对社会解组观点的贡献在于将"社会解组"加以概念化为传统的崩溃。比如，从乡村迁移到都市地区的城市化运动是与初级团体控制力的崩溃有关联的。他指出社会解组带来的最大的负面效应是缺乏社会标准，这将降低个人成就的程度和水平。而使个人回到感性和其他属于原始冲动的状态中去。

托马斯对社会解组观点的贡献在于将"社会解组"定义为影响个人的规则已经崩溃。他以波兰移民为例，当这些波兰人移居美国后面临两种状况：要么缺乏规则使之无法确定个人的情境，要么规则过多且含混不清或互相冲突使之无所适从。因而产生诸如违法、犯罪、心理疾患、酒精中毒等一连串的社会问题。

奥格本对社会解组观点的贡献在于提出了"文化堕距"概念。他认为社会文化的各个部分是相互依存的。当各部分以不同速度改变时，其中的某一部分可能因变得过快或过慢而脱离整体，以致造成混乱，物质文化变化比非物质文化变化快，风俗习惯变化和规则的变化滞后于科技的变化，因为人们较容易接受新的工具而不是新的思想意识，这即是所谓的文化堕距。社会解组主要是因这种速度不一的文化变迁使然。

价值冲突观点

自1925年劳伦斯·法兰克（Lawrence K. Frank）第一次将价值冲突观点（Theory of Value Conflict）应用于住宅问题研究，指出因各群体利益的差异与住宅问题纠缠在一起,因此在处理贫民窟问题时引起了各群体间无休止的冲突。在1935—1954年间是价值冲突观点盛行时期。这种观点关注的是价值和利益,认为社会问题之所以不可避免并非因为社会解组的缘故,而是由于不同的团体拥有不同的价值,追求不同的利益,彼此对立。一旦双方发生摩擦,就滋生出社会问题。社会问题可以从两个方面下定义,其一是从客观情况看,即不同团体在相互接触和竞争中产生的利益冲突;其二是从主观意识看,不同团体对接触和竞争的方式、对物质和权力的分配方式均存在认识差异,由此也会发生冲突。

可以用三种方法来解决反映在社会问题中的利益与价值的分裂状况。一种方法是当甲乙双方寻求到彼此认同的更高价值的话,可依据该价值通过协议解决双方冲突;另一种方法是当甲乙双方各持己见开始讨价还价,那么可以在充分讨论的过程中进行价值交易来解决冲突;还有一种方法是拥有更多权力的甲方从一开始就掌握控制权,无须通过协议或价值交易便压制了乙方的意愿,解决了冲突。

价值冲突观点可在马克思(Karl Marx)的阶级斗争学说、齐美尔(Georg Simmel)的社会互动论和斯莫尔(Albion Small)的社会过程论等学说中初见端倪。较具典型意义的代表是富勒(Richard C. Fuler)和迈尔斯(Richard R. Mgers)。在他们所著的《社会问题理论的一些观点》和《社会问题的自然史》中提出社会问题是依据一种有秩序的"轨道"进行的,所有的社会问题都须经自然史中的警觉(认知)、政策决定和改革三个阶段。在每一个阶段里,不同团体的价值和利益追求相互产生冲突。最早是某些团体警觉到自身的价值和利益受到了威胁。受挑战者起初通过报纸等大众传媒表示不满,继而向政府部门发出抱怨;在引起人民大众和政府部门的警觉之后,各利益团体都提出解决问题的方案并展开辩论,这时团体价值的冲突加剧,这是政策决定阶段与前警觉认知阶段最明显的区别;最后由行政部门插手其间,筛选出可行的改革方案,有计划地付诸行动,以期解决社会问题。

价值冲突观点的较明显的特点是将理论、探讨和应用结合在一起,因此它的出现,不仅丰富了社会学理论,同时也促进了应用社会学的发展,比如,在世界经济不景气时期,用该理论观念去探讨劳资关系,提出解决劳资纠纷的建议方案。

偏差行为观点

偏差行为观点(Theory of Deviant Behavior)是建立在社会解组观点之上的,1954年以来比较盛行。社会解组是指由于相关地位角色构成的社会系统中缺乏行为规则或行为规则之间相互矛盾冲突，而使个人失却行为规范无法达到组织目标。偏差行为不是指社会角色地位在安排和运作上的缺陷，而是指社会成员的行为偏离了某地位所规定的角色行为，违反了社会所期望的规范。偏离行为观点强调的是角色，把研究重点放在偏差行为产生的原因、偏差行为的系统以及对偏差行为的社会控制等方面。

对偏差行为产生的原因以及解决偏差行为的办法主要有两种观点。一种观点认为社会问题（偏差行为）的产生不完全是因为价值冲突的结果，也不一定是社会解组所造成，而是社会提供给人们的机会不均等，使得一部分人通过合法的途径可以顺利达到目标，而另一部分人却没有合法的通途，只好铤而走险，参与偏差行为。比如，在美国挣大钱取得物质上的成功是一种具有普遍意义的目标，但对下层百姓来讲，社会并没有向他们提供一条合法途径通往该目标。这样就使得低下阶层的人滋生挫折感，甚至冒违法犯罪的风险去偷去抢，以达到追求富裕的目标。因而该观点认为要解决偏差行为造成的社会问题，一条良策即重新分配生活机遇。另一种观点认为偏差行为的产生虽受社会解组的影响，但并非由社会解组直接造成，偏差行为是不恰当的社会化的结果。个人在所属初级团体中学习行为规范，如果该初级团体的行为模式偏离社会期望，那么个人在社会化过程中不知不觉学会偏差行为。因而解决偏差行为的方法是重新社会化，鼓励人们增进与合法行为模式的联系，同时劝阻人们减少与非法行为模式间的接触，以免受到不良影响。

以上两种偏差行为观点与当时在美国流行的两大社会学理论学派有密切的关系。其一是哈佛大学的社会结构学派。该学派的罗伯特·默顿在1938年所著的《社会结构与失范》中，提出反常理论。又前后花了近20年的时间修正扩充了该理论。罗伯特·默顿的反常论源自涂尔干的失范概念。涂尔干把无规范的状况看成是期望冲突和规范调整系统崩溃造成的，这种状况可能产生一个普遍的原则："当社会结构对社会中某些人施以一定的压力时，便使得这些人产生不服从（而非服从）的行为。"罗伯特·默顿则强调诸如犯罪之类的偏差行为也可看成是面对既定的社会情境时的一种"正常"反应。从心理学的角度，社会对偏差所施加的压力可能使得偏差行为的模式与守法者的行为模式一样"正常"。涂尔干将失范论的应用限制在研究自杀行为，默顿的应用范围更广泛，他不仅寻求解释自杀的原因，同时还解释犯罪、精神失常、酒精中毒、药物上瘾等其他现象。涂尔干认为人类的天生欲望，如，追求不可得目标的野心，导致偏差行为的产生。罗伯特·默顿则将其归咎为社会结构。偏差行为与正常行为之间有关联，是对不正常的社会状况所作的正常反应。因此在解释失范和偏差行为时没有把注意力集中在个人,而是注意社会秩序。另一个社会学流派是芝加哥大学的社会过程学派。该学派的桑斯兰(Eduin H. Sutherland)于1935年提出差别结合理论。该理论从社会化的角度来解释偏差行为是如何产生的,他认为个人与偏差模式结合的过程中习得偏差行为。因此解决偏差行为的主要方法是重新社会化:增加个人与合法行为模式间的接触以习得社会期望规范行为,减少个人与非法行为模式间的接触以抵制偏差行为的影响。

标签论观点

标签论观点(Theory of Labeling)出现在1954年以后,与前述几种研究观点不同,标签论不从客观条件去探讨社会问题,而是侧重于主观方面探讨社会问题。重点放在"谁对社会问题下定义"、"哪种情境下的人们或哪种情境会被界定为有问题"、"被界定为社会问题后带来哪些后果"、"怎样才能避免被他人贴上标签"。由此可见,标签论观点所注重的是社会反应。

标签论观点认为,社会问题就是对违反社会规范或社会期望所产生的社会反应。当个人或某种社会状况被贴上"有问题"或"偏差"的标签,就会导致人类关系的重新组合,往往促成更多的"问题"与"偏差"。一个曾犯过罪的人,出狱后如果被原生活环境中的人们贴上"罪犯"的标签,很难获得一般的工作机会,最终为了维持生计只好再次走上犯罪道路。因此首先要改变定义,以宽容的态度对待某些原本要贴上"社会问题"标签的人与状况,减少社会问题的出现率;其次要为某些已经向好的方向转变的人或状况,除去"社会问题"的标签,以消减负面效应。

标签论观点源自芝加哥大学米德的象征互动主义。米德认为个人的意识是在社会互动的过程中产生的。人们以"他人的态度"来表白自己的态度,把自己看成是社会的产物,通过认同的手势和象征,按照别人的期望行事。阿费尔·舒兹(Alfred Schutz)则想从人们所制造的一类有关这个世界的象征来解释社会秩序。他认为人们只要假设别人也以同样的方式来定义某情况,那么就会有社会秩序的产生。

标签论观点的倡导者是爱德文·拉墨(Edwin Lemert)。他在1951年著《社会病理学》,提出一个系统化偏差行为理论:"偏差是由社会反应以及偏差的频率与特性来定义的,而偏差行为者的角色也大都是因社会反应所造成的。"第一次使用"标签论"这个名词的是豪伟·贝克(Howard S. Becker)。他在1963年著的《局外人》中指出:"在社会群体中,偏差的产生是为了替那些犯法、构成偏差的人制定规则,并且还将这些规则应用到特别人物身上,将他们不标签为外来者。"从这个观点看,偏差并非个人行动的本质,而是由个别人利用规则制裁犯罪者,才产生的结果。偏差行为者亦即是被贴上标签的人,偏差行为即为人们加以标签的行为。

以上所述,是在社会学界比较盛行的五种对社会问题的研究观点。有关社会问题的论著颇多,我国社会学者雷洪1999年著的《社会问题——社会学的一个中层理论》一书中将社会问题的研究观点归纳为社会病态论、生物社会论、社会解组论、文化失调论、亚文化论、价值冲突论、群体冲突论、阶级冲突论、越轨论、标签论、人格论、心理失调论、比较论、要素论等14种,是笔者目前所见到的最细致的一种归纳法。各学者所采用的研究观点和方法侧重点各不相同,理论渊源也不相同,它们所提出的社会问题的解决方案也不同。社会学家在研究社会问题时扮演了理论学者、研究者、应用者及批评者四种角色,将对社会问题的研究从实例分析向建立理论框架大大地推进了一步。

三、社会转型期的社会问题

社会过程是正反两种因素、两种力量互动过程和相持而长的进程。如果我们将社会问题纳入社会结构和社会过程中去加以考察,就可以发现某些社会问题是社会病态的体现,某些社会问题却是社会进步的结果。在社会转型期社会问题的这种双重性质表现得尤为突出。为了使我们对转型期已经发生的和即将发生的各种社会问题有个科学的认识,有必要对社会问题进行分类研究,以适时调整社会政策,正确解决社会问题。

结构性社会问题

结构性社会问题相对于偶发性问题和孤立性问题(或所谓"一次性"问题)而言。在社会结构稳定的时候和发生剧烈变动的时候都会发生,尤以结构变动时发生的问题最明显,后果也最严重。稳定性结构所产生的社会问题一般属于广义的社会问题,即社会生活与社会发展变化中的一切矛盾现象。诸如人口问题、环境问题、资源问题、教育问题等各门社会科学都在共同研究的问题,比如说计划生育,在城市里得到顺利推行,在经济发达地区,"生一个孩子好"已成为育龄妇女的自觉行为,上海的一些地区甚至出现人口负增长。但在农村地区这项基本国策在推行时容易受阻,这显然与农村的社会结构有关(其中包括农村的文化结构和意识形态结构)。只要中国的传统农业存在一天,只要全国人口中农业人口占绝大多数这一基本国情存在一天,只要广大农村人口养老模式还未完成从家庭养老向社会养老保险的演变过程,广大农民的现有文化素质和思想素质,特别是广大农村妇女的养儿防老思想还存在一天,中国人口问题的严重性也就会继续存在。何况今天的中国人口问题已不单单是它本身的问题。它成了住房紧缺、交通拥挤、能源匮乏等一系列其他严重的社会问题的总根源。这就提示我们,结构性社会问题与非结构性社会问题之间存在着某种内在的联系,解决结构性社会问题时,应兼顾非结构性问题的发展和变化。

社会结构发生重大变动时的社会问题,不仅包括广义上的社会生活与社会发展变化中的人们通常要处理的生产、生活、婚姻问题,妇女、儿童、老人问题,市政、道路、交通、环保问题等,还包括那些非正常的较少出现的灾害、骚乱、大量失业、贫富不均等对当时社会生活和社会运转有严重阻碍作用,有广泛影响力,受到全体社会成员关注的狭义上的社会问题和越轨、失范、失调、失控等社会状况以及危害社会稳定和安全的犯罪行为和其他反社会行为。

因社会结构变动直接引发的一些社会问题,往往是带全局性或普遍性的,不以人的意志为转移。以就业问题为例,由计划经济向市场经济转变的经济结构变化,必然带来"失业问题"。这已是西方工业国家战后最严重的社会问题。其代价显性地表现为对国家造成资本、货物、消费品和劳务的损失,对家庭造成生活水平下降乃至恶化;隐性地表现为劳动者由于缺乏培训而引起的素质下降,由于降级使用而造成的劳动力要素的浪费,由于个人价值得不到体现而带来的自卑感、无用感和绝望感等负面心理感受。我国在经济结构的转型中,也面临着两难选择。我国长期以来实行的就业制度特点是"充分就业",表现为劳动者参与率极高,其中男性劳动力就业率达到人口统计极大值,女性劳动力就业率达到社会极大值。平均失业率小于5%。国家通过指令性安排,安置了每年新成长的劳动力,避免了因大量失业者存在而造成的社会不安定因素,但牺牲了效率。至20世纪80年代末我国在职失业率高达30%,也牺牲了个人选择职业的自由。受市场经济规律支配的就业制度,其特点是"就业无保障",表现为经常存在着大量潜在劳动储备,从而使劳动市场实际上成为买方市场,卖方则无保障,平均失业率大大超过"摩擦性失业"的最小比率,甚至部分习惯就业人口也失业了。"就业无保障"状态给予个人充分的择业自由,提高了生产效率但把风险强加于个人。两种就业制度都有根植于本身的矛盾,带有不可避免的弊端。

跨时空性社会问题

跨时空性社会问题是指在不同国家、不同社会制度下重复出现的社会问题。我们常说,在不同的社会制度下,存在不同的社会问题。在一定的范围内这个命题无疑是正确的。但还有些社会问题的成因,既有社会形态的因素,也有非社会形态的因素。各种因素在社会问题的形成过程中复合起作用,呈现"多因一果"情况。在各类跨时空存在的社会问题中,值得特别注意的是各国在社会经济、科学技术发展过程中出现的诸如生态失衡、环境污染、人口老化、社会不公等等一系列问题。这些社会问题虽然因各国社会形态的差别有不尽相同的表现形式和解决对策,但由于对其直接起作用或有较大影响力的往往是各种非社会形态因素,这些社会问题有其发展的自身规律,所以我们在寻求解决方法时又可以获得借鉴,避免走弯路。以人口老龄化问题为例。作为世界性社会问题的人口老龄化是人口生育模式演变的必然结果。工业革命前,生产力低下决定了人口死亡率极高。在高死亡率的前提下,必然导致高出生率。尽管生育处于无控制状态,但生死相抵,人口自然增长率一直很低,世代更替快,人口年轻。工业革命后,生产力得到极大的发展,粮食供应增加,医疗技术进步,人口死亡率迅速下降,人口平均寿命延长,婴儿存活率提高。低死亡率高出生率的生育模式带来了人口膨胀问题。随着工业化、城市化的发展,人们生育观念发生了深刻转变,一部分知识妇女、职业妇女率先自觉节制生育。随着避孕技术的进一步发展和应用,人口出生率大幅度下降,低死亡率低出生率的生育模式带来了人口老化问题。在发达国家首先完成的死亡率革命——出生率下降——人口老龄化的人口发展过程是由生产力发展决定的,是人类发展的普遍规律。这种过程在发展中国家迟早也要经历。在我国,解放后死亡率大幅度下降,在一段时期内,人口出生率没有及时调整,使得人口增长过快,开展计划生育后,出生率得到控制,却加快了人口老化的进程。因此我们在处理人口问题时,既要借鉴发达国家的经验,又要根据我国是在经济不发达情况下迎来人口老化的实际,制定出适合我国国情的对策。

伴生性社会问题

伴生性社会问题即伴随着社会进步而出现的社会问题。经济迅猛发展的同时出现了基尼系数增大,贫富分化加剧的矛盾;劳动制度改革的同时涌出了大批失业大军,增加了社会不安定因素;对外开放的同时造成东西方文化的碰撞,价值观念的多元化和紊乱;社会流动加快的同时带来了治安管理的困难和犯罪率的上升。凡此种种都是现代化进程中的伴生现象。以生态环境问题为例,环境污染是城市化过程中一个严重的社会问题。在城市里工业集中,工厂排放的大量烟尘、粉尘、废物、垃圾等,使城市空气一氧化碳、二氧化硫、二氧化氮和硫化氢凝聚物超量,有害气体被人吸入,危及城市居民的生命安全和身心健康。因而在城市建设中一项重大任务是治理三废,进行技术改造。在技术改造时采取的手段往往是把一些设备陈旧,污染严重的化工、造纸等行业向市郊迁移,特别是向乡镇企业大量扩散,结果造成农村许多地区空气、水源、土地乃至粮食和蔬菜的严重污染。根据农业部门统计,全国数十万新建乡镇企业有90%以上未经环保监督就投入生产;在100万个乡镇企业职工中,有18%—30%要接触各种尘毒危害因素;再加上滞留在农村的庞大人口与有限的土地资源和匮乏的能源的矛盾引发的毁树毁草、破坏植被、超载放牧,对耕地的掠夺性使用等行为,使得生态平衡遭到破坏,环境遭受严重污染。据环境研究专家测算,由于生态破坏每年造成的经济损失达500亿元,由于环境污染造成的损失达360亿元。

失范性社会问题

规范是社会成员共享的行为法则,每个社会都有一整套制度化的和非制度化的规范,以引导人们按社会规定的要求去行事。个人通过社会化习得行为规范,成为社会所接纳的一分子。在社会既定的轨道上走,社会就有秩序。从某种意义上讲,偏差、越轨、犯罪等行为的界定和评介是由社会中的优势团体按其行为规范而定的。在社会转型期,社会变迁迅速,价值观念瞬息变异。一方面,使原有的一些行为规范跟不上社会政治经济形势的演变,因而规范的控制功能削弱,而新的行为规范又滞后。原社会标准失效,新的社会标准尚未建立,使人们产生角色断层,行为失范。不同角色间也无法顺利转移。另一方面,各群体间和群体内优势价值时常相悖,不被人们普遍遵从,而社会缺乏一种指导角色的权利、义务的一致标准,人们无所适从或各取其意,容易出现无规则状态。比较突出的问题有被称为"六害"的卖淫嫖娼、色情物品、赌博、拐卖人口、吸毒贩毒、封建迷信活动等,以及贪污受贿、公费吃喝、假冒伪劣商品、人情关系网等等不正之风。我们可以从众性逃避现象为例,所谓从众性逃避现象即群体性的违反社会正式规范。我国早就有"法不责众"的说法,即如果群体性偏离或违反某些制度规范,则个人不会招致严厉的指责和惩罚。再加上这些偏差行为往往又与传统习俗习惯和某些群体的亚规范相契合,这样就使得该行为具备了两重性:对社会主文化而言,是违规失范的;对小群体亚文化来讲,又是符合规范的。群体性失范成了个人失范的诱因。比如党和政府明令禁止的公费请客、豪华消费。为什么屡禁不止,甚至越演越烈呢?其原因一,请客吃饭是中国人的一种人际交往礼仪。如果请客规格无明文规定的标准或含混不清,就给人留下了可乘之隙。工作午餐是留人吃饭,酒席宴会也是留人吃饭;有二三十元的"四菜一汤",也有上千元的

"四菜一汤"。其二,你请我请大家请,形成某种群体性行为后,就减弱了社会正式规范的威慑力,使一些人视党纪国法为儿戏。目前对某种社会行为失控,其内在社会根源恐怕就是从众性逃避现象所具有的二重性。因而我们一定要提高规范的清晰度,严加监督,立则必行,逐渐使社会规范内化为人们的自觉行动,从而把社会行为失控降低到最低限度。

过程性社会问题

过程性社会问题有两个含义:一是指不同的社会发展阶段,有不同性质的社会问题;二是指一个社会问题一旦出现,会有它自己的相对独立的发展过程。

不同社会阶段有不同的社会问题。一个新建王朝与一个行将崩溃的王朝所面临的社会问题不会一样;战争年代与和平时期的社会问题也不同。以经济犯罪为例,据传媒报道:改革开放以来,在上海出现一种叫"阿诈里"的经济诈骗犯。"阿诈里"打着境外某集团公司、某有限公司的旗号,以热销产品、热点项目为诈骗的突破口,利用国内一些人想发大财的心理,把供应紧缺原材料、开发房产、金融项目、进行国际期货交易等作为诱饵,在国内汇票与境外信用卡之间打"时间差",开假冒空头支票、信汇、电汇票据或骗购货物,进行巨额诈骗犯罪,对上海的经济建设带来极大危害。在计划经济的土壤里,是没有"阿诈里"的生存条件的。

社会问题本身,也有规律可循。在我国,20世纪50年代的犯罪主体是旧社会遗留下来的国民党余孽、未改造好的地、富、反、坏和资本家,劳动群众相对讲违法犯罪很少。经多年来对这些人员的监督改造,使其中大多数人劳动自新,一部分人自然死亡,因此这些"四类分子"、资本家在查获的刑事犯罪成员中所占的比例由1950年的90%降至近年的20%,而群众中出现的犯罪分子的数字急剧上升。在刑事犯罪成员总数中所占的比例由20世纪50年代的10%上升至近年来的70%—80%。

在社会发展的过程中,有时一个看似偶然的社会现象往往有着不寻常的象征意义。1898年,埃米尔·左拉在海德公园发现撒满在长凳下的发夹,他由此认为,在一个国家里,如果它的保姆如此地挥霍发夹的话,那个国家是不可能生存下去的。10年后,美国和法国接替了英国长期在工业方面的领先地位。1988年一位美国记者就美国一个城镇使用"中国制造"的人孔盖(地下水道的上口铁盖)发出警告说,这"表明另一个超级大国在衰落"。①

---

① 《纽约时报》(*New York Times*),1988年11月19日。

从社会过程的角度来观察社会问题,会使我们得出这样的结论,即社会问题的性质决定于社会的性质,因而有"前进中的(或发展中的)社会问题"与"没落中的社会问题"之分。但是作这样的划分,要冒很大的简单化的风险。因为事实上,任何社会都既有前进的一面,也有没落的一面,人类社会始终是在新旧两种力量的对抗和斗争中前进的。平衡与失衡是社会存在的基本形态,从不同角度讲,有积极的平衡也有消极的平衡,有常态的平衡(顺乎自然的)也有变态的平衡(强制的平衡),还有不稳定的平衡和稳定的甚至是超稳定的平衡。每个国家在进入现代化行列时也不可能截然抛弃自己的传统文化和传统观念,"超前"意识和"堕后"意识往往同时并存,有时又会发生尖锐冲突。中国目前已从封闭走向开放,在共享世界进步和文明成果的同时,也在"共享"进步和文明带来的"苦果",即现代社会所特有的社会问题。从这个意义上讲,这些社会问题(包括犯罪问题在内),已很难用社会制度和国界去加以限制。

社会问题的形成和发展,有一个由浅入深的过程。据此,可以把社会问题分成三等:最早出现的,是表层性的问题,主要表现为行为层次上的离轨或失范;其次是较深层的社会问题,它主要表现为关系层次上的失调(例如,普遍用私人关系来代替公共关系);最后才会出现深层次的社会问题,它主要表现为制度层次上的失效。

从社会问题的起点的不同,可以帮助我们区分一般社会问题和社会危机:

一般社会问题:行为失范—关系失调—制度失灵

社会危机:制度失效—关系失衡—行为失控

换句话说,在行为层次上发生的问题,只不过是一个问题而已,然而在制度层次上发生涉及面甚广、带有全局性的问题,则是一种社会危机的征兆。因为制度本身是社会安全的卫士,承担卫士职能的机构发生问题,该问题当然就比较严重了。体制改革的目的,应使制度具有更大的弹性,能承受得住各种意外事件的袭击,能够最大限度地发挥制度的自我调节、自我完善的功能,这是对制度功能的最高要求。要做到这一点,就必须对本身承担社会控制职能的机构实行有效的社会控制。这是制度建设的十分艰巨而又复杂的任务。

四、社会控制与社会管理

控制与社会控制

在区分控制与社会控制(Social Control)的自然现象和社会现象的时候,

我们曾经提到人的"意志合力"的问题。"意志合力"是一种"社会力",它跟无意识的"自然力"没有本质上的不同。"社会力量完全像自然力一样,在我们还没有认识和考虑到它们的时候,起着盲目的、强制的和破坏的作用。但是,一旦我们认识了它们,理解了它们的活动、方向和影响,那么,要使它们愈来愈服从我们的意志并利用它们来达到我们的目的,这就完全取决于我们了。这一点特别适用于今天的强大的生产力。只要我们固执地拒绝理解这种生产力的本性和性质……它就总是……起违反我们、反对我们的作用,把我们置于它的统治之下。但是它的本性一旦被理解,它就会在联合起来的生产者手中,从魔鬼似的统治者变成顺从的奴仆。"①

应该说,生产力从魔鬼变成顺从的奴仆的过程,也就是社会控制的过程,上引恩格斯的那段话,是对"控制"一词的极好的注解。

"控制"是"力"的较量过程,"可控状态"是力的较量的结果。只要有力的因素存在,就有控制。自然界存在着万有引力,因而也就存在着诸如太阳控制地球、地球控制月球这样的现象。在社会领域里,人的体力、智力、权力、性力(Libido),以及各种形式的"魅力"等,都会产生控制的效应。甚至一些看上去无关紧要的、杂乱无章的、无组织的力量,也会影响控制的总的格局。平时我们所说的"平衡状态"、"稳定状态",不是别的,正是各种"力"的平衡,以及由这种平衡带来的稳定。这样,我们可以把"控制"定义为"维持力的平衡的条件和机制",或者说,"控制就是综合平衡"。举例来说,"生育控制"就是要求得人口与资源之间的平衡,"两种生产"之间的平衡;"物价控制"就是要求得物资数量和货币投放量之间的平衡;"军备控制"就是要求得大国军事力量之间的平衡等等。由此可见,有控制不但有被控制,而且必有反控制。只是由于力量对比的悬殊或表现形式的不同,才使得一方居于主导地位,另一方居于从属地位,因而从表面上看,似乎一方在控制另一方。一个常见的例子是,在家庭生活中,在夫妻关系中,特别是在发生争吵的时候,并不能以谁比谁更凶,谁在当家,来判断谁在受谁的控制。以小见大,政府与人民的关系,演员与观众的关系,总统与选民的关系,教师与学生的关系……均莫不如此。应该看到,在社会领域里,力量的主要源泉是权力和财富,只要权力关系和经济关系变化不大,那么社会控制中主客易位的情况就不易发生,"控"与"反控"在大多数场合下是处于一种潜在的状态。

以上所述,应该说是一种广义的社会控制。在传统西方社会学中,"社会

---

① 《马克思恩格斯选集》第3卷,人民出版社1972年版,第437页。

控制"常用于狭义,即专指对不良行为和反社会行为的控制。美国社会学家罗斯(E. A. Ross,1866—1951)在1901年出版的《社会控制》一书中首次从社会学意义上使用"社会控制"一词。他把"社会控制"界定为社会对人的动物本性的控制,旨在限制人们发生不利于社会的行为。这接近于今天对狭义社会控制的理解。狭义的社会控制,是相对于狭义的"社会问题"而言的。在这里,"社会问题"可定义为"失控"。社会问题,只有当它发展到相当严重的程度时,才会引起人们的关注,才会想到应该采取某种措施进行干预,即控制。从这个意义上说,"社会控制"其实应该叫做"社会反控制"更恰当些。我们与犯罪分子作斗争,就是对他们影响和控制青少年的反社会行为实行反控制。我们制定森林法和环境保护法,目的就在于同日趋严重的滥砍滥伐森林资源,破坏生态平衡的力量实行反控制。

广义的社会控制和狭义的社会控制,在控制的方式手段和目的上,以及在控制的社会后果上,均有很大的不同,下面我们就来讨论这些问题。

"控制"的等级类型

社会控制是可以分为不同的等级和层次来理解的。最基本的社会控制有三种:对个人行为的控制,对集团行为的控制和对社会力量的控制。

对个人行为的控制,基本属于"管理型"控制,一般的科层制组织在正常情况下,能够满足这一要求。当代社会的发展,已使过去认为纯属私人生活领域的问题,如,生老病死的问题,生儿育女的问题,甚至爱情婚姻的问题都纳入社会管理的范围。但毕竟还有许多私人生活方面的问题是社会管理机构所无法管或不便管的,那就只好让有关各方力量之间的相互作用去自行解决了。值得注意的是,个人行为有两面性,此即行为主体的个人性和行为后果的社会性。任何个人行为弄得不好,都可能产生严重的社会后果(婚恋引起自杀或伤害,吸烟引起火灾,贫困引起犯罪等等),少数个人的盲目的行动会引起社会的巨大的震荡。完全依靠行政手段和专门机构的管理是绝对不够的,必须把注意力集中到发现和认识客观存在的各种制约因素和制约力量上,化消极的防范为积极的引导,来达到社会安定的目的。

对集团行为和"集体行为"(Collective Behavior)的控制,是一个十分复杂的问题,集团行为指整合度很高的、很稳定的团体和组织的行为。现在流行的"上有政策,下有对策"的做法,就是一种典型的集团行为,其特点是内部利益高度一致,且为了谋求更高的本单位的利益,不择手段地钻政策的空子,滥用职权,一致对付上面和外界的检查。所谓"集体行为",性质正好相反,它是一种完全自发的、非组织的突发行动,但是这种行动在发生前已经过了相当长时间的酝酿和积累,以至一触即发。当然也有一种集体行为是由特定的情景所致,没有明显的因果联系。

集团行为的产生,明显地暴露出"过度整合"的危害性。它可以从集团违纪发展到集团性犯罪(集团性的行贿受贿,贪污盗窃和弄虚作假),此时"管理者"与"被管理者"的界限已严重混淆不清,一般需要采用某种"强控制"手段加以解决。

"集体行为"可以有危害性(如球迷闹事、集团哄抢他人劳动果实、集体盲流等),也可以无危害性(如一时的社会热潮、对某个人或某本书的狂热的崇拜或追求),一般需要采用导向性的控制方式并辅以必要的行政干预。

对整体社会力量的控制,也就是对人类的"意志合力"的控制(应该说,上述"集团行为"是一种低层次、低水平的"意志合力"的表现,是大社会力量的一个组成部分)这是最高层次的社会控制。由于社会力量本身的复杂性和多元性,当无数人的个人意志和愿望被整合成一种"社会意志"和"意志合力"的时候,其发展途径和结果,对于每个社会成员来说,就常常只能是非预期的。因此,从本质上讲,对社会力量的控制,最终目的是要掌握这方面的规律,实现人的社会行动的预期性,并最终改变那种行动的目的和行动结果不相符合、甚至完全背离的状况。

社会控制手段的演变

1. 权威因素

权威因素在社会控制过程中,有非同小可的作用。在传统社会里,个人权威享有特殊的地位,排难解纷、平息事端,主要靠这种个人权威。在人类社会发展史上,确实有过一个名副其实的"人治"的时代。这个"人"不是一般的人,而是有崇高威望的人。现代社会,个人权威日益没落,科层权威取而代之,但个人因素远非无足轻重,特别是在不发达国家。

以权威为控制手段,常会有自愿转让控制权的现象出现,如所谓"自我奉献"、耶稣信徒对耶稣所作奉献、"追星族"对影星歌星的崇拜等等。在特殊情况下,还会出现对控制权的相互"转让",心甘情愿接受对方的控制,如热恋中的情人。①

2. 风俗习惯

在现代法律手段未确立使用之前,风俗习惯曾经是最重要的控制手段。

---

① [美]詹姆斯·科尔曼:《社会理论的基础》(上),邓方译,社会科学文献出版社1990年版,第178—179页。

以人口生育为例,虽然有计划地节制生育是进入20世纪以来的事,但是,人口的自然繁殖和社会能承受的人口数量之间的矛盾,几乎是从人类生活的一开始就存在的。根据人类学家和历史学家对非洲和澳大利亚原始部落的观察,发现他们主要是通过杀婴、堕胎和性交禁忌等方式,即主要是通过严格的风俗习惯的力量,来达到控制人口的目的的。在很多原始部落中,杀婴是一种正常现象。在有些部落,妇女遵循这样的风俗:在前一个小孩会走路以前,所生下来的每一个小孩都要被消灭。至于延长哺乳期,在长达3年的哺乳期禁止性交的风俗,也相当普遍地存在于各原始民族中。学者们得出的结论是,导致古代社会婴儿死亡率特别高的原因,主要是风俗习惯,而不是疾病。

3. 制度与制度性文化

风俗习惯的进一步发展就是制度。制度有一个从"人治"到"法治"的过程,在古代,与"人治"相伴随的是"礼"与"乐",与"法治"相伴随的是"刑"与"政"。前者起导向的作用,后者起防范的作用。现代社会控制的主流,则是越来越完备的政治制度、法律制度和教育制度。如前所述,中国没有发达的宗教制度,但次于宗教制度的封建迷信活动(如烧香拜佛的活动)则始终很盛行,发挥着类似宗教制度的作用。

4. 社会舆论

这是当代最重要、最迅速、最有效的一种控制手段。舆论监督作用的发挥程度,同一个国家的民主化程度成正比。现代化的传播工具则为这一手段的广泛使用,提供了物质上的保证。举凡小说、电影、音乐、美术、广播、电视,以至广告、小人书等等,在传播知识之外,都在发挥着某种社会舆论的作用。当然,也应该看到,社会舆论和其他传播媒体在发挥正面意义上的社会控制功能之外,也完全可能发挥反面意义上的功能,甚至反社会功能。

实际上的社会控制过程,是一种多种控制手段、多种目的、多种力量的错综复杂的"互动"过程。这一点,使它和社会管理形成很大的不同。

首先,管理的范围比控制要小得多。我们可以说,人际关系受风俗习惯的控制,一切社会行为受一定的关系和制度的控制,我们还可以说,政府受人民的控制、政治受经济的控制、精神受物质的控制等等。然而对于管理,就不能这么说了。控制无所不在,管理则总有管不到的地方。控制的威力还在于,当社会力量无法施展其影响的时候,自然力量就会出现,并代行控制的职能。在这一点上,社会规律与自然规律具有高度的同一性。最近的一个有说服力的例子,就是人类性关系的紊乱导致(至少是加速了)艾滋病的蔓延。艾滋病因而意外地发挥了一种制约人类性生活的社会功能。

其次,管理是一种组织行为,是人的一种有计划、有组织的活动。管理遵循的原则是科层制的原则,是一种自上而下的活动。管理者与管理对象的关系是明确的固定的。而根据我们前面的分析,控制显然不具备这样的特点。

再次,控制和管理的最大的一点不同,可能就是它的非预期性了。既然管理是一种有意识、有目的、有组织的活动,只要目标定得合理,手段使用得当,是能够获得预期效果的。控制则不然,它取决于双方力量的消长,常常并不能由控制者一方来决定。毋庸讳言,控制与反控制的力量较量,也会渗透到管理领域,使管理工作变得并不那么轻松。管理的有效性,同组织内部力量的平衡程度成正比。如果说,控制可以划分为管理型控制与非管理型控制,那么,管理也可以划分为直接管理与间接管理两种,后者是一种以自觉利用控制原理为主的管理方式。

行为的"非预期结果"

社会的规律是人们自己的社会行动的规律的观点,提示我们注意这样一个事实:行动的总的目标是可以预期的,行动的具体结果则往往是非预期的。也就是说:"行动的规律"是通过一系列非预期结果体现出来的。并且"一种社会活动,一系列社会过程,愈是越出人们的自觉的控制,愈是越出他们支配的范围,愈是显得受纯粹的偶然性的摆布,它所固有的内在规律就愈是以自然的必然性在这种偶然性中为自己开辟道路"。① 尽管多少人都有自己期望的目的,但任何一个人的愿望都会受到任何另一个人的妨碍,而最后出现的结果就是谁都没有希望过的事物。因此,应该把研究人类行为的"非预期后果",作为社会学中的一个独立课题,提到日程上来。这里只能对此作出最肤浅、最初步的分析。

首先,需要区分真实的非预期与虚假非预期。前者是指无法超越现实条件的预期,如马克思、恩格斯预期社会主义革命将在资本主义最发达国家首先爆发,某些突发事件(包括自然灾害);后者如粗心大意、考虑不周而造成的意外事件,管理不善而造成的不良后果,由于个人知识和经验的不足而无法预期等。

其次,需要区分全局非预期与局部非预期,或者叫做阶段非预期。解放战争,共产党领导的人民军队必胜,国民党军队必败,这是完全可以预期的。解放以后,初期的发展也是可以预期的。1957年以后的发展渐渐进入非预期阶段。值得注意的是,这种非预期又是以决策者的主观上的"超凡"预期为前

---

① 《马克思恩格斯选集》第4卷,人民出版社1972年版,第171页。

提的。我国一度把毛泽东关于"无产阶级专政下的继续革命"理论视为马克思主义发展史上新的里程碑而进行宣传。这说明，主观上的"超前"意识往往是造成非预期结果的主要原因。

再次，要区分个人非预期与社会非预期。个人发生非预期行为，是常见的事，不足为怪。其中绝大部分是属于虚假性的非预期。只要加以注意，是可以提高预期率的。改革以来，短期行为盛行。其特点是，对个人或部门来说，其结果都是预期的，但却给社会带来了大量非预期的结果，很值得注意。如果个人不是一般的个人，而是特殊个人，如领袖人物，特别是，如果个人的权威性是无可争议的，是无法制约的，则这种个人的非预期性，将会给社会带来严重的后果。因为在这种情况下，即使集体意识到问题的存在，也缺少必要的手段和机会去加以纠正。不得不眼巴巴地看着事情朝非预期结果的方向发展。而此时的非预期，已经变成另外意义上的预期行为了。

综上所述，影响人的行为预期性的因素主要是如下的一些局限性：

时代的局限性。我们无法超越时代去任意构想未来的蓝图，否则就是空想主义。

知识和经验的局限性。每个人的知识和经验都是有限的，他不可能超越这个界限去作出判断。

主观意识的局限性。特别是主观超前意识可能带来适得其反的社会后果；领袖人物的主观超前意识或行为偏差，带来的后果特别严重。

为了把社会过程中的行为的非预期结果减少到最低限度，应该正视历史经验，扩大知识面，增强科学化和民主化程度，杜绝唯意志论和空想主义，提高对社会的宏观控制水平，以推动社会的健康发展。

"非预期结果"也可能有正面意义，许多重大的科学发明，许多新奇的构想是通过非预期途径获得的。所谓"山重水复疑无路，柳暗花明又一村"，就是对非预期结果的一曲颂歌。因此如何全面、正确评价非预期结果，在认识论上有十分重大的意义。仅就社会控制的角度来看，"唯意志论"是"非预期性后果"的祸根。如果这种唯意志论转化为群众的行动，其后果更可想而知。以"唯意志论"来管理社会，只会越管越糟，这样的社会管理本身就是一种严重的社会问题。我国正在进行体制改革，已开始注意改变过去那种过多的行政干预，让单位之间的相互作用所形成的间接控制效应来代替直接管理，让越来越发达的横向联系来代替金字塔式的纵向管理，用"共同参与"的原则来代替单纯的"执行命令"的原则，这是社会控制理论在社会主义实践中的新的发展，具有深远的历史意义。

V 发展篇

第十五章 发展

概述

社会变迁是一个重要的社会学问题。现代社会学正是从19世纪的西方社会学者企图解释社会变迁的原因和过程发展而来的。孔德旨在揭示各种社会的"运动规律"的社会动力学,斯宾塞以进化的概念来把握历史的社会有机体论,以及由此派生出来的"社区"向"社会"进化论(滕尼斯),从机械团结到有机团结的理论(涂尔干),均在某种意义上以欧洲社会为蓝本,探讨了人类从传统农业社会到现代工业社会的过渡和发展过程。马克思的社会经济形态学说与五阶段发展模式,则揭示了从一种社会形态向另一种社会形态过渡的规律性,从而使人们有可能科学地预见社会发展的趋势。马克斯·韦伯与之相反,他不是从生产力和阶级斗争的历史中探求社会变迁的终极原因,而是认为,西方资本主义的发展必然是以加尔文派以及其他清教徒式的宗教运动为先导的,这些运动是不可缺少的心理上的条件。也就是说,没有新教的禁欲精神,就不可能出现资本主义。

20世纪以后,社会学家的精力已从探究宏观的社会变迁逐渐转向实证研究,即用日益准确的观察、调查和量度等方法对特定社会、社区和机构进行详细具体的研究,特别是第二次世界大战以后,经济增长和社会发展问题已被普遍重视,同时亦日益显露出现实社会秩序中的结构性病态需要治疗,发展学研究于是蓬勃兴起。

研究发展中国家的现代化和社会发展问题的发展社会学,既是社会学的一个分支又是发展学的重要组成部分,其理论体系包括盛行于20世纪60年代的现代化理论、产生于20世纪60年代末衰落于20世纪70年代中的依附理论及20世纪70年代中后期逐渐兴起并取得优势地位至今的世界体系论。由于这三个部分前后相关,具有不同的背景,流行于不同的时期,大致可被看做是发展社会学演进的三个阶段。此外,未来学亦随着现实世界的快速发展应运而生,主要探讨从工业社会转变成后工业社会的道路;后工业社会之不同于工业社会,主要在于经济与社会结构的层面,特别是从商品生产到服务的变化尤为显著。

一、社会变迁的含义和原因

社会变迁的含义与内容

社会变迁(Social change)一词是在第二次世界大战以后才流行起来的。在社会学初创时期,孔德是以进步概念、马克思是以发展概念、斯宾塞和沃德则是以进化概念分别研究社会变迁的。进步、发展、进化等概念是以历史哲学为背景,因而这是从宏观角度来论述社会变迁的,也就是社会这个统一体所发生的质的变化(或曰整体性变化),这是一种社会的历史性变化。

社会变迁是社会关系基本形态的变异,包含三类内容:① 社会关系的基本制度,即社会行为的基本规范体系,包括所有制、国体、政体等规范,人类社会变迁经历了从奴隶制、封建制、资本主义制度与社会主义制度;② 社会关系的基本结构,包括组织、阶级、职业结构的变迁等;③ 社会关系的基本面貌,即人的生活方式和行为方式。

如果说宏观社会变迁论是以社会整体性变化(诸如从一种社会形态过渡到另一种社会形态)为主题的话,那么微观社会变迁论的研究领域,则集中在社会的局部变化方面。在社会生活的变动中量的变化的显例莫过于人口变化。

根据上述分析,我们不妨对社会变迁下一个定义,所谓社会变迁是指在某一个社会阶段由于它的社会生产力和生产关系等多种因素的矛盾运动而引起的社会结构和社会过程的量变或质变。社会变迁不仅包括社会的发展,还包括社会的暂时的倒退;不仅包括社会整体的变化,也包括社会生活某一局部领域的变化。但是其中社会发展是社会变迁的本质和总趋势,社会学的一个重要任务,就是要为社会发展研究作出自己的贡献。

社会变迁是社会运行过程中一种必然的现象,涉及社会的各个方面,例如:① 自然环境引起的社会变迁。社会变迁的过程总是在一定的自然环境中进行,自然环境为社会的生存和发展提供自然资源和物质条件。自然环境依其自身规律演变,影响社会的变迁,人类作用于自然环境引起自然环境的变化,也会影响社会的变迁。② 人口的变迁。人口变迁主要指人口数量、质量、构成及人口流动和分布的变化。一定的人口是社会存在和发展的基本前提,人是社会生活和社会活动的主体。人口的变化给整个社会的变化以极大的影响。③ 经济变迁。它包括生产力的变化、生产关系的变化、生产量的增长和生产质的提高。社会经济的变化与发展是社会变迁的主要内容之一,给整个社会变迁以决定性的影响。④ 社会结构的变迁。主要体现在两个方面:一是社会功能性结构的变化,表现为人们为了满足生存和发展的需要,各种经济、政治、组织、制度等结构要素的分化和组合;二是社会成员地位结构的变化,表现为社会成员由于其经济地位、职业、教育水平、权力、社会声望等的不同和变化,所造成的社会阶级和阶层关系的变化。⑤ 社会价值观念和生活方式的变迁。社会价值观念的变迁主要是通过人们的行为规范和思想体系表现出来。人们的社会活动都是程度不同地在价值观念指导下发生的,社会价值观念的变化往往成为整个社会变迁的先声。⑥ 科学技术的变迁。科学技术作为社会结构体系中独立存在的知识系统,对于现代社会的变迁有着越来越大的影响。科学技术发明创造的变化和研究规模、组织形式的变化,一方面直接影响到社会经济、政治、观念和生活方式的变化,另一方面促使现代社会变迁日益加速。⑦ 文化的变迁。这是分析社会变迁内容的一种综合角度,主要是指文化内容或结构的变化,包括因文化的积累、传递、传播、融合与冲突而引起的新文化的增长和旧文化的改变。

社会变迁的原因和变迁形式

一个社会的人口数量和人口构成的变迁会对社会产生巨大的影响,这个我们可以找出许多有力的证据来。在发展中社会里,我们能够看到人口增长导致社会发生巨大的变迁,由于处于人口转型(demographic transition)的中间阶段,发展中社会目前正经历着显著的人口增长时期。这些增长直接导致了第三世界国家的巨型城市的增长,而且它们对这些社会中几乎所有社会设置的重大变迁都起着作用。人口增长又直接导致了自然资源的耗竭,而反过来这又促使全球的经济和政治体系发生广泛的变迁。

人口构成中的变迁同样会对社会生活产生巨大的影响。例如,上海人口的老龄化过程正在重塑着上海社会的几乎所有方面,又如,中国所实施的计划生育政策已经对中国社会和文化生活的许多领域产生了重大影响。

社会变迁最显著的、虽然不是最普遍的原因之一,就是自然环境的改变,例如,水灾和地震。像中国由于建造三峡水利工程的需要,改变了三峡地区原本的自然环境,迫使那些一直居住在当地的居民紧急迁移。其结果就是:一个曾经紧密相连的社区分裂成为零散的个人和家庭,并且人们发现迁移后很难建立起新的社会联系。当然并非所有的物质环境变迁都是如此突然而剧烈。比如,工业污染就可能是逐渐形成的,但它同样是改变一个社区生活的重要原因之一。设想一下,对一个渔村而言,水体的污染而导致鱼类因此而受到的污染或相继大量死去,会产生怎样的影响。

科学技术对现代社会变迁的影响越来越大。在现代社会,科学技术转化为直接的生产力的周期大大缩短,也越来越普遍地转化为管理手段与工具,引起了社会生活各个领域的巨大变化,为家庭生活的改善、生活质量的提高、人的多方面发展提供了更多可能。机器与大生产自然是社会的基础,但它们的影响正在降低,而科研、知识、情报的作用日益上升。由技术导致的社会变迁(即为了现实目的而利用知识和工具对环境进行控制)往往具有非计划的、似乎是必然的性质。一旦发明了一项新技术,一般来说,人们就会不顾其在道德和社会一面的重大潜在影响而去利用它。如由于现代的原子能和生物化学技术的产生与发展,使得原本为谋求国家利益而采取的较为理性化政策的战争行为,很有可能转变成为一个灭绝人类种族的机制,这使得战争本身变得不可想象。在过去的几十年中,对于许多新技术的发明和采用我们都没有考虑到它们的长远影响,也没有计划过如何面对这些影响,这一点是令人感到吃惊的。比如,基因技术和空间探索飞船的开发等等。

威廉·奥格本是一位较早研究社会变迁的美国理论家。他在20世纪50年代提出了一个重要的概念,直到今天这一概念对于我们认识技术的社会影响仍然十分有价值。他认为,通常来说采纳物质文化和技术新成果的速度是十分迅速的,这是因为人们可以很容易地指出新技术优于传统方法的方面。然而,采纳为适应新技术而进行修正的非物质文化内容的过程,则往往要比前者慢得多,奥格本称之为文化滞后(Cultural lag),它是指新技术的采纳和与之相应的非物质文化的补偿性变迁之间的非协调期。例如我们对于互联网技术的接受速度非常快,但在为我们的生活造福的同时,其所产生的版权问题、隐私问题等等也亟待法律做出相应的规范,但至今为止,人类社会为此所制定出的法律规范还是相当地有限,即使对于相对应的非物质文化的变迁,人们的适应度也非常的低。

与奥格本的观点相反,许多社会学家强调非物质文化的变迁要先于物质文化的变迁。马克斯·韦伯对新教价值观和信仰的社会影响的研究,就是一个把文化价值观和意识形态作为社会变迁原因的经典分析。韦伯认为新教有关工作、储蓄和成功的价值观及思想促进了资本主义制度在欧洲的发展。

社会变迁既可能由一个文化内部的发展引发,也可能受异域文化的影响而产生。一个文化中的两个最常见的社会变迁原因就是发现和发明,有时它们也被合并在一起称作创新。发现指对一直存在的、但过去却没有被认识的事物的认识,如沃特森(Watson)和克里克(Crick)发现了基因分子。发明则来源于尝试对一个文化中的固有成分以新的方式加以组合。例如,个人电脑或录像机的开发。文化特质(traits)从一个群体或社会传入另一个群体或社会的过程,如基督教的传播过程,就叫做文化传播(cultural diffusion)。文化传播理论曾在20世纪初期人类学家中间盛行一时,而且直到现在,文化传播理论仍然具有相当重要的意义。

变迁的最后一个原因,就是由人们有目的性的努力构成的社会和文化因素的变迁。这一原因在工业革命之前鲜为人知,但是它在今天却非常重要。纵观历史,当人们想到变迁时,他们只是把变迁看做是发生在他们身上的事情,而不是他们能左右的事情。然而在现代世界中,随着我们对社会生活的认识不断增长,人们越来越试图按自己希望的方向塑造社会。

这方面最为突出的例证,就是近十几年来大型公司中研究与发展部(R&D)的成长。这一部门明显的功能就是使公司能够朝着自己设想的未来而进行商业发展,这将在许多重要方面与目前的情形有根本的差别。今天我们会认为这种对发展的设计是很自然的事,但实际上,我们不应该埋没了这种活动在历史情境中的新颖性。

广泛而多样的社会运动的重要性的日益增加,是现代社会的社会和文化变迁越来越具有人为因素的又一例证。杰出的社会运动领导人,从甘地到马丁·路德·金,他们都成功地获得了其追随者的支持,并推动了公共领域的大规模变迁。其他运动,像妇女运动,也已经使私人领域产生了广泛的变迁。

社会变迁的形式主要有以下几种:

(1)按社会变迁的规模,可划分为整体变迁和局部变迁。整体的社会变迁是整个社会体系的变化,是各个社会要素变化合力的结果。局部变迁是各个社会体系要素自身及它们之间部分关系的变化,不一定与社会整体变迁的方向和速度一致。

(2)按社会变迁的方向,可划分为进步的社会变迁和倒退的社会变迁。进步的社会变迁是指符合社会发展的客观规律,带来社会物质和各种社会生活水平的提高,有利于每一个社会成员的全面发展的社会变迁。反之,则是倒退的社会变迁。在社会变迁的实际过程中,两者往往是同时发生的。尽管人们对"进步"有着种种不同的理解和评判标准,但促进社会进步一直是人们研究社会变迁的主要目的。

(3)按社会变迁的性质,可划分为进化的社会变迁和革命的社会变迁。进化的社会变迁主要表现在量的方面。它是一种渐进的部分质变的社会变化过程,是社会有秩序的、缓慢的和持续的变迁。革命的社会变迁即社会革命,是社会渐进过程的中断和质的飞跃。在社会革命时期,全部社会系统和社会结构解体、改造和重组,社会由一种形态迅速过渡到另一种形态。

(4) 按人们对社会变迁的参与和控制的程度,可划分为自发的社会变迁和有计划的社会变迁。自发的社会变迁指人类在很多方面对于社会变化的方向、目标和后果没有理性的认识,只是盲目地参与和顺从。有计划的社会变迁指人们对社会变迁的过程、方向、速度、目标和后果实行有计划的指导和管理。在现代社会中,绝大多数社会变迁都是有计划的社会变迁。

二、社会变迁理论

社会变迁理论包括从对引起小规模变迁的特殊原因的解释,到对人类社会发展的主要的根本趋势的抽象而广泛探求。发展这样的理论是社会学创始人的主要奋斗目标之一。今天,许多社会学家仍然活跃在社会变迁的研究领域,他们以经验研究为基础来解释社会变迁的原因、过程以及方向。虽然这并不意味着社会学家在回答这些"大问题"上的努力已经完全成功,但是我们对社会变迁的了解确实在与日俱增。

在这里我们将要讨论以下五种社会变迁理论:进化论、功能论、冲突论、系统论和社会心理论。

进化论

认为人类社会是一个不断发展的渐进的过程,表现为由低级到高级,由简单到复杂,由此及彼地向前发展。法国社会学家孔德认为,社会是遵循固定的路线、沿着一定的历史阶段向前发展的,与理性发展的神学阶段、形而上学阶段和实证科学阶段相应,人类社会的发展也经历了军事、过渡和工业三个阶段。英国社会学家斯宾塞认为,社会发展同生物有机体的进化相似,是一个内部"细胞"不断分化和结构复杂化的自我发展过程。现代进化论者认为,社会变迁是多向性的。首先,社会进步不是必然的,也有可能出现倒退;其次,进化是沿着许多方向发散进行的,没有固定的阶段、路线和方式;再次,进化的模式是多样的,不同水平、不同形态的社会,具有不同的进化或发展形式。

功能论

著名的功能主义学者帕森斯把社会理解为一个各部分之间互相依存的体系,其中的每一部分都为体系的维持作出一定的贡献。他认为一个社会体系的自然条件就是均衡,即体系所有要素之间的平衡。但是帕森斯又认为社会变迁是可以发生的,这源于两个因素:它可以来源于一个特定体系的外部,即别的体系中;也可以产生于体系内部的张力和紧张关系。正因为体系是由互相依存的部分组成的,所以一个部分的变化必然会引起其他部分的变化。甚至可能改变整个体系,造成一种暂时的失衡状态。帕森斯强调文化(一个社会的共同信仰、规范和价值观)是维持社会紧密结合的"胶水",因为它特别不易发生变化。社会结构的变迁如果和文化相冲突,其变迁速度将会非常缓慢。对于功能论的批评是它过分强调了外部环境作为社会变迁源泉的作用。虽然帕森斯明确指出社会变迁能够产生于体系内部的张力和紧张关系,但由于他在一开始假设社会体系通常是处于均衡状态,所以只有认为变迁的最主要原因存在于体系之外才是符合其逻辑的。虽然一个实施功能的社会能够满足其成员的需求,并达到一种暂时的均衡状态,但这种需要的满足只是最低程度上的满足。在这种情况下,该社会就会承受严重的内部紧张和不协调状况。因此,批判家认为,功能主义者应该更关心分析社会体系内部产生的变迁泉源。

冲突论

许多社会学家发现功能主义的理论解释有相当大的局限性。现实社会比功能论者所假设的要不稳定得多。并且,功能论观点无法解释多种形式的社会变迁。功能论局限性的最主要发现者是那些从冲突观点来认识社会变迁的社会学家们。冲突论的代表、德国社会学家 R. 达伦多夫和美国社会学家 L. A. 科瑟尔等人认为,应该将社会体系看做是一个各个部分被矛盾地联结在一起的整体。最主要的社会过程不是均衡状态,而是各个社会集权为争夺权力和优越地位所进行的斗争造成的冲突。社会权力的资源是有限的,没有获得权力的人为了自身利益要求获得权力,已经掌握权力的人要防止别人夺走他们的权力并想获得更多的权力。任何社会成员都在为权力的分配与再分配进行斗争,一切复杂的社会组织都建立在权力分配的基础之上。人们对于权力再分配的欲望是无止境的,围绕权力所进行的斗争是持续不断的,由此造成的社会冲突是社会内部固有的现象。这种利益不可调和的冲突是社会生活的基础。社会变迁是必然的、急剧的,后果是破坏性的,任何宏观的社会变迁理论只有涉及与权力相联系的冲突时,才是有价值的。

系统论

在当前人类史或社会史的概念中,传统性和现代性是在发展视角中区分人类历史,社会发展的两个相对的标准,两者作为相对立的概念,从范围上两者涵盖了政治、经济、文化、制度等人类社会的全方位领域,而实质上在传统性中,人作为个体永远是同外界的大系统的互动中以被动的角色出现,而现代性的语境则更多发挥了人的主动性的特质。人类由传统性向现代性过渡的过程当中,我们把这一过程叫做现代化,正如英国政治经济学家库伯、卡普兰等区分的那样,他们把当今世界上所有国家区分为三种类型,即以西方发达国家为代表的"后现代国家",以东南亚、拉美为代表的"现代化国家",和以非洲等落后国家为代表的"传统国家",由此我们看到的是,根据传统性——现代化——现代性的理论界定可以对当今世界所有的社会类型、国家类型进行区分,在这样三类国家当中,传统性和现代性社会作为一种稳态,其之间的共性要远远大于动态变化过程中的现代化社会,而后者可以说是当今世界大多数国家、大多数人口正在经历的社会状态,可以说对于这部分国家来说,现代化中的社会正是作为文明发展的关键点,直接决定着传统性向现代性过渡的成功与否,以及过渡后可能呈现的社会形态。任何一个社会系统在从传统性走向现代性的过程当中都必然经历一个急剧变迁的现代化时期,而在这样的变迁当中,经济上现代化的超前性常常和政治上改革的滞后性产生结构性张力,从而引发整个系统的断裂,根据帕森斯社会(行动)系统分为若干子系统的观点,社会结构可以进一步区分为符号、价值理念和规则体系两个子系统。① 也就是说,互动的性质与社会结构的性质的整合性问题,可以看做是互动的性质与规则体系符号、价值理念三个子系统之间的整合性问题。因此,从学理来看,现代化的和谐社会就是这三个子系统的性质之间呈现着较高的整合性或一致性的社会状态。根据帕森斯的现代社会系统理论(Parsons,1971),发展(现代化、变迁)被理解为容纳、价值普遍化、分化和地位提高的综合体,社会进化通则是发明或接受某些制度和行为方式,它们能提高这个社会系统的长期适应能力。

社会心理论

社会心理学论强调任何发展与变迁的起点是个人的特性,比较强调内部因素的决定作用,即文化和心理因素,认为从传统社会向现代社会的转化,取决于人们的价值观念、生活态度和行为规范的首先改变。② 这一派的有些学者甚至认为,经济能否取得成就和进步,在很大程度上取决于人们的能力和态度,取决于根据人的能力和态度而建立的政治制度,取决于历史经验,而外部联系、市场机会和自然资源的作用是次要的。发展和现代化是人类社会永恒的主题,在任何一个社会(传统社会、转型社会、现代社会)或文化中,民众

---

① 汤姆·R.伯恩斯:《结构主义的视野:经济与社会的变迁》,周长城等译,社会科学文献出版社 2004 年 12 月。

② 孙立平:《传统与变迁——国外现代化与中国现代化研究》,黑龙江人民出版社 1992 年版。

不同类别的心理与行为受到该社会之生态环境特征、经济社会形态及社会生活方式所决定或影响的程度各有不同,在此过程中,民众会逐渐形成各种新的心理与行为,即现代性心理与行为,其强度会逐渐增大。① 美国哈佛大学社会心理学家、社会学家英克尔斯(A. Inkeles)探讨现代化历程对个人所造成的影响,而通过对大量研究资料的分析后发现,尽管生活在不同的国家中,现代性强的人在生活态度、价值观念和社会行为方式等方面都具有十分相似的特征,这些特征主要表现在以下12个方面:① 乐于接受新的生活经验、新的思想观念和行为方式;② 准备迎接社会的变革;③ 思路广阔、头脑开放,尊重并愿意考虑不同的意见和看法;④ 注重现在与未来,守时惜时;⑤ 有强烈的个人效能感,对个人和社会的能力充满信心,办事讲效率;⑥ 重视生活和工作的有计划性;⑦ 尊重事实和知识;⑧ 对人及社会具有可信赖性;⑨ 重视专门技术,有愿意根据技术水平高低来领取不同报酬的心理基础;⑩ 对教育的内容和传统智慧敢于挑战,乐于让自己和其后代选择离开传统所尊敬的职业;⑪ 相互了解、尊重和自尊,主张非权势和平等相处,追求自由和民主;⑫ 了解生产及过程。英克尔斯提出的这些特征,常常被用来评定人是否现代化的标准。而在社会变迁中,适应传统社会和现代社会的心理与行为可能呈现某种程度的相反特性,其变迁趋势可能有两种:① 交叉型变迁趋势。即某些传统的心理与行为是适应传统社会的主要心理与行为,某些现代的心理与行为是适应现代社会的主要心理与行为;② 非交叉型变迁趋势。即某些传统的心理与行为是适应传统社会的次要心理与行为,某些现代的心理与行为是适应现代社会的次要心理与行为。在现代化过程中,两类心理与行为的变迁速度和程度的个别差异可以分为四种:① 简单传统型。即以传统性心理与行为特征为主的个体类型。② 简单现代型。即以现代性心理与行为特征为主的个体类型。③ 强势混合型。即传统性和现代性两类心理与行为特征皆高的个体类型。包括冲突性强势混合型和非冲突性强势混合型。④ 弱势混合型。即传统性和现代性两类心理与行为特征皆低的个体类型。

三、几个与社会变迁相关的概念

社会变迁是社会动态的表现形式。而有关描述社会动态的概念除社会

---

① 阿列克斯·英克尔斯、H 戴维:《从传统人到现代人》,顾昕译,中国人民大学出版社 1992 年版。

变迁外还有社会成长、社会进化、社会革命、社会改良、社会倒退、社会改革以及社会发展等等,这些概念在实际使用上往往不很严密和精确,因此,很有必要作一番比较和说明。

1. 社会成长与社会进化

所谓社会成长,是指一个社会的功能性行动(peformance)水平呈趋势性的提高,随之表现在生活质量的提高。日本社会学家富永健一认为,这里的生活质量在操作上可通过健康水平、营养水平、居住水平、教育水平、劳动生活和闲暇生活的质量,社会保障水平和环境条件等各项社会指标反映出来。工业化和现代化使这些指标得到了很大的改善。当然无可否认,随着工业化和现代化的进展,也会带来生活质量的恶化,成为近年来发达国家面临的巨大的社会问题。

社会进化或文化进化是一个综合性概念,其中应当包含技术、经济、法律、政治、宗教、社会结构和文化等各种普遍的进化因素如何促成由蒙昧社会到现代社会的发展。但是,大致上可以认定社会进化是一种缓慢的、渐进的社会变迁,基本上属于社会的量变过程。对于社会进化的路径,早期社会进化论者强调所有社会都经历过同样的发展阶段,每个阶段的社会特征是社会组织越来越复杂,人类为自身造福的能力越来越强,工业化时代必然比前工业化时代的生活更加舒适快乐。这种观点被后人称为乐观主义直线进化论。现代进化论则反对社会变迁的单线性,认为不同社会都有自己的进化阶梯,并且在每个社会中的不同领域都能构成一个独立发展的方向。这种多元进化论强调社会进化过程有进步,也可能出现停滞和倒退。

2. 社会革命与社会改良

社会革命是指社会结构体系急剧的、根本性的变迁。其含义一般是指以暴力方式颠覆政权,并改变国家形态。而若从更广泛意义上来说,社会革命则像产业革命那样是经过长时期演变而逐渐产生的深刻的社会变化现象。现今中国正在进行的以解放生产力、实现工业化和现代化为目标的改革,从某种意义上说,也是一场深刻的社会革命。其性质乃是革命的社会变迁,即社会渐进过程的中断和质的飞跃。

社会改良意在改善局部的社会生活,而不是指全面的变化。它是统治阶级在不触动现存社会根本制度的前提下,通过一些改革措施来解决存在的社会问题,发展社会生产力,最终达到维持和巩固现存制度的目的的一种促进社会变迁的过程和形式。所以,社会改良的具体内容应该包括:社会政策、社会福利、社会计划、社会工程学等。其性质乃是进化的社会变迁,即一种渐进的部分质变的社会变化过程。

这里,社会革命和社会改良两者之间关系密切。它们都是社会变迁过程中不可缺少的两种主要形式。社会的变迁运动是由社会改良(量变)到社会革命(质变),又由社会革命到社会改良的循环往复,不断地由低级向高级的发展过程。人类社会发展的历史既有暴风骤雨式的革命变革时期,又有和平、缓慢的改良时期。两者相互交替构成了人类社会的全部历史。从历史发展事实来看,和平改良时期总要比革命变动的时期要长得多,它要完成革命时期一般难以完成的任务,即发展经济、繁荣文化,使社会生产关系所能容纳的全部生产力充分发挥出来。

3. 社会倒退

社会倒退是一种特殊的社会变迁形式,是局部或整体社会从已经达到的较高发展阶段向较低发展阶段变化的过程。社会变迁带给社会发展和进步,但也不排除具体的社会形态在特定的时期内向后倒退的可能性与现实性。一般来说,社会倒退主要是由于战争、天灾或其他不测事件引起的。"和平演变"是现代社会倒退的典型形式。"和平演变"是现代资产阶级使用武力消灭不了社会主义,但又不甘心社会主义存在与发展而采取的一种战略,是国际资产阶级试图在社会主义国家恢复资产主义的一种企图。因此及时识破与抵制国际资产阶级"和平演变"的手段,重视培养社会主义事业接班人,加强社会主义国家的社会控制能力,是今后社会学研究的一个重要课题。

4. 社会改革

社会改革是人们有意识地规划在较短时间内实现的社会局部调整或全面改善的过程。社会改革是社会主义社会发展的一种重要形式。我国的社会改革是根本改变我国经济和技术落后面貌,进一步巩固无产阶级专政的伟大革命。目的是推动经济、政治、文化协调地发展。改革会有阻力、会有困难和曲折,关键是把握好社会主义方向和自觉地改进工作。

5. 社会发展与社会变迁

所谓社会发展一般是指一个社会由低级形态向高级形态的演进,尤其是指包括水平提高在内的社会结构变动,社会发展本身通常包含了社会成长或社会进步。很显然,现代化和工业化是人类历史上最突出、最显著的社会发展。关于社会发展,有一个应该引起人们高度重视的课题,这就是它和人的发展之间的相互关系问题。我们知道,社会及其发展规律在一定意义上表现为人的社会活动的基础和动力,同时又通过社会意识的折射而转化为社会中个人的社会价值观。在总论部分我们已经提到社会规律不是别的,正是人们自己的社会行动的规律。那么,对社会发展规律就更应该作这样的理解。更进一步可以说,人的发展和社会发展两者关系十分密切。因此,下面有必要作一专门的讨论。

四、人的发展与社会发展

人的社会行为、社会关系和社会发展紧密相关,社会发展必然受到人们的社会行为和社会关系的影响。社会制度是人们法定的行为模式,它制约着人们的社会行为,由此,社会发展离不开社会制度的保障。其实,社会发展就是在前后连续的社会制度的"框架"内进行的个人活动的过程,同时,它又是新旧制度交替的新陈代谢过程,所以,社会发展过程最终也可归结为制度化的过程。这已在制度篇中有所交代。

对于人的发展和社会发展,我们不妨将其视作社会过程的两个层面。所谓"社会过程"(Social Process),西方社会学有一个特定的含义,指的是社会"互动"(Interaction)过程,具体指的是诸如"竞争"、"冲突"、"顺应"、"同化"等不同互动方式之间的转化过程。这是一种相当肤浅的近乎纯粹描述性水平的研究,带有明显的社会学刚从生物学和心理学脱胎出来时的痕迹。不过我们最好不要过分匆忙地否定它的存在价值。如果我们把社会过程看做是一个完整的"行为——关系——制度"的循环系列的话,那么,"互动过程"在其中的地位是不容忽视的。不妨把互动过程理解为社会过程的第一个层面。

"互动"为什么要理解为一种过程?这可从行为的发展与关系的发展的不同步性上得到解释。就作为行为主体的个人来说,他总是在既定的关系条件下行动的,他参与的行动是一种固定化的角色互动,他在行动时要考虑如何满足社会和其他人的期望。为此,他的行动过程又必然是一个角色的创造过程,一个不断尝试改正错误的过程。这种新的尝试、新的创造,必然会反作用于原来的社会关系,并使它发生变化。这样,"互动"的过程实质上就成为既定的关系与力求突破此关系的新的行为模式之间的较量过程。它的具体表现形式是多种多样的,这中间既包括新旧角色之间的冲突,也包括新旧两种社会秩序之间的冲突。其最终的结果,将表现在两种社会制度之间的力量较量上,表现在作为社会结构的"行—关—制"与作为社会过程的"行—关—制"之间的矛盾和冲突中。

由此看来,社会行为的互动必然导致关系和制度的变迁,互动过程实质上就是制度化过程。因此可以把制度化过程理解为社会过程的第二个层面。制度化过程至少应该包含两层意思:一是制度的形成和完善;二是制度的改革。

制度的形成阶段,即所谓"制度生命周期"中的"形成期"和"效能期"。此时,制度处于上升时期,是它的正功能得以有效发挥的时期。当旧的行为模式日益为新的行为模式所淘汰,旧的社会关系(特别是其中的人际关系)被新的社会关系所取代的时候,新的制度的有效性开始达到它的最高峰,社会开始进入它的最富有生气,从而也是最和谐、最稳定的时期。

当社会需要稳定,也正处于稳定阶段的时候,制度的反功能处在潜伏状态,因为它缺少表现的机会和条件。但社会生活的变动与不稳定性与人的欲望与需求的无止境性,在本质上是与制度的本性相矛盾的。这一矛盾迟早要暴露出来。制度是人建立起来的(即使是自然形成的制度,最终也要靠人把它确定下来),也要靠人去改变它。如果一种社会制度,客观上已经不再需要它,而人又不及时地去加以改革或废除,其结果将会怎样呢?结果将是制度的功能自行发生转化:由正功能转化为负功能。这就犹如战争年代修造的碉堡,战争结束之后,应当拆除它,如果不及时拆除,它就会变成建造新的高楼大厦或开辟新的道路的巨大障碍物。所谓制度的"萎缩期",实际上是正功能的萎缩,负功能的增长。阻止制度朝负功能方向转化的唯一办法,是进行制度改革,或用新的制度来代替旧的制度。事实上,也只有制度才是社会改革(以至社会革命)的真正的对象。因此,改革的过程,必然是一个极其艰难的新旧体制转换过程,并从而构成整个社会过程的一个极其关键、极其重要的历史阶段。新旧体制转换的过程,同时也是新旧行为规范和新旧社会关系的转换过程。这一切必然要反映在人们的思想上,因而这个过程必然也是人的思想意识和价值观念的转换过程,由此看来,社会过程确实是一个社会变迁过程,这个社会变迁的范围,不可避免地要牵涉到社会结构的一切方面。

社会互动过程,主要反映个人行为层次的社会变迁;制度化过程,主要反映社会层次的社会变迁。然而,不管制度怎样进行改革,始终不能消除它本身固有的内在矛盾:既满足社会的需要,又限制个人的需要;既保证个人的发展,又阻碍个性发展的矛盾。说到底,也就是存在于个人和社会之间的基本矛盾。这一矛盾在历史上的表现是十分复杂的。有时个人走在社会的前面,有时个人落在社会的后面。有些在年轻时曾是站在时代最前面的先进人物,到晚年可能变成社会上最反动的人物,此类事例可谓不胜枚举。至于宦海沉浮、主客易位之事,更是数不胜数。总之,个人与社会之间始终存在着或前或后、或近或远的一定距离,对这一"社会距离"的研究,应属社会学分内之事。那么,这一个人与社会之间的基本矛盾在社会发展过程中有没有希望得到解决?马克思为我们提供了一个答案,这就是他那著名的"三阶段律",马克思

设想,人类社会要经历如下三个阶段:

(1)"人的依赖关系";

(2)"以物的依赖性为基础的人的独立性";

(3)"建立在个人全面发展和他们共同的社会生产能力成为他们的社会财富这一基础上的自由个性"。①

第一个阶段是在人与自然的关系为背景下的人对人的依附与从属关系,即身份关系;第二个阶段是以人的独立性为条件的契约关系或参与关系;第三个阶段是以自然为客体的各主体之间(个人之间)的相互协作的关系。最后这个阶段,是一种以每个人的全面而自由的发展为基本原则的社会形式,或者如《共产党宣言》所说的,是以"每个人的自由发展是一切人的自由发展的条件"的"自由人联合体"。②

第三个阶段无疑就是马克思心目中的共产主义社会。

这个"三阶段律"的最大特点是,它不仅概括了社会的发展,而且还勾画出了人的个体的发展,克服了来自互动理论(仅着眼于个人)和制度理论(仅着眼于社会)的性质不同的片面性。它为社会过程理论提供了一个非常富于想象力的新天地。更为将来的人类共同体中,个人和社会的共同发展勾勒了一个美好的远景。

五、社会结构转型与社会发展

从社会学史上来看,社会静力学的研究主题是结构论,社会动力学的主题则为变迁论,两者相辅相成地构成了社会学理论。不过,社会学初创时期的社会学家们,"把焦点集中于宏观的结构秩序之变化",变迁论带有"宏观的历史哲学的倾向",而在 20 世纪,结构论注重的是详细地分析社会结构和研究小集团的情况,变迁论"以更小规模的形式着眼于社会过程中的部分性动力学"。③

关于社会结构及其变化趋势

很显然,从社会学创始之日起,结构论和变迁论是密不可分地联系在一起的。探求社会变迁基于什么样的结构形态而产生的,历来是社会变迁研究的重要方面。只有正确把握社会的结构模式,才能进一步研究社会体系各组

---

① 《马克思恩格斯全集》第 46 卷(上),人民出版社 1979 年版,第 104、109 页。
② 马克思、恩格斯:《共产党宣言》,成仿吾译,人民出版社 1978 年版。
③ [日]横山宁夫:《社会学概论》,毛良鸿译,上海译文出版社 1983 年版,第 239 页。

成部分或者要素之间是以怎样的关联造成社会的整体变动的。因此富永健一才说:"我要选择的社会变迁的定义,就是社会结构的变迁。"①

从马克思主义观点来看,广义的社会结构,是指经济社会形态,即在社会各种基本活动领域中,社会经济结构对于社会政治结构、文化结构等具有决定性的影响和制约作用。这种社会的经济基础,具有将其他社会领域结合为一个有机整体的作用。建立在经济基础之上的上层建筑,包括法律性、政治性上层机构(政治领域)和各种社会性意识形态(文化领域)。上层建筑基本上是由经济基础决定的,并为维持、延续经济基础服务,具有相对独立性和稳定性,并对经济基础具有能动的反作用,直接或间接地影响社会经济结构。

狭义的社会结构指由社会分化产生的各主要的社会地位群体之间相互联系的基本状态。在阶级社会中,阶级结构是理解其他群体的地位和作用的基础,阶级关系决定着整体社会和各个社会群体的发展方向。上面我们已经说过,社会发展是包括水平变动在内的结构变动。人类社会的发展,由低到高,由农业而工业,无一不是结构变动的结果。不同的社会形态具有不同的社会结构。社会从一种形态向另一种形态发展,从一种结构向另一种结构变动,有各种各样的解释。其中的一个解释是把社会结构归结为五个社会发展的趋势指标,即:角色分化、地域的扩大、功能的合理化、水平及垂直的流动性和平等化。而且随着现代化和工业化,这五个指标都会急剧地提高,因而现代工业社会结构变动的显著特征是同时出现以下几个方面的变动:① 基础群体的功能缩小,家庭的核心化和亲属的解体;② 功能群体的数量和规模急速扩大;③ 在地域社会方面,总体社会的范围急剧扩大,地域间流动加强、村落共同体解体和城市化发展起来;④ 在社会阶层方面,在近代工业社会前期是贫富悬殊和阶级对立的激化,后期则是旧中间阶层的分解和新中间阶层的大量出现,工人阶级地位的上升与新中间阶层之间的地位平等化,以及地位不一致程度日益增大;⑤ 在国民社会和国家方面,是国民社会自足性的下降和世界社会化,以及国家所要求的功能性必要条件的增加和随之而来的行政组织规模的庞大化。

面对现代社会中结构的分化和广泛的社会群体向社会中心冲击,势必会在政治、社会和文化领域中产生抗拒取向,就其主题而言,有的以社会秩序为中心,有的则专注于文化传统。前者是如何创造非传统的社会价值的问题,后者是如何处理社会的历史传统与现代化之间的关系,以寻求把一般性的普遍取向与特殊性的民族传统结合起来。此外,在现代社会复杂的劳动分工中所产生的"异化"问题。为

---

① [日]富永健一:《社会结构与社会变迁》,董兴华译,云南人民出版社1988年版,第87页。

了不走传统主义和激进主义两个极端,就需要一些协调、调节和整合机制,并加以制度化。它们主要是:① 法制体系的发展,特别是民法和契约法的发展;② 各种大规模的协调机构,尤其是各种科层组织;③ 各种社团组织与专业组织;④ 各类市场和市场机制;⑤ 以立法作为自觉变迁的工具。采取这些整合机制,旨在提高在新社会结构中处理现代化过程中持续发展的能力。

社会结构转型规定和制约社会发展的走向

任何社会都存在呈相对稳定的结构与呈动态过程的功能。当一种社会结构阻碍功能性需求水平的提高时,就会产生结构变动,推动社会向前发展。金斯堡说:"发展是通过社会结构的变化、人与人之间扩大合作而表现出来的。"①"社会结构的变化",从某种意义上说,就是社会结构转型,不仅经济结构转型,而且非经济结构也会随之转型,因此,社会结构转型是一种整体的和全面的社会发展,即从传统向现代的过渡阶段。这是世界各国都存在的普遍现象。只是由于各国的历史背景、文化背景、资源背景等方面的特殊性,社会结构转型的特点也就不尽相同。有的学者把中国社会从1840年鸦片战争开始至今的历史,称为中国由传统社会向现代社会过渡或转型,于是便出现"转型中的中国社会"这一概念。

1. 经济结构的转型

人类社会的经济结构是社会结构的基础结构,它包括生产力系统(即生产力的状况)和生产关系体系(即被生产力所制约的经济关系)。马克思说:"社会的物质生产力发展到一定阶段,便同它们一直在其中活动的现存生产关系或财产关系(这只是生产关系的法律用语)发生矛盾。于是这些关系便由生产力的发展形式变成生产力的桎梏……随着经济基础的变革,全部庞大的上层建筑也或慢或快地发生变革。"②马克思的这一段精辟论述,向我们揭示了社会结构的统一性,即经济基础与上层建筑的对应关系;一旦各种物质生产力与生产关系的矛盾以及社会内部的阶级矛盾与对立等,导致对应(均衡)关系的丧失,产生结构性矛盾,于是便会出现能促成社会转型的社会革命;而这种革命通常发端于经济领域,也就是说,首当其冲的是经济结构转型。这是当前中国的经济体制改革的基本任务。

2. 非经济结构的转型

所谓非经济结构,主要分为两个层次:① 与经济基础相对应的上层建筑

---

① 转引自横山宁夫:《社会学概论》,毛良鸿译,上海译文出版社1983年版,第248页。
② 《马克思恩格斯选集》第2卷,人民出版社1972年版,第82页。

各领域,如社会政治制度、社会中的人的心理,以及反映这种心理特性的各种思想体系。② 由特定的社会关系或纽带联结起来的诸多社会地位群体之间相互联系的基本状态。

邓小平同志论述我国的改革时曾指出:"这是一场根本改变我国经济和技术落后面貌,进一步巩固无产阶级专政的伟大革命。这场革命既要大幅度地改变目前落后的生产力,就必然要多方面地改变生产关系,改变上层建筑,改变工农业企业的管理方式和国家对工农业企业的管理方式,使之适应于现代化大经济的需要。"①如果说经济体制改革是实现经济结构转型的主要手段,那么政治体制改革就不但是为了巩固经济体制改革所取得的成果,而且也是为了实现非经济结构各领域全面转型和社会的全面进步。

现代社会结构中变革主体的存在形态及其功能变化

通常在社会结构中,各类社会群体占有十分重要的地位,往往扮演着变革主体的角色。以血缘关系结合起来的群体,诸如氏族、家庭一类群体,均会随着社会(主要是功能)分化而产生某种程度的变动;以地缘关系结合起来的群体,诸如邻里、社区——即地域共同体(包括村落共同体和城市共同体)一类群体,均会随着现代化过程中功能的分化,频繁的地理流动和外向的社会关系,而在人们的观念上变得愈益淡薄;以业缘关系结合起来的各种职业群体,实际上是一种伴随着现代工业社会而产生的功能群体。这种与家庭相分离的群体的特点表现为分工关系和制度化的支配关系的确立,亦即组织作为现代化、工业化和城市化的载体而成为现代工业社会中合理化的主角。但是在现今,随着结构上的小规模化开始发展,不是单一类型的科层化组织,而是多样化的有机的组织正在增加。

上述三类地位群体的变动,都与人的观念的变化有关。人的现代化是一个重要课题。而更重要的一点是,这些地位群体的发展方向,还要受到国家的干预以及阶级关系的制约和支配。

中国社会结构转型的特点及其对现代化的意义

社会结构转型是现代化过程中的一个过渡阶段。但是中国的结构转型有着自身的显著特点:

1. 经济体制改革是社会结构转型的原动力

中国经济体制改革的基本方向是:变单一化的所有制结构为社会主义公有制主体、多种经济成分共同发展的所有制结构;变过分集中于国家一级的经济决策权力为国家、企业和劳动者多层次决策的结构,以深化企业改革,完

---

① 《邓小平文选》(1975—1982),人民出版社 1983 年版,第 125—126 页。

善企业经营机制;变指令性计划和行政手段为主的经济调节体系为缩小指令性计划、扩大指导性计划、利用市场机制主要运用经济手段的经济调节体系,以加速市场发育,完善社会主义市场体系;变政企职责不分为政企职责分开的经济组织体系,建立中央和地方两级政府的宏观调控体系,完善社会主义宏观管理体系;建立以按劳分配为主体,其他分配方式为补充的个人收入分配制度和社会保障体系。这种方向的确立,就使改革纳入制度化和规范化的轨道,并促动上层建筑各领域的体制改革,从而导致以职业分化为主体的各种社会分化,各种新型的社会经济组织和职业群体亦会如雨后春笋般出现,从而使社会结构的各个层面都发生相应的变化。但这只是问题的一面,问题的另一面在于,在体制变革的过程中如何有步骤地改变双重体制运行状况,"乃是形成中的新社会结构处理这种持续变迁问题的能力;换言之,也就是持续发展的问题,即形成一种能容纳持续变迁的问题与要求的制度结构"。①

2. 政府和市场的双重作用成为社会结构转型的直接推动力

在社会结构转型过程中,政府干预和市场调节相辅相成,互为补充。政府的力量主要表现在宏观调控方面,而市场体系的建立则是一种不可抗拒的外在力量。没有政府提供法律和规章制度体系,市场运转就会受阻,起不到调节作用,而没有完善的市场体系,改革只能是一句空话。在中国社会结构转型过程中既要搞经济体制改革,又要坚持社会主义方向,才能最大限度地发挥政府和市场的作用。

3. 城市化趋势具有"农村包围城市"的特点

一方面,农村剩余劳动力的转移主要表现为农业人口外流,而不是农村人口外流。另一方面,改革以来在各类规模的城市中,乡村中的镇发展得最快,而镇是被纳入乡村社会并作为乡村社会网络中心而存在的。中国城市化双向拓展的特点,是具有中国特色的城市化道路。

4. 中国发展的不平衡制约着中国结构性转型

首先,历史形成的地区之间经济发展的不平衡,导致东部、中部、西部之间的"梯度发展格局"。

其次,原本长期存在的城乡差别,自进入20世纪80年代以来,一些地区不仅没有缩小,而且存在日益扩大之势。

再次,高新技术与技术落后、劳动密集型产业的局面并存,由于人口重

---

① [以色列] S. M. 艾森斯塔德:《现代化:抗拒与变迁》,张旅平译,中国人民大学出版社1988年版,第49页。

负,社会改革缓慢,经济虽以较快速度增长,但不平衡性却一时难以克服。

由此可见,经济增长固然可以提高人民的生活水准,推动结构转型,但作为发展中的社会主义中国,结构转变本身就是一种推动力量,具有不可逆转之势,而在新旧体制交替之际,结构转变对持续的经济增长、发展战略的调整以及社会稳定协调的发展,其作用是不可低估的。

5. 在实践中认识社会主义及其转型逻辑:中国经验

《中国现代化报告2007》中关于中国社会现代化的历史经验,目前有8个经验和启示值得重视:① 中国社会现代化是一种后发追赶型社会现代化。② 中国社会现代化遵循世界社会现代化的基本规律。③ 中国社会现代化需要一个开放和平的国际环境。④ 中国社会现代化需要一种相对均衡和谐的发展观。⑤ 中国社会现代化需要一种理性宽容的心态。⑥ 中国社会现代化面临两次社会现代化的双重压力。⑦ 中国社会现代化需要抓住重大历史机遇。⑧ 中国社会现代化将是一个长达百年的世纪工程,我们需要做好充分的心理准备。而无论是理论还是实践方面,中国经验都提供了极高的研究价值。

发展社会学有两个主要的学术传统并由此形成两个主要的理论流派,一个是主要面对近代以来西方发达国家现代化过程的现代化理论(theories of modernization),另一个则是主要面对20世纪60年代以来发展中国家社会发展(特别是拉丁美洲和非洲以及后来的东亚部分国家和地区)的发展理论(theories of development)。而发生在20世纪最后20年的中国、前苏联和东欧的社会转型,则为形成发展社会学第三个学术传统和新的发展社会学理论提供了可能。中国、前苏联和东欧国家的社会转型过程,无疑为形成一种与现代化理论、发展理论相并列的转型理论提供了可能。

表15-1 发展社会学的三种理论模式

主题	现代化理论	发展理论	转型理论
起点	传统社会	"落后"社会	社会主义社会
变迁类型	传统-现代	传统-社会主义-现代	传统-现代-社会主义
政体基础	市民社会传统	殖民社会或部族社会等	总体性社会
经济基础	市场经济	市场经济与传统经济	再分配经济
国际环境	支配	附属	对立与融合
不平等机制	市场	市场、传统经济、国际秩序	市场与再分配
变迁	现代性因素的生长	外部刺激与内部反应	社会转型

而中国的市场转型过程与之明显不同可以概括为如下三个方面:

(1) 政体连续性背景下的渐进式改革：在改革策略的层面，"渐进式改革"与苏东国家激进式的"休克疗法"改革形成对照。而在其实质性内容的层面上，则是强调自己是在坚持社会主义基本制度和原则基础上的自我完善，是在基本社会体制框架（特别是政治制度）和主导性意识形态不发生变化的前提下所进行的改革。

(2) 权力连续性背景下的精英形成。在中国市场转型的过程中，由于经济体制中的由再分配经济向市场经济的转型，并没有同时伴随政权的更替，因而政治资本的强势地位并没有受到削弱。其直接的意义是在于，即使是在市场转型的过程中，甚至是在市场机制已经成为整个社会中占主导地位的经济整合机制的情况下，政治权力仍然继续保持着对其他类型资本的控制和操纵能力。在这种情况下，不同类型资本的相对独立性很难形成。通过政治权力的作用，整个社会中的资本在很大程度上是以一种高度不分化的总体性资本（total capital）的状态存在着，而不是以相对独立的资本的形态存在着。在这个基础上，中国市场转型过程中精英的形成过程，就表现为，并不是不同类型之间的精英的转换，而是在过去十几年改革过程中出现了一个掌握文化资本、政治资本和经济资本的总体性资本精英集团。这个集团的原初资本是他们自己和父辈所掌握的政治或行政权力。这样的精英形成过程，特别是这种精英拥有的总体性资本这种特征，与东欧市场转型过程中的精英形成是明显不同的。

(3) 主导性意识形态连续性背景下的"非正式运作"。中国的市场转型则是发生在非常不同的背景之下。在整个转型的过程中，几乎都伴随着不间断的意识形态争论。如改革初期关于市场经济合法性的争论，后来关于股份制的争论，关于私有化的问题直到现在仍然是一个禁区。这样的意识形态背景，成为市场转型的一种独特的成本。为了缩小这种成本，改革的推进者们采取了两种不同的策略。一是将新的改革措施或市场因素纳入原有的意识形态当中，如"社会主义的市场经济"等。另一种方式，则是"不争论"。在实际的社会生活中，就是能做不能说。而实质性的改革措施，有许多是通过变通的方式进行的。社会转型的过程实际上是进入实践状态社会现象的入手点，是接近实践状态社会现象的一种途径。而在对过程的强调中，我们更加重视的是事件性的过程。因为实践状态社会现象的逻辑，往往是在事件性的过程中才能更充分地展示出来。中国社会转型的特点使得我们有理由更加重视它的实践过程。在现实中，人们用不同的话语来表述中国社会转型的特征，如官方话语中的"不争论"，民间话语中的"只干不说"，官方非正式话语中的"打左灯向右转"等。也就是说,由于结构性条件的限制,中国的社会转型采取了与苏东迥然相异的过程,理论与实践之间存在着更大的偏离。①

社会转型的逻辑。逻辑是实践社会学的目标。实践社会学在面对实践状态的社会现象的时候,要发现的就是实践中的逻辑。然后通过对这种实践逻辑的解读,来对我们感兴趣的问题进行解释。虽然人们倾向于将改革看成是一个人为设计的过程,但实际上,这样的过程一旦开始,就会形成一种支配这个过程走下去的力量,即在实践的过程中塑造了进一步推进整个过程的逻辑。从这个意义上说,改革和转型的过程在脱离了最初的阶段之后,过程中产生的逻辑就开始发挥作用,而且这种作用会随着时间的推移而不断增强。因此,后来的转型过程与结果,实际上已经与最初的设计目标越来越没有关系。

社会转型的机制。从逻辑形成的角度说,机制是逻辑得以形成的方式;就整个转型过程来说,机制则是逻辑发挥作用的方式。社会转型的机制涉及从制度、结构到行为以及文化的各个方面,但从社会学的角度来说,是社会力量的组合及其变动。正因为如此,有学者曾经指出,一般地说,大规模的社会变革总会涉及两个相关的过程,一是体制的变革,二是社会力量构成的变化。但在社会变革的不同阶段上,这两个过程的关系是不一样的。在20世纪80年代的改革过程中,是体制的变革推动着社会结构的转型,即新的社会力量的形成以及对体制的适应。而到了90年代特别是90年代中期之后,结构先于体制定型下来;定型下来的结构开始影响和左右体制变革的过程。

普通人在社会转型中所使用的技术和策略。技术是指实践状态中那些行动者在行动中所使用的技术和策略。对这些技术和策略的强调,主要是为了凸显实践活动中的主体性因素。实践是实践的参与者能动地发挥作用的过程。这种能动的作用,是塑造实践逻辑的一个重要因素。如前所述,中国社会转型的一个重要特征就是实践与理论有着明显的偏离,非正式制度的作用更为突出,这样就为普通人在行动中运用技术和策略提供了更大的空间。可以说,中国改革和转型的实际过程,就是人们在实践中博弈的结果。

---

① 孙立平:《转型与断裂》,清华大学出版社2004年版。

第十六章 社会发展和社会现代化

现代化建设是一项有计划、有目的社会变迁和社会发展过程，它围绕着以经济发展为中心，推动政治、法律和社会精神生活等各个方面与各个领域的社会整体的发展。从国际背景上考察，这个变迁和发展过程的完整性、平衡性、协调性、系统性以及变迁速度，对于许多发展中国家摆脱贫穷落后的局面，跻身强国之林，参与国际事务，维护世界和平，都具有决定性意义。正因为如此，近几十年来，世界各国尤其是第三世界各国的现代化运动风起云涌。而为此积极进行探索并提供理论观点、战略方案和政策建议等等研究工作也蓬勃兴起，逐渐形成了一个跨学科的新领域，被称为"发展研究"（Development Studies）。发展经济学、发展社会学、发展政治学等分支学科，都对发展研究和社会现代化课题作出了自己的贡献。

一、西方资本主义现代化

现代化的界定及基本共识

从历史的观点来看，现代化是社会、经济、政治体制向现代类型变迁的过程。在这方面，结构功能主义的首倡者T.帕森斯的理论给研究现代化的学者以深刻的影响。他在《社会系统》一书中对现代化产生的历史进行了回顾，将世界范围内的现代化过程分为三个阶段：第一阶段以英国、法国、荷兰为先导；第二阶段以德国工业化为主导；第三阶段以"二战"后美国现代化为代表，与欧洲相比，美国民主革命和产业革命结合得较为密切。在帕森斯的影响下，资本主义国家形成了一股研究现代化的热潮。有人认为现代化"是从一个以农业为基础的人均收入低的社会，走向着重利用科学和技术的都市化和工业化社会的一种巨大转变","是涉及社会各个层面的一种过程。"[1]日本社会学家富永健一则认为现代化并不仅指产业化。产业化只是社会发展的技术—经济方面,并非现代产业社会的全面特征,现代化更应该强调政治上"近代国民国家形成和脱离王权专制的民主化";以及社会文化上"科学革命、理性主义精神、近代法的形成、公共教育的普及、村落共同体的解体和城市化、社会分化等等政治社会文化的发展"。[2]

现代化理论是关于世界现代化的特点和规律的研究成果的统称。在现代化理论中,"现代化"一词被赋予新的含义。而且,不同学者从不同角度研究现代化,他们对现代化的理论解释也不尽相同。

20世纪50—60年代形成的经典现代化理论,从三个方面解释"现代化":

(1) "现代化"的一般定义。在经典现代化理论中,不同学派和不同学者对现代化的定义有所不同。美国学者本迪克斯认为:"我把现代化理解为社会变迁的一种类型,它起始于英国工业革命和政治性的法国大革命。它存在于几个'先锋社会'的经济和政治进步以及继之而来的后进社会的变迁进程之中。"北京大学罗荣渠教授认为:作为人类近期历史发展的特定过程,把高度发达的工业社会的实现作为现代化完成的一个主要标志也许是合适的。

(2) "现代化"作为一个过程的特点。20世纪70年代,美国学者亨廷顿归纳了现代化过程的9个特征:① 现代化是革命的;② 现代化是复杂的;③ 现代化是系统的;④ 现代化是全球的;⑤ 现代化是长期的;⑥ 现代化是有阶段的;⑦ 现代化是趋同的;⑧ 现代化是不可逆的;⑨ 现代化是进步的过程。

(3) "现代化"作为一个过程的结果的特点(现代性)。现代性是现代化过程的结果。如果说,现代化过程是不断变化的,那么,现代性是相对稳定的。现代性在不同领域有不同表现,如政治民主化、经济工业化、社会城市化、宗教世俗化、观念理性化、现代主义、普及初等教育等。

20世纪70年代以来形成的后现代化理论,从三个方面解释"现代化":① "现代化"的一般定义。"现代化"是人类社会发展的一个阶段,指从传统农业社会向现代工业社会的转变。现代化不是终点,现代化以后是后现代化。② "现代化"作为一个过程的特点。它赞成经典现代化理论的一般观点,认为经济、文化和政治变化是基本一致的,是可以部分预测的。③ "现代化"作为一个过程的结果的特点。它把经典现代化理论的"现代性"理解为"第一现

---

[1] [美] Q. 罗兹曼:《中国的现代化》,陶骅等译,江苏人民出版社1988年版,第1、4页。
[2] [日] 富永健一:《社会学原理》,严立贤译,社会科学文献出版社1992年版,第245页。

代性"。

1985年,德国学者胡伯提出生态现代化理论。根据生态现代化理论,从农业社会向工业社会的转变是现代化,从工业社会向生态社会的转变是生态现代化。经典的"现代化"是人类社会发展的一个阶段,不是终点。1986年,德国学者贝克提出再现代化理论(有人翻译成自反性现代化、反思现代化等)。它认为,"现代化"包括两个阶段(或两种现代化),从农业社会向工业社会的转变是普通现代化,从工业社会向风险社会的转变是再现代化;工业社会的现代性是第一现代性,风险社会的现代性是第二现代性。1991年,德国第25届社会学大会以"现代社会的现代化"为主题。德国社会学会主席查普夫在会上回顾了现代化理论的发展,阐述了现代社会的现代化是"继续现代化"的观点。他认为,经典现代化理论描述的"现代化",实际是一个"半现代化"状态,现代化还要继续发展。

1998年中国科学院何传启研究员提出第二次现代化理论,它是一种新现代化理论。在第二次现代化理论中,"现代化"被赋予新含义:其一,现代化的一般含义。现代化一般指18世纪工业革命以来人类社会所发生的深刻变化,它包括从传统经济向现代经济、传统社会向现代社会、传统政治向现代政治、传统文明向现代文明转变的历史过程及其变化;它既发生在先锋国家的社会变迁里,也存在于后进国家追赶先进水平的过程中。其二,第一次现代化。指从农业时代向工业时代、农业经济向工业经济、农业社会向工业社会、农业文明向工业文明的转变过程及深刻变化。其三,第二次现代化。指从工业时代向知识时代、工业经济向知识经济、工业社会向知识社会、工业文明向知识文明的转变过程及深刻变化。其四,综合现代化。指发展中国家为迎头赶上发达国家第二次现代化水平,采取第一次现代化和第二次现代化协调发展的道路,形成综合现代化模式。其五,未来的现代化。指完成第二次现代化后人类社会进行的新的现代化。何传启还进一步提出了世界社会现代化的8个历史经验:

(1) 社会现代化既是一种历史必然,又是一种社会选择。对于人类文明的发展而言,社会现代化既是一种历史必然,也是一种世界潮流,代表了人类文明前进的一个方向。对于不同国家和民族而言,社会现代化既是一种社会选择,也是一种历史责任。选择了社会现代化的国家和民族,就需要承受社会现代化的责任和结果。没有选择社会现代化的国家和民族,它们不需要承担社会现代化的责任,但必须承受其选择的结果。这种结果大约是:停留在传统农业社会或原始社会阶段,与人类文明前沿的差距将与日俱增。

(2) 社会现代化不是一帆风顺的,而是波浪式前进。社会现代化不以个人意志为转移,而是遵循客观规律。波浪式前进就是一个重要规律。它是由三个因素决定的:知识和技术创新的波动性、经济运行的波动性、人类思想和认识的波动性(创新和守旧的对抗)等。

(3) 社会现代化的重大进展,依赖于重大创新和扩散。在人类文明前沿,社会现代化更多是一种自然演化,但自然演化不是天上掉下来的馅饼,而是由创新和扩散等推动的。事实上,社会现代化的每一次革命性进步,都是重大创新及其扩散的结果。

(4) 社会现代化有三个来源:继发、折转和创新。首先是对传统社会的部分继发(继承和发展),如科技知识和社会道德等;其次是对传统社会的部分折转(否定和转折,解构和转向),如城市化和郊区化等;其三是知识和制度创新,如工业革命和知识革命等。在社会现代化不同阶段,三大来源的重要性有所不同。

(5) 社会现代化不仅是社会进步,还有社会正适应。社会进步主要体现为生活质量、社会效率、国民素质、社会福利、社会公平的提高等;社会正适应主要体现为生活方式、生活和社会环境的积极性变化等。有些社会变迁如信息化和休闲化等,既是社会适应也是社会进步;有些如家庭小型化和人口出生率下降等,就只是一种适应性变化。

(6) 社会现代化具有"后发效应"。根据过去300年的历史经验,社会现代化可以分为"先发型"和"后发型";其中,社会现代化的"先发型国家"具有"竞争优势",因为它可以引导世界潮流、利用世界资源和制定世界规则;"后发型国家"具有"后发效应",因为它可以借鉴和利用"先发型国家"的成功经验和先进技术,减少失误。但在国际社会竞赛中,"后发效应"的作用不能被过高估计,因为引进技术是一种市场行为,而且影响因素很多;"后发型国家"需要提高国际竞争力和鉴别能力,谨防落入"被利用、操纵和误导"的国际陷阱。

(7) 社会现代化没有最佳模式,只有合理选择和路径依赖性。社会现代化的实质是相同的,但形式是多样的。社会现代化的主方向是相同的,但路径是多样的。例如,西方发达国家不同国家的教育体制是不同的,社会保障体系是不同的,公共卫生体系是不同的。

(8) 社会现代化不是一劳永逸的,而是相对的和地位可变的。过去300年历史表明,社会现代化的世界结构是基本稳定的,大约20%国家是发达国家,大约80%的国家是后进国家;不同国家的国际社会地位是可以变化的,而且变化是有规律的。例如,在1960—2003年的43年里,大约88%的发达国家和90%多的发展中国家的国际地位没有变化,大约12%的发达国家降级为发展中国家,大约6%的发展中国家升级为发达国家。

由此可见,现代化的定义是很不容易确定的。但是,在各种解释中有些已经达成共识:

一是现代化的过程首先在西欧发生,而后扩及世界的其他地方,成为世界性的普遍现象。

二是现代化是科技革命的产物,因此具有和传统社会相对立的性质(这里所说的传统特指西方所独有的文化与传统)。

三是现代化虽由工业化发其端,但就内容而言,不只包括由工业化促成的经济现代化,还涉及政治、教育、心理(观念)与社会生活各个层面的现代化。现代化是一种特殊的社会变迁过程,即"巨大的革命发生的形变"。

四是从世界范围来看,现代化的发展是很不平衡的。首先发生在西欧的现代化是由内生因引起的,即经由社会内部的发明、发现和创造而形成的。由外来文化的传播而借取之现代化谓之外生因,发达国家中的日本即属此范畴,而今天发展中国家的现代化虽属同一范畴,但由于发展缓慢,故谓之"后发展国家"以示区别。

现代化的进程与后果

社会现代化是一场深刻的社会变革,它最初可能发生于经济领域,但是,最终它必然带来社会生活各个方面一系列的"共振"、分化、重组和一系列的变动,诚如美国著名社会学家 P. E. 拉扎斯菲尔德在《潜在结构分析》一文中所指出的那样:工业化、城市化、世俗化、大众媒介参与以及民主化等等,最终成为西方现代化的核心和结果。

具体而言,现代化的进程以及其对社会发展的巨大影响,可以概括为以下几个方面:

1. 产业、职业结构的变化而产生的社会关系和社会行为的改变

社会现代化的一个显著标志就是科学技术高速度的发展,它大量地、更快地转化为直接的生产力,促使社会工业化的迅猛发展和生产的自动化,更多的"朝阳工业"代替传统的"夕阳工业",这个过程显现在国民经济当中就是第一、第二、第三产业的结构和比例发生显著的变化。"二战"后,在工业发达国家,第三产业(主要是服务业)发展很快,不论是从所创造的价值,还是从所得到的投资来看,都是增长最快的。第三产业的迅猛发展,以及先进的科学技术,特别是微电子技术的广泛运用,促使社会的职业首先发生巨大变化。

第一,农业、工业的就业人员数量下降,第三产业的从业人员数量剧增。第二,职业的种类不断更新。许多职业随着某种"夕阳工业"的淘汰而隐退,但更多的新职业却随着"朝阳工业"的上升而产生。

作为社会结构的重要组成部分——产业、职业结构的变化,势必带来社会结构中相应的关系和行为的变动。首先,经济关系逐渐从其他社会关系中分离出来。在前工业社会中,经济关系只是人们之间广泛的社会关系中的一部分。这种广泛的关系可以以家庭和亲属关系为基础,也可以与种姓制度和阶级相联系,等等。在工业社会中,经济联系早已从这种网络中分离出来并独立地发挥职能。这种分离就是被称为"社会分化"的总过程的一个方面。其次,工厂制度改变了雇佣工人同他们的工作之间的关系。在前工业时代,最终产品的质量主要依赖于工人的技巧、判断力和经验。但是在现代化的工厂中,生产质量、速度和精确程度都由机器来决定,而工人们则必须使自己的动作适合机器的运转,实质上工人们不过是机器的附庸物。马克思由此尖锐地指出,工人们成了自己劳动的异化物,他们很难和自己的工作或劳动组织保持一致,并且,工人们在根本得不到快乐的工作环境中,不得不为了维持生活而在那里耗费时间与精力。

2. 社会分层体系的变化

从世界各国的经验看,现代化必然造成社会分层结构的演变。今天,世界上的发达国家都已形成了不同于传统社会的新的社会分层结构。我们先简述一下欧美发达国家社会分层结构演变的历程及其特点:① 从传统的贵族与平民的身份制度演变为雇主与雇员的阶级分层制度。欧洲社会在工业革命前具有很强的身份制分层色彩。比较典型的,如英国有绅士与平民之间的重要区分。② 农业劳动阶级的衰落和工业劳动阶级的兴起。目前的西方国家,无论我们称之为工业社会还是后工业社会,都是工业或新兴工业占据绝对统治地位的社会,都是工业或新兴工业占据绝对统治地位的社会。农业就业者仅占很小比例。③ 白领阶层在人数和比例上均超过蓝领阶层。自20世纪初以来,随着大的垄断组织的兴起,白领队伍就开始膨胀起来。"二战"后,随着科技革命的发展,白领阶层更迅速扩大起来,在人数和比例上超过蓝领而成为最主要的社会群体。从社会后果看,白领的上升和蓝领的下降使得西方国家早期的那种以蓝领工人为主体的大规模劳工运动与斗争无论在声势上还是在激烈程度上都大大下降。④ 庞大的中产阶级队伍的形成。这一特点与上述的白领阶层密切相连。在经济发达国家,居于最富有的与最贫穷的阶层之间的是一个庞大的中等收入层,它成为社会的主体。庞大的中产阶级的形成,使得全社会的贫富差距程度大大缩小。作为贫富之间的过渡群体,中产阶级起到了使社会上层与下层对立和冲突得到缓解的作用。

上述的西方发达国家演变的特点,在我国目前社会结构的变迁中,也都或多或少地可以发现类似的倾向。中国社会从1978年的改革以来,社会分层结构也发生了重大变化。这种变化可以从群体分层结构与制度变迁两个方面看。从群体分层结构看,比较大的变化包括:农民的分化、工人群体的膨胀、个体私营工商层的出现、贫富群体之间差距的拉大等。从制度变迁看,比较大的变化有:城乡结构、城乡关系的变迁、单位制的变迁等。

3. 社会流动的加剧

产业和职业结构的变化也推动和加速了社会流动。当今国内外的社会流动的具体表现是:首先,地域上的横向流动出现加剧的趋势,在中国,大量农民工进城务工,在美国,人口由北部老工业区移向南部和西部新兴工业区。其次,代际职业的纵向流动的幅度和频度急剧增大,这显著地反映出社会发展和社会进步的步伐。再次,一代人职业升降的纵向流动日益频繁。产业结构的变动使发达国家大批农民涌入城市而成为企业工人或第三产业的从业人员;工业化和生产自动化又使更多的"蓝领"成为"白领"和其他脑力劳动者,这样推动了一代人职业的向上流动。劳动力自由买卖使资本主义国家的从业人员可以自由择业,因此,在向上流动的过程中,也伴随着职业的向下流动。

4. 生活方式的变迁

生活方式是一个内容相当广泛的概念。社会学领域中不少人认为,生活方式是在历史上一定的社会条件下和人们一定的思想意识和价值观念指导下的社会生活类型。因此,在同一时代的大多数人,因为生活在共同的经济、政治和文化背景下,所以生活方式具有时代性。尽管任何一个社会都有着不同类型的生活方式,但是最能衡量生活方式状况的,是生活方式的质量和数量。现代化进程对人们生活方式的影响可以体现在生活水平和生活质量的极大提高,工作时间和闲暇时间的比例不断重组与现代化相伴随的人们某些心理的和价值观的变化。

我们认为,物质现代化和人的现代化实际存在着一个相互制约、相互依存的关系。物质现代化,首先经济现代化是整个社会现代化的基础,失去它,也就不可能产生人的现代化;而人的现代化则是物质现代化进一步发展的保证,两者在社会现代化进程中都占有同等重要的地位,缺一不可。当然,随着现代化建设所处的阶段不同,两者的紧迫性和侧重点也应该有所区别。

5. 社会制度的变革

在家庭制度方面,由于核心家庭能更好地适应工业社会,所以联合家庭日趋瓦解。另外,妇女已能在社会中找到工作,由此带来的更大的独立性改变了婚姻关系的性质,反过来,这种变化又触动了家庭生活的结构和经历。家庭作为日常生活中心的作用减少了,而更多地成为人们一种夜间生活的基地。家庭在结构上变得更少独裁性而更多民主化了。

在政治制度方面,伴随着现代化进程,许多国家中央集权化的官僚体制政治权力都有明显的发展。在西方国家的早期经历中,这种权力曾支持了自由主义的经济改革。在今天的现代化过程中,它常常被用来促进政治对经济的控制。此外,政治参与大大提高,参与的形式也趋向多样化,从民主参与到由一党控制下的参与。这无疑一方面表明政治制度的开放,另一方面显示民众的民主意识和现代性的增长。

在文化制度方面,大众交往、大众教育,以致最后大众文化都蓬勃发展起来。政治宣传和某些艺术形式在全体人口中变得越来越标准化、商业化和普遍化。对此,有些社会学家认为,这种发展未必就意味着文化形式的退化,相反,文化是通过一些新的方式在更广泛的范围中间传播。

二、资本主义现代化对发展中国家现代化的影响

无疑,现代化的历程始于欧洲,但现代化的最终影响却不局限于欧洲地域范围而波及整个世界,冲击着整个人类,在世界范围内推动各国不断向前发展。

现代化的第一阶段模式和第二阶段模式

在苏联十月革命前,世界上还只有资本主义现代化。S. N. 艾森斯塔德称之为现代化第一阶段的模式。具体是指18世纪末和19世纪初在欧洲,尤其是西欧和美国及少数拉丁美洲和亚洲国家所形成的发展阶段。现代化的历史进程最初就是在以英国为代表的欧洲国家形成的,在这些社会中,现代化的进程是同时开始于社会中心和较广阔的社会阶层内部。如英国在1640年开始的资产阶级革命,经过"光荣革命"后建立了君主立宪制的资产阶级的政权。资产阶级政权的确立、农业革命和工业革命的开展,巩固了英国在世界经济中的霸主地位,使英国成为资本主义经济的重心。英国的霸权地位造成一种趋向国际化的外贸政策,使得英国开始了其持续的对外殖民掠夺的过程。以英国为代表的西欧现代化在社会内部种种因素作用下得到发展,尽管

在各种因素冲突中产生了种种现代化的抗拒因素,影响了西欧国家的社会协调发展,但现代化还是在西欧以外的地区得到了扩展。在法国和意大利,尽管产生了越来越多的对现代化抗拒的孤立群体,但以现代化为价值取向的追求始终没有停止。

与西欧具有相同或不同社会背景的欧洲其他国家,在外力及社会内部不同因素作用下,开展了以现代化为特征的社会变迁。俄罗斯亚历山大经济技术上的改革;德国俾斯麦执政时期以工业化为目标追求的努力,使得德国工业化和都市化迅速发展;日本明治维新时期的改革也使日本走上了现代化的发展道路。

分析这一时期的现代化模式可以发现,促成这些国家现代化进程的,尽管有或多或少的外部影响,但社会内部变革力量的作用是促成这些国家走向现代化最主要的推动力。

现代化第二阶段的模式主要包括19世纪中期开始的拉丁美洲现代化模式,取得民族革命胜利后的土耳其、墨西哥现代化模式以及中国以"洋务运动"为特征的早期现代化,更多的是"二战"后,从殖民列强统治下取得独立的新兴主权国家的现代化模式。拉丁美洲现代化模式是以比较软弱的寡头精英致力于建立一种正式的现代政治框架,在文化上主要以都市化欧洲为其取向,在经济上则以土地所有权和都市化的某些职业领域为基础和主要特征。在外力的冲击下,这些拉美国家产生了日益增长的社会动员和社会分化,最重要的也许就是社会内部的结构二元性。这可能也是拉美国家政治、经济上持续动荡的一种深层次原因,它影响了拉美国家现代化目标的实现。

这类以西方现代化国家为追赶目标的发展中国家其现代化目标最初多半是在外力冲击下产生的,只是在较小程度上通过广泛群体和阶层的内在主动性和转变所促成。这或许也是大多数发展中国家现代化目标难以实现的主要原因之一,这使我们不得不认识到发展中国家现代化建设的艰巨性。

发展中国家现代化有一个与众不同的特点就是这些地区严重的人口过剩问题。许多发展中国家在刚开始工业化时人口就已经过剩了,而且在经济的每一步成长中都伴随着人口的跳跃式增长。在许多情况下,即使国民生产率提高了,但人口的急剧增长使得人均收入没有什么变化。

另外,发展中国家的经济发展几乎总是被中央集权政府所计划和管理的。这与西方的情况不同,在西方,政府倾向于避免大规模介入市场。更为不幸的是,第三世界国家政权往往缺乏实施它们雄心勃勃的计划所必需的政治稳定性和大众的支持。再进一步来看,这些社会通常缺乏足够的、具有高技术素质的和动机明确的专业技术人员,如工程师、经理、农业专家和医生。没有这些人员,经济发展是很难成功的。

最后要说明的一点是,许多发展中国家都还很年轻。大部分的非洲国家直到20世纪60年代才获得独立,并且许多国家到现在还处在建立其合法性的过程之中。大多数国家缺乏文化的凝聚力和经济的稳定性,而且很少有国家能够建立起完善的教育体系以促进快速增长的经济发展,通讯体系也不够完善。

现代化的"变革类型"与"回应变革类型"

如果将世界各国经历的现代化过程按艾森斯塔德所说的内部因素和外部因素分别起主导作用的话,率先开始现代化的国家则大致属于"变革类型",其特征表现为"结构的分化"。这种结构分化包括了社会、政治、经济等领域的结构变化,"现代化过程并非仅仅表现为主要制度领域中的持续性的结构分化",①在每个不同领域都表现出自己的主要特征。另外,艾森斯塔德还将受外部因素影响进行的现代化概括为"回应变革类型"。

西欧和美国等国家持续的社会经济发展和更多的发展中国家对现代化目标的追求,引起人们对"变革类型"和"回应变革类型"的现代化模式感到极大的兴趣。

如果说,西欧、美国等主要是由内部因素作用下实现的现代化,那么更多的发展中国家则是在外界种种因素的作用下才产生了对现代化目标孜孜以求的动力,因而又被称为"迟发外生型"的现代化模式。

"二战"结束后,冷战时期的世界政治、经济格局发生了极大的变化,不少曾经受西方殖民统治的国家赢得了民族独立。发达国家的富裕生活使他们对现代化充满了憧憬和向往,他们以现代化作为自己民族奋斗和追求的目标。在国内从事工业化和民主化建设,他们追求的工业化实际上就是经济增长,这种单纯的经济增长导致了生态和环境的极大破坏;而民主化的追求实质上就是多党制的追求,这种民主政治的最直接后果就是种族纷争和社会动荡。

这些发展中国家对现代化目标的追求有一个共同的特征,就是最初多半是在外力冲击下才产生的以现代化为目标取向的愿望,而且他们对现代化目标的向往也只是在较小的程度上通过其广泛群体和阶层的内在主动性和转变促成的。由于西方国家和非西方发展中国家实现现代化的时机和条件的

---

① [以色列] S. N. 艾森斯塔德:《现代化:抗拒与变迁》,中国人民大学出版社1988年版。

不同,使发展中国家的现代化建设一开始就面临种种先天发展条件的不足。马克思在《资本论》一版序言中写道:"工业较发达的国家向工业较不发达的国家所显示的只是后者未来的景象。"许多发展中国家由于缺少资源或缺少实现现代化必要的制度条件,以致实现现代化步履维艰。

东亚部分国家和地区现代化发展道路

"二战"后,日本和"亚洲四小龙"经济的迅速发展,创造了世界经济增长的奇迹,这些国家和地区的经济发展都有自己鲜明的特征:日本是通过渐进改革直接进入工业化的;韩国是在完全殖民地的基础上,通过革命化独立运动走上现代化的发展道路的;新加坡则是充分利用机遇,在有限的资源上开出了一条适合本国国情的现代化道路;香港和台湾地区的经济发展也是抓住世界经济发展的机遇得到迅速发展的。

20世纪70年代末,"亚洲四小龙"面临的共同问题就是产业结构的调整、制造业的升级换代。新加坡、韩国和台湾地区的产业调整策略更多的是政府制定优惠政策、借助高科技产品开发来形成新的支柱产业。中国大陆的改革、开放为香港地区经济发展带来新的发展机遇,由于华南地区与香港地区文化背景的共通性,加之土地、劳动力等的低廉价格,再加上香港地区政府采取"不干涉"的政策,香港迅速而成功地实现了制造业的转移,形成了今天香港经济发展的新格局。

韩国、新加坡以及香港地区和中国台湾等东亚新兴工业化国家和地区的迅速兴起引起了世界的关注。对其成功经验的分析研究,使人们得出了较为一致的看法:即在他们迅速发展的过程中,政府起了关键性作用。由于这些国家和地区的政府根据自己的实际情况制定了许多具体而符合实际的政策,如土地改革、农业政策、工业战略、出口导向、制造业政策及劳工政策等,鼓励了经济的增长,正是由于这些政策的推动,促进了这些国家和地区的发展。

刺激亚洲新兴工业化国家和地区经济增长的一个很重要原因是出口导向的工业化,尤其是制造品出口的迅速发展。他们在全球经济一体化的大背景下,抓住机遇制定了各种最可行的发展战略,克服了本国资源稀缺等因素的制约,在不长的时间内完成了以进口替代出口导向的转变,实现工业化的起飞。

20世纪60年代中期,日本因劳动力成本上升而放弃劳动密集型产品出口时,香港抓住时机扩大劳动密集型产品出口。韩国、台湾地区、新加坡,他们充分利用国际分工中的相对优势,挤占了日本留下的市场空间。

在东亚新兴工业化国家和地区的发展中,美国从中起了一定的作用,作为美国东亚盟友的日本、韩国、新加坡,甚至香港、台湾地区充分利用美国庞大的市场需求,发展本国和本地区的经济。而美国也充分利用这些盟友试图遏制苏联和中国,这样美国就从经济上和军事上帮助这些国家和地区进行经济发展。

尽管日本和"亚洲四小龙"经济起飞的因素很多,但有一点是相同的,即这些国家和地区都是抓住了历史赋予的机遇促成经济发展的。借鉴东亚一些国家和地区的成功经验,吸取其失误和挫折的经验和教训,加快自己的发展,是目前中国面临的最迫切课题。

三、西方社会发展和现代化理论

作为一种世界范围的社会运动,现代化的实践和理论是紧密联系在一起的。大约在 20 世纪 60 年代初"发展研究"成为一个跨学科的领域出现在美国和欧洲,吸引着越来越多的学者、政府研究机构和民间团体,如美国的赫德森研究所、罗马俱乐部、联邦德国的慕尼黑发展研究中心、联合国所属的教科文组织、世界银行等等。在广泛而深入的研究、探索过程中,许多"发展模式"和现代化理论竞相问世。其中,以 T. 帕森斯为首的结构功能主义学派,可以被看做是现代化理论的先驱。帕森斯把社会进化分为原始——过渡——现代三个阶段;霍斯里兹第一个将帕森斯的这方面理论和观点用于研究发达与不发达的问题。经济学家罗斯托从经济的角度对现代化理论作出了杰出贡献;美国政治学家亨廷顿的著作《变化中社会的政治秩序》一书,代表了现代化理论的政治基础;美国著名社会学家 D. 贝尔则对现代和未来的现代化社会进行了分析和探索,他所发表的有关"后工业社会"著述,令学术界耳目一新。作为一种历史的连续性,众多的现代化理论主要是在著名社会学家涂尔干和马克斯·韦伯的思想基础上发展起来的。

经典社会学家的论述

经典社会现代化理论是一个学术思想集合,包括三个主要部分。① 关于经典社会现代化的一般表述。② 关于社会现代化某方面或某领域的一般表述。③ 社会学中与社会变迁和社会发展相关的理论。为了叙述的简便,可以将这三个部分,分别简称为经典社会现代化的一般理论、分支理论和相关理论,或者简称为元理论、亚理论和相关理论。(参见图 16-1)一般而言,经典社会现代化的一般理论是关于经典社会现代化过程的规律和特征的系统阐述,它包括经典社会现代化的定义、过程、结果、动力和模式等五个方面的基本内容(参见图 16-2)。

经典社会现代化理论 { 关于经典社会现代化的一般表述(元理论)
关于社会现代化某方面或某领域的一般表述(亚理论)
社会学中与社会变迁和社会发展相关的理论(相关理论)

图 16-1 经典社会现代化理论的结构

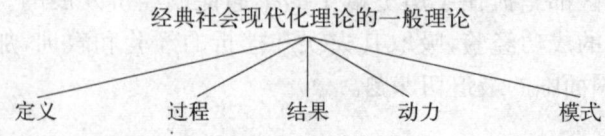

图 16-2 经典社会现代化理论的一般理论

经典社会现代化过程的基本内容主要包括：社会动员和社会流动、社会分层、分化和整合、社会结构转型、人口和家庭结构的变化、居住结构的城市化、非生物能源和科技的大量应用、公共卫生和健康的变化、国民教育的发展和普及初等教育、职业分化和专业化、社会生产力和人均收入的提高、劳动时间缩短和休闲时间的延长、家庭机械化电气化、交通运输和通信的发展、社会保障体系的建立、社会制度和观念的变化等。

经典社会现代化过程与经典现代化的特点是基本一致的。亨廷顿认为(布莱克,1996)：① 现代化是革命的过程,从传统社会向现代社会的转变,只能与人类起源的变化和从原始社会向文明社会的变化相比拟；② 现代化是复杂的过程,它实际上包含着人类思想和行为一切领域的变化；③ 现代化是系统的过程,一个因素的变化将影响其他因素的变化；④ 现代化是全球的过程,现代化起源于欧洲,但现在已经成为全世界的现象；⑤ 现代化是长期的过程,现代化所涉及的整个变化需要时间才能解决；⑥ 现代化是有阶段的过程,一切社会的现代化过程,有可能区别出不同水平或阶段；⑦ 现代化是趋同的过程,传统社会有很多不同类型,现代社会却基本是相似的；⑧ 现代化是不可逆的过程,虽然在现代化过程中某些方面可能出现暂时的挫折和偶然的倒退,但在整体上现代化是一个长期的趋向；⑨ 现代化是进步的过程,在转变时期,现代化的代价和痛苦是巨大的；从长远看,现代化增加了人类在文化和物质方面的幸福。关于趋同性和不可逆性,存在许多争议,因为它们与社会现实有一些差异。

经典社会现代化的结果是完成从农业社会向工业社会的转变,成为工业化社会。美国学者萨顿比较了农业社会与工业社会的典型特征。成熟的工业化社会具有许多共同的特点,可以称为经典社会现代性,主要包括：社会流动、分层、分化和整合、家庭小型化、城市化、理性化、专业化、家庭机械化、电气化、自动化、福利化、普及初等义务教育和大众传播等；同时也有一些负效果，如贫富差距、环境、家庭和伦理问题等。

经典社会现代化是一个复杂过程，它的动力机制也是复杂的。目前对此尚没有统一认识。大致有五种观点：第一种观点，经济发展和工业化是现代化进程的主要推动力。第二种观点，文化变迁是现代化的主要推动力。第三种观点，政治、经济和文化的相互作用，推动了现代化。第四种观点，创新、扩散和变化促进者，是现代化的关键因素。第五种观点，多种因素影响社会现代化，包括经济、政治、文化、环境、社会、科技、社会因素和社会规划等。

经典社会现代化的途径和模式是多样的，具有路径依赖性，受历史、地理和传统的影响。这种多样性表现在：人口和家庭变化模式、城市化模式、公共卫生体系、国民教育体系、劳动力和职业结构、社会保障体系等的国际差异性等方面。

经典社会现代化不是孤立的，它既受政治和文化的影响，又与经典经济现代化相互作用，同时受科技水平的制约。所以，关于经典社会现代化与国家现代化和其他领域现代化的关系的分析，也应该成为经典社会现代化理论的内容。经典社会现代化理论是以国家为基本单元的。在国家内部的不同行政层次的地区，地区社会现代化与国家社会现代化会有所不同，例如城市化模式的差异等。关于地区社会现代化，也应属于经典社会现代化理论的研究范畴。

经典社会现代化的基础研究，主要目的是识别人类社会前沿和国际社会差距，以及前沿和差距形成的原因。经典社会现代化的应用研究，主要目的是识别追赶、达到和保持社会先进水平的基本途径和一般方法。开发研究则是制定某个时期的社会现代化的具体政策。

经典社会现代化理论的分支理论，是关于社会现代化的主要议题和主要领域的专门理论。这些分支理论，同时也是社会学理论的成员。它们有：工业社会理论、现代化社会理论、城市化理论、社会分化理论、理性化理论、人口现代化、卫生现代化、教育现代化、社会保障现代化等。经典社会现代化理论的相关理论，是与社会现代化内容相关，但内容超出社会现代化范围的一些社会学理论。这些社会学理论，是社会现代化理论的重要理论来源，同时也能解释社会现代化的相关内容。它们有：结构功能主义、社会系统理论、进化理论、社会发展理论（如欠发达社会的发展、依附理论、世界体系理论等，有学者认为社会现代化理论也是一种社会发展理论）、循环理论、冲突理论、互动理论、转型理论、扩散理论等。

在社会学思想史上,英国社会学家斯宾塞率先对新的工业社会作了研究与分析。他认为,发达社会和原始社会的不同之处在于,发达社会是异质的,原始社会是同质的、隔离的。社会学学科化时期的思想家对社会现代化进行了较为系统的研究。

在1893年出版的《社会的劳动分工》一书中,涂尔干提出了"传统社会"和"现代社会"两种基本的社会类型,指出这两种社会的成员有着两种截然不同的社会结合形式。① 前者被涂尔干称为"机械的团结",它是以家庭群体或家族集团为基础,以集体湮没个性为代价的;后者被称为"有机的团结",在此之下的集体意识规模缩小,强度减弱。根据进化论的观点,涂尔干把传统社会和现代社会看做是统一的进化链条上的两个环节,而促使从这个环节进化到另一个环节的机制则是社会分工。

韦伯在回答为什么资本主义工业只是在西欧经济中占据统治地位这一问题上,曾经为解释工业化社会的出现作过探索。他指出,由"传统的"、"懒散的"前资本主义文明向充满奋发进取精神的现代资本主义社会的过程中,实现从单纯挣钱的动机为从事大规模企业活动的动机转变的合理的经济行为,则需要一种被称为合理化"资本主义精神"的动力。西欧社会和东方各国社会的明显差异在于,前者注意勤奋进取,并通过审慎的投资稳步地积累资本,而后者则往往注意及时性的消费,把获得的利润去购买各种奢侈品。为此,韦伯在《新教伦理和资本主义精神》这部名著中指出,正是这一新教伦理在整个欧洲的发扬光大,使那里产生了与这一伦理相适应的资本主义精神,两者结合起来导致了现代资本主义在西方社会的发展。② 韦伯和涂尔干一样,根据自己的观点区分了传统社会与现代社会的差异,并从差异中看到了两种伦理、两种价值观的对立。

涂尔干对于社会发展的进化观点极其缺乏历史证据的思辨性、马克斯·韦伯学说明显的伦理相对主义和欧洲中心主义的特点,以及两者都把社会变迁看做是一种内生过程,认为现代化的内核存在于一切社会,现代化是人类社会的普遍进程而不是某些在特定时期发生的具体历史过程,所有这一切都被后来的现代化理论家们在构拟他们的理论概念时加以吸取,用来说明发展

---

① [英]安德鲁·韦伯斯特:《发展社会学》,陈一筠译,华夏出版社1987年版,第24页。
② [德]马克斯·韦伯:《新教伦理与资本主义精神》,黄晓京、彭强译,四川人民出版社1986年版,第19—25页。

和现代化的基本特征。

帕森斯是西方现代化理论的杰出代表,其结构功能理论和社会系统理论于20世纪40年代至60年代在美国社会学界独占鳌头。以上章曾提到的帕森斯结构功能理论为基础,他认为现代化的过程就是社会总体适应能力提高的过程。因为社会结构的存在方式是为了满足社会系统的功能,那么,当一个社会结构不能满足社会系统的功能时,社会结构的变迁就势在必行,决定社会结构的四个子系统就要发生相应的变化,使社会结构向着满足社会系统功能需要的方向运动。帕森斯把这种社会结构的变迁称为是适应性增长、分化、容纳和价值概括化。适应性增长是整个社会的适应能力不断增强,集中反映在经济效率的提高上;分化是社会从单一结构转化为多元结构,以适应不断增长的功能需求;容纳是指为使结构的分化不导致系统的分裂,系统整合要求在不断提升;价值概括化是由于分化程度的提高,越来越抽象的共有价值代替了各种特殊规范,这种抽象的价值取向为各种特殊规范提供合法性。帕森斯认为,功能的分化程度随着社会的发展在不断增大,现代社会功能分化程度最高,因而能最大限度地满足社会存在和发展的需要,这一切使现代社会制度成为最优越、最合理的社会制度,是人类社会发展的最高阶段。帕森斯认为,发展中国家没能现代化是由于不合理的社会制度造成的。发展中国家所处阶段是现代化国家的早期阶段,是社会结构尚未达到一定分化程度的阶段,现代化国家的社会制度是发展中国家未来的社会制度。发展中国家可以通过文化传播而获得这种制度,并最终实现现代化。所以,发展中国家的现代化道路必定是西方化。但是这个观点否定了社会发展的多样性,不同社会具有不同的历史遗产、自然条件、社会状况和国际环境,一个国家的发展必须是在自身拥有的各方面环境和条件下发展,发展是社会自身传统积淀和当代社会总发展影响下的共同结晶,不同社会要走不同的发展道路,决不能走与别国完全雷同的发展道路,尤其是非西方不发达国家,已失去了西方国家起航时的"得天独厚",面对和承袭下来的是"相对剥夺"的历史遗产,在时过境迁后的资源匮乏、生态危机、经济依附等国际环境中,走现代化发展的道路。因此,非西方国家必须走出自己的风格。帕森斯把西方的现代化作为衡量一切国家现代化发展的尺度,完全否定了社会发展的多样性。

趋同理论

趋同论认为发展中国家相应发展必然要采取发达国家的先进技术,必然会导致一些互容性因素:工业职业结构与核心家庭;工业职业结构与开放的社会结构;广泛的职业专业化、教育正式化与全民文化程度的提高;社会制度的分化、职业的专业化与竞争的多元化结构与选举制度、民主制度以及多党政治体系。这些因素规定了发展中国家的变革机制及其方向,由于西方科技的传播,发展中国家不可避免地会产生发达国家现有的一切社会特征,在政策上,强调农业劳动力转移的工业化,强调外援是支持社会经济变迁的重要工具,强调自由企业,强调正式教育以及政治的民主和独立的司法系统等等是经济增长的结构性共容原则。①

趋同论是现代西方资产阶级的一种社会理论。指社会主义和资本主义两种制度不断相互靠拢,最终发展为本质上同一类型的社会。"趋同"原是生物学术语,20世纪40年代后,西方资产阶级学者将这一术语引入社会科学领域。美国社会学家索罗金在1949年所写的《俄国与美国》一书中首先使用这一概念。到60年代,随着经济的国际化,趋同论的观点被更多的人所接受,并进一步系统化。主要代表人物有荷兰的经济学家丁伯根、美国的社会学家贝金等。他们从论述社会主义和资本主义未来发展的趋势出发,认为社会的发展与生产关系毫不相干,科技革命产生工业社会;无论资本主义还是社会主义,正在走同一条发展道路,它们既有相同之点,也各有短长;社会发展的趋势是社会主义与资本主义共同的、相近的结构成分日益增多和强化,各自的弱点将不断克服,并相互影响,相互借鉴,取长补短,使两种社会制度之间的差别逐渐缩小,以至于完全消失,最终发展为本质上同一类型的工业社会。在这种社会里阶级对抗消失,科技空前发展,经济有计划地发展,没有经济危机,没有社会不平等。"趋同论"抹杀社会主义与资本主义制度的根本区别,否认资本主义的剥削性质,否认社会主义必将代替资本主义,实质上是维护资本主义制度的论调。根据这种理论,强调国际力量对于推动中国经济快速增长的作用。经验研究也表明,在中国对外开放的20多年中,对外贸易占国民生产总值的比重迅速增长,从1980年的12.6%增长为2002年的49.6%。中国吸引外商直接投资从1983年的10亿美元上升到2004年的606.3亿美元。正是在这个意义上,与其他发展中国家相比,中国在过去20多年是经济全球化的最大受益者。但"趋同论"明显不能解释如下两个事实:第一,中国开放的初始条件无论是在政治上还是在经济上与20世纪60—70年代的亚洲国家完全不同。在经济上,与其他在"二战"一结束就开始鼓励发展以市场经济为基础的资本主义的东亚国家和地区不同,中国是一个从社会主义计划经

---

① [美]塞缪尔·亨廷顿:《现代化:理论与历史经验的再探讨》,罗荣渠译,上海译文出版社1998年版。

济向社会主义市场经济逐渐转型的国家。在政治上,与东亚大部分国家和地区也不同,如日本、泰国、菲律宾、韩国、新加坡等是美国的盟友,因而能够轻易地进入美国市场或者以美国为中心的世界市场,成为学界所称的"联盟经济",而中国只是从改革开放以后才开始学习如何与美国在经济上打交道,因此,中国不得不小心翼翼地回应美国主导的国际力量。第二,即使同为转型国家,为何采纳国际金融组织的政策建议,打破现存的国家机构而直接进入资本主义体系的俄罗斯却出现了经济停滞;而有选择地利用国际力量的中国则在经济上持续增长,社会转型相对平稳?所以,国际力量是持续增长和顺利转型的必要条件,而非充分条件。

罗斯托的社会发展学说

经济学家罗斯托曾把社会现代化归结为五个发展阶段。这个理论可以说是西方发展思想和现代化理论的一个里程碑。1960年,罗斯托发表《经济发展阶段:非共产党宣言》一书,指出"可以根据经济指标把所有社会的发展都分为五个阶段,即传统社会阶段、为起飞创造前提的阶段、起飞阶段、成熟阶段、高额的大众消费阶段"。① 1970年,罗斯托在出版的《政治与成长阶段》一书中又增加了第六个阶段:寻找生活质量阶段。② 他认为,在第二个阶段,农业生产力迅速提高,更有效地建立起社会的基础结构。在观念方面,从原来的祈求艰苦生活多得到一点保障而多生子女转变为在生产发展和农业粗工需求减少的情况下少生子女;对人的评价标准从血缘、阶级或行会联系转变为根据他们从事特定的专业活动的能力;对物质环境不再视为上苍的恩赐,而是看做为通过理性认识可以驾驭而产生变革和进步的世界。此外,一种新的精神在社会中得到发展,同时出现一个新的企业家阶级。在这个阶段,特别重要的是,政治进程和政治动力日益显现它的强大作用。第三阶段是未来发展的关键阶段,要经过几十年时间,才能最终排除经济发展的障碍,获得起飞,实现工业化和建立主导性的工业部门。以后技术从主导性工业部门传播出去,经济便向着成熟社会和消费社会发展。罗斯托把"起飞"视为"现代社会中一股巨大的潮流",而这股潮流的到来是企业家的进取心同持续的资本积累和投资结合的结果。可见,即便是经济学家探讨现代化问题,也十分重视精神伦理的作用,从中可以看到韦伯思想的影响。罗斯托进一步认为,发展是所有国家都会经历的阶段,发展中国家现在正步发达国家的后尘,

---

① 转引自[英]安德鲁·韦伯斯特:《发展社会学》,陈一筠译,华夏出版社1987年版,第31页。
② 转引自高铦:《第三世界发展理论探讨》,社会科学文献出版社1992年版,第19页。

因此,需要依靠西方大国提供各种帮助以克服它们发展道路上的障碍。显然,罗斯托所说的发展,其样板是资本主义形态的发展,他的简单地重复从传统社会向现代社会转变的单线发展观点,无疑带有涂尔干进化论的痕迹,有人称它为"有轨电车式"而不是"公共汽车式"的现代化模式。所以,20世纪60年代后期许多从事发展研究的理论家都指出,罗斯托的理论直接袭用了经典社会学中"传统"与"现代"的概念和马克斯·韦伯对理想模式的分析。

我们可以把罗斯托的学说看做一个代表,概括这一时期的各种现代化理论,主要有下列几个要点:

其一,强调价值观的转变是社会变革最重要的前提条件。

其二,西方工业发展的历史不再被看成是马克斯·韦伯当初认为的那种只有在西方才能产生的现象,而是可以在全世界的发展中普遍见到的。

其三,发展中国家可以从发达国家引入现代化的动力,来改变传统行为模式,促进社会变迁和迈入现代社会,而发达国家的思想、观点和技术也可以输入不发达国家并得到传播。

其四,这种通过传播而获得现代化的过程,伴随着以核心家庭为基础的城市化、教育的发展、职业训练的加强、社会成员政治意识和民主参与程度的提高、政治立法进步等。

其五,由于发展中国家的发展程度不同,因此,在输入现代化特征方面也将有成功性大小的差异。

据上述现代化理论,20世纪60年代中后期联合国和美国的发展机构制定了一系列帮助发展中国家现代化的方针、政策,然而,正是在这个过程中,一些第三世界国家和殖民地的政治独立伴随着发达国家的经济、技术的输入和思想文化的渗透而逐渐失去意义。因此,20世纪60年代末,现代化理论的核心概念和许多观点开始受到第三世界社会科学家和发达国家激进派学者的猛烈抨击。他们认为,第一,简单用"传统"与"现代"作为对不同社会的分类,其实,它并不能说明各种社会存在的重大差异。"传统"的标签可以贴在大批未工业化的社会名下,但是这些社会却有着各自不同的社会经济结构、政治结构和文化模式。第二,现代化理论,除了提到需要有创新精神和进取心以外,丝毫未说明是什么机制促使社会产生如此剧烈的分化过程。第三,现代化理论把带有特殊性的现象或事物普遍化,从而无法说明一大批发展中国家的变迁过程。这些国家在现代化过程中,并未完全抛弃传统的行为方式、价值观念。J. 古斯菲尔德曾经指出,由于现代化技术的传播,特别是交通的发达,使人们到麦加圣殿去朝圣更为方便,到那里去做礼拜的人比以往任何时候都多,所以,传统的伊斯兰教反而得到强化。① 英国社会学家安德鲁·韦伯斯特认为,在第三世界国家,"民族主义"、"社会主义"、"自力更生"等价值观念和态度也可能成为社会变革的动力。② 即使在"现代的"工业社会中,"传统的"价值观不仅继续存在,而且所起的作用仍然不可低估,日本就是一个典型的事例。第四,现代化理论完全无视殖民主义和帝国主义对第三世界国家的影响,避而不谈第三世界的经济增长在很大程度上取决于对资源的控制权,而这个权恰恰掌握在发达国家手中。所以,社会学家弗兰克(A. G. Frank)指责现代化理论,特别是罗斯托的经济增长和社会现代化阶段论及其提供的政策,不过是要发达国家用经济和思想侵略来取代枪炮武器去进一步征服不发达国家。为此,描述不发达国家现代化进程的"依附论"在批判以欧美为中心的现代化理论过程中产生,其中有以美国学者保罗·巴伦(paul Baran)为代表的"新马克思主义"对资本主义世界及发达与不发达问题的分析,有以普雷维什(Raul Prebisch)为代表的"中心——外围"说,有以弗兰克为主要代表的"不发达的发展"论,有以巴西社会学家西奥托尼奥·多斯·桑托斯为代表的"新依附性"论,以及有以巴西社会学家费尔南多·恩里克·卡尔多索(Fernando Henique Cardoso)为代表的"联系性依附发展"说。限于篇幅,本节择其主要人物的主要思想加以叙述。

弗兰克的"不发达的发展"说和桑托斯的"新依附性"论

作为依附论的重要流派——"不发达的发展"说的代表人物弗兰克,长期从事拉美问题和资本主义世界危机的研究,他在1966年发表的"不发达的发展"一文中比较详细地阐述了自己的思想。③

当代的不发达状态主要是不发达的卫星国和现在发达的宗主国之间过去和当前经济等关系的历史产物。而且,这些关系正是全世界资本主义制度整个结构和发展的一个主要组成部分。同样,资本主义体系在过去多少世纪的扩张,已经有效和彻底地渗入了不发达世界中最偏僻的地区,因此,不发达国家中所谓的落后或封建地区的当代不发达体制,同所谓的进步地区和资本主义体制一样,都是资本主义发展同一历史过程的产物。

不发达并不是由于孤立于世界历史主流之外的那些地区中古老体制的存在和缺乏资本的原因所造成的。恰恰相反,无论过去或现在,不发达状态

---

① [英]安德鲁·韦伯斯特:《发展社会学》,陈一筠译,华夏出版社1987年版,第35页。
② 同上,第39页。
③ 高铦:《第三世界发展理论探讨》,社会科学文献出版社1992年版,第42—43页。

和经济发达(资本主义本身的发展)都是同一个历史进程所造成的。

当卫星国同它们的宗主中心的联系处于最微弱状况的时期,则是卫星国在经济上最为发展的时期,而今天最不发达和看起来最封建的地区,则往往是过去和宗主中心联系最密切的地区。

基于上述分析,弗兰克得到结论,认为在"宗主—卫星"(或"中心—外围")的国际格局下,第三世界国家不可能取得真正自主的发展,即使有所发展也只能是"不发达状况的发展",换言之,越发展就越不发达。第三世界国家的发展受到依附性地位的制约,只有同宗主中心的联系削弱时才能得到最大的增长,因为它们的不发达正是由于被结合进资本主义国际经济体系。为此,他积极主张第三世界同世界市场"脱钩",并认为它们的出路是走向社会主义。

巴西社会学家桑托斯在《依附论的新特点》一书以及在"依附性的结构"一文中详细地阐述了他的"新依附性"论的观点。他认为,依附的类型随不同历史时期而变化,早期是殖民地依附,它反映了欧洲与殖民地之间的关系,其特点是殖民国家同商业与金融资本相结合进行贸易垄断,并对殖民地国家的土地、矿山和人力进行殖民垄断。在19世纪末逐渐得到加强的是金融—工业依附,其特点是霸权"中心"通过大资本统治以及对"外围"国家原料和农产品生产(供"中心"大国消费)的投资而向外扩张,"外围"国家中形成了一种专门从事这类产品出口的生产结构。二次大战以后,出现了一种以技术—工业依附为特点的新型的依附,它以跨国公司为基础,利用技术和经济势力对不发达国家中供应国内市场的工业进行投资。

在殖民地依附的金融—工业依附这种形式的依附中,生产趋向出口商品(在殖民地依附时期为金、银与热带产品,在金融—工业依附时期为原料与农产品),生产由"中心"国家的需求所决定,"外围"国家国内生产结构的特点是僵硬的专业化和单一生产。新依附时期的生产由国际商品和资本市场的需求所左右,工业发展依赖出口部门的外汇收入来购买工业部门需要的投入,所以工业发展受国际收支波动的制约,也受"中心"国家技术垄断的制约。

依附论虽然派别繁多,但对于下列看法基本趋于认同:

第一,"发达"与"不发达"都是资本主义制度的产物。

第二,"外围"国家的积累模式和生产结构是在"中心"国家的推动下随着出口部门的建立而形成的。

第三,"外围"国家在资本主义世界体系中所处的劣势地位,决定了它们的资产阶级必然要依赖外国投资而不得不向外国利益妥协,所以,这些国家难以实行重大的社会改革和发生资产阶级民主革命。

第四,依附性的"外围"国家和地区不能对自身经济的基本决策施加重大影响,它们的收入增长在很大程度上取决于外贸、外资和国外技术。因此,这些国家的不发达是资本主义造成的,不是封建主义的后果,解决的办法不是发展资本主义或改造资本主义以取代封建主义,而是应该消灭资本主义。

世界体系论

世界体系理论兴起于20世纪70年代,其标志是美国社会学家伊曼纽尔·沃勒斯坦于1974年出版的《现代世界体系(第一卷):16世纪资本主义农业和欧洲世界经济的起源》。与"依附论"把国家作为研究单位不同的是,"世界体系"理论将世界看做一个整体,通过对政治、经济和文明三个层次的分析,深刻揭示了"中心——半边缘——边缘"结构的发展变迁和运作机制。沃勒斯坦认为,"世界体系是具有广泛劳动分工的社会体系,它具有范围、结构、成员集团、合理规则和凝聚力。"①判断社会体系的标准有两个:一是这个体系内的生活是独立自足的;二是这个体系发展的原动力是内在的。国家、民族、种族集团都不是完整的体系。依照这个判断标准,迄今为止,只存在两种不同的世界体系:世界帝国和世界经济体。世界帝国是一个控制大片地域的单一政治体系;而世界经济正好相反,它只是一个自成一体的经济网络,没有统一的政治中心。帝国是五千年来世界舞台的恒久特征,政治集权既是它得以形成的原因,也是其最终消亡的根源。因为:政治集权能凭借暴力(贡品和赋税)来保证经济从边缘向中心流动;但是,这种政治结构所必需的官僚制度吸取了过多的利润,尤其当压迫和剥削引起反抗从而扩大了军事开支的时候。当现代世界的社会成就、技术进步、生产方式的发展消除了过于累赘的政治上层建筑的"浪费",从而大大增加了剩余价值从低阶层向高阶层,从边缘到中心,从多数人向少数人的流量时,世界帝国的历史使命就宣告终结,现代世界经济体系的序幕在16世纪拉开了。沃勒斯坦的研究就由此处展开。其逻辑假设是:资本主义是一个历史体系,它有周期性,趋向是衰退。② 世界体系理论的最大特点是以世界体系为基本分析单位。沃勒斯坦认为,人类历史虽然包含着各个不同的部落、种族、民族和民族国家的历史,但这些历史从来不是孤立地发展的,总是相互联系形成一定的"世界性体系"。尤其是资本

---

① 沃勒斯坦:《现代世界体系》(第1卷),高等教育出版社1998年版,第15页。
② 王正毅:《世界体系论与中国》,商务印书馆2000年版,第72页。

主义世界经济体系形成以后日益扩展,"直至覆盖了全球",①没有哪一个国家可以超然于世外。也正是在这个意义上,沃勒斯坦常常用"世界体系"代称"资本主义世界经济体系"。

目前方兴未艾的全球化运动对于资本主义来说,正是"资本主义第一次接近成为一种世界体系","资本主义已成为一种真正的全球现象","它的运动法则、它的矛盾正在普遍化——商品经济、资本积累和追求最大限度利润的逻辑已经渗透到我们生活的各个方面"。② 这就使资本主义世界体系的矛盾在政治、经济、文明三个层次展现得更加清晰。"世界体系"理论迎合了这一需要,以整个世界而不是单纯的发达国家为研究对象,为分析当代资本主义提供了一种理论新范式。然而,作为发展研究中的最新成果,尽管世界体系理论与现代化理论和依附理论相比有诸多的进步之处,但依然存在着一些不尽完善之处。

首先,世界体系论对现代化的理解失之片面。发展理论以现代化为基本研究对象。在沃勒斯坦看来,现代化等同于资本主义化,而资本主义化就是资本支配下的经济剥削关系的扩展。但事实上,资本主义化除了工业化、世界性的经济剥削和两极分化,还包括政治制度、社会结构、文化观念、历史传统等方面的重要变迁。

其次,世界体系论的"结构决定论"(外部因素决定论)过于僵化。世界体系论认为,世界体系本身固有的整体发展规律决定着其构成要素的单个国家在体系中的地位变动。这种观点显然与一些国家和社会发展的实际有差距。作为发展理论,这种整体研究法忽略了具体国家不同历史时期的特殊发展过程,忽视了对具体国家发展道路的探讨,缺乏实际应用性。

再次,世界体系理论对经济体系与政治体系的相互关系存在认识上的偏差。沃勒斯坦认为,国家在世界体系中的经济地位决定它的政治地位。这一观点有悖于现实,如在二战后发展迅速的日本就被称为经济巨人、政治侏儒;前苏联在政治和军事上堪称世界霸主,但在经济上尚不能说已进入中心国家。因此,尽管资本主义对于民族国家的产生具有决定性意义,但政治系统也有其自身的发展逻辑,不是完全由经济决定的。对此,吉登斯的批评是"沃勒斯坦的观点包含着一种令人生厌的功能主义和经济化约论的综合"。③

---

① 沃勒斯坦:《现代世界体系》(第1卷),高等教育出版社1998年版,第15页。
② 埃伦·伍德:《全球化时代的资本主义》,张世鹏等编译,中央编译出版社1998年版,第276页。
③ 吉登斯:《民族—国家与暴力》,北京三联书店1998年版,第206页。

最后，世界体系理论陷入历史悲观主义与怀疑论的泥沼。沃勒斯坦认为，虽然世界体系具有自我调节机制，这使得它能在500年间渡过一次次的危机，不断巩固和完善，然而，它本身固有的不平等和由此引起的各种紧张关系始终不能消除，致使它如今已进入"混乱的告终"①时期。于是一种具有更高生产效率和更合理的"收入分配制度"的新的世界体系将取而代之，这就是"社会主义世界政府"②。但是，新体系究竟什么样，如何产生，沃氏却认为难以预测。由于他对未来体系设计的模糊性、空想性和不可控制性，导致沃勒斯坦在否定之后无所立论，怀疑之后无所创新，最终陷入了历史悲观主义。

尽管存在不足，沃勒斯坦的世界体系理论所包含的丰厚的学术价值却是不容否认的。虽然研究的是资本主义世界体系的演变规律，但是沃勒斯坦对于中国这个社会主义大国一直予以重视。他在为中文版《现代世界体系》所作的序言中真诚地指出："占人类四分之一的中国人民，将会在决定人类共同命运中起重大的作用。"正如沃勒斯坦所言，作为世界大国，联合国的常任理事国，中国在许多重大的国际事务中正发挥日益重要的作用；但另一方面，作为后发展国家，中国面临的严峻挑战是如何利用世界经济体系使本国经济得到持续高速发展。自从1840年，中国被西方帝国主义列强以坚船利炮强迫纳入国际条约体系以来，以中国为中心的传统东亚朝贡体系被彻底分化，资本主义的扩张使封闭保守的中国被迫卷入世界体系的边缘。新中国成立后的曲折发展，进一步使中国认识到积极地顺应时代潮流，渐进地推行改革开放是实现现代化的必行之路。放眼世界，资本主义的世界经济体系正迅速向一体化方向发展，使全世界各个国家的经济紧密地联系在一起，形成经济全球化的趋势。而社会主义国家也不可避免地要卷入这一体系之中来。这个体系的实质就是世界性的市场化。因此，中国为了要在经济全球化的环境中生存，就必须加入世贸组织中来。世贸组织是一个全球性的贸易协调组织，它的所有原则都是围绕着开放市场、平等竞争展开的。这对我国的市场经济的健康发展是一个巨大的推动。但同时也要看到，经济全球化是一个没有硝烟的战场，在"游戏规则"有利于中心国家的情况下，如何"与群狼共舞"又确保自身安全，是当前学者们热切关注的主题。中国的发展离不开世界，世界的发展更需要中国。沃勒斯坦的世界体系理论为中国的发展研究提供了一个"全球性"的新视角，具有重要的参考价值。

---

①② 沃勒斯坦：《现代世界体系》(第1卷)，高等教育出版社1998年版，中文版序言，第348页。

贝尔的"后工业社会"理论

由于现代化理论种种缺陷的存在,所以,自20世纪70年代起,新的社会发展理论逐渐取代了现代化理论。在西方发展研究中,普遍采用"现代化"的概念来具体表达近、现代社会发展的历史与现实,因此,所谓的发展理论多半是关于现代化理论的同义语。并且,对现代化和发展的历史回顾和现状分析,必然伸展到对未来社会现代化和发展的整体预测,即政治、经济、文化和社会发展的预测,故而丹尼尔·贝尔的"后工业社会"理论应运而生。

1973年贝尔出版了系统论述"后工业社会"的代表作《后工业社会的来临——对社会预测的一项探索》,1976年又出版《资本主义的文化矛盾》一书,前者研究未来西方社会的社会结构与政治影响;后者则着重探讨"后工业社会"的文化问题,尤其是阐述现代化思想。概述起来,"后工业社会"理论主要有以下三个基本观点:①

(1) 贝尔把社会分为互有联系的三个不同阶段:前工业社会、工业社会和后工业社会。他从地区分布、经济部门、职业、技术、计划、方法论、时间观点、中轴原理八个方面,论述了三种社会的差别。他认为,前工业社会主要分布在亚、非和拉美;工业社会在西欧、苏联、日本;后工业社会在美国。贝尔特别强调"中轴原理"的巨大作用,这是贝尔提出来的一个重要概念,即不同的社会领域从属于不同的中心原则。按照贝尔的阐述,前工业社会以传统主义为轴心,考虑土地和资源方面的限制;工业社会以经济增长为轴心,强调国家或私人对投资决策的控制;后工业社会则以理论知识的中心地位和理论知识的整理为轴心,大学、学术研究所等成为主要社会机构,人作为一种资本已经成为这种社会的主要资源,以科学为基础的工业是社会的经济基础,技术是社会分层的基础,教育则是社会分层的途径。由此,贝尔认为,后工业社会是不同于前工业社会和工业社会的一种新型社会。

(2) 贝尔在代表作中列举了标志着后工业社会的五大基本内容:在经济上,由制造业转向服务性经济;在职业上,专业与科技人员取代企业主而居于社会的主导地位;在中轴原理上,理论知识居于中心,是社会革新和制定政策的源泉;在未来方向上,技术发展是有计划、有节制的、重视技术鉴定;在政策制定上,依靠新的"智能技术"。1976年,贝尔在有关阐述中又增加了工作性质的变化、妇女发挥更大作用、能人统治社会、政治单位的布局出现纵向和横

---

① [美] 丹尼尔·贝尔:《后工业社会的来临——对社会预测的一项探索》,高泽译,商务印书馆1984年版。

向变化、信息带来新的挑战和出现新的短缺等六项内容,认为它们的变化,促进了后工业社会的进程。因此,贝尔强调后工业社会是工业社会的新发展,是工业社会和未来社会之间的过渡性社会。

(3)贝尔指出,后工业社会的社会结构将不同于其他类型的社会,其变化体现在:第一,在社会地位上,知识分子作为社会分层的中轴,把社会成员分成专业阶级(又含科学、技术、行政和文化四个阶层)、技术人员和半专业人员、职员和销售人员、技术工人和半熟练工人四类。第二,在社会职业的活动地点上,这种结构分为经济企业和商业公司、司法部门和行政管理部门、大学和研究机构、社会部门(医院、社会服务中心等)、军事部门五个层次。第三,在政治秩序方面的控制系统上,从指导系统来说,它有总统、立法领导人、官僚政治首脑和军事首脑等四个子系统;从政策系统来说,它又有党派团体,科学界、学术界、商界、军界的名流和能起组织动员作用的各类团体等三个子系统。

"后工业社会"理论的分析和预测对世界社会—经济的发展,第三世界现代化建设的发展,以及现代化和发展理论的发展都具有重要影响。但是,应该看到,贝尔的理论具有严重的局限性。

从主观因素上分析,预测者的世界观是影响社会预测可靠性的一个重要主观因素。从贝尔在"后工业社会"理论中对许多方面的分析中,能够看到这种局限性。贝尔认为,社会并不是以经济为基础的而是以历史传统、价值体系、权力集中或分散的方式为基础。这种观点颠倒了经济基础和上层建筑的关系,继承、归纳了马克斯·韦伯的思想,却和马克思主义直接对立。在贝尔看来,社会变化的决定性因素是中轴原理,整个社会围绕着中轴结构发展变化。在这种思想下,贝尔主观构建了后工业社会两条中轴原理:财产中轴和技术中轴。从中,贝尔否认社会的发展规律,在他的臆想中,资本主义社会和社会主义社会最终是两者走向"趋同",走向"某种形式的国家主义和科层社会"。对于这一观点,引起人们的争议,我们认为他是用历史唯心论来指导自己的社会预测。在阶级和阶层的划分、社会的主要冲突和主要问题上,贝尔无法明确回答:专业技术阶级究竟能不能占据后工业社会的统治地位?究竟什么人来管理政治秩序?科学精神究竟会不会在后工业社会中也沦为意识形态?等等。

"增长的极限"与"未来主义"

近几十年来,一种对发达国家未来的悲观看法越来越流行起来。这一观点极大地促使我们去保存资源,重新评价我们对增长取向的特殊喜好,并且改变我们的生活方式,遵从"越少的增长才是更好的"信条。这种态度被称为

"增长的极限"观点(the limit-to-growth perspective)。

增长极限的论调在一份写给卡特政府的题为《致总统的2000年全球报告》(*The Global 2000 Report to the President*,Ramey,1980)的文件中得到了着重说明。这一历时两年的细致研究,试图对全世界的环境、资源和人口情况进行综合性的预测。报告最后的结论是:如果目前的发展趋势持续下去的话,2000年的世界将比现在更拥挤、污染更严重、经济上更加不稳定,并且与我们现在所生活的世界相比更容易崩溃。未来严重的人口、资源和环境压力已清晰可测。尽管物质生产将会更加丰富,但那时的人们在许多方面将比今天的人更贫穷。

现在显而易见的是,即使经济增长能够持续下去,也是以极大的损失为代价的。工业污染已经严重破坏了我们的自然环境,而且从环境条件来看,我们的生活水准也有所下降。难道我们还愿意继续付出如此高昂的代价吗?我们能负担得起吗?这些都是我们目前无法回答的问题。

其他有一些社会预言家们反对悲观主义的增长极限的观点。这些乐观主义者中表现最为突出的是被称做"未来主义者"(futurists)的一群作家。未来主义者一般都不是学者,但他们所偏好的对遥远未来及其对我们影响的思考,使得他们变得非常流行。虽然未来主义者们对未来将会带来什么,意见并不十分一致,但是他们确实都认为未来充满了希望。

托夫勒在《预测与假设》(1983)中,给出了他关于人类改变社会和自然景观的一个综合的观点。在托夫勒看来,那些对变迁持悲观态度的人,错误地把过时的逻辑运用于新的环境。例如,目前流行的大多数经济学理论都是建立在工业经济的基础之上的,但这些却不能完全地应用到我们目前所处的后工业社会中来。托夫勒解释说,后工业社会的兴起,引出了一个以全新的个人价值观、社会设置和工作组织为特征的重构过程。

托夫勒预见这些变迁的结果将是,大量的新型组织形式的涌现,将会取代现在的工厂和办公室这些使人失去人性的环境。未来将拥有经过改造的工作(Customized job),以及极大的个人独立性和创造性。托夫勒说:"人们将不再是通过更加刻苦的工作而成功,而是通过更加灵巧的工作而成功。"

另两个未来主义学者奈斯比特和阿布迪恩在《2000年大趋势:90年代的十个新方向》(*Megatrends 2000: The New Directions for the 1990s*,1990)中勾勒出了他们的一套最新的论断。同托夫勒一样,奈斯比特和阿布迪恩认为未来的全世界商业活动是有希望的,而且一个全球规模的商业意味着国际关系的进步,即束缚着人、货物、服务以及货币的流动的障碍将被打破。

奈斯比特和阿布迪恩还预见，生物技术的进步将继续成为提高世界人口健康和幸福程度的最重要的力量。将会有新的药品和疫苗被发明出来，治愈艾滋病和癌症（甚至是普通感冒）的新药可能在世纪之交被发明出来。奈斯比特和阿布迪恩还预言了艺术的复兴，即舞蹈、音乐、戏剧和文学将在21世纪得以复兴，宗教的复兴也将迎近。

无论这些变迁是否真的会到来，我们在心里一定要认清大多数社会变迁背后的推动力是人民。并且，尽管现代世界存在一些难以解决的问题，但是我们有理由说，在历史上，从来没有像现在这样，存在如此之多的人类对社会变迁作出努力的方向的可能性，这些可能性导引着社会走向积极的发展目的地。

"以人为尺度的发展"——探讨人类需要的发展理论

20世纪80年代中期，一批专事社会发展研究的专家、学者提出了"以人为尺度的发展"理论，其思想包括如下一些主要内容：

强调在发展进程中的人的创造性，核心思想是"经济的目的是为人服务，而不是人为经济服务"。

"以人为尺度的发展"的三大支柱是：人类需要，自力更生，以及人、自然界、技术、地区、社会、国家等各个要素之间的有机联系，它们的基础建立在人类基本需要的满足和人是未来的主人公的条件之上。

关于人类发展需要的理论应视为一门发展理论，而且必然是跨学科的。只有通过跨学科的角度，才能了解政治、经济和保健是如何结合的。可以发现越来越多的事例证明，不健全的政治和糟糕的经济导致人们的健康状况低下。因此，经济学家在制定经济政策时如果声称只负责经济领域，那么，这种态度显然是不道德的，因为它意味着对于行动结果推卸道义责任。

发展是人的发展而不是物的发展，这是"以人为尺度的发展"的基本出发点，对此，需要的指标是人的质的增长。最佳发展进程应能使人的生活质量得到最大改善，而生活质量则决定于人类的基本需要能得到充分满足。所以应当明确人类的基本需要是什么？是由谁决定？这是"以人为尺度的发展"研究的核心之处。

人类需要应理解为一个体系，一切人类需要都是互相关联和影响的。除了生存需要以外，需要体系内并无层次高低，相反，满足需要的过程具有同时性、互补性和替代性的特点。人类需要可以分为两大类：存在类需要和价值类需要。这样，食物与住房就不能视为需要，而应看做为满足基本生存需要的手段；教育、学习、调查、启蒙等则是满足知识需要的手段；治疗、预防、保健等措施属于满足保护需要的手段。各项需要与满足手段并非是一对一的关系,一种手段可以同时满足若干种需要,一种需要也可以由不同手段来满足,这种情况还会因时、因地、因境而异。因为需要与满足手段之间存在着差异,因此:

① 人类的基本需要是有限的,为数不多的和可以分类的;② 人类的基本需要在一切文化社会和一切历史时期中都是同样的,变化的是满足需要的方法和手段。每个经济、社会与政治制度采取不同办法来满足同样的人类基本需要,甚至可以说,区分不同文化社会的方面之一是它对满足人类基本需要的手段的选择。所以不同社会所决定的不是人类基本需要,而是满足这些需要的手段。文化变迁的结果是放弃一些传统的满足手段而采取新的、不同的满足手段。

传统的"贫困"概念仅指经济方面的内容,具体说是指处于某一收入水平以下的人们的困境。事实上,任何一种人类基本需要不能得到充分满足都应视为一种人类贫困的现象。如,由于收入、食物、住处等不足而造成的生存的贫困;由于保健制度低劣、暴力等等而造成保护的贫困;由于专制统治、压迫等等而造成感情的贫困;由于教育质量低下而造成知识的贫困;由于贫穷,对妇女、儿童和少数民族的歧视而造成参与的贫困;由于把外来的价值观强加于当地和地区文化、强制移民等等而造成认同的贫困。这些贫困每一种都会产生病态,这是问题的关键。

"以人为尺度的发展"不能自上而下地组构,不能靠法律或法令来推行,人应在发展中起主导作用,而且在一个国家里应当容许各地区不同发展方式的共存,而不是坚持一律实行"全国方式",因为这种硬性办法造成了某些地区的繁荣而其他地区的贫困。

"以人为尺度的发展"并不排除诸如经济增长等常规目标,以使人人都能得到货品与服务,可是,人类基本需要能够并必须在整个发展进程中贯彻始终地加以实现。这样,实现这些需要就不是最终目的,而是发展本身的动力。把和谐地实现人类需要结合在发展进程之中,就使人人有可能从一开始就体验到发展,就可以开创一种健康的、自力更生的、人人参与的发展,从而建立起一个可以协调经济增长、人与人之间团结和成长的社会秩序的基础。

富国输出并强加于第三世界国家的消费模式使后者受制于一种加剧依附性、加深内部失衡和危及文化特性的交换关系,因此,需要打破这种模仿性、依附性消费模式,它不但可以使第三世界国家从文化依附的束缚中解放出来,而且可以创造更有效地利用资源的条件,也可以减少工业国用以保护自身产品的保护主义政策的消极影响，更可以使人在不同领域里承担主导作用，以满足人类基本需要而推动发展进程。

"以人为尺度的发展"主张直接的、参与性的民主。这种形式的民主有助于把国家的传统家长制作用转变为鼓励自下而上地提出解决办法的作用。"以人为尺度的发展"尤其关注"社会民主"和"日常生活的民主"，确认只有重新明确社会机体的"分子"构成（微观组织、地区领域、人际关系），才有可能使政治秩序建立在民主文化的基础之上。

四、社会现代化和社会指标体系

在西方许多国家如火如荼地构建社会现代化理论的同时，还有一个重要的理论运用领域正在世界各国扎扎实实地进行探索，这就是对社会发展和现代化状况与趋势的综合测量——社会指标体系的研究。经济指标固然可以衡量一个社会的经济发展水平，但经济发展不等于社会发展。倘要全面反映社会的真实状况，尤其是在社会现代化过程中，揭示社会各个部分协调发展的程度并预测其协调发展的方向，就需要建立一整套科学的社会指标体系，以便对整个社会进行综合的核算分析。

社会指标体系的含义、研究历史与作用

所谓社会指标体系，是从国民经济指标体系的概念和术语延伸发展起来的，即表示除经济之外的，按一定程序组织起来的各种社会变项的规模与水平的指标整体。很显然，它是比经济指标体系范围和含义更广的统计指标体系。按照美国学者雷蒙德·A.鲍尔（Raymond A. Baue）引入的术语，社会指标体系也叫做"社会指示器"，这是一个非常形象明了的术语。因为社会是一个有内在联系的高度复杂的协调整体，如何来体现这样一个整体及其发展，必然需要一个与方法有质的区别的方法，用这种新方法建立起来的一套完整的、内部存在有机联系的社会指标体系，已不再是一些社会因素的简单罗列，而正像一架对社会及其发展进行鉴别和测量的仪器，以便人们能用被社会规律从整体上加以规定的社会发展的客观必然性的现状，和社会目的最终发展阶段进行对比，从而来评定人们究竟在多大程度上达到既定目的和究竟存在多大的偏差。所以，社会指标体系最本质的特点是能够描述符合社会发展客观规律的各种变量的统一整体，在此之下，它还具有系统性、可比性、统一的量度尺度、标准化程度较高等特征。

虽然社会指标作为一种计量工具的思想和活动早已存在，但是真正对现代社会指标思想产生直接影响的代表人物却是英国经济学家、福利经济学的创始人皮古(A. C. Pigou)和美国社会学家奥格本。1920年,皮古发表了《福利经济学》一书。在书中他提出了"社会成本"这一概念,认为,不能忽视造成福利之间差异的"社会成本",整个社会福利将由于这些社会成本而减少,因此,必须对这些社会成本加以量化,以便确定它们对社会净产品(net social product)的影响。"社会成本"是现在的政策制定者和决策者越来越需要加以考虑的一个方面,也是社会指标予以测度的一个重要领域。实际上,导致社会指标研究的其中一个直接原因,也正是由于经济和科技发展所带来的社会负效果,即社会成本。由此可见,现代社会指标思想的形成与皮古所提出的"计量社会成本"的思想密不可分,这就是现代社会指标研究大多与福利指标有关的重要原因之一。发表于1929年的《社会变迁》一书,是美国著名社会学家奥格本对现代社会指标研究产生重大影响的一本重要著作。在书中他主张开发有关的测度指标来研究社会变迁,并且最好的测度指标就是统计序列形式的实际定量描述。1933年,在奥格本的指导和研究下,美国"社会发展趋势总统委员会"发表了《近期的社会趋势》的报告。该报告内容包括美国社会生活诸如教育、种族、娱乐和闲暇、健康与环境、农村趋势、妇女、职业、家庭、犯罪等各个方面的32个问题领域,其基本思想就是通过一系列的定量指标来考察美国各生活领域的社会变迁趋势,从而描绘出美国社会的整体面貌。奥格本提出用指标来研究社会变迁的思想对今天的社会指标研究具有直接的影响。

第二次世界大战以后,尤其是进入20世纪60年代,经济增长和科学技术发展所带来的社会问题以及经济指标在衡量社会发展中的局限性,导致社会指标研究首先在美国逐渐兴起。1966年由美国研究人员雷蒙德·A. 鲍尔等人编辑的《社会指标》一书出版,该书立足于"大社会"的角度,试图建立一套社会指标体系,以定量形式来探测社会的各种变化,并试图建立一种全面的社会系统的核算模型,用以评估整个国情。该书的出版在美国引起了社会指标研究的热潮,而第一次把极为广泛的社会变化数据收集汇编成比较成熟的社会指标体系的文件,是美国管理和预算部1973年出版的统计年鉴——《1973年社会指示器》,它提供了下列九个社会生活领域方面的变化动态:婚姻、家庭、人口;卫生和体育;教育和训练;就业和劳动者生活水平;闲暇和时间支配;财富和劳务消费;自然环境和住宅;社会秩序保护和个人安全;流动性和层次。在美国的带动下,世界许多国家和组织也于20世纪70年代起开始研究编制社会指标体系的工作,并取得了许多成就。例如,1975年联合国统计处发表了《社会和人口统计体系》一书,该书曾被称为是社会指标运动以来发表的最系统、最有代表性的文献之一;1981年出版了迈克尔·卡利(Michael Carley)所著的《社会测量与社会指标》,该书系统地阐述了社会指标研究中的政策问题与方法论问题。

日本的研究人员于20世纪70年代末很快地吸收了美国的社会指标体系研究的思想进行技术性探索,然后十分迅速地进入实际应用的阶段。研究人员运用了恩格尔系数以及生活空间、杂费等综合指数,不仅进行国势调查,而且还规划和预测日本现代化发展的趋势与方向。提出了概括性很强的"奔向21世纪的社会指标"。它含有五大项内容,组成了一个具有内在有机联系的综合指标体系,它们是:① 人均预期寿命指标。日本到2000年要达到的人均预期寿命是80岁。② 闲暇时间指标。日本希望在2000年达到每一个适龄劳动力每周工作时间不超出36小时。③ 社会服务水平指标。日本在2000年的目标是,第三产业从业人员要达到全部从业人员的50%以上。④ 居住空间指标。日本2000年的指标是人均住宅面积将达到100平方米。⑤ 人口流动指标。这既指国内各地的人口流动,而且也包括国内与国际的人口流动情况。在2000年,日本计划每年接待国外的人数要占日本总人口的20%以上。此外,在编制社会指标以及社会发展指标体系的同时,日本还研究和建立了先行指标综合指数,即用较敏感较重要的指标进行动态比较,以起到警报作用。

英克尔斯现代化指标体系也是在20世纪70年代提出的。英克尔斯的现代化研究以人文学为方向,认为现代化的核心是人的现代化,并提出人的现代化是现代化社会稳定、持续和健康成长的基石,英克尔斯提出的现代化10项标准,为传统工业社会现代化的实证研究与定量评价开拓了一条新思路,此标准被国际社会广泛用于评判发展中国家的现代化水平。

英克尔斯的现代化指标主要有10个:

(1) 人均国民生产总值在3 000美元以上;

(2) 农业产值占国民生产总值比例低于12%—15%;

(3) 服务业产值占国民生产总值的比例在45%以上;

(4) 非农业劳动力占劳动力的比重在70%以上;

(5) 识字人口的比例在80%以上;

(6) 大学入学率在10%—15%以上;

(7) 每名医生服务人数在1 000人以下;

(8) 平均寿命在70岁以上;

(9) 城市人口占总人口的比例在 50% 以上；

(10) 人口自然增长率在 1% 以下。

但英克尔斯现代化指标体系有以下不完善之处：① 英克尔斯指标只是传统工业化时代对于现代化的最低要求,较难适应信息化时代对于现代化目标的动态演进。② 英克尔斯指标强调的是现代化的外部特征,如人均 GDP、成人识字率、人口自然增长率,而对于现代化的内涵与实质如"推动现代化进程的动力"、"体现现代化水平的质量"和"实现现代化目标的公正",还缺乏清晰的内部逻辑依据。③ 英克尔斯指标,只涉及收入水平、产业结构、社会水平等传统性标识,而对于信息化、全球化、生态化以及相关的竞争力、集约化、可持续发展,均未提及。

由于社会指标体系的出现和建立,是出于社会实际需要,首先是社会现代化发展的预测和规划的需要,所以,它作为一种方法和工具,在认识社会和管理社会方面具有独特的作用。这些作用是：

(1) 全面地、经常地搜集、测量、记录社会生活中的各种信息和资源。依据各种数据,统一进行社会核算,促使社会结构和社会发展的协调、平衡。

(2) 长期地、详尽地描述、分析社会现象及其发展过程,借以达到发现客观的发展规律的目的。

(3) 反映和评估各项社会政策的实施状况和实际效果。

(4) 分析社会指标以寻找社会问题和社会偏差,并确定其存在的范围、严重程度和发展趋势。

(5) 解析社会指标帮助政府制定部门规划,确定规划的社会基本目的、指明实现目的、完成规划所需要的资源、动力以及可资利用的信息、技术、手段、方法等条件。

(6) 促使社会发展和现代化目标的最优化达成。

由于社会指标体系在社会生活尤其是社会现代化发展过程中具有广泛的作用和价值,所以,现代社会指标研究迄今虽然仅有 20 多年的历史,但在指标的开发和应用方面已取得了可喜的成就,就目前而言,社会指标在社会报告、生活质量研究、社会核算等领域已经具有比较广泛而成熟的应用。

中国社会指标体系的研究和建立

在中国,现代化指标体系之所以受到如此的重视和欢迎,首先是因为当代中国正在进行着史无前例的现代化运动,而且这场现代化运动由各级政府主导、数亿民众参与其间。既然实现现代化成了中国亿万人民的奋斗目标,也是各级政府的最高职责,理所当然地产生了对于国家、地区(省、市、县)现代化进程效果进行考核的客观需要。再加上邓小平对中国现代化进程提出了分"三步走"——温饱、小康、富裕——的既宏伟又具体的设想,于是,围绕着温饱、小康、现代化是否达标的评价指标体系研究就一直长盛不衰。积极投身于这种研究的,既有学术界的专家学者,更有各级政府及其相关部门的官员们。考虑到温饱的目标在全国绝大多数地区已经实现,这里重点考察小康指标体系和现代化指标体系的研究。

毋庸讳言,在这一研究领域,所谓的"英格尔斯现代化指标体系"(参上节),大行其道,独领风骚。尽管这一指标体系仅仅强调现代化的外部特征,如人均GDP、成人识字率、人口自然增长率等,而对现代化的内涵与实质,如"推动现代化的动力"、"体现现代化的质量和"实现现代化的公正"等等,不具备清晰的内部逻辑依据,但它毕竟具有简明、可测、数据容易获得、度量比较直接等优点,因此受到许多统计工作者的青睐。加上"英格尔斯"之名如雷贯耳,拉大旗做虎皮,致使这一并不存在的"国际标准"一度主宰了我国所有关于现代化指标体系的研究。

早期的小康和现代化指标体系

1991年国家统计局总结了学术界的研究成果,并在与计划、财政、卫生、教育等11个部门进行会商后,提出了"中国小康生活的基本标准",共16项,用以对全国和各省(市、自治区)在2000年以前的小康建设进程做指导、评估、督促之用。该标准的具体内容如下:

(一) 经济水平

(1) 人均国内生产总值(美元)＞800

(二) 物质生活

(2) 城镇人均可支配收入(元)＞2 400

(3) 农民人均纯收入(元)＞1 200

(4) 城镇住房人均使用面积(平方米)＞12

(5) 农村人均砖木结构住房使用面积(平方米)＞15

(6) 人均蛋白质摄入量(克)＞75

(7) 城市人均拥有道路面积(平方米)＞8

(8) 农村通公路行政村比重(％)＞85

(9) 恩格尔系数(％)＜50

(三) 人口素质

(10) 成人识字率(％)＞85

(11) 人均预期寿命(岁)＞70

(12) 婴儿死亡率(‰)<31

(四) 精神生活

(13) 教育娱乐支出比重(%)>11

(14) 电视普及率(%)=100

(五) 生活环境

(15) 森林覆盖率(%)>15

(16) 农村初级卫生保健基本合格县比重(%)=100

当然国内关于现代化指标体系的研究,也有超越"英格尔斯指标体系"的成果,这主要体现在纯理论研究方面。例如,中国科学院中国现代化研究中心"中国现代化战略研究课题组",基于"两次现代化"的理论,设计了对国家和地区的现代化水平进行评估的指标体系。他们认为,一般而言,广义现代化指18世纪工业革命以来人类社会所发生的一种深刻变化。从18世纪到21世纪末,广义现代化进程可分为两个阶段:第一阶段为第一次现代化,指从农业社会向工业社会的转变过程及其深刻变化,以工业化、城市化、民主化为主要特征;第二阶段为第二次现代化,指从工业社会向知识社会的转变过程及其深刻变化,以知识化、信息化、全球化为主要特征,还包括非工业化、非城市化或郊区化。在第二次现代化进程中,有些方面是对第一次现代化的转折和否定,有些方面是对第一次现代化的继承和发展,有些方面则是新发生的。西方发达国家大约于1960年前后完成了第一次现代化,其后开始了第二次现代化的进程,包括中国在内的广大发展中国家则或选择追赶式现代化,或选择两次现代化协调发展的综合现代化道路。因而他们将现代化评价指标相应地也分为三类:第一次现代化评价指标、第二次现代化评价指标、综合现代化评价指标。其中仅有第一次现代化评价指标以英格尔斯指标为基础,进行了适当的调整。中国科学院该课题组提出的三类现代化评价指标体系如下:

第一次现代化评价指标

(1) 经济指标:人均GNP、农业劳动力比重、农业增加值比重、服务业增加值比重;

(2) 社会指标:城市人口比例、医疗服务(医生/千人)、婴儿存活率、预期寿命、成人识字率、大学入学率。

第二次现代化评价指标

(1) 经济质量指标:人均GNP、人均PPP、物质产业劳动力比重、物质产业增加值比重;

(2) 生活质量指标：城镇人口比例、医疗服务（医生/千人）、婴儿存活率、预期寿命、人均能源消费；

(3) 知识传播指标：中学普及率、大学普及率、电视普及率、因特网普及率；

(4) 知识创新指标：知识创新经费投入、知识创新人员投入、知识创新专利产出。

综合现代化评价指标

(1) 经济指标：人均 GNP、人均 PPP、就业结构比重、产业结构比重；

(2) 社会指标：城镇人口比例、医疗服务、预期寿命、生态效益（能源使用效率）；

(3) 知识指标：知识创新经费投入、知识创新专利产出、大学普及率、因特网普及率。

当下的全面小康社会指标体系

经过全国上下的共同努力，到 2000 年全国总体上达到了国家统计局"中国小康生活的基本标准"(1991)，如期实现了邓小平关于"2000 年实现小康"的第二步宏图。但是，仍然有少数地区、相当一部分群众还停留在温饱阶段（甚至有的还没有摆脱贫穷），未能真正过上小康生活。

2002 年中共十六大提出，2000 年所实现的全国总体上的小康，还是低水平、不全面、不平衡的小康。所谓低水平，是指人均国内生产总值 800 美元的标准还不够，从而要求将人均 800 美元的标准调高到 3 000 美元；所谓不全面，是指精神文明、政治文明同物质文明的建设不协调，从而要求全面进行物质文明、精神文明和政治文明的建设，实现经济与社会的全面进步；所谓不平衡，是指城乡之间、区域之间、行业之间的发展不均衡，贫富差距在加大，从而要求实现城乡之间、区域之间、行业之间的均衡发展，扭转贫富差距扩大的趋势。党的十六大向全国人民发出了到 2020 年实现全面建设小康社会的伟大号召。

在此之后，学术界和实际管理部门关于小康社会指标的研究与设计又掀起了新高潮①学术界的研究与设计，代表性的成果当推陈友华提出的全面小康评价指标体系。②

---

① http://www.china.com.cn，20 世纪国际上衡量传统现代化的评述，2003-01-21。
② 陈友华．全面小康社会建设评价指标体系研究[J]．社会学研究，2004(1)．

(一)经济发展

(1) 人均 GDP(美元)＞3 000

(二)生活质量

(2) 恩格尔系数(%)＜40

(3) 人均居住建筑面积(平方米)＞25

(4) 平均预期寿命(岁)＞75

(5) 高中入学率(%)＞90

(三)社会结构

(6) 城市人口比例(%)＞50

(7) 非农劳动力比例(%)＞85

(四)社会公平

(8) 基尼系数＜0.35

(9) 贫困发生率(%)＜5

(10) 社会保障覆盖率(%)＞90

值得注意的是,在各地各类全面小康社会指标体系研究的基础上,国家统计局有针对性地制定了新的农村全面小康评价和监测方法,该标准包括经济发展、社会发展、人口素质、生活质量、民主法制和资源环境等 6 大方面、共 18 项指标,内容如下：

(1) 农民人均可支配收入(元)＞6 000

(2) 第一产业劳动力占农村劳动力总数的比重(%)＜35

(3) 农村小城镇人口比重(%)＞35

(4) 农村合作医疗覆盖率(%)＞90

(5) 农村养老保险覆盖率(%)＞60

(6) 万人农业科技人员数(人)＞4

(7) 农村居民收入的基尼系数 0.3—0.4

(8) 农村人口平均受教育年限(年)＞9

(9) 农村人口平均预期寿命(岁)＞75

(10) 农村居民的恩格尔系数(%)＜40

(11) 农村居民的居住质量指数(%)＞75

(12) 农民文化娱乐消费支出比重(%)＞7

(13) 农民生活信息化程度(%)＞60

(14) 农民对村政务公开的满意度(%)＞85

(15) 农民对社会安全的满意度(%)＞85

(16) 常用耕地面积动态平衡
(17) 森林覆盖率(%)＞23
(18) 万元农业 GDP 用水量(立方米)＜1 500

这是国家统计局多年来第一次在小康、现代化程度的指标体系中不再使用"GDP(或 GNP)"、"人均 GDP(或 GNP)"的指标,此外,该指标体系还有两大明显的进步:一是仅仅针对农村,突出了重点,因为中央提出要由"总体小康"提升到"全面小康",其战略重点就在农村,工作难点就是要攻克"三农问题";二是纳入了节约和保护资源的指标,如提出了"万元农业 GDP 用水量"的逆向指标,以及"常用耕地面积动态平衡"的要求,相信这些指标和要求的贯彻实施会对节约用水和保护耕地产生积极的影响。

五、中国社会主义现代化

中国现代化的曲折历程

中国现代化的曲折历程大致可以分为三个阶段:即被动式的局部西化措施阶段、维新与革命阶段和民国的现代化努力阶段。

被动式的局部西化措施阶段是指从 1840 年鸦片战争至 1895 年甲午中日战争结束。鸦片战争以后,面对严重的民族危机,林则徐、魏源等研究现实,提出"师夷长技以制夷"。19 世纪 60 年代初,洋务派掀起了"师夷长技以自强"的洋务运动,主张利用西方先进技术来维护清朝统治。洋务运动经历了一个从重工业到轻工业、从军需到民用、从官办到官督商办的过程。但它仅仅是器物层次上的近代化,没有触及腐朽落后的封建政治体制。1895 年甲午战争中国战败,标志着洋务运动以破产而告终。但它毕竟迈出了中国现代化进程的第一步。这一时期中国现代化的另一亮点是在 19 世纪六七十年代中国民族资本主义的诞生。伴随着民族资本主义的产生,中国诞生了民族资产阶级。这一新的生产方式和新的阶级力量的出现,对促进中国社会变革起了重大作用。

维新与革命阶段是指从 1895 年甲午中日战争结束以后到 1927 年国民政府统治中国以前,是中国现代化进程的第一次高潮。这一时期中国现代化的主要特征是将学习西方先进的科技文化与变革社会制度有机结合起来。对清朝政治腐败的认识,对外国列强入侵的痛恨,对洋务运动弊端的批判,于是就产生了王韬、郑观应等一批对西方文明有清醒认识的知识分子和他们的现代化主张,这时候,以康有为、梁启超、严复等为代表的知识分子发起维新运动,他们提出的"务农、劝工、惠商、恤贫"是中国早期现代化的全面规划,"百日维新"虽然很快就失败了,但它对传统中国的政治体系冲击是巨大的,这是鸦片战争以来中国现代化历程上第一次政治变革,它唤醒了在传统专制政治下的中国知识阶层,并塑造了中国第一代新型知识分子,由此揭开了中国政治现代化的序幕。它是中国内外部因素共同作用的结果,但这次努力的很快失败又充分说明在中国开展大规模现代化的时机远未成熟。

民国的现代化努力阶段是指 1927 年至 1949 年,是中国现代化的曲折发展阶段。这一时期的中国现代化在阶级斗争和民族斗争极为尖锐复杂的环境下艰难进行。国民政府统治前期是中国的现代化事业有所发展的十年。例如采取了整顿税务、控制金融、改革币制、开展"国民经济建设运动"、收回"关税自主权"等措施,推动了整个经济领域的现代化进程。但官僚资本的形成和迅速膨胀在一定程度上又阻碍了中国民族工业的发展。抗战期间,中国现代化的进程被打断。解放战争期间,美国资本大举入侵,官僚资本大肆搜刮,中国现代化的进程被逼入绝境。

中国社会主义现代化

中国进入工业化、现代化的起步期,大约比英国、法国晚一个半世纪,比欧美其他发达国家和日本晚了一个世纪,比南美的阿根廷等国晚了半个世纪,而和印度、菲律宾等亚洲国家几乎同一时期。这一时期的现代化,可大致分为两个阶段:①

第一阶段(1949—1956),仿效苏联模式与世界资本主义脱钩,建立中央指令性计划经济,通过内部积累,推行高速工业化战略,并进行一系列激进的社会改革。1952 年经济回归到战前水平,毛泽东提出过渡时期总路线,即一化三改革。社会主义工业化是以前苏联为蓝本,实行计划经济、优先发展重工业。

第二阶段(1957—1978),突破苏联的教条主义束缚,主要是强化政治手段与群众运动相结合的改革,急于求成的强过渡造成了现代化的自我断裂,丢失了二十年难得的发展机遇。

1979 年开始的改革,最终使中国走上了创造性地探索有中国特色的自主型发展模式的现代化道路。1978 年党的十一届三中全会后,作出了改革开放的伟大战略决策,全党工作中心开始向社会主义现代化建设转移。经过半个多世纪的建设,2005 年中国 GDP 总量为 182 321 亿元,已经跃居世界第七位。

---

① 罗荣渠:《中国的现代化》,江苏人民出版社 1997 年版。

根据《中国现代化发展报告》,2004年中国处于世界初等发达国家水平。中国现代化水平与世界中等发达国家和发达国家的差距仍然较大。所以,2004年中国仍然是发展中国家。2004年,中国第一次现代化实现程度为86%,排世界108个国家的第55位;中国第二次现代化指数为39分,排世界108个国家的第51位;综合现代化水平指数为35分,排世界108个国家的第59位(表16-1)。2005年中国第一次现代化实现程度达到87%。

表16-1 2004年中国现代化指数

	第一次现代化		第二次现代化		综合现代化水平	
	实现程度(%)	世界排名	指数	世界排名	指数	世界排名
2005年	87	—	—	—	—	—
2004年	86	55	39	51	35	59
2003年	82	60	33	55	33	62
2002年	81	60	32	56	33	60
2001年	78	60	31	59	32	60
2000年	76	62	31	58	31	61

(资料来源:《中国现代化报告2007》)

报告还显示,中国现代化的不平衡表现在几个方面,一是地区不平衡,二是指标不平衡。第一次现代化10个指标发展不平衡,2004年有6个指标已经达到标准,表现最差的指标(人均GNP)达标程度仅为24%。第二次现代化的四大类指标也不平衡。2005年,中国34个省级地区中,香港、澳门和台湾已经完成第一次现代化;北京等7个地区第一次现代化实现程度超过90%,福建等14个地区第一次现代化实现程度达到80%至89%。北京和上海有9个指标达到第一次现代化标准,天津和浙江有8个指标达标,江苏、辽宁和黑龙江有7个指标达标,广东、福建、山东、吉林和山西有6个指标达标。如果京津沪港澳台地区不参加排名,2005年第一次现代化实现程度排名前10位的地区为:浙江、江苏、广东、辽宁、福建、重庆、山东、黑龙江、吉林和山西。2004年中国地区现代化的前沿已经进入第二次现代化的发展期。中国的香港、澳门和台湾已经达到世界发达国家水平,北京、上海和天津等已经达到世界中等发达国家水平。为了客观衡量我国县域社会经济综合发展、协调发展、可持续发展的状况,国家统计局连续多年根据全国2 000多个县域的社会经济统计资料,从发展水平、发展活力、发展潜力三个方面对县域的社会经济综合发展进行测算。参加测评的范围包括1 635个县(旗),374个县级市,还有61个财政收支和市政建设相对独立,并且能够提供完整的社会经济统计资料的市辖区(参见表16-2)。①

表16-2　2005年度全国百强县(市)社会经济综合发展指数测评结果(前10位)

县　名	名　次	综合指数	发展水平	发展活力	发展潜力
昆山市	1	124.821	143.001	99.598	67.398
顺德区	2	120.427	134.72	93.677	77.221
张家港市	3	116.446	135.218	89.379	59.237
江阴市	4	115.855	133.701	88.859	61.505
南海区	5	114.82	128.847	89.6	72.058
常熟市	6	110.889	126.468	95.968	57.674
萧山区	7	100.726	112.619	91.563	57.338
武进区	8	96.297	104.885	90.769	62.76
太仓市	9	96.0724	104.862	97.834	57.94
吴江市	9	96.0721	104.472	99.502	58.459
绍兴县	10	94.735	103.655	91.39	58.901

中国加入国际贸易组织,使开放作为第一动力源而迅速推进改革进程,城市化的浪潮席卷全国,中国市场体系的完善化和规范化的步伐大大加快。城市化进程是市场对城市资源的价值发现及城市社会资产的形成和增值过程,同时也是城市不同主体之间利益分配格局的再调整和利益关系重建的过程。以工业化为动力的城市化替代以传统农业为基础的城郊村的社会变迁,将使城郊村产权关系重构和社会关系重建。然而,我国当前以工业化和城市化为主线、现代化替代传统村落的社会变迁,却未能使农村中传统的村落结构和村民生活方式消失,而是使传统村落演变成半城市化的城市村居,成为新城中村。

伴随着经济的发展,国家的局部现代化,原有体制的滞后的功能必然难以继续协调作用,支持稳定,功能的失效所造成的社会的断裂反过来进一步经济上的现代化成果丧失。这不但是中国而且是一切处于现代化进程当中的国家都要面临的风险,可以说在传统性向现代性这两种稳态过渡当中,现代化不免充满着变数和不确定,然而面对这些变数我们并非束手无策,通过

---

① http://www.stats.gov.cn,2005全国百强县(市)社会经济综合发展指数测评结果,2005-10-25。

对照处于稳态另一端点的现代性社会,我们可以为处于现代化的国家进程在政治和社会制度上进行更新,以使更新后的功能适应变迁中新出现的要素,最终由变迁达到另一种更为进步的稳态,也就是现代化社会。

中国科学院中国现代化研究中心中国现代化战略研究课题组发布的《中国现代化报告2007》提出了中国生态现代化的战略目标:2050年前后达到生态现代化的世界中等水平,实现经济增长与环境退化的绝对脱钩,基本实现生态现代化,生态现代化水平进入世界前40名。

关于社会主义现代化几个需要澄清的问题

中国社会现代化,既是我们的一项紧迫任务,也是世界社会现代化的重要组成部分。世界社会现代化的300年,是西方社会崛起和繁荣的300年,是东方社会衰落和追赶的300年。在1700年,在社会现代化启动的前夕,中国社会的发展水平略高于美国;在2001年,美国社会现代化水平已经明显超过中国。例如,2001年中国城市化尚未完成(约为37%),9年免费义务教育尚未普及,而美国已经进入信息化和知识化阶段,因特网普及率超过50%,大学普及率超过80%。在21世纪,我国社会现代化建设任重道远。

实现现代化是我们坚定不移的国家目标。根据邓小平同志提出的"三步走"发展战略,我国将在2050年前后达到世界中等发达国家水平,基本实现现代化。要实现第三步战略目标,必须遵循世界现代化的基本规律,同时研究选择我国自己的现代化路径。《中国现代化报告2007》提出,在21世纪全面实现现代化,必然包含实现社会现代化;中国要实现社会现代化,迎头赶上世界先进水平,社会现代化的运河路径可以作为一种战略选择。这种运河路径预计,我国社会现代化水平,将在2050年进入世界前40名,在21世纪末进入前20名。

可以说,中国的现代化是在前现代化和后现代化的夹缝中进行的,前现代化文化对现代化本能的抗拒和后现代化对现代性的反思,都构成现代化途中的不可回避的因素,既有阻碍作用,又有一定的匡正功能,这使现代化的定向变得难以把握,中国后发型的现代化既不能重复西方的老路,也不可能完全绕开工业化另辟蹊径,只能走充分发挥高科技作用、低能源消耗、低环境污染、控制人口增长、维持文化生态和自然生态平衡的可持续发展之路,探索信息化与工业化相互促进的新型工业化之路。

现代化伴随着财富增加和社会和谐建设

社会现代化是一个不可逆的世界趋势,同时也是伴随着相对可预期的、长期的、有阶段的、进步的、全球的、转型的、系统的、不平衡的、复杂的等特点的国际竞赛和积极适应过程,社会现代化与社会发展、社会进步、社会适应、社会转型、国际社会竞赛等概念紧密相关。社会现代化等于社会发展、社会转型和国际社会竞赛的交集,社会发展包括社会进步、社会适应以及社会进步和社会适应的交集。社会进步指生活质量、社会效率、社会福利、社会公平等的提高;社会正适应指生活方式、生活观念和社会环境等的积极性变化(合理性提高);社会转型指从农业社会向工业社会、从工业社会向知识社会的两次转变;国际社会竞赛和地位变化指社会生产力和生活质量的国际竞赛和地位变化等。它们的关系可以用下面2个关系式表达:

社会现代化 = 社会发展 × 社会转型 ×
国际社会竞赛(国际社会地位变化)

社会发展 = 社会进步 + 社会正适应 + 社会进步 × 社会正适应

近几十年来中国社会经济增长的速度令人瞠目,但值得人们关注的是,在经济迅速增长的同时,社会发展却与经济增长开始呈现出明显的脱节。其实,这个趋势在整个20世纪90年代就已经开始出现,但在最近的几年中,变得越来越明显。如果和80年代做一个比较,这个问题就可以更进一步地凸显出来。

在20世纪80年代,一般地说,经济增长会带来社会状况的自然改善。也就是说,经济增长和社会发展的关联度是很高的。因为当时改革的起点是经济生活的匮乏和由此导致的社会生活的种种问题。也就是说,当时的许多社会层面上的问题,是卡在我们的经济实力上。比如,物质生活水平的普遍低下,日用消费品的短缺(特别是生活必需品和住房),公共服务业的不发达(当时是吃饭难、住宿难,甚至还有理发难)等等。因此,在经济增长的推动之下,整个社会生活的状况迅速改善。从中人们看到了经济增长与社会发展的一种几乎是齐头并进的图景。

但到了20世纪90年代,经济的增长在很大程度上已经不能导致社会状况的自然改善。90年代后,中国平均每年经济的增长速度在7%左右。和其他国家的经济增长情况相比,7%是一个相当高的速度。从理论上说,在这样的经济增长速度之下,我们感受到的应该是繁荣,而不是萧条。但在现实的社会生活中,我们感到的却到处是一片萧条。无论是从企业的生产和经营的情况来看,还是从人们的日常生活来看,都是如此。这当中的原因是什么?为什么7%的增长速度,至少这个速度比人口的增长速度要高得多,但感觉上却到处是一片萧条?这说明,在经济增长的成果和社会成员的生活之间,经

济增长和社会状况的改善之间,出现了断裂。这具体表现在:

第一,在经济迅速增长的同时,劳动就业的状况没有得到根本的改善。按官方公布的统计数字,2000年中国城镇登记失业率为3.1%,3.1%显然是一个大大缩小了的数字。实际上,目前我国的失业人数,是一个很难确定的数字。一般认为,实际的失业人员应该是由三个部分构成,一是正式登记的失业人员,二是未进行失业登记的下岗人员,三是只领取部分工资而赋闲在家的人员。而这三个部分加在一起,会大大高于政府正式公布的失业率。而这三部分数字,实际上还不包括农村中潜在的失业人口以及已经流入城市的农民工中的失业人口。在失业状况不断严重的背后的一个重要原因,就是经济增长和劳动就业之间的关系改变了。也就是说,经济增长已经不能增加就业机会,有人将其称为没有就业机会增加的经济增长。"没有就业机会增加的经济增长"意味着,对于得不到就业机会的人来说,经济增长对他们是没有意义的。如果经济增长伴随着通货膨胀的话,这种经济增长对他们甚至有一种负面的影响。

第二,在经济迅速增长的同时,贫富悬殊的状况不仅没有改变,甚至有进一步加重的趋势。世界银行1997年发布的一份题为《共享不断提高的收入》的报告中指出,中国80年代初期反映居民收入差距的数据基尼系数是0.28,到1995年是0.38,到90年代末为0.458。此外几个研究机构研究的研究结果也都与之大体相似。按照世界银行的看法,这一数据除了比撒哈拉非洲国家、拉丁美洲国家稍好外,贫富悬殊要比发达国家、东亚其他国家和地区以及前苏联、东欧国家都大。全世界还没有一个国家在短短15年内收入差距变化如此之大。进入新世纪之后,尽管我们没有这几年系统而又可信的数字,但也能大体判断出这个趋势是在强化而不是减弱。从粮食价格的下降中,人们可以判断出农民的收入实际上是在下降的;从城市中失业人员的增加和城市贫困阶层的形成可以判断出在城市中开始有更多的人掉入贫困群体之中。也就是说,在经济迅速增长的同时,贫富悬殊的状况不仅没有得到改善,甚至是在恶化的。而贫富悬殊的扩大,会酿成种种的社会问题。

改革开放以来,中国坚持走政府主导、社会参与、自力更生、全面发展的扶贫道路,1978年至2006年,中国农村绝对贫困人口数量从2.5亿下降到2148万,减少了2.28亿多人;农村绝对贫困发生率由30%下降到2.3%。世界银行认为,如果没有中国的贡献,全球贫困人口将呈增加趋势。到2006年底,国家扶贫开发工作重点县以自然村为单位,通公路、通电、通电话、能接收电视的比例分别达到81.2%、95.8%、80%和89.1%;重点县70%的农户能够获得安全的饮用水,贫困地区基本生产生活条件得到很大改善。截至2006年底,国家扶贫开发工作重点县7岁至15岁学龄儿童在校率达到95.3%,青壮年劳动力中接受过农业技术和务工技能培训的比例也在逐年上升;重点县73.5%的行政村有了卫生室,74.6%的村有了合格的医生或卫生员。各项社会事业的长足发展,使贫困人口素质得到提高,增强了自我发展的能力。

有关资料显示,中国是目前全球唯一提前实现联合国千年发展目标中贫困人口减半目标的国家,但目前2 000多万名贫困人口并不是一个稳定的人群,而是在1亿名左右需要扶持的人口中波动出现,许多刚刚越过温饱线的农民经济状况非常脆弱,气候、市场、家庭任何一个方面的变故,都能使他们返回贫困。中国消除贫困的任务仍相当艰巨,还需要进行长期艰苦的努力。

第三,在经济迅速增长的同时,社会治安的情况在恶化。在最近几年中,许多城市犯罪率在不断上升。2000年,全国公安机关立案侦查的刑事案件总数比1999年增长50%。有专家认为,中国正面临第四个犯罪高峰。除了犯罪率明显上升之外,社会治安情况的恶化还表现在,一是黑社会性质的犯罪大量出现,二是恶性案件明显上升。据一个广泛流行的估计,目前全国有黑社会人员大约100万人。

现代化必然伴随着经济增长、财富增加和社会的和谐建设,从上面的分析可以看出,经济增长与社会发展的脱节,已经是一个需要引起我们注意的问题。这种脱节在很大程度上意味着我国社会发展中一个转折点的出现,即经济增长自动带动社会发展时代的结束。

根据《中国现代化报告》显示,21世纪我国社会现代化的机遇和挑战,既来源于国家内部,也来源于国际环境。大体有10个挑战:① 持续提高全民生活质量,加速从三元社会(农业、工业和知识)向知识社会转变。② 充分利用"后发效应"和国际和平环境,迎头赶上世界先进水平。③ 推进城镇化和农村人口转移,走新型城镇化道路。④ 普及12年免费义务教育,全面提高劳动力素质。⑤ 建立覆盖全民的公共卫生体系,提高全民健康水平。⑥ 建立普遍社会福利制度,让人人享受社会福利。⑦ 建立社会信用管理制度,促进人口合理流动。⑧ 消除绝对贫困,促进社会公平。⑨ 消除知识信息鸿沟,让人人使用信息网络。⑩ 促进四个协调发展,建设高效和谐社会。同样,经济现代化也有10个挑战:① 劳动生产率的持续和快速增长。② 从三元经济(农业、工业和知识)向知识经济的转型。③ 农业现代化。④ 资源和能源的持续供应和保持金融稳定。⑤ 生态现代化,经济与生态的协调发展。⑥ 地区协调发展。⑦ 城乡协调发展。⑧ 全面提高劳动力素质。⑨ 大幅度提高创新能力和效率。⑩ 参与经济全球化与维护国家利益等。

在这种情况下,要实现经济和社会的协调发展,就需要进行更多的人为的努力。首先,是政府的取向应当逐步从对经济增长的关注转移到对公平和秩序等问题的关注上来。这是一个说起来容易做起来难,落到实处就更难的事情。因为这需要政府从取向到评价标准的全面转变。也就是说,对政府和官员的评价标准,不应当仅仅看你那里经济增长多少,同时要看你人民生活是否得到了改善,社会公平与秩序的情况如何,社会治安的状况如何。同时,应当重视社会政策的独特作用。由于上面说到的原因,在20世纪80年代,经济政策对于社会政策具有很大的替代性,但从20世纪90年代以来,这种替代性的基础已经不复存在。在这种情况下,社会政策具有越来越大的独立性。社会政策的指向应该是社会公平、秩序和社会安全。

工业化和环境保护

从社会发展规律来看,工业化是人类社会不可逾越的发展阶段。目前中国是世界的生产制造中心,是全球增长最快的市场,这种状况至少还会延续十年。用世界的眼光看中国,这就是我们所处的历史发展阶段。环境问题总是与经济社会发展相伴而生的。研究和解决环境问题不能就环保论环保,必须研究产生它的经济建设与社会发展,认识经济建设与环境保护的相互关系,把握其相辅相成的客观规律。

不同阶段的环境保护要有不同的对策。工业化中期阶段具有大规模发展制造业的必然性、容易积聚污染的严峻(规律)性和保护环境的艰巨性。在这一阶段中,因为大量生产、制造,就必然要有相应的环境容量来支撑,必然要耗用大量的资源、能源和原材料,就容易产生污染和影响生态,从而成为最容易积聚污染的阶段。有分析家指出,这一阶段是环境与发展矛盾最突出的时期,发达国家上百年工业化过程中分阶段出现的污染积聚在我们国家的二十多年里就已经集中出现了,呈现出结构型、复合型、压缩型的特点。我国每创造1美元GDP所消耗的能源是美国的4.3倍,是日本的1.1倍,我国的年能源消耗量是日本的10倍,是美国的5倍。目前,我国以城市为中心的环境污染不断加剧,并向农村蔓延。我国目前水污染尤为严重,全国七大水系近一半的监测河段污染,86%的城市河段水质超标。其中最引起轰动的就是"三河三湖"(辽河、海河、淮河、太湖、巢湖、滇池)流域的水污染和近期的松花江水污染等,这些污染绝大部分是由河流沿岸的工厂造成的,从以上事件和数据中,我们都可以观察出工业废弃物对大气、河流等环境造成的重大污染,甚至导致人类的死亡。充分了说明了工业化和环境污染有关系,尤其是重化工业。可见在这一阶段中,保护环境与发展经济始终是一道难破解的题,是环境保护工作最难的时期。

对待工业化和环境保护这对矛盾,我们要尽量做到两者兼顾,既不因噎废食,为了防止污染而放弃经济发展,也不消极对待、听任污染、以牺牲环境为代价,为了眼前发展而贻害当代和后代,而是要谋求经济建设与环境保护的双赢,促进这一历史阶段早日逾越和"环境拐点"的早些到来。那如何做到"双赢"呢?我们提出以下的几点建议:一、科学合理地调整工业布局,二、走循环经济的道路。

《中国现代化报告 2007》提出的生态现代化不仅仅从简单的环境污染治理入手,而是从改变人的行为模式出发,通过改变经济和社会发展模式,达到保护环境和经济发展双赢的目的。

表 16-3　中国生态现代化的三个突破口和"三化一脱钩"

	轻量化(非物化)	绿色化	生态化	现代化与环境退化脱钩
特点	高效、低耗、商品、低密	无毒、无害、清洁、健康	预防、创新、循环、双赢	逆向脱钩、正向耦合
生态经济	提高资源生产率,降低资源和能源消耗,提高经济品质,降低经济重量(经济物质比重),降低经济物质和能源密度等	降低有毒物,有害物和废物的生产和排放,推进绿色工业化、清洁生产、环保产业、污染治理、绿色服务等,清洁健康环保	预防:发展生态农业、生态工业、生态旅游等;创新:环境友好的科技和制度创新;发展循环经济,促进经济和环境双赢	经济能耗、物耗、水耗、化肥和农药、经济三废排放和有毒有害排放的负增长,零增长或增长率低于经济增长率,经济发展与环境进步互利耦合
生态社会	提高生活品质,降低物质和资源消耗比重,提高服务消费比例,鼓励轻量化消费等	绿色城市化、绿色家居、绿色能源、绿色交通、绿色消费、绿色生活等	生态城市、生态农村、生态建设、保护自然和生物多样性、废物利用、生态文化、生态安全等	社会能耗,物耗、水耗、生活三废排放和有毒有害物质排放的负增长,零增长或增长率低于社会进步指标的增长率
生态意识	节约意识,效率意识等	健康意识、环保意识等	创新意识、循环意识等	公平意识、平衡意识等

《中国现代化报告 2006》认为,国民素质现代化是社会现代化的重要内容。事实上,没有人的现代化,就没有真正的现代化。没有现代生态意识,就

没有生态现代化。所以,提升全体国民的现代生态意识,是中国生态现代化的成败关键。最近几年,中国的污染问题和环境恶化,已经引起社会的广泛关注。如果我们不能找到科学理论和有效办法,那么,中国环境退化的趋势还将继续。显然,这是我们不愿意看到的。我们认为,提高国民生态意识已经刻不容缓,改变行为模式则是关键所在。

社会主义现代化道路和本土特色

我们认为,社会主义社会现代化这一概念应该把经济、政治、文化、科学技术、人以及社会本身的发展等含义融合在一起。因此,社会主义现代化就是在马克思主义指导下依靠先进的科学技术,在建设发展经济的同时,协调政治、文化、法律、教育、社会心理等社会生活各个方面共同进步,以求得社会物质文明和精神文明的同步发展的连续不断的自觉的社会变革过程。

社会主义现代化绝不等同于"西方化"或"全盘西化"。从历史的概念对现代化进行理性分析的罗荣渠先生,在他的《现代化新论》就指出了这个问题,他指出现代化是一个世界历史范畴。现代化的核心内容是工业革命或工业化,但现代化不等同于工业化,其涵盖面超过工业化。现代化同样不等于"西化"、"资本主义化",因为追求工业文明是全球现代历史进程的共同特征,并非仅仅与资本主义相联系。了解这一问题对于认识中国现代化的实现问题是十分重要的,因为在一些人看来所谓的现代化就是"西化",而且以为"西化"的程度越高,实现现代化就相对的容易,就是在思想上是没有任何阻碍的,但是实际上这种不顾国情的和历史的所谓的现代化既不符合中国的实际,同时对于推进现代化的进程,确立现代化的发展思路也是不相符合的。

中国的现代化的历史进程中知识分子的作用是不容忽视的问题,从洋务运动到戊戌变法,中国的知识分子作为开一代风气的一个群体,包括在晚清政府的一些想要有作为的官员,对于中国的现代化都有不少的有益的尝试,但是中国的现代化的实现却不是仅仅凭借个人的良好愿望就可以实现的。中国作为外生后发的现代化国家,它当年所提出的"中学为体,西学为用"实际上是在不抛弃我们的典章制度封建官僚体制的情况下来进行的,这种士子的自下而上的改革,不触动统治者的既得利益,人不现代化,制度不是适应现代化发展的,那么,这种现代化的实现难度则是有相当难度的。重视知识分子在现代化的作用是非常重要的。江泽民同志在首都青年纪念五四报告会上的讲话《爱国主义和我国知识分子的使命》就指出了现代化和知识分子的关系问题。

我国的社会主义现代化建设,是一项宏伟的、艰巨的事业。要以经济建设为中心,坚持四项基本原则,坚持改革开放。要以当代先进的科学文化为杠杆,推动社会生产力的发展和社会的全面进步。我们要在本世纪中叶,人均国民生产总值达到中等发达国家水平。实现这一目标,需要工人、农民、知识分子的共同努力。我们要全心全意依靠工人阶级。知识分子作为工人阶级队伍中主要从事脑力劳动的一部分,在社会主义现代化建设中发挥着不可替代的作用,承担着重大的社会责任。毛泽东同志在新民主主义革命时期说过:"没有知识分子的参加,革命的胜利是不可能的。"今天,没有知识分子的参加,建设和改革的胜利更是不可能的。

我们需要继续把马克思主义普遍真理同中国实际结合起来,建设有中国特色的社会主义。坚持四项基本原则,坚持改革开放,面临着许多新情况、新问题。为此,就要从实际出发,认真学习和研究马克思主义基本理论,深化对国情的认识,不断地对人民群众的实践进行理论概括,掌握现代化建设的客观规律。这需要我们的知识分子进行艰辛的探索。

我们要在中国条件下把社会主义制度和现代科学技术结合起来,以不断提高劳动生产率,改变经济落后状态,逐步缩短同发达国家的差距。科学技术的飞速发展,使它在生产中越来越显示出巨大作用。我们必须努力掌握、推广、运用现代科学技术和管理知识。这一切,没有知识分子特别是科学技术专家的创造性劳动,是完全不能想象的。